面向"十二五"高职高专精品规划教材·经管系列

物流管理新编

任 晶 潘玥舟 主 编

马志平 副主编

清华大学出版社

北 京

内 容 简 介

本书从新的视角，用通俗的语言，对物流管理知识进行阐述，增加大量图片、实例、习题，使读者更容易理解物流管理的理论知识，同时掌握本专业最新、最前沿的知识，贴近一线实际、紧跟时代步伐。

图书在版编目(CIP)数据

物流管理新编/任晶，潘玥舟主编. --北京：清华大学出版社，2015
面向"十二五"高职高专精品规划教材·经管系列
ISBN 978-7-302-38860-9

Ⅰ. ①物…　Ⅱ. ①任…　②潘…　Ⅲ. ①物流—物资管理—高等职业教育—教材　Ⅳ. ①F252

中国版本图书馆 CIP 数据核字(2015)第 004336 号

责任编辑：李玉萍　陈立静
封面设计：刘孝琼
责任校对：周剑云
责任印制：王静怡

出版发行：清华大学出版社
　　　网　　　址：http://www.tup.com.cn，http://www.wqbook.com
　　　地　　　址：北京清华大学学研大厦 A 座　　　邮　　编：100084
　　　社 总 机：010-62770175　　　　　　　　　　邮　　购：010-62786544
　　　投稿与读者服务：010-62776969，c-service@tup.tsinghua.edu.cn
　　　质 量 反 馈：010-62772015，zhiliang@tup.tsinghua.edu.cn
　　　课 件 下 载：http://www.tup.com.cn，010-62791865
印 装 者：北京鑫海金澳胶印有限公司
经　　销：全国新华书店
开　　本：185mm×260mm　　　印　　张：18.5　　　字　　数：447 千字
版　　次：2015 年 5 月第 1 版　　　印　　次：2015 年 5 月第 1 次印刷
印　　数：1～3000
定　　价：38.00 元

产品编号：049114-01

参与本书编写及审读的人员

主　审：姜　媛　赵　华

主　编：任　晶　潘玥舟

副主编：马志平

参　编：常志远　曾　亮　王浩宇

前　言

　　《物流管理新编》这本书主要体现的是一个"新"字。

　　首先是内容新。目前物流行业的发展方兴未艾，很多新理念、新技术层出不穷，为了使教学紧跟时代的步伐，让学生尽量掌握更多本专业最新、最前沿的知识，本书尝试从新的视角，用通俗的语言，对物流管理知识进行阐述，并增加大量图片、实例、习题，使学生更容易理解物流管理的理论知识。

　　其次是理念新。编者有一个这样的理念：搞科研是将简单的事搞复杂，比如写论文，因为那是给专家看的；而编教材则是将复杂的事搞简单，因为这是给学生看的。高职学生的学习能力本来就不强，而且是初学者，如果教材的理论性太强，空洞乏味，不但老师教起来吃力，学生也没有兴趣学，而且作为物流专业的一门专业基础课程，《物流管理》通常是物流专业的启蒙教材，涉及的内容多而杂，所以编者在编写教材时注意把握"够用"的原则，因为更具体、专业的知识，学生可以在后续的相关专业课程中再去学习，本书只起到抛砖引玉的作用。

　　最后是体例新。小人书大家都看过，也都爱看，因为小人书内容简洁，图文并茂，通俗易懂。为了增加学习的趣味性，本书采用新的体例，将传统的章、节转变为单元、专题，每一个专题介绍一个或几个知识点，而且根据专题的主要内容，还设计了比较有趣的正副标题，同时增加轻松一刻(介绍一些关于物流的趣闻轶事)、资料柜(介绍关于物流的一些常识和资料)、视频资源(介绍相关物流内容的视频)等体例，帮助学生能够更加形象生动地掌握所学知识。当然作为一本高职高专教材，本书也本着"工学结合"的原则，加入了案例讨论题和实训题等体例。

　　可以说，本书的编写离不开信息时代这个大背景，因为很多素材和灵感来源于丰富多彩的网络世界，编者的工作就是将海量的信息进行筛选，然后按照新的角度重新整合，引领读者进入一个多彩有趣的物流世界。本书参考了大量的书籍、文献等，在此对这些前辈、同行、专家、学者表示深深的谢意。

　　本书由任晶、潘玥舟任主编，马志平任副主编。具体编写分工为：任晶编写第一、二、三单元，潘玥舟编写第四、五、六单元，马志平编写第七单元，常志远编写第八单元，曾亮编写第九单元，王浩宇编写第十单元。任晶负责全书策划和统稿。由于时间仓促，书中难免存在疏漏之处，恳请广大师生及读者批评指正。

编　者

目　　录

第一单元　物流的历史与发展
——物流的成长历程

🎞 **单元导读**

　　你知道中国历史上第一条"国道"是什么时候修建的吗？你知道"条条大路通罗马"是什么意思吗？你知道神机妙算的诸葛亮除了治国带兵外，还发明过交通工具吗？你知道中国最早的特快专递所服务的客户曾是著名的杨贵妃吗？所有这些问题的答案你都能从这一单元中找到。通过本单元的学习，你可以了解物流活动的古往今来，也可以了解我们祖先在物流领域曾经取得的辉煌成就，下面就请打开书本，开始我们神奇的物流世界之旅吧！

专题一：秦驰道
——中国历史上最早的"国道"

　　公元前 221 年，秦始皇统一六国，第二年，秦始皇就下令修筑以都城咸阳为中心的、通往全国各地的驰道。秦较为著名的驰道有 8 条，其中有通上郡的上郡道，过黄河通山西的临晋道，出函谷关通今河南、河北、山东的东方道，出今商洛通东南的武关道，通今江浙的滨海道，出秦岭通四川的栈道(秦栈道)，通今宁夏、甘肃的西方道，出今淳化通九原的直道(秦直道)等。

　　《汉书·贾山传》中记载，秦驰道在平坦之处，道宽五十步(约今 70 米，相当于现在的双向十车道路宽的两倍多)，隔三丈(约今 7 米)栽一棵树，用来计算道路的里程。驰道两边根据当地的情况，种植杨、柳、槐、榆等树。驰道的路基加厚，呈"龟背形"，形成一个缓坡，有利于排水。道两旁用金属锥夯筑厚实，路中间是专供皇帝出巡车行的部分。可以说，这是中国历史上最早的正式的"国道"。

　　驰道的整体设计、路线勘查，科学严谨，施工严格。驰道宽阔平坦，在上面驾车，纵马速度很快。据汉代人记录，在驰道上驾车半日可以飞驰两百里以上。据《汉书》记载，驰道"东穷燕齐，南极吴楚，江湖之上，濒海之观毕至"。驰道的施工异常严格，修筑得非常坚固。这些道路在魏晋南北朝后期，距驰道修成六七百年后，很大一部分仍可以维持通行，秦驰道的工程质量令我们今人汗颜。

　　近来考古专家又在河南南阳的山区里惊奇地发现，以前一般认为秦始皇修建的驰道是"公路"，现在看来很可能是"公路"和"铁路"并列而行，其原理和现代铁路无异，只是不是用蒸汽机车牵引，而是用马力拉动。影片《让子弹飞》中曾经有许多马匹拉着一节车厢在轨道上飞奔的镜头，其实在 2000 多年前的秦驰道上可能就上演过类似的一幕。专家们都惊叹我国古代竟然已经有如此先进的交通设施，这将是比兵马俑更为惊人的大发现。秦朝的"铁路"不是铁铸造的，而是用木材铺设。做轨道的木材质地坚硬，经过防腐处理，至今尚完好。不过枕木已经腐朽不堪，显然没有经过防腐处理，材质也不如轨道坚硬，但还可以看出其大致模样来。路基夯筑得非常结实，枕木就铺设在路基上。由于使用轨道，摩擦力大大减小，所以马也可以一次拉很多货物。专家认为这是一种最节省的使用马力的方法，或者说是一种效率极高的方法。公认的速度至少应该是一天一夜六百公里，有的人认为可以达到七百公里，这比八百里加急的速度还快一倍多，可谓是中国古代的"高铁"。难怪秦始皇可以不用分封就有效地管理庞大的帝国，并且经常组织动辄几十万人的大规模行动。

专题二：条条大路通罗马
——古罗马帝国完善的公路网

随着帝国领土的不断扩张，为了巩固和加强统治，古罗马大力兴建道路。由首都罗马通往西西里、高卢、日耳曼、西班牙、不列颠、小亚细亚、阿拉伯以及非洲北部的道路，在整个罗马帝国形成了一个完整庞大的道路网，联络干道 322 条，总长度达 78 000 公里，有这么多的高水准道路通向四面八方，所以也就留下那句"条条大路通罗马"的谚语。

罗马大道的路面均高于地面，主要干道平均高出 2 米左右。道路的设计原则尽量取直，开挖众多隧道，修建了许多桥梁和挡土墙等建筑。若干主干道宽达 12 米，中间部分为 3.7～4.9 米，供步兵使用；两边填筑高于路面的宽约 0.6 米的堤道，供指挥之用；再侧还有 2.4 米宽的骑兵道。路面的式样也有很多，路面下填砾石，上铺石板，并用混泥浆或灰浆砌筑，甚为坚固，如图 1-1 所示。

图 1-1　罗马人正在修筑道路

罗马大道最初是军队使用的道路，是帝国为了向外扩张势力，为了加快部队行进的速度，以尽快到达前线动乱地点而建设的，后来被用于商贸往来。在恺撒、图拉真等皇帝亲自监督下建造的罗马大道，建筑规范，管理有序，将千万个城乡紧密连接起来，极大地促进了罗马帝国的繁荣和强盛，为罗马文明的传播创造了无比优越的条件。

遍布帝国大地的交通道路网络，在中世纪的时候使全欧洲受益。在铁路时代到来之前，罗马人这套伟大的建筑体系工程，为欧洲陆路运输在方便快捷方面做出了无与伦比的贡献。如今，在欧洲的好几处地方，仍然依稀可见古罗马路网淡淡的遗存。路网脉络依然存在，对罗马人当年规划的路网，后人提出的方案没有出其右者。所有模仿古罗马路网设计的新方案(包括欧洲如今使用的公路网)，仍然沿用了当年古罗马帝国打下的基础。

专题三：丝绸之路
——一条沟通东西方的黄金商路

公元前2世纪，自从张骞第一次出使西域各国(见图1-2)，向汉武帝报告关于西域的详细形势后，为了促进西域与长安的交流，汉武帝招募了大量身份低微的商人，利用朝廷配给的货物，到西域各国经商。这些具有冒险精神的商人中大部分成了富商巨贾，从而吸引了更多人从事丝绸之路上的贸易活动，极大地推动了中原与中西亚之间的经济文化交流，同时汉朝在各个关卡的海关税收方面取得了巨大的利润。出于对匈奴与汉朝在塔里木盆地的反复争夺与丝路上强盗横行的状况考虑，为加强对西域的控制，汉宣帝神爵二年(公元前60年)，设立了汉朝对西域的直接管辖机构——西域都护府。

图1-2　张骞出使西域壁画

以汉朝在西域设立官员为标志，丝绸之路这条东西方交流之路开始进入繁荣的时代。丝绸之路一般可分为东、中、西三段，而每一段又都可分为北、中、南三条线路。

东段：从南阳市到玉门关、阳关。(西汉开辟)

中段：从玉门关、阳关以西至葱岭。(西汉开辟)

西段：从葱岭往西经过中亚、西亚直到欧洲。(东汉开辟)

正如"丝绸之路"的名称，在这条逾7000公里的长路上，丝绸与同样原产中国的瓷器一样，成为当时一个东亚强盛文明的象征。丝绸不仅是丝路上重要的奢侈消费品，也是历代中原王朝的一种有效的政治工具：中国的友好使节出使西域乃至更远的国家时，往往将丝绸作为表示两国友好的礼物。丝绸的西传也少许改变了西方各国对中国的印象，由于西传至君士坦丁堡的丝绸和瓷器价格奇高，令相当多的人认为中国乃至东亚是一个物产丰盈的富裕地区。各国元首及贵族曾一度以穿着用腓尼基红染过的中国丝绸、家中使用瓷器为富有荣耀的象征。那时，丝绸成为罗马人狂热追求的对象。古罗马的市场上丝绸的价格曾上扬至每磅约 12 两黄金的天价，造成罗马帝国黄金大量外流。这迫使元老院断然制定法令禁止人们穿着丝衣，而理由除了黄金外流以外则是丝织品被认为是不道德的。不仅仅是罗马人对来自东方的神奇玩意儿感兴趣，埃及历史上著名的艳后克利奥帕特拉七世也曾经被记载穿着丝绸外衣接见使节，并酷爱丝绸制品。

此外，阿富汗的青金石也随着商队不断流入欧亚各地。这种远早于丝绸的贸易品在欧亚大陆的广泛传播为带动欧亚贸易交流做出了贡献。这种珍贵的商品曾是两河流域各国财富的象征，当青金石流传到印度后，被那里的佛教徒供奉为佛教七宝之一，令青金石增添了悠远的宗教色彩。而葡萄、核桃、胡萝卜、胡椒、胡豆、菠菜(又称为波斯菜)、黄瓜(汉时称胡瓜)、石榴等的传播为东亚人的日常饮食增添了更多的选择，西域特产的葡萄酒经过历史的发展融入中国的传统酒文化当中。商队从中国主要运出铁器、金器、银器、镜子和其他豪华制品，运往中国的是稀有动物和鸟类、植物、皮货、药材、香料、珠宝首饰。

专题四：木牛流马

——诸葛亮发明的运输工具

木牛流马，相传为三国时期蜀汉丞相诸葛亮发明的运输工具，分为木牛与流马。晋陈寿《三国志·蜀志·诸葛亮传》中记述："亮性长于巧思，损益连弩，木牛流马，皆出其意。"蜀汉建兴九年至十二年(公元 231—234 年)诸葛亮在北伐时大量使用木牛流马，为蜀国十万大军提供粮食。从个头上看，木牛较大于流马，是重载慢行、具备轮步行功能的陆上运输工具；而流马是轻载快行、具备水陆联运功能的两栖运输工具。根据文献记载，木牛可载 600 斤，可解决一个士兵一年的军粮；而流马的载重量约有 200 斤。"蜀道难，难于上青天。"然而，诸葛亮却利用这两种工具，一举解决了军粮运输的难题。

其实，木牛流马最早可追溯到春秋末期。据王充在《论衡》中记载：鲁国木匠名师鲁班就为其老母巧工制作过一台木车马，且"机关具备，一驱不还"。也许是受了鲁班木车马的启发，三国时代的诸葛亮发明木牛流马，用其在崎岖的栈道上运送军粮，且"人不大劳，牛不饮食"。与王充记载鲁班木车马的寥寥数语相比，《三国志》、《三国演义》等书对诸葛亮的木牛流马的记述可算是绘声绘色、活灵活现、极为详尽。《三国演义》第 102 回"司马懿占北原渭桥 诸葛亮造木牛流马"，其中描写诸葛亮六出祁山、七擒孟获，威震中原，发明了一种新的运输工具，叫"木牛流马"，解决了几十万大军的粮草运输问题，这种工具比现在的还先进，不用能源，不会造成能源危机，如图 1-3 所示。不过，陈寿和罗贯中等对木牛流马的制作原理和工艺却不提一字，千百年来人们提出各种各样的看法，争论不休，至今仍是不解之谜，看来古人的智能是超出我们想象的。

图 1-3　木牛流马复原图

☕ 轻松一刻

　　《三国演义》第 102 回，诸葛亮与司马懿对阵川山山区。为解决军粮问题，诸葛亮制造"木牛流马"。司马懿获悉后大喜，派兵截获该器具，并效仿大批量生产，用以运粮。殊不知，诸葛亮在制造中暗藏机关，趁魏军使用"木牛流马"运粮时，突袭并按下机关，致"木牛流马"全被固定，最终魏军大败。

(资料来源：新闻晚报，2010-01-15)

专题五：隋唐大运河
——贯穿南北的黄金水道

　　隋朝统一中国后，人民得到了安定，社会经济逐渐恢复。为保证军事行动所需的大量粮草的运输，沟通南北水运，隋文帝于 584 年命宇文恺率众重开漕渠。自大兴城西北引渭水，略循汉代漕渠故道而东，至潼关入黄河，长 150 多公里，名广通渠。604 年改名永通渠。但是，大运河大规模的修造，还是在隋炀帝杨广上台以后。公元 605 年，隋炀帝征发百万民工，修造通济渠。同年又改造邗沟。608 年，又征发河北民工百万开凿永济渠。610 年沟通江南河。至此，开凿大运河的工程基本完成，是为隋唐大运河，如图 1-4 所示。

　　隋唐大运河以洛阳为中心，南起杭州，北到北京，全长 2700 公里，跨越地球 10 多个纬度，纵贯在中国最富饶的东南沿海和华北大平原上，经过浙江、江苏、安徽、河南、山东、河北、北京七个省市，通达黄河、淮河、长江、钱塘江、海河五大水系，是中国古代南北交通的大动脉，当时运河上"商船旅往返，船乘不绝"，它对隋唐时期南北经济、文化交流，维护全国统一和中央集权制的加强，产生过巨大的作用，也是世界上开凿最早、规模最大的运河。唐朝时，对运河做过一些修整。公元 742 年在三门峡以东，人们在岩石中曾开凿一条渠道，为"天宝河"，后经元朝取直疏浚，成为现今的京杭大运河。

　　京杭大运河全长 1794 公里，是世界上最长的一条人工运河，是苏伊士运河的 16 倍，巴拿马运河的 33 倍，纵贯南北，是中国重要的一条南北水上干线，背负了南北大量物资的运输交换，也有助于中国的政治、经济和文化的发展。由于年久失修，目前，京杭大运河的通航里程为 1442 公里，其中全年通航里程为 877 公里，经过北京、天津、河北、山东、江苏、浙江六省市，沟通了海河、黄河、淮河、长江、钱塘江五大水系，成为中国仅次于长江的第二条"黄金水道"。

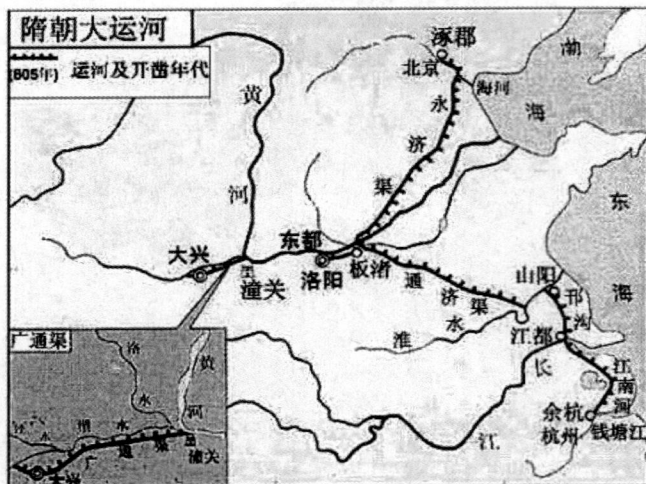

图 1-4　隋唐大运河

专题六：一骑红尘妃子笑
——中国最早的特快专递

　　唐朝诗人白居易盛赞荔枝："嚼疑天上味，嗅异世间香。"苏东坡也称赞："日啖荔枝三百颗，不辞长作岭南人。"苏东坡为了能常吃荔枝，竟然愿意辞官做岭南人。但最喜欢吃新鲜荔枝的，莫过于唐玄宗的宠妃杨玉环。在古代，荔枝又被称为"离枝"，因为它不能离开树枝，如白居易的《荔枝图序》上提到："若离本枝，一日而色变，二日而香变，三日而味变，四五日外，色香味尽去矣。"就是说荔枝是很不容易保鲜的。可是，杨贵妃身在长安，为什么还能吃到远在岭南的新鲜荔枝呢？答案是：唐玄宗利用驿站为杨贵妃千里送荔枝，这可以说是中国最早的"特快专递"了。

　　早在商周时期，驿递即已具雏形，如商朝时卜辞中有传报军情的记载，西周则建有烽火台，但当时主要是传递军事情报。春秋战国时期，各国对邮驿通信的称呼都不一样，秦朝把"遽"、"驲"、"置"等不同名目一概统一称呼为"邮"。从此，"邮"便成为通信系统的专有名词。在秦朝，"邮"负责长途公文书信的传递任务，近距离的另用"步传"，即派人步行送递。在邮传方式上，秦时大都采用接力传送文书的办法，沿政府规定的固定路线，由负责邮递的人员一站一站接力传达下去。汉代邮驿继承秦朝制度，并统一名称叫"驿"。规定五里一短亭，十里一长亭(汉朝的开国皇帝汉高祖刘邦就曾经做过秦朝的亭长)，三十里置驿。邮驿还随着"丝绸之路"的形成而通达印度、缅甸、波斯等国。到了唐代，邮驿大大发展，全国共有陆驿、水驿及水陆兼办邮驿1600多处，行程也有具体规定，并订有考绩和视察制度，驿使执行任务时，随身携带"驿卷"或"信牌"等身份证件。

　　宋代由于战争频繁，军事紧急文件很多，要求既快又安全，因而将由民夫充任的驿卒改由士兵担任，增设"急递铺"，设金牌、银牌、铜牌三种，金牌一昼夜行五百里，银牌一昼夜行四百里，铜牌一昼夜行三百里(南宋初年抗金将领岳飞被宋高宗以十二道金牌从前线强迫召回临安，这类金牌就是"急递铺"传递的金字牌，含有十万火急之意)。急递的驿骑马脖上系有铜铃，在道上奔驰时，白天鸣铃，夜间举火，撞死人不负责，铺铺换马，数铺换人，风雨无阻，昼夜兼程。到了元代，由于疆域辽阔，发展交通，强化了驿站制度，这也成为它巩固政权的重要手段，这时驿站也叫"站赤"，"站赤"是蒙古语"驿站"的译音。

到了明代还设立了递运所，这些独立于驿站，专门从事货物运输的组织，其主要任务是运送国家的军需、贡赋和赏赐之物，由各地卫所管理。递运所开始设于洪武元年(公元1368年)，它的设置，是明代运输的一大进步，使货物运输有了专门的组织。明代陆路运输，基本上是采取定点和接力的方法。因此，递运所除担负驻地指定运输路线的任务外，还要做好海、河运输的集散工作。此外明代由于海上交通日渐发达，随着郑和七下西洋，还开辟了海上邮驿。

清初有官办驿站1600余处，驿卒70 000余名，驿马40 000多匹，归兵部主管。19世纪中叶以后，驿站经费多被官吏贪污中饱，驿政废驰。到了清朝末年，近代邮政逐步兴起，驿站的作用日渐消失，于是，1913年1月，北洋政府宣布全部撤销驿站。邮驿制度在中国实行了两千多年，驿站在我国古代运输中有着重要的地位和作用，在通信手段十分原始的情况下，驿站担负着各种政治、经济、文化、军事等方面的信息传递任务，在一定程度上是物流信息的一部分，也是一种特定的网络传递与网络运输。

☕ 轻松一刻

率领百万农民起义军攻占北京，灭亡明朝的闯王李自成曾经是明朝西北地区驿站的一名驿卒。明末崇祯皇帝曾在大臣建议下废除驿站，导致大量驿站工作人员失业，成为流民，这其中就有李自成。崇祯此举，也算是自掘坟墓。

当时唐玄宗为了讨他的宠妃杨贵妃的欢心，使用了快马传递的方法，将远在南方的荔枝运送到了北方的长安，而荔枝并没有发生霉烂。南宋文学家谢枋得在《选唐诗》上说："明皇天宝间，涪州贡荔枝，到长安色香不变，贵妃乃喜。州县以邮传疾走称上意，人马僵毙，相望于道。"是说唐玄宗为了取悦杨贵妃，不惜劳师动众，专设驿站，利用邮驿机构的人力、物力，在荔枝成熟时，采摘最好的荔枝，派人由岭南，快马运送，一站紧接一站，如接力赛般，运到长安供杨贵妃享用。驿吏为运送荔枝拼命地赶路，不仅人累僵了，也跑死了不少好马，一路上急奔，途中更有不少路人遭殃，被踩死或踩伤。所以，杨贵妃吃的新鲜荔枝，无疑是用人民的生命和驿站良马换来的。晚唐诗人杜牧还写了《过华清宫》，"长安回望绣成堆，山顶千门次第开。一骑红尘妃子笑，无人知是荔枝来。"这首诗讽刺唐玄宗为了爱吃鲜荔枝的杨贵妃，动用国家驿站运输系统，不惜国家财政的血本，从南方运送荔枝到长安。

专题七：塌房

——中国古代的仓库

塌房，又名塌坊，宋以前又称邸店，是存放商旅货物的场所，设有专门存放货物的仓库，有的还设有马厩和存放车辆的地方。早在东晋南朝时期，南方豪族地主在经营田庄的同时，往往于城郊或水运码头设立"邸店"，租与客商以获厚利。唐朝时，各大商业城市兴办了许多邸店，多是兼营旅店、货栈与交易的场所。宋代的商品经济得到长足发展，城市坊墙被突破，市场规模和交易场所空前扩大。城市商业的发展和市场的繁荣，推动了其他服务行业的发展，塌房就是适应大规模商品储存和转运的需要而发展起来的。

南宋末年的杭州，在城北关水门内水运航道两岸，有富商或官宦人家建塌房几十所，每所有房屋几百间甚至千余间，以寄存都城店铺及客旅货物，每月收取租费，各塌房有专人防守，并于夜间巡逻，加之四周环水，能防火防盗，十分安全。塌房既便利了商家储货，房主又得了利润。数千间塌房依水而建，鳞次栉比，规模可观。这既是商业繁盛的表征，又为商业继续发展提供了保障。塌房为大规模储存货物提供了安全场所，在很大程度上解决了货物存储过程中的防火防盗问题。又因为塌房建在河湖岸边，也为大宗商品的运输提供了便利，促进了商品流通。南宋时期，除塌房外，还有一种与塌房相似的设在水运码头或集市附近的简易堆货栈，称为"廊"(专供怕雨淋日晒的商品堆放的栈房)和堆朵场(露天货栈)。塌坊与堆朵场或按日或按月收取租费，时称"巡廊钱"。

塌房的兴起为大规模水上长途贩运创造了条件，对地区间物资交流有一定的促进作用。但明朝中期以后，权贵、太监多有钦赐或私设塌房者，他们邀截商货，牟取暴利，对商人横征暴敛，严重地阻碍了商业发展。到清初时，塌房已经是"皆久废，并忘其名"了。

☕ **轻松一刻**

"塌房"一词的由来目前不得而知，可能是古人为了警告那些准备偷盗货物的盗贼：此地危险，随时倒塌！

专题八：郑和下西洋
——中国古代航海的壮举

1405 年 7 月 11 日(明永乐三年)明成祖朱棣命太监郑和率领 240 多艘海船、27 400 名船员的庞大船队远航，拜访了 30 多个在西太平洋和印度洋的国家和地区，加深了大明帝国和南海(今东南亚)、东非的友好关系，史称郑和下西洋。船队每次都由苏州浏家港出发，一直到 1433 年(明宣德八年)，一共远航了七次之多。

在郑和下西洋的船队中，有五种类型的船舶。第一种类型叫"宝船"。据《明史·郑和传》记载，郑和航海的宝船共 63 艘，最大的长 44 丈 4 尺，宽 18 丈，载重量 800 吨，是当时世界上最大的海船，折合现今长度为 151.18 米，宽 61.6 米。船有四层，船上 9 桅可挂 12 张帆，锚重有几千斤，要动用 200 人才能起航。《明史·兵志》记载称："宝船高大如楼，底尖上阔，可容千人。"第二种叫"马船"，长 37 丈，宽 15 丈。第三种叫"粮船"，长 28 丈，宽 12 丈。第四种叫"坐船"，长 24 丈，宽 9 丈 4 尺。第五种叫"战船"，长 18 丈，宽 6 丈 8 尺。可见，郑和所率领船队的船只，有的用于载货，有的用于运粮，有的用于作战，有的用于居住，分工细致，种类较多。可以说，郑和的船队是一支以宝船为主体，配合以协助船只组成的规模宏大的超级舰队。

除了宣扬国威之外，郑和下西洋的主要目的在于加强明朝与海外各国的贸易联系。郑和所带领的船队曾到达过爪哇、苏门答腊、苏禄、彭亨、真腊、古里、暹罗、榜葛剌、阿丹、天方、左法尔、忽鲁谟斯、木骨都束等30多个国家，最远曾到达非洲东部、红海、麦加，并有可能到过澳大利亚、美洲和新西兰。

每到一地，郑和便赠给各国国王厚礼，以示友好，船队用带去的丝绸、瓷器、铜铁器、金银和其他手工制品交换象牙、宝石、珍珠、珊瑚、香料等当地特产。回航时，各国派使者同来，赠珍宝特产给明朝皇帝，并与中国商人交换。友好的交往扩大了贸易，也增进了了解。郑和出色地完成了他的使命，南洋等地的人民一直纪念这位和平友好的使者，在一些城市里，至今还保留着纪念郑和的寺庙和古迹。郑和七次远航是世界航海史上的壮举，欧洲航海家哥伦布、达·伽马的海上活动，都比郑和晚得多，他们几次航行，人数在100人左右，船只三四艘，吨位最大的仅120吨。在航程、规模、组织等方面，郑和都超过这几位欧洲航海家。

专题九：新航路的开辟

——全球贸易大幕的拉开

1275年，威尼斯人马可·波罗(Marco Polo)随父亲、叔父来到中国，受到元世祖忽必烈的盛宴欢迎。他在中国居住和为官17年，1295年回国后发表《马可·波罗游记》，书中描写东方是遍地黄金、富庶繁荣的乐土。这本书广泛流传，使西欧人垂涎三尺，决心远渡重洋，到富庶的东方去。

15世纪末以前，从西方通往东方的商路主要有三条。一条是陆路，即传统的"丝绸之路"，从君士坦丁堡登陆，经小亚细亚、黑海和里海南岸至中亚，再翻越帕米尔高原到中国。另两条是海路：一条从叙利亚和地中海东岸，经两河流域到波斯湾；另一条从埃及经红海至波斯湾，再换船到印度和中国。货物需要经过意大利、阿拉伯、拜占庭和波斯等地的商人多次转手，才能被运抵西欧。15世纪中叶奥斯曼土耳其帝国兴起，先后占领小亚细亚和巴尔干半岛，控制传统商路，对过往商品征收重税，使运抵西欧的货物不仅量少，而且比原价高8～10倍。于是，西欧的商人、贵族，迫切希望另辟一条绕过地中海东岸直达中国和印度的新航路。

15世纪时，科学技术的提高和地理知识的进步，使远洋航行成为可能，为开辟新航路创造了必要的条件。当时的欧洲人已能制造多桅快速、载重数百吨甚至千吨适宜远航的大船。我国发明的指南针，经阿拉伯人之手于14世纪传入欧洲，已被普遍应用于航海事业。中国、印度和阿拉伯人的航海成就，有助于欧洲人开辟直达东方的新航路。1405—1433年间，中国明朝伟大的航海家郑和率领庞大船队七下西洋，先后访问亚、非30余国和地区，最远抵达今东非肯尼亚的马林迪，并有完整的航海图，成为世界航海史上的壮举。1488年，葡萄牙航海家迪亚士最早探险至非洲最南端好望角的莫塞尔湾，15世纪末，葡萄牙人达·伽马(Vasco da Gama)在此基础之上，开辟了绕道非洲南端的好望角直达印度的新航路。

葡萄牙人在非洲西海岸的航行和扩张，促使西班牙人积极寻找另一条通往东方的新航路。他们资助哥伦布一行从欧洲向西航行，结果在1492年到达美洲，开辟了通往美洲的新航路。哥伦布虽然开辟了通往美洲的新航路，却没有到达富庶的东方，也没有给西班牙立刻带来可观的财富，而达·伽马开辟直通印度的新航路后，却给葡萄牙带来惊人的利润。西班牙当局对此忌羡不已，希望也能找到一条直通东方的新航路，继续支持远洋探险活动。1519 年 8 月，麦哲伦率领一支由 5 艘海船、234 人组成的船队开始首次环球航行；1521 年 4 月麦哲伦死后，他的同伴们以埃尔卡诺为首继续航行；1522 年 9 月 6 日，他们返抵西班牙，终于完成了历史上首次环球航行。当时，船上只剩下 18 人，他们已经极度疲劳衰弱，就是原来认识他们的人也分辨不出来了。他们运回来数量十分可观的香料，一把新鲜的丁香可以换取一把金币，用香料换取金钱，不仅能弥补探险队的全部耗费，而且还挣得一大笔钱。

这些远洋活动促进了地球上各大洲之间的沟通，并随之形成了众多新的贸易路线。伴随着新航路的开辟，东西方之间的文化、贸易交流大量增加。在整个 17 世纪，荷兰是世界上最强大的海上霸主，因此，被称为"海上马车夫"。荷兰的商船吨位占当时欧洲总吨位的 3/4，拥有 1.5 万艘商船，几乎垄断了海上贸易。挪威的木材、丹麦的鱼类、波兰的粮食、俄国的毛皮、东南亚的香料、印度的棉纺织品、中国的丝绸和瓷器等，大都由荷兰商船转运，经荷兰商人转手销售。当时的阿姆斯特丹是国际贸易的中心，港内经常有 2000 多艘商船停泊。但是，"海上马车夫"的好景不长，从 17 世纪中叶，英荷便在各大海洋展开了海上争霸战，经历三次英荷战争最终以荷兰的惨败而告终。荷兰从此一蹶不振，英国则取代了它的地位，成为海上贸易的霸主，并建立了殖民地遍及世界的"日不落帝国"。

专题十：蒸汽机车的发明
——铁路运输时代的到来

18 世纪，英国最先开始工业革命，随着蒸汽机的发明和大量使用，人类开始进入铁路运输的时代。1825 年 9 月 27 日，世界上第一条行驶蒸汽机车的永久性公用运输设施、英国斯托克顿通往达灵顿的铁路正式通车了。在盛况空前的通车典礼上，由机车、煤水车、32 辆货车和 1 辆客车组成的载重量约 90 吨的"旅行"号列车，由设计者斯蒂芬森亲自驾驶，上午 9 点从伊库拉因车站出发，下午 3 点 47 分到达斯托克顿，共运行了 31.8 公里，如图 1-5 所示。

图 1-5　斯蒂芬森和他的蒸汽机车

斯托克顿——达灵顿铁路的正式开业运营，标志了近代铁路运输业的开端。斯蒂芬森说："我深信一条可以使用我的蒸汽火车头的铁路，效果远较运河为佳。我敢打赌，我的蒸汽机车在一条长长的良好铁路上，每天可以运输 40～60 吨货物行驶 100 公里路程。"铁路以其迅速、便利、经济等优点，深受人们的重视，修筑铁路成为最热门、最时髦的事情，铁路建设在英国、欧洲和北美洲迅速展开。19 世纪 50 年代是英国铁路修建的高潮时期，1880 年主要的线路基本完成，1890 年全国性铁路网已形成，路网总长达 32 000 公里。

美国于 1830 年 5 月 24 日实现第一条铁路建成通车，全长 21 公里。19 世纪 50 年代，筑路规模扩大，1869 年 5 月 10 日，美国近代工业化历史上具有划时代意义的第一条横贯北美大陆的中央太平洋铁路和联合太平洋铁路建成通车。这一壮举宣告了美国大陆在经济运行上开始连成一体，推动美国成为联结太平洋和大西洋的经济大国。在 1869 年美国中央太平洋铁路修通之前，美国东西部被崇山峻岭、浩瀚沙漠重重阻碍，没有一条便利的交通线路。巴拿马运河也没有开通，美国人从纽约到旧金山需要乘船绕行南美洲合恩角，最短的时间也要六个月。地理和交通的原因使得西部成了美国相对独立的地区，不仅经济发展受到影响，也成为国家稳定统一的隐患。在中央太平洋铁路建成以前，美国东部已经有了非常密集的铁路交通网，但在密西西比河以西几乎是一片空白。

中央太平洋铁路的开通使美国从一个只在名义上存在的国家，变成了一个真正完整的国家，美国经济发展开始进入狂飙时期。法国著名科幻小说家儒勒·凡尔纳(Jules Gabriel Veme)在他的《八十天环游地球》一书中也提到了这段铁路修建的意义：如果没有它，八十天环游地球的梦想永远只是梦想而已。过去，从纽约到旧金山最顺当也要走六个月，而铁路建成后只需要七天。此后从 1850 到 1910 年的 60 年间，美国共修筑铁路 370 000 余公里，平均年筑路 6000 余公里。1887 年筑路达 20 619 公里，创铁路建设史上的最高记录。1916 年，美国铁路营业里程达到历史上的最高峰，共 408 745 公里。

专题十一：镖局

——最早的第三方物流

第三方物流(Third-Party Logistics，3PL)，是相对"第一方"发货人和"第二方"收货人而言的，它既不属于第一方，也不属于第二方。它是指生产经营企业把原来属于自己企业的物流活动，以合同的方式委托给第三方物流服务企业。追溯历史，我国古代的镖局和现代的第三方物流有很多相似之处。

明末清初是中国封建社会的经济繁荣期，也是中国资本主义萌芽时期。商品经济得到了进一步的发展，产生了商品的流通，而商品尤其是贵重商品的流通需要安全保障与准时运抵，但当时的驿站是专门为朝廷服务的，对于民间的一些商业往来并没有一个安全的保障机构，于是镖局应运而生。镖局最早的时候叫镖行，是受人钱财，凭借武功，专门为人保护财物或人身安全的机构。旧时交通不便，客旅艰辛不安全，便有镖户走镖，是镖局保镖的雏形。随着社会生活日益复杂，镖局承担的工作也越来越广泛，不但对一般私家财物承接保送，地方官上缴的饷银亦靠镖局运送。由于镖局同各地都有联系或设有分号，一些汇款业务也由镖局承当。

当时押送的路线有两种：一种是水路，一种是陆路。镖车是当时镖局走镖时的重要交通工具。镖车有很多种，使用何种镖车通常由运送的货物决定。最常用的镖车叫独轮镖车。它的特点是只有一个车轮，这样的车子走起路来平衡不好掌握，但走崎岖不平的山路比较方便。上面通常插有三角形小旗，小旗上的字儿代表总镖头的姓，在走镖的过程中，当劫镖的人看到旗子上的字就会知道是谁保的镖，就不一定敢乱劫，因为有些镖师是江湖上出了名的武林高手，个个身怀绝技。镖箱大多是榆木疙瘩制作的，本身重七八十斤。锁采用了最先进的防盗暗锁，在当时只有大掌柜和二掌柜两把钥匙并起来才可以打开，能起到防止监守自盗的作用。

传统镖局和第三方物流企业是不同历史时代的产物，镖局作为一个古老的行当，在中国历史上生存了长达 500 年之久。由于社会发展的需要，新兴的镖局——第三方物流企业出现了，并且不断发展壮大。

专题十二：驼峰航线
——世界航空运输史上的奇迹

1942 年 5 月至 1945 年 8 月，在中国云南和印度之间，出现了一条堪称世界奇迹的国际战略空运通道——驼峰航线。这条航线西起印度的阿萨姆邦，向东横跨喜马拉雅山、高黎贡山、萨尔温江、怒江，终到我国的云南高原和四川盆地。1942 年 5 月由于日军切断了滇缅公路的国际运输，这条航线成为支撑中国反法西斯战争的最后通道，如图 1-6 所示。

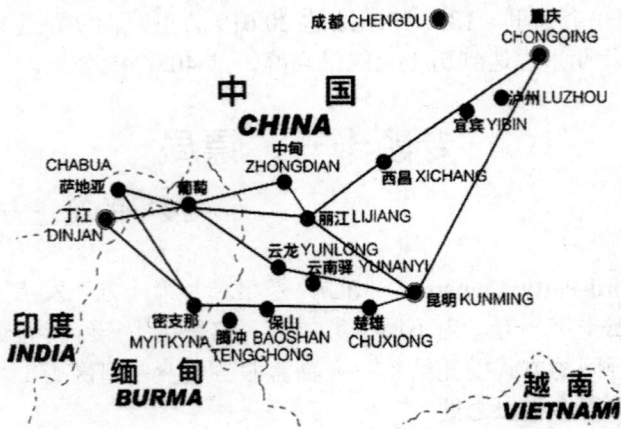

图 1-6　驼峰航线

当时受飞机性能的限制，飞机只能在延绵起伏的高山峡谷的峰与峰的低凹处之间穿行，"驼峰航线"由此而得名。"驼峰航线"所经地区，由于气候恶劣多变，强气流、低气压经常交替出现，飞机在飞行时随时面临着坠毁和撞伤的危险，而且还要随时提防日本飞机的围追堵截，飞行十分困难，因此飞行员们又把它称为"死亡航线"。在这条航线上，美军共损失飞机 1500 架以上，牺牲优秀飞行员近 3000 人，损失率超过 80%。而前前后后总共拥有 100 架运输机的中国航空公司，竟然先后损失飞机 48 架，牺牲飞行员 168 人，损失率超过 50%。第二次世界大战结束后，美国《时代周刊》这样描述驼峰航线：在长达 800 余公里的深山峡谷、雪峰冰川间，一路上都散落着这些飞机碎片，在天气晴好的日子里，这些铝片会在阳光照射下熠熠发光，这就是著名的"铝谷"。

三年间，"驼峰航线"上共投入飞机 2000 余架，几乎每天都有近 100 架次飞机穿梭往返在白雪皑皑的喜马拉雅山和横断大山上空，为中国抗日战场运送物资 80 余万吨。由中国运出的是出口换汇物资，如钨、锡、桐油、茶叶、猪鬃、水银、生丝等，由印度运回的是武器弹药、飞机零件、汽油、钢材、药品等所有中国抗战所急需的物资。不计成本、不计代价、不分昼夜、24 小时换人不换机地飞行。驼峰航线是第二次世界大战期间持续时间最长、飞行条件最凶险的空中运输线，它的开辟是两国飞行人员共同创立的世界航空史上的英雄壮举。

专题十三：从军事到经济
——现代物流业的产生

虽然人类社会从有了经济活动开始就有了物流，但是当时人们对物流没有系统的认识和研究。1915 年，美国学者阿奇·萧(Arch Shaw)在《市场流通中的若干问题》一书中最早使用了"物流"一词，并指出"物流是与创造需求不同的一个问题"，并提到"物资经过时间或空间的转移，会产生附加价值"。由于在 20 世纪初，西方一些国家已出现生产大量过剩、需求严重不足的经济危机，企业相应地提出了销售与物流的问题，此时的物流主要是指销售过程中的物流(Physical Distribution)。在第一次世界大战的 1918 年，英国犹尼里佛的利费哈姆勋爵成立了"即时送货股份有限公司"。其公司的宗旨是在全国范围内把商品及时送到批发商、零售商以及用户的手中，这一举动被一些物流学者誉为有关物流活动的早期文献记载。

第二次世界大战期间，美英盟军为保证全球作战的需要，对军用物资的运输、补给、调配等进行全面管理，为战争的胜利提供了物资保障。从 1944 年 6 月 6 日至 7 月初，在诺曼底登陆行动中，美国、英国、加拿大的百万军队，17 万辆车辆，60 万吨各类补给品，成功地渡过了英吉利海峡，如图 1-7 所示。那时的物流是作为军事科学的一个分支，它主要强调军队在作战时，如何能以最快的速度、最高的效率、安全无误地将武器、弹药以及军队吃、住、行等所有必需物资按要求供给前线。要做到这一点，就必须要有一整套科学的军队后勤供应管理系统，包括军需品的订货、生产计划制订、购进、库存管理、配给、运输以及通信等。第二次世界大战后，军事后勤管理的思想被广泛运用到工业和商业领域，并用英文的"Logistics"(后勤物流)作为工业生产和销售的物流管理，"Logistics"就成了物流的代名词，并延续和流传于世界各国。这样就极大地促进了军事后勤思想的发展，通常被称为企业物流。从概念上来说，企业物流经历了从 Physical Distribution(实物分销)到 Logistics(后勤物流)两个重要时期，Physical Distribution 只是指销售环节的物资流动，作为市场营销的一个附属环节而存在，Logistics 则涵盖了供应、生产、销售的企业全部运营环节，物流作为一个行业和学科被真正地独立出来。

图 1-7　诺曼底登陆场上繁忙的物资运输车队

☕ **轻松一刻**

　　"你的百万大军哪里去了？"1960 年来华访问的英国陆军元帅蒙哥马利问一年前刚刚被特赦的杜聿明。杜聿明指了指坐在对面的陈毅元帅："都送给他了。"

　　"拥有百万军队的统帅，是不应该被打败的！"蒙哥马利也许不曾想到，淮海战役时，500 多万人组成的支前大军用 88 万辆小轮车，向前线送去了足够一个中等城市吃上 5 年的 9.69 亿斤粮食。"淮海战役的胜利是解放区人民用小车推出来的。"陈毅曾这样感慨。

专题十四：从物流黑大陆到第三利润源
——揭去物流那层神秘的面纱

　　虽然物流作为一个产业已从销售环节中独立出来，但人们对它的价值和重要性仍认识得比较模糊，物流管理未能得到应有的重视。1962 年，著名的管理学家彼得·德鲁克(Peter F. Drucker)在《财富》杂志上发表了题为"经济的黑色大陆"一文，他将物流比作"一块未开垦的处女地"，强调应高度重视流通及流通过程中的物流管理，这一观点为人们点亮了开启物流宝藏的明灯。

　　后来日本早稻田大学西泽修教授提出"物流冰山说"，他专门研究物流成本时发现，现行的财务会计制度和会计核算方法都不可能掌握物流费用的实际情况，因而人们对物流费用的了解是一片空白，甚至有很大的虚假性，他把这种情况比作"物流冰山"。冰山的特点是大部分沉在水面之下，而露出水面的仅是冰山的一角。物流便是一座冰山，其中沉在水面以下的是我们看不到的黑色区域，而我们看到的不过是物流的一部分。西泽修用物流成本的具体分析论证了德鲁克的"黑大陆"说。事实证明，物流领域的方方面面对我们而言还是不清楚的，在黑大陆中和冰山的水下部分正是物流尚待开发的领域，也正是物流的潜力所在。

为了更好地解释物流所蕴含的巨大价值，1970 年，西泽修教授在其著作《流通费用——不为人知的第三利润源泉》中，认为物流可以为企业提供大量直接或间接的利润，是形成企业经营利润的主要活动。非但如此，对国民经济而言，物流也是国民经济中创利的主要领域，后来"第三利润源"逐渐在其他国家流传开。西泽修教授在《物流——降低成本的关键》一书中，就三大利润源的问题做过系统归纳。

在西方发达国家的经济发展过程中，最初企业是把降低人工和原材料的成本当作是扩大利润的一个最重要的来源，这个时候，企业把降低人工和原材料作为第一利润源泉。当人工和原材料成本降低到一定程度以后，扩大利润空间的源头可能就转移到市场销售上，扩大市场销售可以获取更多的利润，即第二利润源泉。当上述两大利润源泉都有些枯竭时，物流充当了第三利润源的作用。西泽修教授总结了"第三利润源理论"，并认为这个利润源"是对物流潜力及效益的描述"，合理组织产供销环节，将货物按必要的数量以必要的方式，在要求的时间内送到必要的地点，让每一个要素、每一个环节都做到最好，就能为企业创造新的价值。

从物流黑大陆到第三利润源，物流那层神秘的面纱已被揭去，等待着人们的是如何去开发蕴含在物流当中的巨大宝藏。

专题十五：从个人赛到团体赛

——物流发展进入供应链时代

供应链起源于 20 世纪 80 年代，1980 年，美国俄亥俄州辛辛那提市的日用品制造商宝洁公司，接到密苏里州圣路易市一家超级市场的要求，说能不能自动补充货架上的帮宝适牌尿布，不必每次再经过订货的手续，只要货架上一卖完，新货就到，可以每月付一张货款的支票。宝洁的经理经过筹划，把两家公司的计算机连起来，做出一个自动补充纸尿布的信息系统，结果试用良好，两家公司不必再为"尿布"发愁了。由此，供应链管理也就正式开始了。

一条完整的供应链应包括供应商(原材料供应商或零配件供应商)、制造商(加工厂或装配厂)、分销商(代理商或批发商)、零售商(大卖场、百货商店、超市、专卖店、便利店和杂货店)以及消费者。打个形象的比方，我们可以把供应链描绘成一棵枝叶茂盛的大树：制造厂商构成树干，分销商是树枝，满树的绿叶、红花是零售商和最终用户，在树干与树枝、树枝与花叶的一个个节点上，蕴藏着一次次的物流，遍体相通的脉络便是信息管理系统。

供应链上各企业之间的关系与生物学中的食物链类似。在"草——兔子——狼——狮子"这样一个简单的食物链中，如果我们把兔子全部杀掉，那么草就会疯长起来，狼也会因为兔子的灭绝而饿死，连最厉害的狮子也会因为狼的死亡而慢慢饿死。可见，食物链中的每一种生物之间都是相互依存的，破坏食物链中的任何一种生物，势必导致这条食物链失去平衡，最终破坏人类赖以生存的生态环境。同样的道理，在供应链"企业 A——企业 B——企业 C"中，企业 A 是企业 B 的原材料供应商，企业 C 是企业 B 的产品销售商。如果企业 B 忽视了供应链中各企业的相互依存关系，而过分注重自身的发展，即使生产产品的能力不断提高，但如果企业 A 不能及时向企业 B 提供生产原料，或者企业 C 的销售能力跟不上企业 B 产品生产能力的发展，那么企业 B 依旧会在和竞争对手的比拼中处于下风。

因此企业要在激烈的市场竞争中占据先机，就不能再像原先那样"单打独斗"，而要和同样出色的企业"协同作战"。供应链管理打破了企业的边界，在信息技术的帮助下将供应链上的各个企业连接在一起，形成完整的业务链。它加强了企业间的合作关系，建立了企业间的业务联盟，共同追求利润的最大化。企业之间的竞争也由个人赛转为团体赛，团队的配合越默契，供应链的效率就越高，物流的发展也从只关注企业自身的物流转变为关注供应链上所有企业间的物流。

● 轻松一刻

1987 年，宝洁公司把"尿布"系统扩大，向他们下游的经销商推销这个系统，以便让双方获利。当时，有两家大型百货零售连锁店试用，一家是沃尔玛，一家是凯马特。沃尔玛在 1988 年买了宝洁的"尿布"系统，然后充分运用该系统的特点，使企业发展到今天，已经成为拥有数千家大卖场的全球最大的百货零售企业。而另一家凯马特，在试用了宝洁的系统以后，就没再继续使用，最后企业申请破产保护，可见"成也尿布，败也尿布"。(这里的"尿布"指的是供应链管理。)

专题十六：从第三方物流到第七方物流
——物流分工不断细化的产物

随着工业化的进程和社会分工的细化，生产厂家和商家是物流第一方；消费者是物流的第二方；以运输、仓储起家的物流服务企业成为物流的第三方，成为专业性的物流企业，为生产、销售企业和消费者提供物流服务。从功能的角度看，第三方物流企业包括运输企业、仓储企业、流通加工企业和货运代理企业等。

据美国权威机构统计，通过第三方物流公司的服务，企业物流成本下降了 11.8%，物流资产下降了 24.6%，办理订单的周转时间从 7.1 天缩短为 3.9 天，存货总量下降了 8.2%。据调查，在西方发达国家，第三方物流已经是现代物流产业的主体。欧洲的大型企业使用第三方物流的比例高达 76%，而且 70% 的企业不只使用一家。在欧洲，第三方物流所占的市场份额，德国为 23%，法国为 27%，英国为 34%。美国、日本等国家使用第三方物流的比例都在 30% 以上。目前，我国的第三方物流在物流市场中所占的比例仅为 10%，不仅规模小，而且高度分散，在 1 万至 1.5 万家第三方物流企业中，没有一家企业能占到 2% 以上的市场份额，大多数物流公司的服务范围有限，无法满足客户的一体化物流服务需求。

第四方物流是 1996 年安达信咨询公司(2001 年更名为埃森哲公司)率先提出的，是专门为第一方、第二方和第三方提供物流咨询服务的公司。第四方物流公司以其知识、智力、信息和经验为资本，为物流客户提供一整套的物流系统咨询服务，它并不需要从事具体的物流活动，更不用建设物流基础设施，只是对整个供应链提供整合方案。所以第四方物流与第三方物流相比，是一个供应链集成商，其服务的内容更多，覆盖的地区更广，对从事货运物流服务的公司要求更高，要求它们必须开拓新的服务领域，提供更多的增值服务。

第五方物流目前还没能形成完整而系统的认识，有人认为它是从事物流人才培训的一方，也有人认为它应该是专门为其余四方提供信息支持的一方，是为供应链物流系统优化、供应链资本运作等提供全程物流解决方案服务的一方，严格来讲，它属于电子商务或信息中介企业。

第六方物流是一个新的物流概念，由中国国际海运网 CEO 康树春首次提出，它是以电子网络为服务平台，将产业链和第三方物流进行资源组合和系统集成，为用户提供全程物流操作的服务方式。

第七方物流的概念由香港鑫亚集团股份有限公司董事长张长德先生(David Zhang) 在总结其 18 年创业经历的基础上于 2009 年 3 月 24 日提出，是指将物—货币—物的货币交易模式，变化为利用金融信息化交易手段与方式方法，而成为物—物交易模式。

资料柜

登录 http://pan.baidu.com/s/1jGuVneu，可以浏览及下载资料《全球著名物流公司(第三方物流企业)》。

视频资源

登录 http://pan.baidu.com/s/1dD05cSp，可以下载关于德国邮政公司的视频。
登录 http://pan.baidu.com/s/1qWnXycG，可以下载关于马士基公司的视频。
登录 http://pan.baidu.com/s/1sjO3iyx，可以下载关于日通物流公司的视频。

专题十七：电子商务与现代物流
——相互促进，共同成长

随着网络技术和电子技术的发展，电子中介作为一种工具被引入生产、交换和消费中，人类进入了电子商务时代。电子商务的出现，最大限度地方便了最终消费者，他们不必再跑到拥挤的商业街，一家又一家地挑选自己所需的商品，只需要坐在家里，在互联网上搜索、查看、挑选，就可以完成他们的购物过程。商务部数据表明，2011 年我国电子商务交易规模接近 6 万亿元，在 GDP 所占比重已经上升到 13%；2007 年至 2010 年，电子商务交易额年均增长均超过 30%。到 2011 年年底，我国网络购物用户规模达到 1.94 亿人，网络零售总额已经超过 7500 亿元，在社会消费品零售总额中所占比例超过 4%。

电子商务中的任何一笔交易，都包含着几种基本的"流"，即信息流、商流、资金流、物流。例如，一个单位搬进新办公地点后要购买几台空调，这个单位可以在网上达成交易，这就产生了商流，由此产生资金流(银行资金划转)和信息流(送货具体地址、时间)。可是只完成这"三流"并不是完结，还必须将空调送至买主手中，即运输、配送、装卸搬运等物流过程，这就属于物流的问题。试想，如果他们所购的商品迟迟不能送到，或者商家所送并非自己所购，那消费者还会选择网上购物吗？因此缺少了现代化的物流，电子商务给消费者带来的购物便捷就等于零，消费者必然会转向他们认为更为安全的传统购物方式而放弃网上购物。

如果说电子商务的发展离不开物流的支持，那么现代物流的高速发展也得益于电子商务的推动。近几年来，我国快递保持了年均 20%以上的增长速度，年产值在 400 亿元以上。目前快递已是我国发展最快的业务之一，已经是邮政行业的重要组成部分。其中，个人网上购物销售额已经占到社会商品零售额的一个百分点，由此带动的包裹快递量约 5 亿件，快递业务依托电子商务平台发展的前景不可估量。

专题十八：物联网的兴起
——现代物流进入智能时代

物联网(The Internet of Things)是指通过射频识别(RFID)、红外感应器、全球定位系统、激光扫描器等信息传感设备，按约定的协议，把任何物品与互联网连接起来，进行信息交换和通信，以实现智能化识别、定位、跟踪、监控和管理的一种网络。物联网的概念从产生至今已有十余年，伴随着技术的不断完善，产业链的逐步成熟，以及国家政府对物联网产业的关注和支持力度的不断提升，物联网已经逐渐走向成熟应用阶段。

物流业是物联网很早就进入的行业之一，很多先进的现代物流系统已经具备了信息化、数字化、网络化、集成化、智能化、柔性化、敏捷化、可视化、自动化等先进技术特征。当前，物联网发展正推动着中国智能物流的变革，中国智能物流将迎来大发展的时代。例如在物流过程的可视化智能管理网络系统方面，采用基于 GPS 卫星导航定位技术、RFID 技术、传感技术等多种技术，在物流过程中可以实现车辆定位、运输物品监控、在线调度与配送可视化管理。目前，全网络化与智能化的可视管理网络还没有，但初级的应用比较普遍，如有的物流公司或企业建立了 GPS 智能物流管理系统；有的物流公司建立了食品冷链的车辆定位与食品温度实时监控系统等，初步实现了物流作业的透明化、可视化管理。

目前，很多公司已经开始积极探索物联网在物流领域应用的新模式。例如，有的公司在探索给邮筒安上感知标签，组建网络，实现智能管理，并把邮筒智能网络用于快递领域；当当网在无锡新建的物流中心就探索物流中心与电子商务网络融合，开发智能物流与电子商务相结合的模式；无锡新建的粮食物流中心探索将各种感知技术与粮食仓储配送相结合，实时了解粮食的温度、湿度、库存、配送等信息，打造粮食配送与质量检测管理的智能物流体系等。

专题十九：绿色物流
——物流也需要可持续发展

绿色物流从诞生到现在，只有短短十几年的历史。与传统物流相比，绿色物流还很"年轻"。自 20 世纪 70 年代开始，环境问题受到越来越多的关注，几乎融入社会经济的每一个领域中。这其中也包括环境问题对物流行业的影响，绿色物流应运而生。

绿色物流是指以降低对环境的污染、减少资源消耗为目标，利用先进的物流技术规划和实施运输、储存、包装、装卸、流通加工等物流活动。运输过程中的燃油消耗和尾气排放，是物流活动造成环境污染的主要原因之一。因此，要想打造绿色物流，首先要对运输线路进行合理布局与规划，通过缩短运输路线，提高车辆装载率等措施，实现节能减排的目标。另外，还要注重对运输车辆的养护，使用清洁燃料，减少能耗及尾气排放。

绿色仓储要求仓库布局合理，以节约运输成本：布局过于密集，会增加运输的次数，从而增加资源消耗；布局过于松散，则会降低运输的效率，增加空载率。仓库建设前还应当进行相应的环境影响评价，充分考虑仓库建设对所在地的环境影响。例如，易燃易爆商品仓库不应设置在居民区，有害物质仓库不应设置在重要的水源地附近。

包装是物流活动的一个重要环节，绿色包装可以提高包装材料的回收利用率，有效控制资源消耗，避免环境污染。例如，现在我国比较严重的白色污染问题，就是不可降解的塑料包装随地遗弃引起的。另外根据实际需要对废弃物进行搜集、分类、加工、包装、搬运、储存等，然后分送到专门处理的场所后形成的废弃物物流可以最大限度地保护环境、节约资源。

绿色物流是现代物流可持续发展的必然，物流业作为现代新兴产业，有赖于社会化大生产的专业分工和经济的高速发展。而物流要发展，一定要与绿色生产、绿色营销、绿色消费等绿色经济活动紧密衔接。

思考题

1. 古代物流和现代物流有哪些异同？

2. 从秦驰道到京杭大运河，从丝绸之路到郑和下西洋，我国古代的物流发展曾经盛极一时，为什么到后来却落后了呢？

3. 眼下有些个体户买辆运输车就自称为物流公司，对吗？

4. 假设你在淘宝网上购买了一件衣服，试列举在这个购物过程中存在的物流、商流、信息流和资金流。

5. 物联网和互联网有哪些联系和区别？

案例讨论题

海尔集团创立于1984年，经过17年的艰苦努力，已发展成为在海内外享有较高美誉的大型国际化企业集团。海尔产品从1984年的单一的冰箱发展到拥有白色家电、黑色家电、米色家电在内的86大门类13 000多个规格的产品群，并出口到世界160多个国家和地区。17年来，海尔营业额以年均78%的增长速度发展。2001年，实现全球营业额602亿元，实现出口创汇4.2亿美元，品牌价值已达436亿元，成为中国家电第一品牌。

海尔首席执行官张瑞敏说，在网络经济时代，一个现代企业如果不搞现代物流，就没有生路。海尔搞现代物流的出发点是使企业每时每刻都对市场做出最快的反应。为此，必须对企业的整个流程进行一次"革命"，即"业务流程再造"。也就是说，物流不仅是"精简车辆和仓库、业务外包、多拉快运"，还必须把改革的触角引申到生产领域。海尔集团从1999年年初开始物流改革，首先选择库存资金占用比较大的零部件作为突破点，建立了现代化的立体库，开发了库存管理软件。之后，海尔发现车间、分货方和经销商的管理水平跟不上，又向他们推荐标准的托盘和塑料周转箱，带动了机械化搬运和标准化包装。这些完成后，海尔发现检验是一个薄弱环节，检验时间长，造成大量库存积压，于是又把检验集中起来，尽量分散到分供方和第三方仓库去检验。这样企业中的物流就没有检验这一环节，减少了大量的库存，库存资金也大大减少了。

现在，海尔构建起了一个快速反应的现代物流体系，这个体系一头面对消费者(全球用户资源网)，一头面对分供方(全球供应链资源网)，有 26 万种采购物料每天都在这样一个体系中高速运转，按照消费者的指令要求和预付款，最终变成消费者手中的产品。目前，海尔接到客户的订单，在 10 天内即可完成从采购、制造到配送的全过程。而一般企业完成这个过程则需要 36 天。下面列出了海尔的一位客户从哈尔滨工贸公司发出一份 150 台洗衣机订单到接收的全部执行过程。

8 月 7 日上午 9:00

物流推进本部——收到订单信息。哈尔滨工贸公司需要 150 台 XQB48-62 型洗衣机，要求 8 月 8 日完工，8 月 11 日到货。

物流订单执行事业部——负责物料的采购和配送，将销售订单转化为生产订单。分解结果：共需要 258 种零部件。排查库存，199 种缺货，需采购，并形成 199 份采购订单。

供货基地——得到供货订单。供货商之一海士茂电子塑胶公司物流车队当天运到了指定位置。

洗衣机产品本部——安排生产任务，启动生产线。安排一分厂 3 号生产线生产，将各种物料需要的具体时间和放置工位号等信息传递给物流配送部门。

洗衣机事业部一分厂 3 号生产线开始生产。生产线每隔几米设一个工位，标有号码、摆放物料的种类、摆放时间和周期以及责任人等。

8 月 7 日下午 2:00

海尔国际物流中心(高 22 米、面积 7200 平方米、9 名操作工)——得到供货信息。一辆辆无人驾驶激光导引车将这批货所需的电线、皮带、稳压块等 59 种已有物料下架运出。4 个小时后，物料送达车间。

8 月 8 日上午 10:00

洗衣机事业部一分厂——完成生产任务，交货。一辆辆写着"海尔物流"字样的大货车已经开到了生产线的终端。包装操作工用红外线扫描仪往成品洗衣机的条形码上一扫，就标志着 150 台洗衣机退出了制造系统，随即装车。

分拣物流事业部——输出发货单。打印出这批洗衣机的发货单。

8 月 11 日上午 10:00

哈尔滨工贸公司洗衣机产品线经理——接收产品。150 台洗衣机已经分别进入哈尔滨、牡丹江、齐齐哈尔的三个商场，与消费者见面。

海尔就是这样，通过三个 JIT：JIT 采购(需要多少，采购多少)、JIT 送料(海尔立体仓库的零部件直接送到生产线，送料时间不超过 4 小时)、JIT 配送(海尔在全国建立物流中心系统，无论在全国什么地方，都可以送货)摸索出一套海尔独有的物流管理模式，创立了海尔独特的物流体系。

目前，海尔正努力使海尔的企业物流最终成为海尔的物流企业。海尔集团的高层管理者表示，海尔已经具备整合全球资源的能力，发展第三方物流已经纳入公司发展战略。海尔的第三方物流(是指从原材料供应到最终产品销售之间提供全方位物流服务的服务商)已经起步，这是一个新兴产业，发展空间极为广阔。海尔提出在物流服务中也要做到三个三分之一，即三分之一服务本企业、三分之一服务国内其他企业、三分之一服务跨国公司。海尔物流服务也要像海尔产品那样走向世界。

讨论：

1. 物流为什么会成为海尔战略调整中的首选目标？
2. 如何理解海尔的企业物流最终成为海尔的物流企业？

实训题

从互联网上查找和收集相关资料，完成一篇 2000 字以上的调查报告，具体内容如下。

(1) 我国物流企业的发展现状。
(2) 我国与世界先进物流企业的差距。
(3) 提出一些关于我国物流企业如何提高水平、重塑昔日辉煌的建议。

第二单元　运输

——物流的动脉

📷 单元导读

你知道运输和我们的生活有什么关系吗？你知道一共有哪些运输方式，它们的特点又各是什么吗？你知道最高、最长、最快的铁路在哪里吗？你知道最大的汽车、货轮、飞机又是什么吗？所有这些问题的答案你都能从这一单元当中找到。通过本单元的学习，你可以了解常见的运输方式、运输工具以及怎样运输才是最合理的，从而为进一步学习涉及运输的相关课程打下良好的基础。

专题一：　"车轮子"影响"菜篮子"

——运输的重要性

根据我国国家标准《物流术语》的定义，物流是物品从供应地到接收地的实体流动过程，根据实际需要，将运输、储存、装卸搬运、包装、流通加工、配送、信息处理等基本功能实施有机地结合。运输虽然只是物流中的一项功能，但是其在整个物流活动中所起的作用很大，从发展历史来看，运输从物流活动产生开始便已存在，它和仓储构成了物流的两大支柱，可以说没有运输就没有物流。从现实来看，虽然物流的功能不断地得到扩展，运输仍然是物流各环节中最主要的部分。因为商品如果不通过运输，送至消费者手中进行消费，等于该商品的使用价值没有被利用，商品的价值无法实现，生产也就失去了意义。有句俗话说得好："要想富，先修路。"这就是运输创造的空间价值。

一切物体的移动都离不开运输环节，运输合理化在很大程度上影响着物价的稳定和百姓的生活水平。以百姓最为关心的菜价为例，有些菜在流通过程中消耗的成本，甚至超过了蔬菜本身的收购价。像山西运到北京的圆白菜，在当地的收购价是每斤 0.15 元，运费每吨 500 元左右，加上冷库费用、人工费用，成本平摊到每斤菜上是 0.3 元，达到了菜价的两倍。国内最大的土豆产区内蒙古乌兰察布旗距北京不到 400 公里，但这里的大批土豆要"进京"，竟需绕到 800 多公里外的山东寿光市，然后再"旅行"约 500 公里进京，而从路途更远的甘肃、内蒙古甚至海南运来的外地菜，运输成本就更高。蔬菜从收购到批发一般加价 25%左右，但从批发市场到城内的零售市场，加价往往超过 50%，其中少数菜品的价格甚至翻倍。因为城内运输难，只有面包车能装菜，而且还能在市内道路上行驶。这些面包车一旦被交警发现会罚款一两百元，理由是客货混装。据介绍，一家蔬菜公司每年遇到路政部门查处的概率为两三次，罚款金额为 10 万元左右，卖菜成本高，这使得"最后一公里"菜价上涨的幅度最大。

为了平抑菜价，对于鲜活农产品运输，我国从 1995 年就开始建设"绿色通道"，近年来不断完善相关政策，增加免费通行路段和免费品种。自2010年12月起，全国所有收费公路(含收费的独立桥梁、隧道)全部纳入鲜活农产品运输"绿色通道"范围，免收相关车辆的通行费。"绿色通道"不收费，货主的运费降低了，菜价也便宜了。一辆装载20多吨货物的货车，从海口至北京，过海轮渡费约1200元，高速公路过路费约4800元，油费约6000元。如果运的是鲜活农产品，过路费全免，能省不少钱。而从甘肃省武威市运输洋葱到西宁，自从开通了"绿色通道"，武威、民勤、古浪、永登、兰州等路口都不收费，一辆装载37吨洋葱的货车，省下的过路费分摊到每斤蔬菜上能节省0.3元左右。交通部有关负责人介绍，据不完全统计，2010年，全国"绿色通道"减免通行费120亿元，久违的1元菜也再现市场。

"车轮子"影响"菜篮子"只是运输重要性的一个缩影，据统计，运输成本一般占物流总成本的35%～50%，占商品价格的4%～10%。而我国2010年物流成本在GDP中的占比高达18%，所以运输对国计民生的重要性不言而喻。

专题二："大运输"与"小运输"
——运输、配送和搬运

在国家标准《物流术语》中，运输是指用设备和工具，将物品从一地点向另一地点运送的物流活动，其中包括集货、分配、搬运、中转、装入、卸下、分散等一系列操作。这里的运输，既包括长途运输或干线运输，又包含配送和装卸搬运，所以是一个大运输的概念，即广义的运输；而我们平时所说的运输仅仅是指较长距离的运输，即小运输或狭义的运输。

配送和搬运虽然也涉及物品的运送，但两者与运输又有所区别。首先，从运输距离来看，运输属于干线运输，距离较长，一般是跨地区运输，配送是支线运输，是从物流网点到用户的运输活动，主要在某一区域内；搬运是局部场地的内部移动，距离最短。其次，从运输的货物来看，运输所运送的是少品种、大批量货物；配送和搬运所运送的是多品种、少批量货物。最后，从运输工具来看，运输使用的是大型货车或铁路运输、水路运输等重吨位运输工具；配送时所使用的是小型货车，一般不超过2吨的载重量，还包括电动车、自行车等；而搬运使用的是叉车、小推车、人力等。

为了更好地说明三者的区别，以大家所熟悉的肯德基为例。肯德基产品的主要原料鸡肉、蔬菜、面包等完全由本土供应商供货，少数原料玉米和土豆泥是从美国进口的，供货商会根据各区域肯德基配送中心的订单，将所订原料按时按量送到，这个过程就是运输。因为肯德基在中国有数百家供应商，它们分布得比较分散，所以往往运输距离较长，并且所运送的是少品种(大部分是单一品种)、大批量货物，在运输工具方面为了分摊运输成本，多采用大型货车或铁路运输，部分进口原料还需要通过水路运输。

原料送到肯德基配送中心后，配送中心再将原料运送给该区域内的各个门店，这个过程就是配送。因为在一个区域内，所以运输距离较短，而所运送的是多品种(包括门店日常经营所需的全部原料)、少批量货物，运输工具多采用小型货车。目前，肯德基的各门店都提供送外卖服务，这也是一种配送过程，首先，外卖服务只在门店周边区域，距离不远；

其次，所送商品品种多、数量少；最后，送外卖的运输工具多为电动车等轻便代步工具。

门店收到原料之后需要将原料入库，这个过程就是搬运。因为从货车到仓库，距离很短，所运送的也是多品种、少批量货物(同配送一样)，运输工具是叉车、小推车和人力。其实，当我们每次去肯德基吃饭的时候，取餐的过程也算是一种"搬运"，大家可以想一想是不是这样！

专题三：公路运输
—— "门到门"的运输方式

当我们走在大街上的时候，经常能看见一辆辆运货的车辆呼啸而过，这种运输方式就是最为常见的公路运输。所谓公路运输，是指以公路为运输线，利用汽车等陆路运输工具，做跨地区或跨国的移动，以完成货物位移的运输方式。公路运输是陆上运输的两种基本运输方式之一，也是车站、港口和机场物资集散的重要手段。尤其是在地势崎岖、人烟稀少、铁路和水运不发达的边远和经济落后地区，公路为主要运输方式，起着运输干线的作用。

公路运输也是19世纪末随着现代汽车的诞生而产生的，初期主要承担短途运输业务。第一次世界大战结束后，基于汽车工业的发展和公路里程的增加，公路运输走向发展的阶段，不仅是短途运输的主力，而且进入了长途运输的领域。第二次世界大战结束后，公路运输发展迅速，欧洲许多国家和美国、日本等国已建成比较发达的公路网，汽车工业又提供了雄厚的物质基础，促使公路运输在运输业中跃至主导地位。发达国家公路运输完成的客货周转量占各种运输方式总周转量的90%左右。

公路运输有以下几种常见的类型。

第一，整车运输，是指托运人一次托运货物计费重量3吨以上或不足3吨，但其性质、体积、形状需要一辆汽车运输的运输方式。整车运送的货物通常都是大宗货物，如煤炭、粮食、木材、钢材、矿石等，因为通常是单向运输，所以尽量组织返程货源，提高运输的经济效益。

第二，零担运输，是指当一批货物的重量或容积不满一辆货车时，可与其他几批甚至上百批货物共用一辆货车装运的运输方式，即所谓的"拼车"。零担货物具有一次性托运量小、流向分散、批次较多、品种繁杂等特点，和整车运输相比，零担运输更为常见，但其计划性差、组织工作复杂、单位运输成本较高。

第三，集装箱运输，是指以集装箱这种大型容器为载体，将货物集中装入集装箱内，以便更好地实现货物多式联运和"门到门"运输的一种新型、高效率和高效益的运输方式。

第四，特种货物运输，是指因货物的体积、重量、属性的要求，需要大型或专用汽车运输的运输方式，具体包括长大、笨重货物的运输，危险货物的运输，贵重货物的运输和鲜活易腐货物的运输。

第五，快件货物运输，是指在规定的距离和时间内将货物运达目的地的运输方式，一般从货物受理当日15点起算，运距在300公里内24小时送达，运距在1000公里内48小时送达，运距在2000公里内72小时送达。应托运人的要求，在约定时间内送达的，是特快件货物运输。

公路运输具有以下特点。

1. 可实现"门到门"直达运输

由于汽车体积较小，中途一般也不需要换装，除了可沿分布较广的路网运行外，还可离开路网深入到工厂企业、农村田间、城市居民住宅等地，即可以把旅客和货物从始发地门口直接运送到目的地门口，实现"门到门"直达运输，避免了中转环节，因而货损、货差少。飞机不能开到家里，铁路也不能通到家里，只有公路才能通到家里，这是其他运输方式无法与公路运输比拟的特点之一。

2. 机动灵活，适应性强

由于公路运输网一般比铁路、水路网的密度要大十几倍，分布面也广，因此公路运输车辆可以"无处不到、无时不有"。公路运输在时间方面的机动性也比较大，车辆可随时调度、装运，各环节之间的衔接时间较短。尤其是公路运输对客、货运量的多少具有很强的适应性，汽车的载重吨位有小(0.25～1 吨左右)有大(200～300 吨左右)，既可以单个儿车辆独立运输，也可以由若干车辆组成车队同时运输。

3. 在中、短途运输中，运送速度较快

在中、短途运输中，由于公路运输可以实现"门到门"直达运输，中途不需要倒运、转乘就可以直接将客货运达目的地，因此，与其他运输方式相比，其客、货在途时间较短，运送速度较快。

4. 原始投资少，资金周转快

公路运输与铁路、水路和航空运输相比，所需固定设施简单，车辆购置费用一般也比较低，因此，投资兴办容易，投资回收期短。据有关资料表明，在正常经营的情况下，公路运输的投资每年可周转 1～3 次，而铁路运输则需要 3～4 年才能周转一次。

5. 掌握车辆驾驶技术较容易

与火车司机或飞机驾驶员的培训要求来说，汽车驾驶技术比较容易掌握，对驾驶员的各方面素质要求相对也比较低。

6. 运量较小，运输成本较高

目前，世界上最大的汽车虽然载重达 360 吨左右，但仍比火车、轮船少得多。由于汽车载重量小，行驶阻力比铁路大 9～14 倍，所消耗的燃料又是价格较高的液体汽油或柴油，因此，除了航空运输外，就是汽车运输成本最高了。

7. 安全性较低，环境污染较大

据历史记载，自汽车诞生以来，已经吞掉了 3000 多万人的生命，特别是从 20 世纪 90 年代开始，死于汽车交通事故的人数急剧增加，平均每年达 50 多万人。这个数字超过了艾滋病、战争和结核病人每年的死亡人数。汽车所排出的尾气和引起的噪声也严重地威胁着人类的健康，是大城市环境污染的最大污染源之一。

专题四：公路

——最为密集的运输网络

公路的雏形是土路，最早可以追溯到公元前 3000 年古埃及人为修建金字塔而建设的路，它虽然容易建设但使用寿命较短，雨水的冲刷、车马的碾压会造成路面凹凸不平甚至毁坏。18 世纪中期，英国发生了工业革命，工业的发展迫切需要改善当时的交通运输状况，特别是陆路交通。为此，苏格兰人约翰·马卡丹(John Loudon McAdam)发明设计了"马路"，"马路"是由碎石铺设的，路中央略高而且光滑平坦，这样利于雨水流淌到路边，不影响交通。后来，人们用沥青铺涂在上面，称之为"柏油路"，但大多数人还是习惯叫"马路"。"马路"的出现使得英国陆路运输畅通便利，为英国工业和贸易的迅速发展提供了有力保障。为了纪念设计者马卡丹，人们称这种路为"马路"。

公路按行政等级可分为国家公路、省公路、县公路、乡公路(简称为国、省、乡道)以及专用公路五个等级。一般把国道和省道称为干线，县道和乡道称为支线。国道是指具有全国性政治、经济意义的主要干线公路，包括：重要的国际公路，国防公路，连接首都与各省、自治区、直辖市首府的公路，连接各大经济中心、港站枢纽、商品生产基地和战略要地的公路。国道中跨省的高速公路由交通部批准的专门机构负责修建、养护和管理；省道是指具有全省(自治区、直辖市)政治、经济意义，并由省(自治区、直辖市)公路主管部门负责修建、养护和管理的公路干线；县道是指具有全县(县级市)政治、经济意义，连接县城和县内主要乡(镇)、主要商品生产和集散地的公路，以及不属于国道、省道的县际间公路，由县、市公路主管部门负责修建、养护和管理；乡道是指主要为乡(镇)村经济、文化、行政服务的公路，以及不属于县道以上公路的乡与乡之间及乡与外部联络的公路，由人民政府负责修建、养护和管理，专用公路是指专供或主要供厂矿、林区、农场、油田、旅游区、军事要地等与外部联系的公路，由专用单位负责修建、养护和管理，也可委托当地公路部门修建、养护和管理。

公路按使用任务、功能和适应的交通量可分为高速公路、一级公路、二级公路、三级公路、四级公路五个等级。高速公路是专供汽车分向、分车道行驶并应全部控制出入的多车道公路。四车道高速公路应能适应将各种汽车折合成小客车的年平均日交通量 25 000～55 000 辆；六车道高速公路应能适应将各种汽车折合成小客车的年平均日交通量 45 000～80 000 辆；八车道高速公路应能适应将各种汽车折合成小客车的年平均日交通量 60 000～100 000 辆。

一级公路是指供汽车分向、分车道行驶并可根据需要控制出入的多车道公路。四车道一级公路应能适应将各种汽车折合成小客车的年平均日交通量 15 000～30 000 辆；六车道一级公路应能适应将各种汽车折合成小客车的年平均日交通量 25 000～55 000 辆；二级公路是指供汽车行驶的双车道公路，一般能适应每昼夜 3000～7500 辆中型载重汽车交通量。

三级公路是指主要供汽车行驶的双车道公路，一般能适应每昼夜 1000～4000 辆中型载重汽车交通量。四级公路是指主要供汽车行驶的双车道或单车道公路。双车道四级公路能适应每昼夜中型载重汽车交通量 1500 辆以下；单车道四级公路能适应每昼夜中型载重汽车交通量 200 辆以下。

　　在中华人民共和国成立之后的 60 多年，我国的公路建设发生了翻天覆地的变化。新中国成立初期，公路只有 8 万公里，到 2009 年年底我国公路总里程已经超过了 370 万公里，高速公路达到了 6.5 万公里，居世界第二位，仅次于美国。虽然我国的公路建设取得了非常大的成就，但和发达国家相比，公路里程、密度和技术等级等还有很大的差距。从绝对数量来看，我国高速公路总量仅相当于美国 20 世纪 60 年代的水平，占公路网的比重也远远低于多数发达国家，高速公路总量同我国人口、经济、资源的客观需求相比，存在较大的差距，高速公路滞后于国民经济的发展。

　　为此，我国在"十二五"时期将继续推进国家高速公路网、国家区域发展战略确定的高速公路、特大城市圈、大中城市群、疏港高速公路，以及省际连接线高速公路建设，加快重要高速公路通道扩容改造建设。力争 5 年内建成国家高速公路网 3.5 万公里，到 2015 年国家高速公路网全部建成，通车里程达到 8.3 万公里，基本覆盖 50 万以上人口城市；地方高速公路网 5 年建设约 3 万公里，其中新开工 1.2 万公里。到 2015 年，国地两网高速公路共计通车里程约达 14 万公里。

专题五：铁路运输
——飞驰在铁轨上的巨龙

　　铁路运输是除公路运输外的另一种陆上运输方式，由于铁轨能提供极光滑及坚硬的媒介让火车的车轮在上面以最小的摩擦力滚动，所以铁路运输可以比公路运输节省更多能量，从而使火车的载重能力大大提高。除此之外，和公路运输相比，铁路运输一般不易受气候条件的影响，可保障全年的正常运行，具有高度的连续性。铁路运输还具有运行速度较快、运费较低廉、运输准确、遭受风险较小的优点。不过铁路运输也存在缺陷，如运输受轨道的限制不能跨洋过海，铁路建设投资大，使得其应用在一定程度上受到限制。

　　具体来说，铁路运输有以下特点。

　　优点：①运输能力大，铁路一列货物列车一般能运送 3000～5000 吨货物，这使它适合于大批量低值产品的长距离运输；②铁路运输成本较低，铁路运输费用仅为汽车运输费用的几分之一到十几分之一，运输耗油约是汽车运输的二十分之一；③单车装载量大，加上有多种类型的车辆，使它几乎能承运任何商品，几乎可以不受重量和容积的限制；④车速较高，一般货车时速可达 100 公里/小时，平均车速在五种基本运输方式中位于第二位，仅次于航空运输；⑤铁路运输受气候和自然条件影响较小，在运输的经常性方面占优势，相对而言，公路运输和航空运输则要受天气的影响；⑥可以方便地实现驮背运输、集装箱运输及多式联运。

　　缺点：①铁路线路是专用的，固定成本很高，原始投资较大，建设周期较长；②铁路按列车组织运行，在运输过程中需要有列车的编组、解体和中转改编等作业环节，占用时间较长，因而增加了货物在途中的时间；③铁路运输中的货损率较高，而且由于装卸次数多，货物损毁或丢失事故通常比其他运输方式多；④不能实现"门对门"的运输，通常要依靠其他运输方式配合，才能完成运输任务，除非托运人和收货人均有铁路支线。

一般来说，铁路运输种类分为整车、零担、集装箱三种。其中，整车适于运输大宗货物，零担适于运输小批量的零星货物，集装箱适于运输精密、贵重、易损的货物。

☕ 轻松一刻

现代铁路两条铁轨之间的标准距离是四英尺又八点五英寸(相当于 1435 毫米)，为什么会采用这个标准呢？原来，早期的铁路是由造电车的人设计的，而四英尺又八点五英寸正是电车所用的轮距标准，而电车的这个轮距标准又是从古罗马军队战车的轮距宽度沿用而来的。罗马人为什么以此为战车的轮距宽度呢？原因很简单，这是牵引一辆战车的两匹马屁股的宽度。更有趣的是，美国航天飞机燃料箱的两旁有两个火箭推进器，这些推进器造好之后要用货车运送，路上又要通过一些隧道，而这些隧道的宽度只比火车轨道宽一点，所以火箭推进器的宽度便由铁轨的宽度决定。于是，从火箭推进器到火车、电车、马车，便出现了这样一个有趣的结果：今天世界上最先进的运输系统的设计，在 2000 年前便由两匹马屁股的宽度决定了。

📇 资料柜

登录 http://pan.baidu.com/s/1o60SC90，可以浏览及下载资料《铁路机车与货车》。

☕ 轻松一刻

西伯利亚铁路是世界上最长的铁路，已经运行了 102 年。它连接莫斯科和符拉迪沃斯托克，穿越分割欧亚的乌拉尔山脉，在西伯利亚的针叶林和大草原上延伸，全长 9288 公里，其中欧洲部分的铁路长度占 19.1%，亚洲部分的铁路长度占 80.9%。西伯利亚铁路1778 公里处被普遍认为是欧洲和亚洲的分界点，在那里的乌拉尔山脚下，竖立着一块纪念碑，表征两大洲的分界。西伯利亚铁路被称为俄罗斯的"脊柱"，其将俄罗斯首都和欧洲、亚洲连成一线，对俄罗斯乃至欧亚的经济、安全有举足轻重的影响。

青藏铁路是世界海拔最高的铁路，其全长 1956 公里，由青海省西宁市至西藏自治区拉萨市，2006 年 7 月 1 日全线贯通。青藏铁路的最高点海拔达 5072 米，比秘鲁的安第斯山铁路还高出 200 多米。这条被誉为"堪与长城媲美"的铁路通行，解决了"多年冻土、生态脆弱、高寒缺氧"三大世界性难题，打破了西方舆论"不可能"的预言，打破了前人"雄鹰飞不过唐古拉山"的神话，成为名副其实的"天路"。青藏铁路全线贯通，对改变青藏高原贫困落后的面貌，增进各民族团结进步和共同繁荣，对促进青海与西藏经济社会又快又好地发展产生了广泛而深远的影响。此外，青藏铁路的开通还具有极大的战略意义，《今日印度》报道，青藏铁路的建成运行"极大地提高了中国的军事机动及后勤供给能力"，"它可以使中国政府每年向西藏运送 500 万吨物资，也可以在一个月内运送多达 12 个陆军步兵师"。青藏铁路的建成使得西藏与中国内地的联系更加紧密。

视频资源

登录 http://pan.baidu.com/s/1mgNrz5I，可以观看关于介绍青藏铁路的视频。

专题六：水路运输
——最古老的运输方式

　　水路运输是以船舶为主要运输工具、以港口或港站为运输基地、以水域(包括海洋、河流和湖泊)为运输活动范围的一种运输方式，是世界上许多国家最重要的运输方式之一。

　　水路运输有着悠久的历史，几乎和人类的文明史一样悠久。从石器时代的独木舟到现代的运输船舶，大体经历了四个时代：舟筏时代、帆船时代、蒸汽机船时代和柴油机船时代。人类还在石器时代，就以木作舟在水上航行，后来才有了独木舟和船。人类在古代就已利用天然水道从事运输，最早的运输工具是独木舟和排筏，以后出现木船。帆船出现于公元前 4000 年，15—19 世纪是帆船的鼎盛时期。

　　中国是世界上水路运输发展较早的国家之一，公元前 2500 年已经制造舟楫，商代有了帆船。春秋吴国阖闾九年(公元前 506 年)，中国开凿了世界上第一条运河——胥溪，全长约 100 公里。举世闻名的大运河，始于春秋吴国，后经历代特别是隋、元两代大规模开凿，沟通了钱塘江、长江、淮河、黄河、海河五大水系，长达 1794 公里。公元 8—9 世纪，唐代对外运输丝绸及其他货物的船舶，直达波斯湾和红海之滨，被誉为海上"丝绸之路"。明代航海家郑和率领巨大船队七下西洋，历经亚洲、非洲 30 多个国家和地区。

　　1807 年，美国人富尔顿把蒸汽机装在"克莱蒙特号"船上，航行在纽约至奥尔巴尼之间，航速达每小时 6.4 公里，成为第一艘机动船。19 世纪蒸汽机驱动的船舶出现后，水路运输工具产生了飞跃发展。1872 年，我国自制的蒸汽机船开始航行于海上和内河。当代世界水路运输发达，世界上许多国家拥有自己的商船队，而且现代商船队中已有种类繁多的各种现代化运输船舶。中国水路运输发展很快，特别是近 30 年来，水路客、货运量均增加 16 倍以上，目前中国的商船已航行于世界 100 多个国家和地区的 400 多个港口。在相当长的历史时期内，中国水路运输对经济、文化发展和对外贸易交流起着十分重要的作用。

　　水路运输的优点是运载能力大，成本低，生产率高，能耗少，投资少。一条密西西比河相当于 10 条铁路，一条莱茵河抵得上 20 条铁路。此外，修筑 1 公里铁路或公路约占地 3 公顷多，而水路运输利用海洋或天然河道，占地很少。在我国的货运总量中，水运所占的比重仅次于铁路和公路。20 世纪 80 年代初，欧美一些国家的内河货运密度比铁路高 2～3 倍；水路运输的单位运输成本为铁路的 1/8 至 1/4；内河运输全员劳动生产率比铁路高 50% 以上，而海运比铁路高数倍；内河内燃机推船油耗量为铁路机车的 60% 左右；内河每千吨公里所占用的固定资产约为铁路的 1/3。中国水路运输，尤其是海运，在运载能力、成本、生产率、能耗、投资等方面的技术经济指标都优于其他运输方式。但是水路运输也有弱点，即速度慢、环节多，受海洋与河流的地理分布及其地质、地貌、水文与气象等条件和因素的明显制约与影响；水运航线无法在广大陆地上任意延伸，所以，水运要与铁路、公路和管道运输配合，并实行联运。

水路运输有多种分类方法。

(1) 按贸易种类分，水路运输可分为外贸运输和内贸运输。外贸运输是指本国同其他国家和地区之间的贸易运输，内贸运输是指本国内部各地区之间的贸易运输。

(2) 按航行区域分，水路运输可分为远洋运输、沿海运输、内河运输、湖泊(包括水库)运输。远洋运输是指国际运输，以外贸运输居多；沿海运输是指几个邻近海区间或本海区内的运输，以内贸运输为主；内河运输是指在一条河流(包括运河)上或通过几条河流的运输，一般为国内运输，但如属于流经数国河流，例如欧洲的莱茵河、多瑙河等，在这种河流上也有国与国间的运输；湖泊运输是指一个湖区内的运输，大多属于国内运输，但在像美国、加拿大两国间的五大湖这样的湖区内也有国与国之间的国际运输。

(3) 按运输对象分，水路运输可分为旅客运输和货物运输。旅客运输有单一客运(包括旅游)和客货兼运之分。货物运输按货类分有散货运输和杂货运输两类，前者是指无包装的大宗货物(如石油、煤炭、矿砂等)的运输，有时散货运输是专指干散货(如煤炭、矿砂等)的运输；后者指批量小、件数多或较零星的货物运输。

(4) 按运输工具分，水路运输可分为船舶运输和排筏运输(包括木排和竹排)。

(5) 按船舶营运组织形式分，水路运输可分为定期船运输(见班轮运输)和不定期船运输。定期船运输是指选配适合具体营运条件的船舶，在规定航线上，定期停靠若干固定港口的运输；不定期船运输是指船舶的运行没有固定的航线，而是按照运输任务或按租船合同所组织的运输。定期船运输和不定期船运输两种营运组织形式是相辅相成的。

📥 **资料柜**

登录 http://pan.baidu.com/s/1o6JP61k，可以浏览及下载资料《水运船舶类型》。

专题七：港口

——水路运输的基地

港口是水路运输中船舶停泊、装卸货物和上下旅客的枢纽。最原始的港口是天然港口，有天然掩护的海湾、水湾、河口等场所供船舶停泊。随着商业和航运业的发展，天然港口已不能满足经济发展的需要，须兴建具有码头、防波堤和装卸机具设备的人工港口，这是港口工程建设的开端。19世纪初出现了以蒸汽机为动力的船舶，于是船舶的吨位、尺度和吃水日益增大，为建造人工深水港池和进港航道需要采用挖泥机具以后，现代港口工程建设才发展起来。陆上交通尤其是铁路运输将大量货物运抵和运离港口，大大地促进了港口建设的发展。

港口依照其机能、用途、规模、营运单位、相关法规会区分为不同用途。以下类型是按港口的船舶停靠种类等代表性用途来区分，但有时会因各国家(地区)的分类方式而有所不同，按机能进行划分的港口类别如表2-1所示。

表 2-1　按机能进行划分的港口类别

种　类	机　能	主要停靠的船舶
商港	提供国际贸易、国内贸易等货物运输为主	商船(货轮、货柜船等)
工业港	与工业区相邻用于运输原物料及工业制品	工业船舶(油轮、原料输送船等)
渔港	运输水产品为主	渔船
客运港	供运送车辆、旅客用的船舶出入,多附属于商港之内,如邮轮码头	客运船(邮轮、渡轮)
娱乐港	供娱乐、观光用途船舶停泊、出航	游艇、观光船等
军港	由海军使用、专供军事用途	军舰、航空母舰等
避风塘	供各式小型船舶暂时停靠之用	小型船舶

另外,港口也可按地理环境和形成特点的不同而大致分为以下类型,如表 2-2 和表 2-3 所示。

表 2-2　按地理环境进行划分的港口类别

种　类	地理环境	举　例
海港、沿岸港	位于海岸线上	多数港口
河港	位于河流上	勒阿弗尔港、重庆港
河口港	位于河口(河流交汇处或入海口)	上海港、天津港、鹿特丹港、伦敦港、汉堡港
湖港	位于湖泊上	芝加哥港

表 2-3　按形成特点进行划分的港口类别

种　类	说　明	举　例
天然港	海岸向内曲折形成海湾,外围由半岛、海岬、岩礁或其他天然地形屏蔽而成的港	香港、东京湾、纽约港
人工港	由人工开辟的港湾,大多位于缺乏自然海湾的沙岸	天津港,通过疏浚航道、填海造陆成为世界等级最高的人工港
不冻港	是指在中高纬度地区,冬季不会结冰港口,极具战略价值	如 19 世纪,沙俄从中国夺取的东方不冻港——海参崴

📚 资料柜

登录 http://pan.baidu.com/s/1tPBzw,可以浏览及下载资料《世界著名港口》。

💻 视频资源

登录 http://pan.baidu.com/s/1pJGzHSf,可以下载关于上海洋山港的视频。

登录 http://pan.baidu.com/s/1c0ovQk4,可以下载关于新加坡港的视频。

专题八：海运航线
——"看不见"的黄金水道

海运航线是船舶在两地间的海上航行路线。航线在广义上是指沟通两地的路线，一般以起讫点命名，如中国至加拿大的中加航线、上海至温州的申温航线；狭义上是指具体的航运线，包括画在海图上的计划航线。每个航次的具体航线，应根据航行任务和航行地区的地理、水文、气象等情况，以及船舶状况拟定。世界主要的国际海运航线有大西洋航线、太平洋航线和印度洋航线。三大洋的航线通过苏伊士运河(或好望角)、巴拿马运河(或麦哲伦海峡、合恩角)和马六甲海峡(或巽他海峡)连接起来，形成一条环球航线。

按船舶营运方式划分，海运航线可分为定期航线和不定期航线。定期航线是指使用固定的船舶，按固定的船期和港口航行，并以相对固定的运价经营客货运输业务的航线。定期航线又称班轮航线，主要装运杂货物；不定期航线是指临时根据货运的需要而选择的航线，船舶、船期、挂靠港口均不固定，是以经营大宗、低价货物运输业务为主的航线。

按航程的远近划分，海运航线可分为远洋航线、近洋航线和沿海航线。远洋航线是指航程距离较远，船舶航行跨越大洋的运输航线，如远东至欧洲和美洲的航线。我国习惯上以亚丁港为界，把去往亚丁港以西，包括红海两岸和欧洲以及南北美洲广大地区的航线划为远洋航线。近洋航线是指本国各港口至邻近国家港口间的海上运输航线的统称。我国习惯上把航线在亚丁港以东地区的亚洲和大洋洲的航线称为近洋航线。沿海航线是指本国沿海各港之间的海上运输航线，如上海—广州、青岛—大连等。

按航行的范围划分，海运航线又可分为太平洋航线、印度洋航线、大西洋航线。以下是各大洋航线的具体线路。

1. 太平洋航线

太平洋航线主要可分为以下航线。

(1) 远东—北美西海岸各港航线。该航线是指东南亚国家、中国、东北亚国家各港，沿大圆航线横渡北太平洋至美、加西海岸各港。该航线随季节也有波动，一般夏季偏北、冬季南移，以避北太平洋的海雾和风暴。本航线是第二次世界大战后货运量增长最快、货运量最大的航线之一。

(2) 远东—加勒比海、北美东海岸各港航线。该航线不仅要横渡北太平洋，还越过巴拿马运河，因此一般偏南，横渡大洋的距离也较长，夏威夷群岛的火奴鲁鲁港是它们的航站，船舶在此添加燃料和补给品等。本航线也是太平洋货运量最大的航线之一。

(3) 远东—南美西海岸各港航线。该航线与以上两条航线相同的是都要横渡大洋、航线长，要经过太平洋中枢纽站，不同的是用不着过巴拿马运河。该航线也是先南行至南太平洋的枢纽港，后横渡南太平洋到达南美西岸。

(4) 远东—澳、新及西南太平洋岛国各港航线。该航线不需要横跨太平洋，而在西太平洋南北航行，离陆地近，航线较短。但由于北部一些岛国(地区)工业发达、资源贫乏，南部国家资源丰富，因而初级产品运输特别繁忙。

(5) 东亚—东南亚各港航线。该航线是指日本、韩国、朝鲜、俄国远东及中国各港西南行至东南亚各国港口。该航线短，但往来频繁，地区间贸易兴旺，且发展迅速。

(6) 远东—北印度洋、地中海、西北欧航线。该航线大多经马六甲海峡往西，也有许多初级产品经龙目海峡与北印度洋国家间往来，如石油等，经苏伊士运河至地中海、西北欧的运输以制成品集装箱运输为多。该航线货运繁忙。

(7) 东亚—东南非、西非、南美东海岸航线。该航线大多经东南亚过马六甲海峡或过巽他海峡西南行至东南非各港，或再过好望角去西非国家各港，或横越南大西洋至南美东海岸国家各港。该航线也以运输资源型货物为主。

(8) 澳、新—北美西、东海岸航线。澳、新至北美西海岸各港，一般都经过苏瓦和火奴鲁鲁等这些太平洋航运枢纽，至北美东海岸各港及加勒比海国家各港，需经巴拿马运河。

(9) 澳、新—南美西海岸国家各港航线。该航线需横越南太平洋。由于两岸国家和人口均少，故贸易量最少，航船稀疏。

(10) 北美东、西海岸—南美西海岸航线。该航线都在南北美洲大陆近洋航行，由于南美西岸国家人口少、面积小，南北之间船舶往来较少，南北美西海岸至北美东海岸各港要经巴拿马运河。

2. 印度洋航线

印度洋航线主要有以下几条。

(1) 中东海湾—远东各国港口航线。该航线东行都以石油为主，特别是往日本、韩国的石油运输，西行以工业品、食品为多。

(2) 中东海湾—欧洲、北美东海岸港口航线。该航线的超级油轮都经莫桑比克海峡、好望角绕行。由于苏伊士运河的不断开拓，通过运河的油轮日益增多，目前 25 万吨级满载轮已能安全通过。

(3) 远东—苏伊士运河航线。"多半仅为通过"连接远东与欧洲、地中海两大贸易区各港，航船密度大，尤以集装箱船运输繁忙。

(4) 澳大利亚—苏伊士运河、中东海湾航线。该航线把澳大利亚、新西兰与西欧原有"宗主国"间传统贸易连接在一起，也把海湾的石油与澳、新的农牧产品进行交换。

(5) 南非—远东航线。该航线把巴西、南非的矿产输往日本、韩国和中国，也把工业品回流。

(6) 南非—澳新航线。该南印度洋横渡航线在印度洋中航船最少。

3. 大西洋航线

大西洋上的航线主要有以下几条。

(1) 西北欧—北美东岸各港航线。该航线连接北美和西北欧这两个经济发达的地区，航运贸易的历史也悠久，船舶往来特别繁忙，客货运量大。

(2) 西北欧—地中海、中东、远东、澳新各港航线。西北欧至地中海航线主要是欧洲西北部与欧洲南部国家之间的连线，距离较短。但过苏伊士运河至中东、远东、澳新地区航线就大大增长，然而它们是西北欧与亚太地区、中东海湾间最便捷的航线，货运量也大，是西北欧地区第二大航线。

(3) 西北欧—加勒比海岸各港航线。该航线横渡北大西洋，过向风、莫纳海峡，有的还与过巴拿马运河的太平洋航线连接。

(4) 欧洲—南美东海岸或非洲西海岸各港航线。该航线多经加纳利群岛抵达喀尔港歇脚，是欧洲发达国家与南大西洋两岸发展中国家的贸易航线，欧洲国家输出的大多是工业品，输入的都以初级产品为多。

(5) 北美东岸—地中海、中东、亚太地区航线。该航线与西北欧——地中海、中东、远东航线相似，但航线更长，需横渡北大西洋，货物以石油、集装箱货为主。

(6) 北美东海岸—加勒比海沿岸各国港口航线。该航线较短，但航船密度频繁，不仅有两地区各国港口间往来船只，还有过巴拿马运河至远东、南北美西海岸国家港口间往来船只。

(7) 北美东海岸—南美东海岸港口航线。该航线是南北美洲之间工业品与农矿产品对流航线。

(8) 南北美洲东岸—好望角航线。北美东海岸港口经好望角至中东海湾是巨型油轮的运输线，20万吨级以上油轮需经此，还有西北欧的巨型油轮也经此。南美洲东岸港口过好望角航线不仅有原油，还有铁矿石等初级产品。中国、日本、韩国等运输巴西的铁矿石经过此航线。

专题九：航空运输
——最快捷的运输方式

在中学语文课本中，曾有一篇脍炙人口的课文——《为了六十一个阶级弟兄》。在这篇课文中，讲述了山西省平陆县的61位民工因食物中毒生命垂危，只有马上注射解毒特效药才能挽救这些民工的生命。但当时附近只有北京才有这种特效药，而北京距离山西省平陆县也有千里之遥，而且重山阻隔，如果通过陆路运输，抢救将被延误。时间紧迫，人命关天，最终空军伸出援手，同意空投药品，载着61名民工救命药的运输飞机成功地把药品空投到平陆，病员们被注射了药物后很快就转危为安。从这个故事中，我们可以看到航空运输最大的优点——高速快捷。

航空运输是指使用飞机、直升机及其他航空器运送人员、货物、邮件的一种运输方式，具有快速、机动的特点，是远程旅客运输，尤其是国际贸易中贵重物品、鲜活货物和精密仪器运输所不可缺少的重要方式。近年来，采用航空运输的方式日趋普遍，航空货运量越来越大，航空运输的地位日益提高。

航空运输最早始于1871年，当时普法战争中的法国人用气球把政府官员和物资、邮件等运出被普军围困的巴黎。1918年5月5日，飞机运输首次出现，航线为纽约—华盛顿—芝加哥。同年6月8日，伦敦与巴黎之间开始定期邮政航班飞行。20世纪30年代有了民用运输机，各种技术性能不断改进，航空工业的发展促进航空运输的发展。第二次世界大战结束后，在世界范围内逐渐建立了航线网，以各国主要城市为起讫点的世界航线网遍及各大洲。

一、航空运输的特点

与其他运输方式相比较，航空运输的优点如下。

(1) 运行速度快。航空运输在各种运输方式中运输速度最快，现代喷气式飞机的时速一般在 1000 公里左右，比火车快 5～10 倍，比轮船快 20～25 倍，这是其他运输方式望尘莫及的。

(2) 机动性大。航空运输是在三维空间进行的，它几乎不受地面任何障碍物的影响，能实现两点间的直线运输，并可以到达别的交通工具不能到达的地方。

(3) 基建成本低。开辟一条 1000 公里的航空线路，需投资 5 亿元，占地 1 万亩。而新建一条同样长的铁路则需要投资 20 亿元，占地 4.5 万亩。

(4) 安全性能高。随着科技的进步，飞机不断地进行技术革新，使其安全性能增强，事故率低，保险费率相应也较低。

(5) 对运输货物包装要求较低。由于飞机运输对货物产生的震动和冲击力较小，货物只需要简单地打包即可，货损事故少，在避免货物灭失和损坏方面有明显优势。

航空运输缺点如下。

(1) 运输成本高，运价昂贵。在各种交通运输方式中，航空的运输成本最高。在一般国家，它只是担负大城市间和国际快速客运以及贵重、紧俏、保鲜、急救等物资和报刊、邮件的运输。

(2) 受天气状况限制大。这些缺点在很大程度上限制了航空运输的广泛应用。

(3) 运输能力小。世界上最大的宽体式飞机，其载重能力也不足 300 吨。

(4) 能耗大。在五大运输方式中，单位里程的能耗，航空运输最大。

(5) 运输服务的可得性较差。飞机运输需要航空港设施，在没有飞机场的情况下无法采用航空运输方式。

二、航空运输的形式

航空运输企业经营的形式主要有班机运输、包机运输、集中托运和航空快递。

1. 班机运输

班机是指在固定的航线上定期航行的航班，即有固定始发站、目的站和途经站的飞机，国际货物流通多使用班机运输方式。由于班机的航线基本固定，定期开航，收、发货人可以确切地掌握起运和到达时间，保证货物安全迅速地运达目的地，对运送鲜活、易腐的货物以及贵重货物非常有利。不足之处是班机运输一般是客货混载，舱位有限，不能满足大批量货物及时出运的需要。

2. 包机运输

包机运输可分为整架包机和部分包机。

(1) 整架包机，指航空公司或包机代理公司，按照与租机人双方事先约定的条件和运价，将整架飞机租给租机人，从一个或几个航空站装运货物至指定目的地的运输方式。运费随国际航空运输市场的供求情况而变化。

（2）部分包机，指几家航空货运代理公司联合包租一架飞机，或者由包机公司把一架飞机的舱位分别分给几家航空货运代理公司，适合1吨以上但不足装一整架飞机的货物，运费较班机低，但运送时间则比班机要长。

3. 集中托运

集中托运是指航空货运代理公司把若干批单独发运的、发往同一方向的货物集中起来，组成一票货，向航空公司办理托运，采用一份总运单集中发运到同一站，由航空货运代理公司在目的地指定的代理人收货、报关并分拨给各实际收货人的运输方式。这种托运方式，货主可以得到较低的运价，使用比较普遍，是航空货运代理的主要业务之一。

4. 航空快递

航空快递是指由一个专门经营该项业务的公司和航空公司合作，通常为航空货运代理公司或航空速递公司派专人以最快的速度在货主、机场和用户之间运送和交接货物的快速运输方式。该项业务是两个空运代理公司之间通过航空公司进行的，是最快捷的一种运输方式，特别适合于各种急需物品和文件资料。

☕ 轻松一刻

中型运输机运载能力、航程、速度较为有限，超大型运输机的应用要求又较高，因此真正实用的高端运输机就是大型运输机。该类运输机的典型机型为美国C-17运输机和俄罗斯的伊尔-76运输机。此前，有能力研制大型运输机的仅有美俄两国，但日本、乌克兰等国也有自己的大型运输机计划。常见的运输机如图2-1所示。

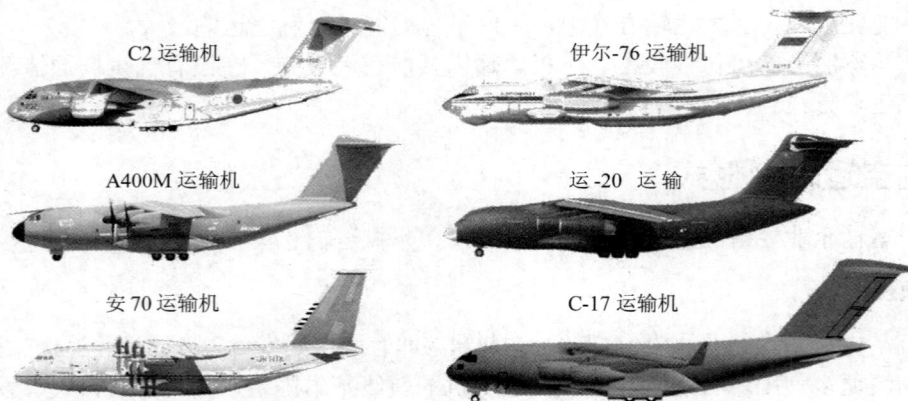

图 2-1　常见的运输机

有军事专家认为，对于中国这样一个大国，不能指望由国外的运输机充当未来中国军队战略空运力量的主力。多家外媒均认为，仅从中国民间对紧急情况下的运输需求看，中国就迫切需要国产大型运输机。"俄罗斯之声"电台网站报道称，伊尔-76在2008年汶川地震救灾、2010年吉尔吉斯斯坦和2011年利比亚撤侨行动中都扮演了重要角色。美国《联合部队季刊》曾刊文指出，2008年汶川地震暴露出中国空军的运输救援能力严重不足，而美国当时派出两架C-17运输机协助中国的救援工作。文章援引兰德公司分析师罗杰·克里夫(Roger Cleveland)的话称，在汶川地震发生之后的数年，北京将提高灾难救援能力列为解放军的"新优先事项"。

2013 年 1 月 26 日下午 14 时整，运-20 在阎良基地顺利升空，首飞圆满成功。运-20 的成功首飞，标志着中国航空工业的一次重大突破，中国拥有了属于自己的大型运输机，是中国空军建设战略空军的一座里程碑。美国网友评论中国运-20 首飞：看了让人震惊！强大的空运能力和大规模的后勤保障对于整体的战斗力来说，常常比新导弹和新枪炮更重要。

专题十：西气东输
——大展神威的管道运输

2000 年 2 月国务院第一次会议批准启动"西气东输"工程，这是仅次于长江三峡工程的又一重大投资项目，是拉开西部大开发序幕的标志性建设工程。之所以要西气东输，是因为改革开放以来，中国能源工业发展迅速，但结构很不合理，煤炭在一次能源生产和消费中的比重均高达 72%。大量燃煤使大气环境不断恶化，发展清洁能源、调整能源结构已迫在眉睫。而天然气进入千家万户不仅可以让老百姓免去了烧煤、烧柴和换煤气罐的麻烦，而且对改善环境质量意义重大。仅以一、二线工程每年输送的天然气量计算，就可以少烧燃煤 12 000 万吨，减少二氧化碳排放 2 亿吨、减少二氧化硫排放 226 万吨。

和能源储量匮乏的东部地区相比，中国西部地区的塔里木、柴达木、陕甘宁和四川盆地蕴藏着 26 万亿立方米的天然气资源，约占全国陆上天然气资源的 87%，这使我国成为继俄罗斯、卡塔尔、沙特阿拉伯等国之后的天然气大国。但我国西部丰富的油气资源如何才能运输到能源需求旺盛的东部地区呢？这就需要通过管道运输方式来实现。

管道在中国是既古老又年轻的运输方式。早在公元前 3 世纪，中国就创造了利用竹子连接成管道输送卤水的运输方式，可以说是世界管道运输的开端。现代管道运输始于 19 世纪中叶，1865 年美国宾夕法尼亚州建成第一条原油输送管道，然而它的进一步发展则是从 20 世纪开始的。随着第二次世界大战后石油工业的发展，管道的建设进入了一个新的阶段，各产油国竞相开始兴建大量石油及油气管道。自 20 世纪 60 年代开始，输油管道的发展趋于采用大管径、长距离，并逐渐建成成品油输送的管网系统，同时开始了用管道输送煤浆的尝试。全球的管道运输承担着很大比例的能源物资运输，包括原油、成品油、天然气、油田伴生气、煤浆等。其完成的运量常常大大高于人们的想象，如在美国管道运输接近于汽车运输的运量。近年来管道运输也被进一步研究用于解决散状物料、成件货物、集装物料的运输，以及发展容器式管道输送系统。

在五大运输方式中，管道运输有着独特的优势。

在建设上，管道运输与铁路、公路、航空相比，投资要省得多。就石油的管道运输与铁路运输相比，交通运输协会的有关专家曾算过一笔账：沿成品油主要流向建设一条长 7000 公里的管道，它所产生的社会综合经济效益，仅降低运输成本、节省动力消耗、减少运输中的损耗三项，每年就可以节约资金数十亿元；而且对于具有易燃特性的石油运输来说，管道运输更有着安全、密闭等特点。

在油气运输上，管道运输的优势表现在四个方面。一是它的平稳、不间断地输送，对于现代化大生产来说，油田不停地生产，管道可以做到不停地运输，炼油化工工业可以不停地生产成品，满足国民经济需要；二是实现了安全运输，对于油气来说，汽车、火车运输均有很大的危险，国外称之为"活动炸弹"，而管道在地下密闭输送，具有极高的安全性；三是保质，管道在密闭状态下运输，油品不挥发，质量不受影响；四是经济，管道运输损耗少、运费低、占地少、污染低。成品油作为易燃易爆的高危险性流体，最好的运输方式应该是管道输送。

1. 管道运输的优点

管道运输的主要优点如下。

(1) 运量大。一条输油管线可以源源不断地完成输送任务。根据其管径的大小不同，其每年的运输量可达数百万吨到几千万吨，甚至超过亿吨。

(2) 占地少。运输管道通常埋于地下，其占用的土地很少。运输系统的建设实践证明，运输管道埋藏于地下的部分占管道总长度的 95%以上，因而对于土地的永久性占用很少，分别仅为公路的 3%、铁路的 10%左右。在交通运输规划系统中，优先考虑管道运输方案，对于节约土地资源，意义重大。

(3) 管道运输建设周期短、费用低。国内外交通运输系统建设的大量实践证明，管道运输系统的建设周期与相同运量的铁路建设周期相比，一般来说要短 1/3 以上。新疆至上海市的全长 4200 公里天然气运输管道，预期建设周期不会超过 2 年，但是如果新建同样运量的铁路专线，建设周期在 3 年以上，特别是地质地貌条件和气候条件相对较差，大规模修建铁路难度将更大，周期将更长。统计资料表明，管道建设费用比铁路低 60%左右。此外，天然气管道输送与液化天然气船(LNG)的运输比较，如建设 6000 公里管道投资约 120 亿美元，而建设相同规模运量的 LNG 厂的投资则需 200 亿美元以上。另外，需要容量为 12.5 万立方米的 LNG 船约 20 艘，一艘 12.5 万立方米的 LNG 船造价在 2 亿美元以上，总的造船费约 40 亿美元。仅在投资上，采用 LNG 运送天然气的成本就大大高于管道。

(4) 管道运输安全可靠、连续性强。由于石油天然气易燃、易爆、易挥发、易泄漏，采用管道运输方式，既安全，又可以大大减少挥发损耗，同时由于泄漏导致的对空气、水和土壤的污染也可大大减少，也就是说，管道运输能较好地满足运输工程的绿色化要求。此外，由于管道基本埋藏于地下，其运输过程受恶劣多变的气候条件影响小，可以确保运输系统长期稳定地运行。

(5) 管道运输耗能少、成本低、效益好。发达国家采用管道运输石油，每吨公里的能耗不足铁路的 1/7，在大量运输时的运输成本与水运接近，因此在无水条件下，采用管道运输是一种最为节能的运输方式。管道运输是一种连续工程，运输系统不存在空载行程，因而系统的运输效率高。理论分析和实践经验已证明，管道口径越大，运输距离越远，运输量越大，运输成本就越低。以运输石油为例，管道运输、水路运输、铁路运输的运输成本之比为 1:1:1.7。

2. 管道运输的缺点

管道运输的主要缺点是不如其他运输方式(如汽车运输)灵活，除承运的货物比较单一外，它也不容许随便扩展管线，实现"门到门"的运输服务。对一般用户来说，管道运输常常要与铁路运输或汽车运输、水路运输配合才能完成全程输送。运输量明显不足时，运输成本会显著地增大，成本升高。

现在"西气东输"的一线和二线工程，累计投资超过 2900 亿元，不仅是过去十年中投资最大的能源工程，而且是投资最大的基础建设工程。从更大的范围看，正在规划中的引进俄罗斯西西伯利亚的天然气管道将与现在的西气东输大动脉相连接，还有引进俄罗斯东西伯利亚地区的天然气管道也正在规划，这两条管道也属"西气东输"之列。一线、二线工程干支线加上境外管线，长度达到 15 000 多公里，这不仅是国内，也是全世界距离最长的管道工程。西气东输工程穿越的地区包括新疆、甘肃、宁夏、陕西、河南、湖北、江西、湖南、广东、广西、浙江、上海、江苏、山东和香港特别行政区，惠及人口超过 4 亿人，是惠及人口最多的基础设施工程。

专题十一：多式联运

——物流运输方式的"组合拳"

以上介绍的五种运输方式各有其优劣，为了充分发挥各种运输方式的优势，通常采用多式联运的运输方式，尤其是在远距离运输过程中更为常见。多式联运是指使用多种运输方式，利用各种运输方式的优点，在最低的成本条件下提供综合性服务。这种设法把不同的运输方式综合起来的方式，也常被称作"一站式"运输。多式联运的特点是由多式联运经营人承担或组织完成全线联运任务；签订一个运输合同，对全程负责；采取一次托运、一次付费、一单到底、统一理赔的运输业务方法。

一、驮背运输

最著名和使用最广泛的多式联运方式是将卡车拖车或集装箱装在铁路平板车上的公铁联运，即驮背运输。驮背运输是一种公路和铁路联合的运输方式，货运汽车或集装箱直接开上火车车皮运输，到达目的地后再从车皮上开下。该运输方式用于铁路运输领域，在北美和欧洲已经十分普遍。

除了常使用集装箱外，驮背运输在实际运作中主要还有：拖车与挂车、挂车列车、铁公路三种形式。

1. 拖车与挂车

货物装在挂车里，用拖车运到火车站。在火车站，挂车被运上火车的平板车上，拖车则与挂车分离；在目的地车站，再使用拖车将挂车拖运到收货人的仓库。

2. 挂车列车

挂车列车是一种公路和铁路两用的挂车，这种公铁两用挂车在公路上用自己的轮子挂在公路拖车后面行驶，到达火车站时，将其在公路上行驶时使用的轮子收起来，放上火车轮架，就可以在铁轨上行驶。到达目的地后，又可以还原成公路运输工具，用公路拖车将其运到客户的仓库。

3. 铁公路

所谓"铁公路"就是自己有动力，能够行驶和自动装货的火车车厢，它不需要机车、吊车和转辙装置，而是自带一套独特的装货设备。由于"铁公路"的出现，铁路公司已能直接进行"门到门"运输，而不必依赖于卡车。在 800 公里运距以内，"铁公路"系统比公路系统更优越，因为它不但可靠，而且费用低。

二、鱼背运输

　　除了驮背运输以外，鱼背运输也是比较常见的多式联运方式。鱼背运输是一种将卡车或集装箱装载至驳船或远洋船舶上进行长途运输的方式。由于鱼背式运输结合了水路运输成本低廉、公路运输灵活性强等优势，在国际多式联运，特别是在远东/欧洲多式联运中得到比较广泛的应用。

　　除了"公路运输+水路运输"以外，鱼背运输还包括"铁路运输+水路运输"的联运形式，如图 2-2 所示。例如跨越琼州海峡的粤海铁路，它是中国第一条跨海铁路，总投资 45 亿元，由"两线一渡"工程组成，即广东省境内的湛江至海安铁路 139 公里、琼州海峡铁路轮渡 24 公里、海南省境内的海口至叉河西环铁路 182 公里。2003 年 11 月 25 日，中国首艘跨海火车轮渡"粤海铁 1 号"驶抵南港。同年 12 月 18 日，粤海铁路北港、南港进行船、桥、港三位一体调试结束，所有设备均达到设计要求。自从有了粤海铁路，被称为蓝色天堑的琼州海峡变成了通途。

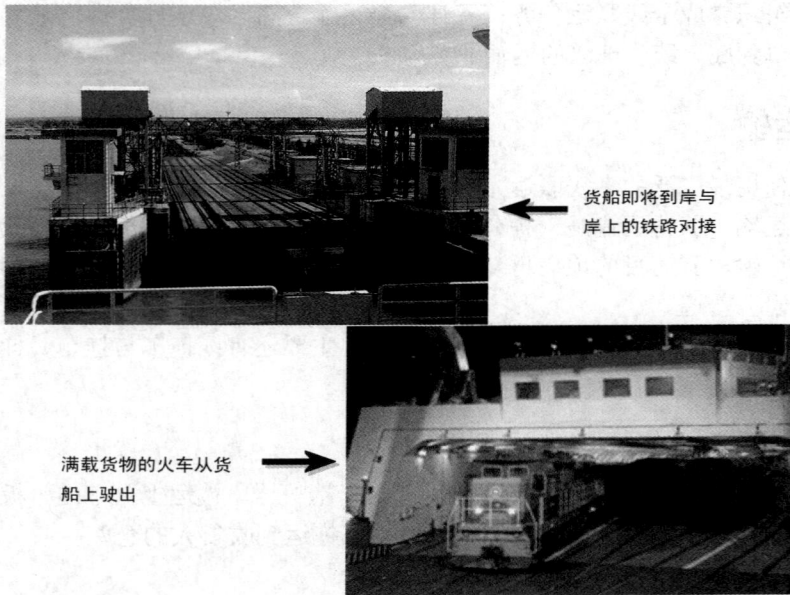

货船即将到岸与岸上的铁路对接

满载货物的火车从货船上驶出

图 2-2　跨海铁路示意图

三、大陆桥运输

　　"海陆海"联运也是常见的多式联运方式，因为"海陆海"联运中的陆地运输线被形象地比喻为陆桥，所以也被称为大陆桥运输。大陆桥运输是指用横贯大陆的铁路或公路作为中间桥梁，将大陆两端的海洋运输连接起来的连贯运输方式。常见的大陆桥包括以下几个。

1. 北美大陆桥

北美大陆桥是指利用北美大铁路从远东到欧洲的"海陆海"联运。美国大陆桥有两条运输线路:一条是从西部太平洋沿岸至东部大西洋沿岸的铁路和公路运输线;另一条是从西部太平洋沿岸至东南部墨西哥湾沿岸的铁路和公路运输线。美国大陆桥于1971年年底由经营远东/欧洲航线的船公司和铁路承运人联合开办"海陆海"多式联运线。加拿大大陆桥与美国大陆桥相似,由船公司把货物海运至温哥华,经铁路运到蒙特利尔或哈利法克斯,再与大西洋海运相接。

北美大陆桥是世界上历史最悠久、影响最大、服务范围最广的陆桥运输线。据统计,从远东到北美东海岸的货物有50%以上是采用双层列车进行运输的,因为采用这种陆桥运输方式比采用全程水运方式通常要快1～2周。例如,集装箱货从日本东京到欧洲鹿特丹港,采用全程水运(经巴拿马运河或苏伊士运河)通常约需5～6周时间,而采用北美大陆桥运输仅需3周左右的时间。

在北美大陆桥强大的竞争面前,巴拿马运河可以说是最大的输家之一。随着北美西海岸陆桥运输服务的开展,众多承运人开始建造不受巴拿马运河尺寸限制的超巴拿马型船(Post-Panamax Ship),从而放弃使用巴拿马运河。可以预见,随着大陆桥运输的效率与经济性的不断提高,巴拿马运河将处于更为不利的地位。

2. 亚欧大陆桥

亚欧大陆桥包括以下三段:

第一条亚欧大陆桥,也被称为西伯利亚大陆桥。以俄罗斯东部的哈巴罗夫斯克(伯力)和符拉迪沃斯托克(海参崴)为起点,通过世界上最长铁路——西伯利亚大铁路(莫斯科至符拉迪沃斯托克,全长9332公里),通向欧洲各国最后到达荷兰的鹿特丹港,经过俄罗斯、中国、哈萨克斯坦、白俄罗斯、波兰、德国、荷兰七个国家,全长13000公里左右。

第二条亚欧大陆桥东起我国连云港,向西经新疆西北阿拉山口出中国国境,经过哈萨克斯坦、俄罗斯、白俄罗斯、波兰、德国,直抵荷兰北海边的鹿特丹港,全长10900公里。比通过巴拿马运河或绕道好望角海上运输航线,分别缩短运距1.1万和1.5万公里;比取道西伯利亚的第一条亚欧大陆桥距离缩短2000多公里。

第三条亚欧大陆桥以深圳港为代表的广东沿海港口群为起点,由昆明经缅甸、孟加拉国、印度、巴基斯坦、伊朗,从土耳其进入欧洲,最终抵达荷兰鹿特丹港,横贯亚欧21个国家(含非洲支线四个国家:叙利亚、黎巴嫩、以色列和埃及),全长约15157公里,比目前经东南沿海通过马六甲海峡进入印度洋行程要短3000公里左右。

除了以上介绍的多式联运方式外,还有海/空、铁/空、公/空、江/海、公/海/空等多种类型。总之,多式联运优越性体现在:简化托运、结算及理赔手续,节省人力、物力和有关费用;缩短货物运输时间,减少库存,降低货损货差,提高货运质量;降低运输成本,节省各种支出;提高运输管理水平,实现运输合理化。因此,多式联运得到越来越广泛地使用,已成为现代运输发展的趋势。

资料柜

登录 http://pan.baidu.com/s/1qW8WehY,可以浏览及下载资料《集装箱的类型》。

专题十二：不合理的运输形式
——运输应避免什么

不合理运输是指在现有的条件下可以达到的运输水平而未达到，从而造成了运力浪费、运输时间增加、运费超支等问题的运输形式。目前我国存在的主要不合理运输形式如下。

1．返程或起程空驶

空车无货载行驶，可以说是不合理运输的最严重形式。在实际运输组织中，有时候必须调运空车，从管理上不能将其看成不合理运输。但是，因调运不当、货源计划不周、不采用运输社会化而形成的空驶，是不合理运输的表现。造成空驶的不合理运输主要有以下几个原因。

(1) 能利用社会化的运输体系而不利用，却依靠自备车送货、提货，这往往会出现单程重车、单程空驶的不合理运输。

(2) 由于工作失误或计划不周，造成货源不实，车辆空去空回，形成双程空驶。

(3) 由于车辆过分专用，无法搭运回程货，只能单程实车、单程回空周转。

2．对流运输

对流运输亦称"相向运输"、"交错运输"，是指同一种货物，或彼此间可以互相代用而又不影响管理、技术及效益的货物，在同一线路上或平行线路上做相对方向的运送，与对方运程的全部或一部分发生重叠交错的运输。已经制定了合理流向图的产品，一般必须按合理流向的方向运输，如果与合理流向图指定的方向相反，也属对流运输，如图 2-3 所示。

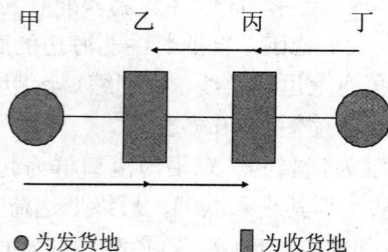

● 为发货地　■ 为收货地

图 2-3　对流运输

在判断对流运输时需注意的是，有的对流运输是不很明显的隐蔽对流。例如，不同时间的相向运输，从发生运输的那个时间看，并无出现对流，可能会作出错误的判断，所以要注意隐蔽的对流运输。

3．迂回运输

迂回运输是舍近取远的一种运输，是指可以选取短距离进行运输而不办，却选择路程较长路线进行运输的一种不合理形式，如图 2-4 所示。迂回运输有一定复杂性，不能简单处之，只有当计划不周、地理不熟、组织不当而发生的迂回，才属于不合理运输；如果最短距离有交通阻塞、道路情况不好或有对噪音、排气等特殊限制而不能使用时发生的迂回，不能称为不合理运输。

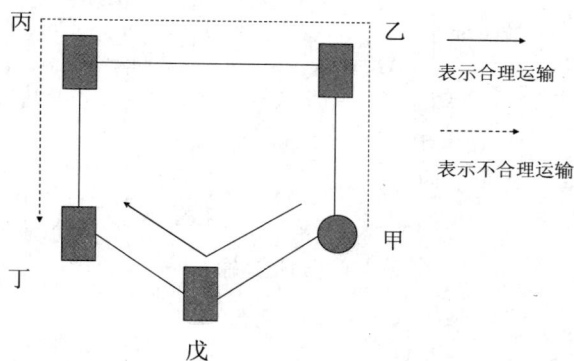

图2-4 迂回运输

4. 重复运输

本来可以直接将货物运到目的地，但是在未达到目的地之处，或目的地之外的其他场所将货卸下，再重复装运送达目的地，这是重复运输的一种形式。另一种形式是，同品种货物在同一地点一面运进，同时又向外运出，如图 2-5 所示。重复运输的最大毛病是增加了不必要的中间环节，延缓了流通速度，增加了费用，增大了货损。

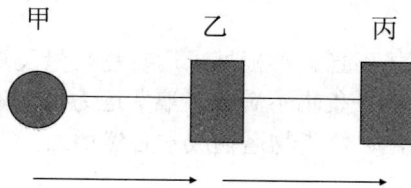

图2-5 重复运输

5. 倒流运输

倒流运输是指货物从销地或中转地向产地或起运地回流的一种运输现象，其不合理程度要甚于对流运输。其原因在于，往返两程的运输都是不必要的，形成了双程的浪费。倒流运输也可以看成是隐蔽对流的一种特殊形式。

6. 过远运输

过远运输是指调运物资舍近求远，近处有资源不调而从远处调，这就造成可采取近程运输而未采取，拉长了货物运距的浪费现象，如图 2-6 所示。过远运输占用运力时间长，运输工具周转慢，物资占压资金时间长，远距离自然条件相差大，又易出现货损，增加了费用支出。

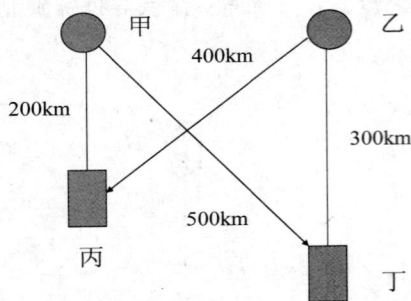

图 2-6　过远运输

7. 运力选择不当

运力选择不当是指未按各种运输工具的优势正确地利用运输工具的不合理形式，常见的有以下几种。

(1) 弃水走陆。在同时可以利用水运及陆运时，不利用成本较低的水运或水陆联运，而选择成本较高的铁路运输或汽车运输，使水运的优势不能发挥。

(2) 铁路、大型船舶的过近运输。不是铁路及大型船舶的经济运行里程却利用这些运力进行运输的不合理做法。主要的不合理之处在于火车及大型船舶起运及到达目的地的准备、装卸时间长，且机动灵活性不足，在过近距离中利用，发挥不了运速快的优势，由于装卸时间长，反而会延长运输时间。另外，和小型运输设备比较，火车及大型船舶装卸难度大、费用也较高。

(3) 运输工具承载能力选择不当。不根据承运货物数量及重量选择，而盲目决定运输工具，造成过分超载、损坏车辆及货物不满载、浪费运力的现象，尤其是"大马拉小车"现象发生较多。由于装货量小，单位货物运输成本必然增加。

8. 托运方式选择不当

对于货主而言，托运方式选择不当是指在可以选择最好的托运方式而未选择，造成运力浪费及费用支出加大的一种不合理运输。

例如，应选择整车未选择，反而采取零担托运，应当直达而选择了中转运输，应当中转运输而选择了直达运输等都属于这一类型的不合理运输。

专题十三：运输合理化

——运输应该怎样做

由于运输是物流中最重要的功能要素之一，物流合理化在很大程度上依赖于运输合理化。物流过程的合理运输，是指从物流系统的总体目标出发，选择合理的运输方式和运输路线，即运用系统理论与系统工程原理和方法，选择合理的运输工具和优化运输路线，以最短的路径、最少的环节、最快的速度和最少的劳动消耗，组织好运输活动，以获取最大的经济效益。

一、影响运输合理化的因素

影响物流运输合理化的因素很多，起决定作用的有五个方面，称作合理运输的"五要素"。

1. 运输距离

运输过程中，运输时间、运输运费等若干技术经济指标都与运输距离有一定的关系。运距长短是运输是否合理的一个最基本的因素。

2. 运输环节

每增加一个运输环节，势必要增加运输的附属活动，如装卸、包装等，各项技术经济指标也会因此发生变化，因此减少运输环节对合理运输有一定的促进作用。

3. 运输工具

各种运输工具都有其优势领域，对运输工具进行优化选择，最大限度地发挥运输工具的特点和作用，是运输合理化的重要的一环。

4. 运输时间

在全部物流时间中运输时间占绝大部分，尤其是远途运输，因此，运输时间的缩短对整个流通时间的缩短起决定性的作用。此外，运输时间缩短，还可以加速运输工具的周转，充分发挥运力效能，提高运输线路通过能力，不同程度地改善不合理运输。

5. 运输费用

运费在全部物流费用中占很大的比例，运费的高低在很大程度上决定整个物流系统的竞争能力。实际上，运费的相对高低，无论对货主还是对物流企业都是运输合理化的一个重要的标志。运费的高低也是各种合理化措施是否行之有效的最终判断依据之一。

二、运输合理化措施

运输合理化措施包括以下几条。

1. 合理配置运输网络

在规划运输网络时，应合理配置仓库、物流中心、配送中心以及中转站、货运站、港口、空港等物流节点。例如，企业为了确保市场占有率，就需要考虑利用多少个仓库、配送中心；配送中心、仓库如何布局，密度多大，相距多远；运输业务是全部外包，或是自己承担一部分等。企业对这些问题都需要整体规划，统一考虑，做到既满足销售的需要，又能减少交叉、迂回、空载运输，降低运输成本，提高运输效率。在设计和利用运输线路时，要进行运输线路优化。在条件允许的情况下，考虑采用集运、直达运输、"四就"直拨运输等运输策略与方法，尽量减少运输的中间环节，使运输网络中总的运输线路最短。

2. 选择最佳的运输方式

由于铁路、公路、水路、航空、管道等运输方式各具特点，所以在货物运输中要根据实际情况选用适宜的运输方式。例如，长距离、大批量的货物运输宜采用铁路或水路运输；小批量、多品种、近距离的货物运输宜采用公路运输；体积小、价值高的货物运输和紧急救灾、抢险物资的运输适合航空运输方式。

在中、短距离运输中，可以实施铁路、公路分流和"以公代铁"运输。这一措施是指在公路运输经济里程范围内，或者在经过论证，超出通常的平均经济里程范围，尽量利用公路进行货物运输。我国"以公代铁"运输目前在杂货、日用百货运输及煤炭运输中较为普遍，运输里程一般在 200 公里以内，有时可达 700~1000 公里。例如，经认真的技术经济论证，山西煤炭用公路代替铁路运至河北、天津、北京等地是经济合理的。

运输方式确定以后，还要考虑具体运输工具的选择问题，例如，公路运输中要选择什么样的汽车车型(大型、轻小型或专用车辆)，是用自有车辆还是选择运输公司的车辆等。

3. 提高车辆运行效率

努力提高车辆的运行率、实载率，减少车辆空载、迂回运输、对流运输、重复运输、倒流运输现象，缩短等待时间或装运时间，提高有效工作时间，从而可以有效地促进运输的合理化。

提高运输工具实载率是运输合理化的一种有效方式。运输工具实载率包括两方面含义：一是单车实际载重与运距之乘积和标定载重与行驶里程之乘积的比率；二是车船的统计指标，即一定时期内车船实际完成的货物周转量占车船载重吨位与行驶公里乘积的百分比。物流系统的"配送"和车辆"配载"就是提高车辆实载率的有效方式。

在实际运输工作中，在一定的基础设施条件下，提高运输、增加运输能力的具体做法还有以下几方面。

(1) 铁路运输的"满载超轴"法。"满载"就是为了充分利用货车的容积和载重量，多载货，不空驶。"超轴"就是在机车能力允许的情况下，多加车皮，增加运输量。例如，我国在客运紧张时，采取加长列车、多挂车皮的办法，在不增加机车的情况下增加运输量。

(2) 水路运输的"拖排拖带"法。这种方法是指在竹、木等物品的运输中，不用运输工具本身的动力消耗，或者将无动力驳船编成一定队形(一般是纵列)，用拖轮拖带行驶，加大船舶的运载能力。

(3) 内河运输的顶推法。该法就是将内河驳船编成一定队形，由机动船顶推前进。其优点是航行阻力小，顶推量大，速度较快，运输成本低。这是我国内河货运经常采取的一种有效方法。

(4) 公路运输的挂车法。这种方法的原理与船舶拖带、火车加挂基本相同，都是在充分利用动力能力的基础上，增加运输能力，如图 2-7 所示。

4. 发展社会化运输体系

运输社会化是指发展运输的大生产优势，实行专业分工，改变一家一户自成运输体系的状况。一家一户的运输生产，车辆自有，自我服务，不能形成规模，且运量需求有限，难以自我调剂，因而容易经常出现空驶、动力选择不当(因为运输工具有限，选择范围太窄)、不能满载等不合理现象，且配套的接、发货设施和装卸搬运设施也很难有效运行。

目前，我国铁路运输的社会化运输体系较为完善，而公路运输由于小生产作业方式非常普遍，所以是发展社会化运输体系的重点。在社会化运输体系中，各种联运体系是其水平较高的方式。

法国的大卡车 MILLAU 80 米长，由 42 节拖车组成，这辆 "公路上的火车"已经在法国投入使用。

图2-7 世界上最长的卡车

5. 采用先进的运输技术装备

不断开发特殊运输技术和采用先进的运输工具是实现运输合理化的重要途径。例如，利用专用散装及罐车可以解决粉状物、液态物运输损耗大、安全性差等问题，袋鼠式车皮(如图 2-8)、大型半挂车可以解决大型设备整体运输问题，"滚装船"可以解决汽车载货的运输问题，集装箱船比一般船只能容纳更多的箱体，集装箱高速直达车船加快了运输速度等，这些都是通过运用先进的科学技术来实现合理化。运输合理化还需要利用现代化信息系统，依靠先进的信息技术的支撑。

图2-8 袋鼠式车皮

6. 采用合理的运输策略和模式

要实现运输合理化，还必须采用合理的运输策略。例如，企业可根据实际情况，尽量采用直达运输、"四就"直拨运输、共同运输、集运等策略。直达运输是企业追求运输合理化的重要形式，它可以通过减少中转过载换装，提高运输速度，节省装卸费用，降低中转货损，在一次运输批量和客户一次需求量达到了一整车时直达运输的优势最为突出。企业也可以实施"四就"直拨运输，首先由管理机构预先筹划，然后就厂、就站(码头)、就库、就车(船)将物品分送给客户。在运输实际工作中，应推进共同运输，即企业部门之间、企业之间、行业之间进行合作，协调运输计划，共同利用运力。

7. 通过流通加工，使运输合理化

有不少产品由于其本身形态及特性问题，很难实现运输的合理化，如果进行适当加工，那么就能够有效解决合理运输问题。例如，将造纸材料在产地预先加工成干纸浆，然后压缩体积运输，就能解决造纸材料运输不满载的问题；轻泡产品预先捆紧包装成规定尺寸，装车就容易提高装载量；水产品及肉类预先冷冻，就可提高车辆装载率并降低运输损耗。

随着运输业以及物流技术的发展，应大力推广一些先进的运输模式与方法，如多式联合运输、一贯托盘化运输、集装箱运输、散装化运输、智能化运输、门到门运输等。

📀 视频资源

登录 http://pan.baidu.com/s/1sjNhpyX，可以下载关于运输的视频。

课程链接

希望深入学习运输组织管理模式和运作流程的内容，可以选择学习"运输管理"等相关课程。

希望深入学习国际运输管理的内容，可以选择学习"国际贸易实务"等相关课程。

希望深入学习运输费用或成本的内容，可以选择学习"物流成本管理"等相关课程。

思考题

1. 在 2012 年"十一"黄金周期间，全国各地的高速公路纷纷取消了小汽车的过路费，虽然这降低了人们出行的费用，但也造成了交通的严重拥堵。一时间人们对这一举措褒贬不一，其中有人说既然为了惠及民生，与其在短短几天假期里，免除大部分生活还算富足的私家车主的费用，还不如常年减免货运汽车，尤其是运输百姓日常消费品汽车的费用。想一想这种说法有道理吗？为什么？

2. 请根据具体情况选用合适的运输方式。

具体情况描述	运输方式
有一批钢材(10 000 吨)要从济南市郊运到大连	
要将一批名贵手表(20 箱)从北京运送到广州	
要从青岛将一批活海鲜运到郑州	
将 10 000 立方米天然气从新疆运达北京	
海尔要将 10 000 台冰箱运往欧洲	

3. 甲公司要从位于 S 市的工厂直接装运 500 台电视机送往位于 T 市的一个批发中心。这批货物价值为 150 万元。T 市的批发中心确定这批货物的标准运输时间为 2.5 天，如果超出标准时间，每台电视机每天的机会成本是 30 元。

评价下列两个物流方案的优劣。

(1)　A 公司是一家长途货物运输企业，可以按照优惠费率每公里 0.05 元/台来运送，装卸费每台 0.10 元。已知 S 市到 T 市的公路运输里程为 1100 公里，估计需要 3 天的时间才可运到(因为货物装卸也需要时间)。

(2)　B 公司是一家水运企业，可提供水陆联运的服务，即先用汽车从甲公司的仓库将货物运至 S 市的码头(20 公里)，再用船运至 T 市的码头(1200 公里)，然后再用汽车从码头运至批发中心(17 公里)。由于中转的过程中需要多次装卸，因此整个运输时间大约为 5 天。询价后得知，陆运运费每公里 0.05 元/台，装卸费为每台 0.10 元，水运运费为每公里每百台 0.6 元。

4. 某公司首次承揽到三个集装箱运输业务，时间较紧，从上海到大连铁路 1200 公里，公路 1500 公里，水路 1000 公里。该公司自有 10 辆 10 吨普通卡车和一个自动化立体仓库，经联系附近一家联运公司虽无集装箱卡车，但却有专业人才和货代经验，只是要价比较高，至于零星集装箱安排落实车皮和船舱，实在心中无底，你认为采取什么措施比较妥当？

(1)　自己购买若干辆集装箱卡车然后组织运输。

(2)　想请铁路部门安排运输但心中无底。

(3)　水路最短路程，请航运公司来解决运输。

(4)　联运公司虽无集装箱卡车，但可叫其租车完成此项运输。

(5)　没有合适运输工具，辞掉该项业务。

5. 某公司欲将产品从坐落位置 A 的工厂运往坐落位置 B 的公司自有仓库，年运量 D 为 700 000 件，每件产品的价格 C 为 30 元，每年的存货成本 I 为产品价格的 30%。公司希望选择使总成本最小的运输方式。据估计，运输时间 T 每减少一天，平均库存可以减少 1%。各种运输服务的参数如下表所示。

运输方式	运输费率 R/(元/件)	运达时间 T/天	每年运送批次	平均存货量 Q/2/件
铁路	0.1	21	10	100 000
水路	0.15	14	20	50 000×0.93
公路	0.20	5	20	50 000×0.84
航空	1.40	2	40	50 000×0.81

在途运输的年存货成本为 ICDT/365，两端储存点的存货成本各为产品价格 C 的 30%，但其中 C 值有差别，工厂的储存点 C 为产品的价格，购买者储存点的 C 为产品价格加上运费之和。

请问：

选择哪种运输方式的方案最优？

案例讨论题

企业参与运输决策对于物流成本的控制、运输效率的高低都有重要的影响，有效的运输决策往往能提高企业效益，也能在最短的时间完成客户需要的服务。因此，各类企业都极其注重对物流系统的运输决策。从最终效益的角度来说，"开源"与"节流"具有同样的意义，正确的决策节省的物流成本不见得比产品本身获利要少。而一个企业物流系统的运输决策往往通过运输网络设计、运输方式选择、装卸及配送水平高低等方面来实现。下面通过流通企业里的家乐福中国物流系统运输决策的案例来具体分析运输决策的各个方面。

成立于 1959 年的法国家乐福集团是大型超级市场概念的创始者，目前是欧洲第一、全球第二的跨国零售企业，也是全球国际化程度最高的零售企业。家乐福于 1995 年进入中国市场，最早在北京和上海开设了当时规模最大的大卖场。目前，家乐福在中国 31 个城市相继开设了 86 家商店，拥有员工 4 万多人。家乐福中国公司经营的商品 95% 来自本地，因此家乐福的供货很及时，这也是家乐福在中国经营成功的原因之一。家乐福实行"店长责任制"，给各店长极大的权力，所以各个店之间并不受太多的制约，店长能灵活决定所管理的店内的货物来源和销售模式等。由于家乐福采用的是各生产商缴纳入场费，商品也主要由各零售商自己配送，家乐福中国总公司本身调配干涉的力度不大，所以各分店能根据具体情况灵活决定货物的配送情况。事实证明，这样做的效果目前很成功。

家乐福中国在网络设计方面主要体现为运输网络分散度高，一般流通企业都是自己建立仓库及其配送中心，而家乐福的供应商直送模式决定了它的大量仓库及配送中心事实上都是由供应商自己解决的，受家乐福集中配送的货物占极少数。这样的经营模式不但可以节省大量的建设仓库和管理的费用，商品运送也较集中，配送起来更方便，而且能及时供应商品或下架滞销商品，不仅对家乐福的销售，对供货商了解商品销售情况也是极有利的。在运输方式上，除了较少数需要进口或长途运送的货物使用集装箱挂车及大型货运卡车外，由于大量商品来自本地生产商，故较多采用送货车。这些送货车中有一部分是家乐福租的车，而绝大部分则是供应商自己长期为家乐福各店送货的车，家乐福自身需要车的数量不多，所以它并没有自己的运输车队，也省去了大量的运输费用，从另一方面提高了效益。在配送方面，供应商直送的模式下，商品来自多条线路，而无论各供应商的还是家乐福自己的车辆都采用了"轻重配载"的策略，有效利用了车辆的各级空间，使单位货物的运输成本得以降低，进而在价格上取得了主动地位。而先进的信息管理系统也能让供应商在最短的时间内掌握货架上其供销售的各种商品的货物数量以及每天的销售情况，补货和退货因此而变得方便，也能让供应商与家乐福之间相互信任，建立长期的合作关系。而当沃尔玛进入中国时，也同样复制了美国的运营模式，在广东与天津分设了两个配送中心。经过多年的苦心经营，到目前为止，沃尔玛尚未实现全面盈利，不少业内人士认为这与其完全照搬美国本土的运营模式有关。美国本土的商店选址大都位于小镇，而在中国开的店大都位于中心城市，大量的供应商可以提供专业化服务，集中配送反而难以体现高效率。

制造企业的运输决策主要体现在其原料来源和产品输出上，由于其产品的特定性，往往需要从某些固定区域运送，所以其网络设计上大多采用少数大的集散地，将到达的原料运送至企业和把成型的产品运送至各销售地；而流通企业的货物仓库及配送中心一般较分散，而且数量较多，以便货物及时输送；第三方物流企业除了有自己固定的仓储配送中心外，还根据其长期提供服务的企业特点灵活安置一些仓库等，使其有较大的自由性。

在运输方式选择上，制造企业主要选择铁路或海运，因为这类企业的原料和商品都是以大批量的长途运输为主，这样可以节省运输费用，而且对时效性和直达性的要求一般都不高；流通企业则少量采用集装箱运输，主要采用送货车，各个企业的送货车会因其经营方向的不同而有差异，但其目的都是为顾客最大限度地提供便利；第三方物流企业的运输比较多元化，根据其承接的工作不同可能采取公路、铁路、海运等多种运输方式，或者其中几种相结合的联合运输等，某些时候也需要"门到门"的运输。

一般情况下，制造企业相比流通企业和第三方物流而言对配送的要求较低，商品也比较单一，以满足原料输入和产品输出为原则。流通企业和第三方物流对配送有较高的要求，其配送中心的工作也比较复杂，流通企业的配送中心有时候还被当作销售中心；而第三方物流为了协调各种商品，则需要使配送工作达到最优化，在配送时也要考虑较多的其他因素以适应合约企业的要求。

总的来说，不管什么类型的企业，无论企业规模的大小，其运输决策的出发点都是为企业最大限度地节支增收服务的，而运输决策也必将在企业运营中扮演着越来越重要的角色。

讨论：

1. 从物流的角度分析家乐福在中国经营的成功之处。

2. 比较一下丰田、家乐福和联邦快递在运输决策上的异同。

实训题

1. 登录 http://pan.baidu.com/s/1c0tf8uk，下载集装箱辨识.swf，可以练习辨识常见的集装箱类别。

2. 登录 http://pan.baidu.com/s/1hqFXZSC，下载铁路机车识别.swf，可以练习辨识常见的铁路机车和货车。

3. 登录 http://pan.baidu.com/s/1eQ3QO6m，下载风靡欧洲的运输游戏.swf，在轻松的游戏中体验运输的过程，同学们也可以进行比赛，看看谁是最好的运输管理者。

第三单元　仓储

——物流的蓄水池

单元导读

　　仓储，顾名思义，就是以仓库为载体用来储存和保管货物的方式。仓储的历史很悠久，自从3000多年前的西周时期，就已经有了关于仓储的记录，《诗经·小雅》有"乃求千斯仓"一句，可知仓储源远流长。不过那时的仓储和现在的仓储有着本质区别，现代仓储的理念发生了巨大的变化，仓储也被赋予更多内涵、注入更多活力。通过本单元的学习，你可以了解关于仓储的类型、流程，仓储安全和库存管理等诸多内容。

专题一：民以食为天

——仓储最早的用途

　　早在西周时期，人们就已经意识到了仓储的重要作用，即能够应对意外情况的发生。《礼记·王制》中论述："国无九年之蓄，曰不足；无六年之蓄，曰急；无三年之蓄，曰国非其国也。"甘肃省的平凉、庆阳习惯上称为陇东，是我国农业起源最早地区之一，同时，也是周朝先人开基立业的肇兴之地。陇东的储粮方式分为两类：一类是建于地面的，如方形的仓，如圆形的仓，这在《诗经》、《国语》中都能找到它们的影子；另一类是窑洞储粮，有对窑洞做一些处理，直接堆放在地下的，也有在窑洞里围成芦苇编成的席囤储粮食的。从古籍记载以及大量出土的陶仓模型，就可以看到陇东对粮食种植和储藏的高度重视。

　　虽然古人已经认识到仓储能够起到调节供需的重要作用，但是在中国封建社会重农抑商大环境的影响下，仓储更重要的是承担了社会救济和保障的功能，而没有收到商业效益。我国古代的国家仓储形式主要有常平仓、义仓、广惠仓等。公元前54年汉宣帝"令边群皆筑仓，以谷贱时增其价而籴，以利农；谷贵时，减其价而粜。名曰常平仓，明便之。"义仓起源于汉代，发展于北齐，盛行于隋唐。公元585年，隋文帝劝令民间每年秋天由每户出粟一石以下，根据贫富分等储之里巷，以备荒年，名曰义仓。广惠仓制度是以赡养社会老幼贫病为目的的仓储制度。

　　中国古代粮仓的发展高峰是在隋唐时期，公元605年，隋炀帝即位不久，就下令建都洛阳，同时下令开凿大运河。大运河以洛阳为起点，经洛河入黄河，然后分两路开凿，向南终点为余杭(今杭州)，向北终点为涿州(今北京)，而在大运河初具雏形之时，人们不经意地发现，洛口成了这个庞大水运网的中枢。因此，在大运河开凿的第二年，隋朝就开始在洛口兴建粮仓。大运河完工后，隋王朝在沿线重要的节点设置了不少粮仓，主要用于中转漕粮。大运河长2000多公里，由于各地自然条件不同，不同河段的流量、含沙量以及河床特点各不相同，不可能依靠同一艘船一次运到，需要转换熟悉不同河段的船只和水工分段运输。因此就需要在沿线节点兴建粮仓，以方便转运。如此一来，运河与粮仓，形成了一个完整的漕运系统，如图3-1所示。

洛口仓筑有仓城，周围二十余里，"穿三千窖，每窖容八千石"，"置监官并镇兵千人守卫"，全仓储米约有2400万石（"石"是中国市制容量单位，十斗为一石），是隋朝最大的一个粮仓，也成为大运河最大、最重要的物流中心。洛口仓如一座大容量的水库，各地的漕粮通过庞大的水运网络，如水流般在这里蓄积，由此往西可运往洛阳、长安，而用兵东北时，又可由此运粮渡黄河，经永济渠而运往东北。

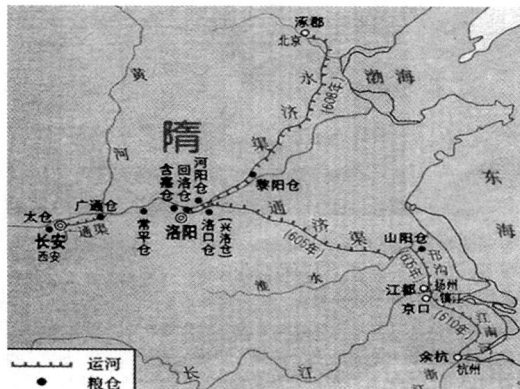

图 3-1　隋朝主要粮仓分布在运河沿线

隋末天下大乱之时，这个粮仓更是成为影响天下大局的关键所在。谁拥有了天下第一粮仓，谁就有了争夺天下的资本。当时一度最有可能称霸中原、一统天下、赫赫有名的瓦岗军，就是在夺取洛口后迅速发展壮大起来，而在失去洛口后又迅速崩溃。李密夺取洛口仓时，洛口仓已兴建11年，11年储备的粮食，转眼间成了李密盘中的菜。有了洛口仓，瓦岗军发展堪称神速，大量的饥民加入，许多缺粮的义军陆续投奔，短短数月，瓦岗军达到鼎盛时期，改称他们为"洛口军"似乎也不为过。

李密攻洛阳时，因为有洛口仓和回洛仓在手，洛阳已陷无粮的境地。也许是因为前面的一连串胜利蒙蔽了他的双眼，也许是看不起王世充，李密没有听取手下围而不攻，等洛阳乏粮时不战而胜的策略，急于出战，终于一战而败，失去了洛口。失去洛口仓之后，瓦岗军没有了根基，数十万之众，一夜间崩溃。李密只好前去投奔李渊，后来又想叛逃，被李渊手下的将领杀死。可以说，这位乱世英雄大起大落、大悲大喜的人生，都跟洛口仓有着牵扯不清的关系。正所谓"成也洛口，败也洛口"。后来李世民攻打洛阳，采取了跟李密前期一样的"攻略"：先打下洛口仓，再打下回洛仓，使洛阳城陷入断粮的困境。不过李世民终不是李密，他再也没有给王世充机会，围死洛阳后，最终令因饥饿失去抵抗力的王世充俯首称臣。

唐朝前期，洛口仓虽然仍是重要粮仓，但其地位逐渐被含嘉仓取代。含嘉仓的地位日益重要，不仅是洛阳的粮仓，并且还起着关东和关中之间漕米转运站的作用。隋时东南漕米都先集中在洛口仓；唐前期则规定东都洛阳以东的租米都先集中在含嘉仓，由含嘉仓再陆运至陕州，循渭河入长安。新兴的含嘉仓因此成为全国最大的粮仓。原来位于洛阳城北七里的回洛仓，曾是李密、李世民攻打洛阳时争夺的焦点，也逐渐废弃不用，其作用被含嘉仓取代。据记载，唐玄宗天宝八年(公元 749 年)，全国主要大型粮仓的储粮总数为 12 656 620 石，含嘉仓就有 5 833 400 石，占了将近二分之一，无疑是天下各大粮仓中规模最大的一个。

据考古工作者于 1971 年的调查和发掘，含嘉仓城位于今洛阳老城区北侧，东西长 600 余米，南北长 700 余米。仓城内东西成行、密集排列着 400 多个粮窖。现存粮窖口径最大的约 18 米，深约 12 米，可藏粮一万数千石(唐朝每石约合 60 公斤)以上；口径最小的约 8 米，深约 6 米，可藏粮数千石。唐朝杜佑的《通典》记载，全仓储粮可达五六百万石。发现含嘉仓时，还有个小插曲。当时考古工作者以为是八角墓葬，后来看到铭文时，才知道是历史上十分有名的含嘉仓，令考古工作者震惊的是鼎鼎大名的含嘉仓竟然是地下仓，是窖藏粮食！

含嘉仓的粮窖形制结构十分科学。粮窖都是口大底小的圆缸形。建造过程是先从地面向下挖成土窖，将窖底夯实，用火烧硬，然后铺一层用红烧土碎块和黑灰等拌成的混合物作为防潮层，防潮层上再铺一层木板层或木板和草的重叠混合层。含嘉仓的粮窖既能防潮防火，又能防鼠防盗。唐朝时窖内的谷子可藏 9 年，稻米可藏 5 年。160 号窖内的谷子至今已有 1300 多年了，颗粒还可辨认。经化验，这些炭化谷粒中有机物仍占 50.8%。含嘉仓的管理也很科学，大部分窖内都发现了砖刻铭文，记载着窖穴的位置、编号、储粮来源、品种、数量、入窖年月等。含嘉仓的结构特点和规模，表明我国古代人民在隋唐时期就已掌握了相当科学的储粮技术。现在，国家将已发掘的 160 号粮窖建屋保护，成为我国现存古代最大粮窖的陈列馆。

时光已越千年，虽然现代仓库的用途和古代相比已经发生了天翻地覆的变化，但粮仓依旧是一种重要的仓储类型，原因很简单，那就是民以食为天！

☕ **轻松一刻**

汉字是世界上最古老的文字之一，它是由象形文字演变成兼表音义的意音文字，但总的体系仍属表意文字。所以，汉字具有集形象、声音和词义三者于一体的特点。这一特点在世界文字中是独一无二的，因此它具有独特的魅力。

《说文解字》中记载：仓，谷藏也，仓黄取而藏之，故谓之仓。意思是，仓是收藏稻谷的粮库。通常在稻谷成熟、颜色仓黄之时将它们收割入库，因此称粮库为"仓"。以下是对甲骨文"仓"字的解释。

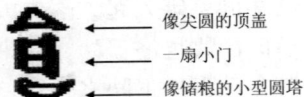

像尖圆的顶盖 ←
一扇小门 ←
像储粮的小型圆塔 ←

《说文解字》中记载：库，兵车藏也。即库是收藏兵车战甲的建筑。以下是对金文"库"字的解释。

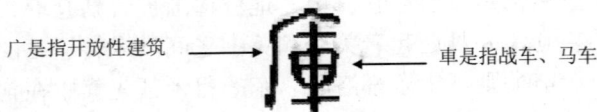

广是指开放性建筑 → **库** ← 车是指战车、马车

除了仓和库以外，用来表示存储地点的字还有"府"和"窖"。在古代，府的本意是

指官方藏放财宝的建筑，即国库。以下是对金文"府"字的解释。

付是指交接 —— 屋顶，代指房屋
—— 贝是指财宝

《说文解字》中记载：窖，地藏也。即窖是人工挖凿的地下储藏物品的洞穴。古人将祭告的贡品秘藏在地穴，以便神灵可以长久享用。

穴是指地洞
告是指向神祝祷

所以在古代，仓是粮库，库是军火库，府是金库，窖可以说是最早的冷库。

专题二：从静止的水到流动的河
——仓库面面观

　　仓库(Warehouse) 是保管、储存物品的建筑物和场所的总称。传统仓库更多地承担着"蓄水池"的作用，有些货物一进入仓库，便在仓库中"呼呼大睡"，存储期长达几年甚至十几年。随着社会经济的快速发展，商品库存由过去批量大、品种少、周转慢，正向批量小、品种多、周转快的方向转化，特别是电子商务、连锁经营的发展，对仓库提出了更高的要求。过去那种"两耳不闻仓外事，一心只管物安全"的仓储理念早已被打破，现代物流不仅要求仓库有储存、保管功能，还要求有分拣、配货、包装、加工、配送功能。从现代物流的角度看，仓库是从事储存、包装、分拣、流通加工和配送等物流作业活动的物流节点设施。仓库目前应用广泛，种类繁多，按照不同划分标准可分为以下几类。

一、按仓库的功能分

　　按仓库的功能分，仓库可分为储备仓库、转运仓库、集货仓库、加工仓库、生产仓库和配送仓库。

　　(1) 储备仓库以存储为主要工作内容，其功能与传统仓库一样，起到蓄水池的作用。货物的存储时间较长，目前多用于国家的战略物资储备，如粮食、石油、钢材等。

　　(2) 转运仓库是指为不同运输方式在转运间隔提供货物临时保存的仓库，货物的存储时间较短。它是实现不同运输方式或同种运输方式联合(接力)运输的物流设施，通常称为多式联运站、集装箱中转站、货运中转站等。转运仓库多分布在火车站、港口码头、飞机场等附近。

　　(3) 集货仓库是指将分散生产的零件、生产品、物品集中成大批量货物存储的仓库。建立集货仓库的目的是使原来分散、小批量、规格质量混杂等不容易进行批量运输和销售的货物，经过集货仓库汇集形成批量运输，从而实现大批量、高效率、低成本和快速的运输。集货仓库通常分布在小企业群、农业区、果业区、牧业区等地域。

　　(4) 加工仓库的主要工作是进行流通加工，仓库根据客户的需要对储存的货物进行包装、分割、计量、分拣、刷标志、贴标签、组装等简单作业，从而使货物方便客户使用或便于运输、配送。

(5) 生产仓库是指为企业生产或经营储存原材料、燃料及产品的仓库，也有的称之为原料仓库或成品仓库。

(6) 配送仓库也称为配送中心，其主要工作是提供配送业务，仓库接受并处理终端用户的订货信息，对上游运来的多品种货物进行分拣，根据用户订货要求进行拣选、加工、组配等作业，并进行送货。货物在配送仓库的存储时间很短，有时货物刚入库就出库，实现了进货与发货的同步化。

二、按仓库的运营形式分

按仓库的运营形式分，仓库可分为自用仓库、营业仓库、公用仓库和保税仓库。

(1) 自用仓库是指生产、物资、商业、外贸等企业，为了本企业物流业务需要而建立的仓库，仓库中所储存的是本企业的原材料、燃料、半成品、成品或各类商品。有关仓库的建设、库存物资管理，以及出入库等，都由公司自己负责。由于保管物资的种类比较确定，因此可以选择与此相适应的仓库结构和装卸设施。自动化仓库几乎全是自用仓库，目前我国外贸仓库大多数也属于自用仓库。

(2) 营业仓库是指按照仓库业管理条例取得营业许可，保管他人物品的仓库。营业仓库是社会化的一种仓库，面向社会，以经营为手段、以营利为目的。与自用仓库相比，营业仓库的使用效率要更高，货物周转更快。《吕氏春秋·尽数》中记载："流水不腐，户枢不蠹，动也。"如果仓库里的货物周转缓慢，长期呆滞，整个仓库也就像一潭死水，毫无生气，最终在激烈的市场竞争中将被淘汰。俗话说："货不停留利自生。"货物只有动起来，才能获利。仓库也只有变成一条流动的河流，才能保持活力，赢得商机。对于生产性和经营性的仓库，库存周转次数越多说明资金周转越快。一些经营好的仓库可以达到每年 24 次以上，即不到半个月就周转一次。对于储备性仓库而言，库存周转次数则不是一个重要指标。

(3) 公用仓库是国家或公共团体为了公共利益而建设的仓库，即为公共事业配套服务的仓库，如图 3-2 所示。

(4) 保税仓库是根据有关法律和进出口贸易的规定取得许可，专门保管国外进口而暂未纳税的进出口货物的仓库。

三、按仓库保管物品种类的多少分

按仓库保管物品种类的多少，仓库可分为综合库和专业库。

(1) 综合库是用于存放多种不同属性物品的仓库。

(2) 专业库是用于存放一种或某一大类物品的仓库，如酒库、粮库等。

四、按仓库建筑的封闭程度分

按仓库建筑的封闭程度分，仓库可分为封闭式仓库、半封闭式仓库和露天式仓库。

(1) 封闭式仓库俗称"库房"，该结构的仓库封闭性强，便于对货物进行维护保养，适合存放保管要求比较高的物品。

(2) 半封闭式仓库俗称"货棚"，其保管条件不如库房，但出入库作业比较方便，且建造成本较低，适宜存放那些对温湿度要求不高且出入库频繁的物品。

(3) 露天式仓库俗称"货场"，是指用于堆放商品的场地。它比库房、货棚用料省、建造快、花钱少、容量大，装卸作业很方便，适合存放大型货物，但对自然条件的适应能力差，储存的商品有一定局限性。

五、按仓库建筑结构分

按仓库建筑结构分，仓库可分为平房仓库、楼房仓库、罐式仓库、简易仓库和高层货架仓库。

(1) 平房仓库结构简单，只有一层，比较方便货物的搬运与移动，而且建筑的造价相对低廉。沃尔玛的配送中心都是一层，因为沃尔玛希望产品能够从一个门进，另一个门出，如果有电梯或其他物体，就会阻碍产品的流动，影响货物的周转速度。因此，沃尔玛的配送中心都是一个非常巨大的一层平房。

(2) 楼房仓库是指两层以上的仓库，这样占用同样的土地面积，就可以获得比平房仓库大得多的仓储面积，但货物的上下移动作业很麻烦，楼层之间虽然可用升降机或坡道连接，但往往这也成为制约货物流动周转的瓶颈。

(3) 罐式仓库的构造比较特殊，呈球形或柱形，主要用来存储石油、天然气和液体化工品等，如图 3-2 所示。

图 3-2　罐式仓库

(4) 简易仓库的构造比较简单，造价低廉，一般在仓库不足又不能及时建库时充当临时仓储场地，比如货棚。

(5) 高层货架仓库是指采用高层货架以货箱或托盘储存货物、用巷道堆垛起重机及其他机械进行作业的仓库。

六、按仓库的保管条件分

按仓库的保管条件分，仓库可分为普通仓库、冷藏或恒温恒湿仓库、危险品仓库和气调仓库。

(1) 普通仓库是指用于存放对保管条件没有特殊要求的货物的仓库。

(2) 冷藏或恒温恒湿仓库是指用于存放需要冷藏、保温或恒温恒湿物品的仓库，这种仓库有制冷和加湿除湿设备，建筑材料具有良好的保温隔热性能，多用于生鲜及冷冻食品的储存。

(3) 危险品仓库是用于存储和保管易燃、易爆、有毒、有害等危险品的仓库。根据隶属和使用性质不同，危险品仓库分为甲、乙两类：甲类是商业仓储业、交通运输业、物资管理部门的危险品库，乙类为企业自用的危险品库。其中，甲类危险品库储量大、品种多，所以危险性大。根据规模不同，危险品仓库又可分为三类：面积大于 9000 平方米的为大型危险品库，面积在 550～9000 平方米的为中型危险品库，550 平方米以下的为小型危险品库。根据危险品库的结构形式不同，危险品仓库分为地上危险品库、地下危险品库、半地下危险品库。

(4) 气调仓库是指库内可以调节氧气与二氧化碳浓度以保证存储货物安全的仓库，多用于对粮食的储存。以往的粮食储存主要是靠自然通风，其效果不理想，主要表现为保存时间不够长，而且粮食的营养成分和口味容易发生变化，2～3 年后便成为陈化粮，只能用于工业用途。而气调仓库则是在密闭的仓库内充入浓度达到 20%的二氧化碳，此举可以抑制虫害，同时对真菌也有抑制作用。在此条件下，粮食能够得到长期保存，而且营养价值和口味不变。

七、按库内形态分

按库内形态分，仓库可分为地面仓库、货架仓库和自动化立体仓库。

(1) 地面仓库是指货物在地面上堆码成若干垛型，以此来进行货物储存的仓库，因为货物堆码的高度受到地坪载荷和包装承载能力的限制，所以这类仓库对空间的利用率不高。

(2) 货架仓库是指采用多层货架，在货架上存放货物或托盘的仓库，因为有了货架的支撑，货物不必层层堆码，所以可以较好地利用仓库的存储空间，但存储高度仍然受到叉车提升高度的限制，此外还需要花费一定的资金购置货架、叉车等设备。

(3) 自动化立体仓库是指采用几层、十几层乃至几十层高的货架储存单元货物，用由计算机控制的自动巷道堆垛机进行货物入库和出库作业的仓库，这种仓库可以极大地提高仓库运转效率，充分利用存储空间。海尔集团公司就曾经通过分析发现，在整个生产过程中，最受制约的就是仓储，这体现在原材料和零部件的仓储和配送，所以海尔选择以此作为突破口。海尔建立了两个自动化立体仓库，该仓库以用户的订单信息为核心，通过对物流信息管理手段的实施，对库存进行有效控制，彻底消除资源的占压和浪费。目前，海尔集团每个月平均接到 6000 多个销售订单，这些订单的品种达 7000 多个，需要采购的物料品种达 26 万余种。在这种复杂的情况下，海尔物流的呆滞物资却降低了 73.8%，仓库面积减少 50%，库存资金减少 67%。

视频资源

登录 http://pan.baidu.com/s/1o60mKcE，可以下载关于自动立体化仓库的视频。

专题三：堆码

——简单实用的货物存储形式

货物堆码是指货物的堆放形式和方法，货物的合理堆码是一项重要的仓储工作。它对维护货物质量、充分利用库房容积和提高装卸作业效率，以及对采用机械作业和保证商品安全等具有重大影响。货物堆码要遵守合理、牢固、定量、整齐、节约、先进先出等要求。

堆码形式要根据货物的种类、性能、数量和包装情况以及库房高度、储存季节等条件决定，不同的货物，堆码的方法也有所不同。常见的堆码方式包括重叠式、纵横交错式、仰伏相间式、压缝式、通风式、栽柱式、衬垫式等。

1. 重叠式

重叠式也称直堆法，是逐件、逐层向上重叠堆码，一件压一件的堆码方式，如图 3-3 所示。为了保证货垛稳定性，在一定层数后改变方向继续向上，或者长宽各减少一件继续向上堆放。该方法方便作业、计数，但稳定性较差。适用于袋装、箱装、箩筐装物品，以及平板、片式物品等。

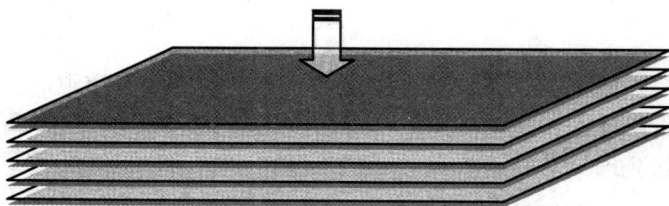

图 3-3　重叠式堆码

2. 纵横交错式

纵横交错式是指每层物品都改变方向向上堆放，适用于管材、捆装、长箱装物品等，如图 3-4 所示。该方法较为稳定，但操作不便。

图 3-4　纵横交错式堆码

3. 仰伏相间式

仰伏相间式是指对上下两面有大小差别或凹凸的物品，如槽钢、钢轨等，将物品仰放一层，再反面伏放一层，仰伏相向相扣，如图 3-5 所示。该垛极为稳定，但操作不便。

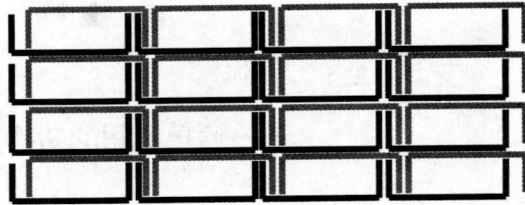

图 3-5　仰伏相间式堆放

4. 压缝式

压缝式是指将底层并排摆放，上层放在下层的两件物品之间，如图 3-6 所示。

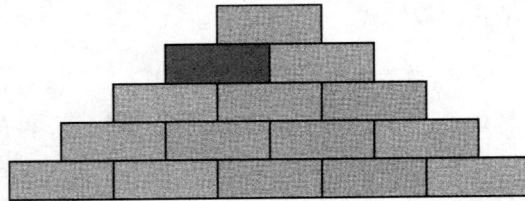

图 3-6　压缝式堆码

5. 通风式

通风式是指物品在堆码时，任意两件相邻的物品之间都留有空隙，以便通风，层与层之间采用压缝式或者纵横交错式，如图 3-7 所示。通风式堆码可以用于所有箱装、桶装以及裸装物品堆码，起到通风防潮、散湿散热的作用。

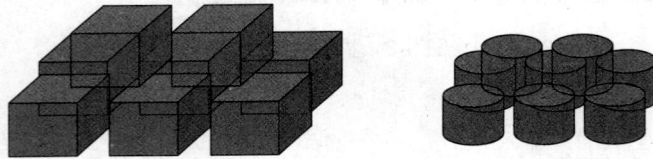

图 3-7　通风式堆码

6. 栽柱式

栽柱式是指码放物品前先在堆垛两侧栽上木桩或者铁棒，然后将物品平码在桩柱之间，几层后用铁丝将相对两边的柱拴连，在往上摆放物品，如图 3-8 所示。此法适用于棒材、管材等长条状物品。

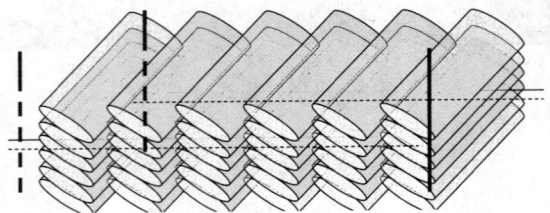

图 3-8　栽柱式堆码

7. 衬垫式

衬垫式是指码垛时隔层或隔几层铺放衬垫物,衬垫物平整牢靠后,再往上码,如图 3-9 所示。此法适用于不规则且较重的物品,如无包装电机、水泵等。

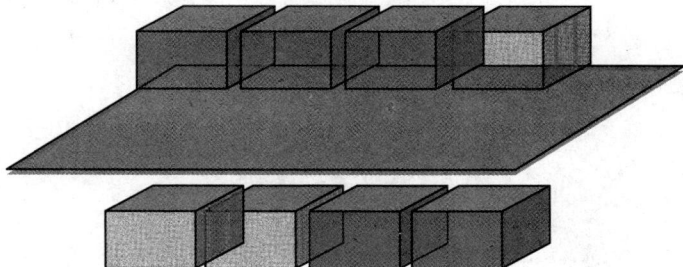

图 3-9　衬垫或堆码

因为用人工进行堆码的劳动强度很大,可能使货物质量不稳定,而且工人经常要举起货物,也比较容易受伤,所以从 20 世纪 70 年代起,不同自动化程度的堆码技术应运而生。传统的堆码机由一个排出器或自动出货机组成,它们从库房取一个托盘放在装运位置上。当成品从输送带下来后,堆码机按照一个规定式样将它们移到一个模板平台上。当一层成品收集完后,这个平台就将这一层往前推进,接着收集下一层。

现在,更为先进的堆码机器人已经较多地出现在大型企业的仓库和厂房里,在那里,产品被送给机器人,然后机器人将它们堆码好,如图 3-10 所示。在不同种类的堆码机器人中,活节机械手速度最快而且用途最广。这些机械手能够同时从 1～5 堆成品中取货,然后码成有多种产品的托盘。活节机械手可以用大约 25 次/分钟的速度处理 25 公斤以上的产品或包装箱。

图 3-10　堆码机器人

☕ **轻松一刻**

步入书店,错落有致、形状各异的立体造型,已经成为吸引顾客眼球的一道亮丽风景。书店中常见的堆码方式包括方形、螺旋形、交叉形、六角形等。除此之外,还有一些别出心裁的堆码方式,例如在情人节可以堆出心形书塔,还可以堆出波浪形书塔,甚至用书堆码出埃菲尔铁塔形状的书塔,用来吸引众多顾客,如图 3-11 所示。

图 3-11　精心堆码的书塔

📑 资料柜

登录 http://pan.baidu.com/s/1eQBs1qy，可以浏览及下载资料《常见的垛型介绍》。

专题四：货架

——充分利用存储空间的仓储设备

在仓库设备中，货架是指专门用于存放成件物品的保管设备。仓储货架有别于超市货架，超市货架除具有存储功能外，另一重要的功能是展示作用。它的高度通常以人的身高为设计依据，所以大多数超市货架更侧重于 3 米以下结构设计。相对于超市货架，仓储货架普遍应用于工业仓库，更着重于向上发展，充分利用存储空间，最大高度可达到 40 米以上。大型物流中心的设计可以是库架一体式结构，即先建造货架部分，以货架为建筑物的支撑结构，后建建筑结构，如围墙、屋顶等。

一、仓储货架的作用

具体来说，仓储货架具备以下作用。

(1) 立体结构，可充分利用仓库空间，提高仓库容量利用率，扩大仓库储存能力。

(2) 货物存取方便，可做到先进先出，百分之百的挑选能力，流畅的库存周转。

(3) 仓库货架中的货物，一目了然，便于清点、划分、计量等管理工作。

(4) 满足大批量货物、品种繁多的存储与集中管理需要，配合机械搬运工具，能做到存储与搬运工作秩序井然。

(5) 存入货架中的货物，互不挤压，物资损耗小，可完整保证物资本身的功能，减免货物在储存环节中可能的损失。

(6) 保证存储货物的质量，可以采取防潮、防尘、防盗、防破坏等措施，以提高物资存储质量。

(7) 满足现代化企业低成本、低损耗、高效率的物流供应链管理需要。

(8) 承重力大、不易变形、连接可靠、拆装容易、多样化。

仓储货架在物流及仓库中占有非常重要的地位，是现代工业仓库、物流中心、配送中心必不可少的组成部分。随着现代工业的迅猛发展，物流量的大幅度增加，为实现仓库的现代化管理，改善仓库的功能，不仅要求货架数量多，而且要求具有多功能，并能实现机械化、自动化的要求。

二、仓储货架的类型

以下是一些常见的仓储货架类型。

1. 托盘式货架

托盘式货架又称横梁式货架或货位式货架，通常为重型货架，在国内外的各种仓库中最为常见，如图 3-12 所示。托盘式货架以储存单元化托盘货物，配以巷道式堆垛机及其他储运机械进行作业。托盘式货架空间利用率高，存取灵活方便，辅以计算机管理或控制，基本能达到现代化物流系统的要求。它广泛应用于制造业、第三方物流和配送中心等领域，既适用于多品种小批量物品，又适用于少品种大批量物品。此类货架在高位仓库和超高位仓库中应用最多，自动化仓库中货架大多用此类货架。

图 3-12 托盘式货架

2. 搁板式货架

搁板式货架由立柱、横梁、托板和层板组成，主要特点为无螺栓连接，组装、拆卸简便，外形美观大方，用于存放非托盘搬运的成箱或单件货品，通常采用人工取放或者配合拣料车的方式，如图 3-13 所示。其承载能力通常为 200～350 公斤/层，可以满足大部分使用要求。为便于操作人员存取货物，货架总高度通常不超过 2 米，如果使用登高设备，货架高度最多可以达到 3 米，可单独使用，也可自由拼接成各种排列方式。

图 3-13　搁板式货架

3. 通廊式货架

通廊式货架也称为贯通式货架或驶入式货架，如图 3-14 所示。通廊式货架采用托盘存取模式，适用于存放品种单一，大批量的货物，与托盘货架相比，仓库利用率可达到 80% 左右，仓库利用空间率可提高 30% 以上，是存储效率最高的货架。货物存取从货架同一侧进出，先存后取、后存先取，平衡重及前移式叉车可方便地驶入货架中间存取货物。其投资成本相对比较低，适用于横向尺寸较大、品种较少、数量较多的货物，常用来储存大批相同类型货物；由于其存储密度大对地面空间利用率较高，常用于冷库、食品、烟草等存储空间成本较高的仓库。叉车可自由地进出于货架之间的走廊从而使仓库得到最大限度的利用，可根据实际需要选择配置导向轨道。

通廊式货架的缺点也很明显，例如不能满足先进先出的要求；货架纵深及高度方向的一排必须存放同一品项的货品；操作速度慢，效率低等。为了克服这些缺点，通廊式货架做了一些改进，成为驶出式货架。驶出式货架(也可称通过式货架)是指在货架两端叉车都可以进行存取作业，也可以从货架一端存放货物，从另一端取货，这样就可以做到先进先出了。

图 3-14　驶入式货架

4. 悬臂式货架

悬臂式货架是由在立柱上装设悬臂来构成的，悬臂可以是固定的，也可以是移动的，每臂载重通常在 500 公斤以内。悬臂式货架具有结构稳定、载重能力好、空间利用率高等特点，适用于存放长物料、环形物料、板材、管材及不规则货物，多用于机械制造行业和建材超市等，如图 3-15 所示。加了搁板后，特别适合空间小，高度低的库房，管理方便，视野宽阔，与普通搁板式货架相比，它的利用率更高。

图 3-15　悬臂式货架

5. 阁楼式货架

阁楼式货架采用货架立柱做楼面支撑，钢结构楼板，楼板平整，整体性、承载能力强而均匀，可更好地利用仓储空间，如图 3-16 所示。根据实际场地和具体要求，它可设计成多层楼层，通常 2～3 层，底层货架可采用次重型、重型货架等多种货架。它不但是存储货物的系统，同时也是上层重量的支撑点，配有楼梯、护栏及电动升降平台等辅助设施。全组合式结构，立体感强，安装、拆卸方便，可根据实地灵活设计。阁楼货架系统在汽车零部件领域、汽车 4S 店、轻工、电子等行业有较多应用。

图 3-16　阁楼式货架

6. 流利式货架

流利式货架又称滑移式货架，采用辊轮铝合金、钣金等流利条，利用货物台架的自重，从一边通道存货，另一边通道取货，可实现先进先出，以及一次补货多次取货，如图3-17所示。流利式货架存储效率高，适合大量货物的短期存放和拣选，可配电子标签，实现货物的轻松管理。常用滑动容器有周转箱、零件盒及纸箱，适合大量货物的短期存放和拣选，广泛应用于配送中心、装配车间以及出货频率较高的仓库。

图 3-17　流利式货架

7. 移动式货架

移动式货架易控制，安全可靠。每排货架有一个电机驱动，由装置于货架下的滚轮沿铺设于地面上的轨道移动，如图3-18所示。其突出的优点是空间利用率极高，安全可靠，移动方便，一组货架只需一条通道，而固定型托盘货架的一条通道，只服务于通道内两侧的两排货架，所以在相同的空间内，移动式货架的储存能力比一般固定式货架高得多。它适用于库存品种多，但出入库频繁率较低的仓库，或者库存频率较高，但可按巷道顺序出入库的仓库，广泛应用于传媒、图书馆、金融、食品等行业仓库。

图 3-18　移动式货架

8. 旋转式货架

旋转式货架是自动存取系统(Automated Storage and Retrieval System，AS/RS)的重要组成部分，它结合自动仓储与货架功能，是自动化仓储技术的最新发展，如图 3-19 所示。旋转式货架操作简单、存取作业迅速，适用于电子零件、精密机件等少量多品种小物品的储存及管理。其货架移动快速，可达每分钟 30 米的速度，存取物品的效率很高，又能依需求自动存取物品，并可通过适配卡与计算机联机达到存货自动管理。旋转式货架受高度限制少，可采用多层方式，故空间利用率高。

图 3-19 旋转式货架

旋转式货架分水平旋转和垂直旋转两种。

(1) 水平旋转式货架按货架移动方式可分为整体移动式和分层移动式：整体移动式货架仅用一台马达带动，水平方向旋转时上下连在一起的各货架层整体水平式连动旋转；分层移动式货架每层各有一台马达，各单层能独立地水平运动旋转。水平旋转式货架由一个椭圆形多层货架和一个拣选台组成，货架上载有大量货仓以存储货物，每个货仓都有一个固定编号(地址)。在旋转货架的一端设置有拣选台，系统运行时货架的每层可绕垂直轴独立地在水平方向正向或反向(顺、逆时针)转动，存取货物时，拣选台位置不动，输入货物所在货仓编号，该货仓则自动旋转到拣货点停止。

(2) 垂直旋转式货架的原理与水平旋转式货架大致相同，只是旋转的方向与地面垂直，充分利用仓库的上部空间，是一种空间节省型的仓储设备，其可比传统轻型货架节省 1/2 以上的货架摆设面积，但其移动速度较水平旋转式货架慢，为 5～10 米/分钟。垂直旋转货架属于拣选型货架，占地空间小，存放的品种多，最多可达 1200 种。货格的小格可以拆除，这样可以灵活地存储各种尺寸的货物。在货架的正面及背面均设置拣选台面，可以方便地安排出入库作业。在旋转控制上，用开关按钮即可轻松地操作，也可利用计算机操作控制，形成联动系统，将指令要求的货层经最短的路程送至要求的位置。垂直旋转式货架主要适用于多品种、拣选频率高的货物，如果取消货格，用支架代替，也可以用于成卷货物的存取。

9. 抽屉式货架

抽屉式货架又称为模具货架，主要用于存放各种模具物品，如图 3-20 所示。货架顶部可配置移动葫芦车(手拉或电动)，抽屉底部设有滚轮轨道，承载后依然能用很小的力自如地拉动，附加定位保险装置，安全可靠。根据承载能力不同，抽屉或货架可分为轻量型、重量型两种，操作轻便，无须大型行车及叉车，可实现模具等体积小、重量大的货物轻松存放作业。

图 3-20　抽屉式货架

10. 堆叠式货架

堆叠式货架可当作存放容器，随叉车搬运，不使用时可叠放，节省空间；当存放货物时，可相互叠放避免物品压损，高度可达 4 层，如图 3-21 所示。堆叠式货架的优点是不当货架用时可轻松拆卸，仓库利用弹性大；价格低，不用维修；适用于不规则物品和易碎物品。其缺点是叠放高度受限，太高易倒；底层物品最后才能取出，最适用于同时进货的相同物品。

图 3-21　堆叠式货架

专题五：仓储与库存

—— 一对褒贬不一的孪生兄弟

从字义上看，仓储与库存十分相似，就像一对孪生兄弟一样，其中"仓"和"库"对应，"储"和"存"对应。不过虽然字义十分接近，但人们对这对孪生兄弟的评价却大相径庭。大家往往更喜欢仓储这个词，认为仓储是物流的一项重要的职能，甚至是物流的支柱，而对库存人们却比较厌恶，认为它是不应存在的，甚至被认为是"万恶之源"。为什么会出现这种情况呢？首先要从仓储的作用说起。

一、仓储的作用

第一，仓储是生产和销售顺利进行的必要保障。因为现在的生产是社会化大生产，专业分工很细，每一件产品都是由大量的零部件和原材料构成的，如果在生产过程中某一个零件或原材料断货，将直接影响产品的生产进度，甚至导致整个生产线停工待料。而对于销售企业来说，断货是很严重的问题，因为一次断货可能导致客户的永久流失。因此，仓储对于生产和销售企业来说都是至关重要的。

第二，仓储可以调整生产和消费的时间差别，维持市场稳定。有些商品属于全年性生产，季节性消费，如电风扇；还有一些商品属于季节性生产，全年性消费，如粮食。仓储可以起到"蓄水池"和"调节阀"的作用，在市场供大于求、商品价格下跌的时候，购进商品；在市场供不应求、商品价格上涨的时候，卖出商品，从而维持市场的稳定。而且在维持市场稳定的同时，仓储企业也可以从商品的买卖差价中获取收益，某些时候这种收益还很可观。但高额的收益也可能导致部分奸商囤积居奇，从而导致市场物资进一步匮乏，这种行为是应该被严厉打击的。

第三，仓储可以维持和增加产品的价值，其中维持产品价值是仓储最基本的功能，因为大部分商品生产出来并不会马上被消费者购买，商品的价值暂时无法得到实现，所以仓储可以保持商品在被使用前的完好性，避免商品因保管不当而贬值，例如肥皂不能干裂、服装不能发霉生虫。此外，现代物流的发展赋予仓储环节更多的增值功能，例如给服装缝商标、贴条码，这些在仓库中进行的流通加工活动使商品的价值得到提升。

第四，仓储可以使企业更好地应对市场波动风险，控制和降低采购成本。当原材料市场的价格波动比较大时，企业可以在价格相对较低的时候，多采购一些原材料储备起来，而且一次性采购量较大可以享受一定的价格折扣，这就可以使企业在未来的生产和经营活动中，控制和降低采购成本。

第五，仓储可以起到衔接流通过程的作用，在从生产商到零售商的流通过程中，商品不是一直流动的，而是需要一定的物流节点进行暂时的停顿。例如，轮船的大量运输和汽车的小量运输，两者的运输形态、运输装备都不相同，再加上运量的巨大差异，所以只能在两者之间设立仓库再逐渐实现转换。

第六，仓储可以起到市场信息传感器的作用，从而使资源得到有效配置。首先仓储可以为生产商调整产量提供市场信息。例如，当某种商品被市场追捧时，仓库的存货就会减少，生产商据此判断产品供不应求，从而扩大生产规模；而当商品不受市场的欢迎时，仓库的存货就会增加，生产商据此判断产品供过于求，从而减小生产规模，避免资源的浪费。

第七，仓储是开展物流管理的重要环节，因为仓库是连接生产、供应、销售的中转站，对促进物资流动效率的提高起着重要的作用。同时，围绕着仓储实体活动、商务洽谈活动，清晰准确的报表和单据信息、货物收发的资金结算也同时进行着。因此仓储是物流、商流、信息流、资金流的合一，而且包装、流通加工、装卸搬运、配送等物流职能往往都在仓库中进行，所以仓储是开展物流管理的重要环节。

第八，仓储可以为企业融资提供信用保证。在营业性仓库中，当存货人存入货物后，仓库会给存货人出具一份仓单，作为未来提取货物的凭证，这种仓单的功能类似于储户去银行柜台存款后获得的存单。因为货物本身具有价值，因此仓单作为货物所有权的凭证也具有价值。当仓单持有人短期内资金周转困难，又没有其他更好的融资方法时，仓单就可以作为融资的担保凭证，帮助仓单持有人获得资金，暂时渡过难关。目前，仓单质押业务在中国物资储运行业开展了近 15 年，是解决仓库存货客户资金紧缺、保证银行放贷安全和增加储运仓库资源的有效途径，可以取得一举三得的效果。

第九，仓储可以为企业提供现货交易的场所。企业的货物除小部分样品在卖场展示之外，大部分会储存在仓库中，尤其是电子商务兴起以后，很多卖家出于节约成本的考虑，不再大量设置实体店，而是将商品展示在网络上的虚拟店铺中。买家在网上看好商品后可以再到卖家存货的仓库中查看实物，因此仓储为买卖双方提供了现货交易的场所，仓库也日益成为商流集中的地点。

二、库存的弊端

任何事物都有两面性，仓储也会有弊端，只不过在现实生活中，仓储的弊端往往被它的中文同义词——库存承担，所以库存这个词被人们所不喜也就很自然了。具体来说，库存会产生以下弊端。

第一，库存占用企业的大量资金。现金对于企业就像血液对于人的生命一样重要，而库存耗用了企业的资金，使企业的现金固化在库存产品上，这就像是人的血液被凝固了一样，因此如果库存水平很高，将使企业面临巨大的财务风险，现金链随时可能断裂，企业从而陷入破产危机。即便库存水平不高，由于库存产品占用了资金，也会使企业失去投资其他方面发展，获得更好收益的机会，从而使企业的机会成本大大增加。

第二，库存增加企业资产损失的可能性。一方面，库存商品可能会因为市场供求发生变化而贬值；另一方面，库存商品还可能会在保管过程中因为保管不当而发生破损或变质，尤其是生鲜产品，腐烂变质的可能性很高。此外库存商品还可能被盗、发生火灾等。可以说，商品在库的时间越长，企业资产面临损失的可能性就越大。

第三，库存增加了企业的成本。因为储存产品需要企业建设仓库，而且还需要购置仓储设备，支付仓库工作人员的工资等，即便是向外租赁仓库，也需要支付保管费，这些成本和费用使企业背负了更重的负担。

第四，库存掩盖了企业众多的管理问题。日本在推行准时制生产体系时，把库存量比作江湖的水量，把江湖中的礁石比作管理不善造成的各种问题，例如计划不周、能力不足、质量不高、培训不足、设备保养差等。库存量大了就是水位高了，淹没了水下许多礁石。

水位高了，虽然有利于正常通航，但这些被掩盖的问题却不能暴露出来，也永远得不到彻底解决，一旦企业无法保持较高的库存水平，企业这艘船就随时可能触礁沉没。

🍵 **轻松一刻**

战国时期著名的商人白圭有一套独到的经商术，他把自己的经营原则总结为八个字"人弃我取，人取我与"。具体的做法是：在收获季节或丰年，农民大量出售谷物时，适时购进谷物，再将丝绸、漆器等生活必需品卖给这时比较宽裕的农民；而在年景不好或是青黄不接时，适时出售粮食，同时购进滞销的手工业原料和产品。而且白圭所说的"与"，是予人实惠。当某些商品积压滞销时，一些奸商坐待价格贬得更低再大量购进，而白圭却用比别家高的价格来收购；等市场粮食匮乏时，奸商们又囤积居奇，白圭却以比别家低廉的价格及时销售，满足人民的需求。白圭的这种经营方法，既保证了自己能够取得经营的主动权，获得丰厚的利润，又在客观上调节了商品的供求和价格，在一定程度上保护了农民、个体手工业者以及一般消费者的利益。这样就使全国的货物得到流通，既利于人民生活，又能从中赚取利润，可谓一举两得，利国又利民，难怪白圭被后世称为"商圣"，而他的这种做法也正是运用了仓储的功能。

与白圭同时期的还有另一位著名的商人吕不韦，关于他有一个脍炙人口的成语——奇货可居。奇货可居是指把少有的货物囤积起来，等待高价出售。最早出自《史记·吕不韦列传》："吕不韦贾邯郸，见(子楚)而怜之，曰：'此奇货可居！'"这个典故说的是，在战国时期，卫国商人吕不韦在赵国都城邯郸做生意，碰巧看到在赵国为人质的秦国王子子楚，吕不韦不惜重金帮助子楚返回秦国，并且登上王位，子楚(秦始皇的父亲)作为报答拜吕不韦为秦国丞相，并且列土封侯。从中可以看出，仓储的价值之大有时是很难用金钱来衡量的。

专题六：从 ABC 到 JIT
——库存控制的思想与方法

从上一个专题的学习中我们了解到，仓储(库存)既有好处也有弊端，我们对仓储(库存)既不能全部肯定，也不能完全否定，正确的态度应该符合中庸之道——过犹不及、恰到好处，即库存过多或过少都是不合理的，库存控制的目标就是在库存的有利与不利之间找到最佳的平衡点。下面就介绍几种常见的库存控制思想和方法。

一、ABC 库存分类管理方法

ABC 库存分类管理法又称为重点管理法，最早起源于意大利经济学家维尔弗雷多·帕累托(Vilfredo Pareto)首创的"80 对 20"规则(1879 年，帕累托在研究个人收入的分布状态时，发现 80%的人只掌握了 20%的财产，而另外 20%的人却掌握了全国 80%的财产，而且很多事情都符合该规律)。

其基本思想是：将企业的全部存货分为 A、B、C 三类，属于 A 类的是少数价值高的、最重要的货物，这些存货品种少，而单位价值却较大，这类存货的品种数大约只占全部存货总品种数的 10%左右，而这类存货的金额大约要占到全部存货总金额的 70%。属于 C 类的是为数众多的低值货物，其特点是，从品种数量来看，这类存货的品种数要占到全部存货总品种数的70%左右，而存货的金额只占全部存货总金额的10%左右。B类存货则介于这两者之间，从品种数和出库金额看，都只占全部存货总数的20%左右。管理时，对金额高的 A 类货物，作为重点加强管理与控制；B 类货物按照通常的方法进行管理和控制；C 类货物品种数量繁多，但价值不大，可以采用最简便的方法加以管理和控制。

具体来说，对于单价高的 A 类物品，通常采用的是定量订货法。所谓定量订货法，就是指预先确定一个订货点和订货批量，随时检查库存，当库存下降到订货点时就发出订单，如图3-22所示。那么每次的订货批量是多少才最好呢？这个值就是经济订货批量(EOQ)。

经济订货批量(见图 3-23)反映了持有成本与订货成本之间的平衡，年持有成本等于库存平均持有量与单位年持有成本的乘积，平均库存是单位订货批量 Q 的一半，用字母 H 代表每单位产品的年持有成本，则：

$$年持有成本 = \frac{HQ}{2}$$

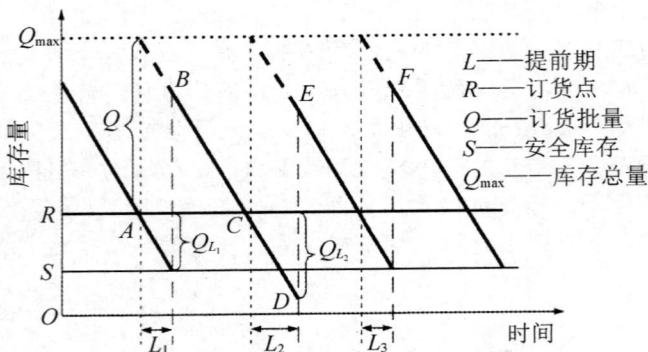

图 3-22　定量订货法示意图

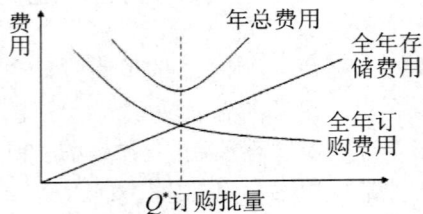

图 3-23　经济订货批量示意图

一旦订货批量增大，年订货成本就会下降，一般情况下，年订货次数等于 D/Q，这里 D 为年总需求。订货成本不像持有成本，对订货批量反应比较迟钝。无论订货批量是多少，特定活动都得照样进行，如确定需求量，定期评价供应源，准备发货单等。因而订货成本一般是固定的，年订货成本是年订货次数与每批订货成本(用 s 表示)的函数，则：

$$年订货成本 = \frac{sD}{Q}$$

年总成本由库存的持有成本和订货成本两部分组成，若每次订货 Q 单位，则：

年总成本=年持有成本+年订货成本

即

$$TC = \frac{QH}{2} + \frac{DS}{Q}$$

这里 D 与 H 必须单位相同，总成本曲线呈 U 形，并在持有成本与订货成本相等的订货批量处达到最小值。

运用微积分可以推导得到最优订货批量的表达公式：

$$EOQ = \sqrt{2DS/H}$$

下面是一道关于计算 EOQ 的例题。

A 公司每年购入某种产品 8000 件，每次订货费用为 30 元，单位产品年持有成本为 3 元/(件·年)，试求经济订货批量和年订购次数。

解：已知年订货量 D 为 8000 件/年，单位订货费 S 为 30 元/次，单位维持库存费 $H=3$ 元/(件·年)，订货提前期为 2 周。

$$\text{经济批量 } EOQ = \sqrt{2DS/H}$$
$$= \sqrt{\frac{2 \times 8000 \times 30}{3}}$$
$$= 400\text{(件)}$$
$$\text{年订货次数 } n = D/EOQ$$
$$= 8000/400 = 20\text{(次)}$$

因此，为了使年总成本为最低，A 公司每年需订 20 次货，每次订货的经济订货批量为 400 件。

定量订货法的主要优点是库存控制的手段和方法相对清晰和简单，并且可对高价值货物的库存费用精确控制；其主要缺点是它需要经常了解和掌握库存的动态，检查库存是否减少到了订货点，这会增加库存保管成本，并且由于一种货物的订货可能在任何时刻，这种情况就使之不能把若干货物的订单合并到同一次订货中，从而难以节省订货费用。

而对于品种数量大，平均占用资金少，只需一般管理的 B 类和 C 类商品，通常采用定期订货法。定期订货法是指按预先确定的订货时间间隔按期进行订货，以补充库存的一种库存控制方法。订货周期一般根据经验确定，每隔一个固定的时间周期检查库存项目的储备量，根据盘点结果与预定的目标库存水平的差额确定每次订购批量。

定量订货法与定期订货法的区别如下。

1. 提出订购请求时点的标准不同

定量订购库存控制法提出订购请求的时点标准是，当库存量下降到预定的订货点时，即提出订购请求；而定期订购库存控制法提出订购请求的时点标准则是，按预先规定的订货间隔周期，到了该订货的时点即提出请求订购。

2. 请求订购的商品批量不同

定量订购库存控制法每次请购商品的批量相同，都是事先确定的经济批量；而定期订购库存控制法每到规定的请求订购期，订购的商品批量都不相同，可根据库存的实际情况计算后确定。

3. 库存商品管理控制的程度不同

定量订购库存控制法要求仓库作业人员对库存商品进行严格的控制、精心的管理，经常检查、详细记录、认真盘点；而用定期订购库存控制法时，对库存商品只需进行一般的管理，简单的记录，不需要经常检查和盘点。

4. 适用的商品范围不同

定量订购库存控制法适用于品种数量少，平均占用资金大的、需重点管理的 A 类商品；而定期订购库存控制法适用于品种数量大、平均占用资金少的、只需一般管理的 B 类、C 类商品。

二、MRP、MRPⅡ和ERP

以上介绍的订货点法是传统的库存控制方法，要根据物料的需求情况来确定订货点和订货批量，这类方法适合于需求比较稳定的物料。然而，在实际生产中，随着市场环境发生变化，需求常常是不稳定的、不均匀的，在这种情况下使用订货点法便暴露出一些明显的缺陷。

由于需求的不均匀以及对需求的情况不了解，企业不得不保持一个较大数量的安全库存来应付这种需求。这样盲目地维持一定量的库存会造成资金积压、造成浪费。此外，传统的订货点方法使得低库存与高服务水平两者不可兼得，服务水平越高则库存越高，还常常造成零件积压与短缺共存的局面。订货点法之所以有这些缺陷，是因为它没有按照各种物料真正需用的时间来确定订货日期。于是，人们便思考：怎样才能在需要的时间，按需要的数量得到真正需用的物料，从而消除盲目性，实现低库存与高服务水平并存？

物料需求计划(Materials Requirements Planning，MRP)是由美国库存协会在 20 世纪 60 年代初提出的。当时的库存管理专家们为解决传统库存控制方法的不足，不断探索新的库存控制方法。它依据市场需求预测和顾客订单制订产品生产计划，然后基于产品生产进度计划，组织产品的材料结构表和库存状况，通过计算机计算出所需材料的需求量和需求时间，从而确定材料的加工进度和订货日程，如图 3-24 所示。

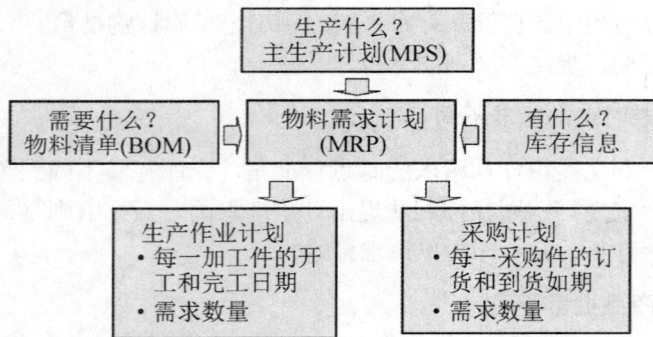

图 3-24　MRP 原理示意图

20 世纪 60 年代初发展起来的 MRP 仅是一种物料需求计算器，它根据对产品的需求、产品结构和物料库存数据来计算各种物料的需求，将产品产出计划变成零部件产出计划和外购件、原材料的需求计划，从而解决了生产过程中需要什么，何时需要，需要多少的问题。它是开环的，没有信息反馈，也谈不上控制。

闭环 MRP 系统是在基本 MRP 系统的基础上，把能力需求计划、执行及控制计划的功能也包括进来，形成一个环形回路，如图 3-25 所示。闭环 MRP 系统的出现，使生产活动方面的各种子系统得到了统一。

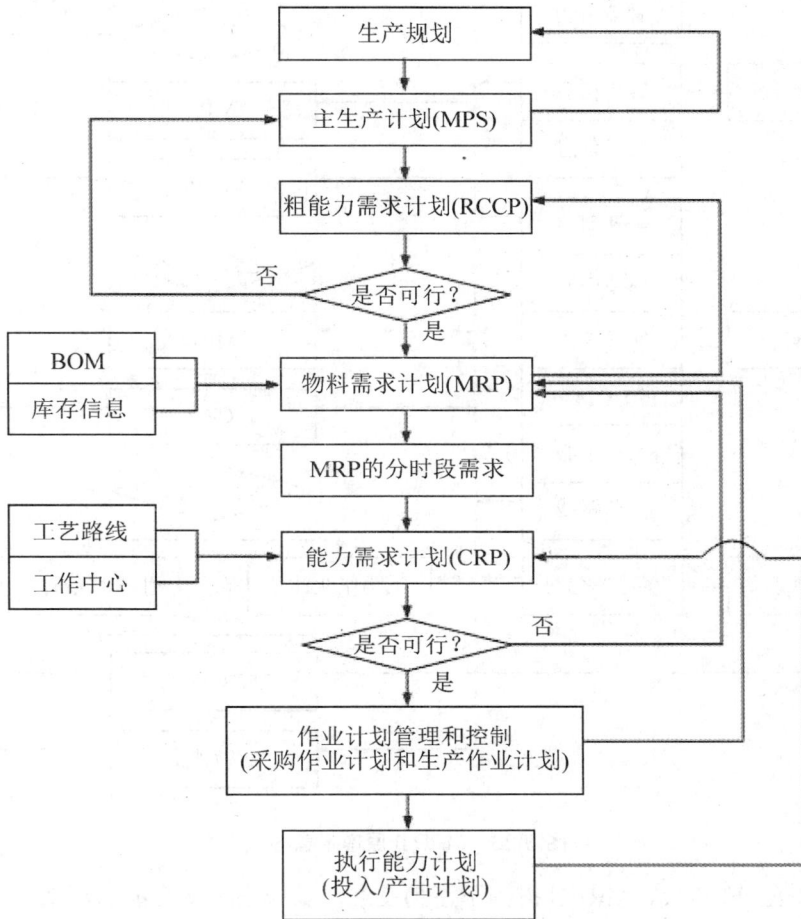

图 3-25　闭环 MRP 原理示意图

但这还不够，因为在企业的管理中，生产管理只是一个方面，它所涉及的仅仅是物流，而与物流密切相关的还有资金流。这在许多企业中是由财会人员另行管理的，这就造成了数据的重复录入与存储，甚至造成数据的不一致性。于是，在 20 世纪 80 年代，人们把生产、财务、销售、工程技术、采购等各个子系统集成为一个一体化的系统，并称为制造资源计划(Manufacturing Resource Planning)系统，英文缩写还是 MRP，为了区别物料需求计划(亦缩写为 MRP)而记为 MRP Ⅱ，如图 3-26 所示。

经营规划

销售规划

生产规划

制造日历

应收账款　客户信息　需求信息

是否可行？

MPS

RCCP

会计科目　成本中心　库存信息　BOM　工作中心　工艺路线

总账

是否可行？

MRP

CRP

是否可行？

应付账款　供应商信息　采购作业计划　生产作业计划

成本会计

业绩评价

决策层　计划层　执行层

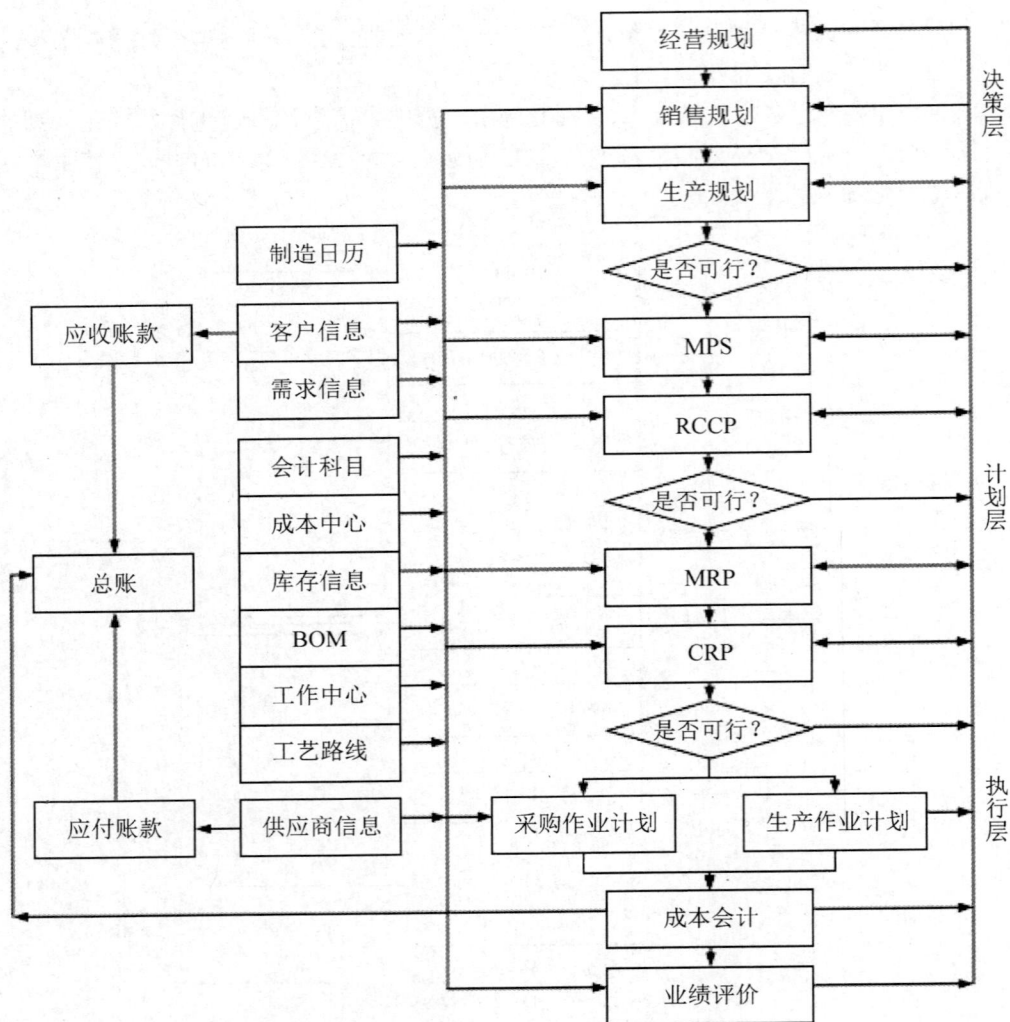

图 3-26　MRP II 原理示意图

　　进入 20 世纪 90 年代，MRP II 得到了蓬勃发展，其应用也从离散型制造业向流程式制造业扩展，不仅应用于汽车、电子等行业，也能用于化工、食品等行业。随着信息技术的发展，MRP II 系统的功能也在不断地增强、完善与扩大，向企业资源计划(Enterprise Resource Planning，ERP)发展，如图 3-27 所示。

　　简单来说，MRP 是一种保证既不出现短缺、又不积压库存的计划方法，解决了制造业所关心的缺件与超储的矛盾。MRP II 同 MRP 的主要区别是它运用管理会计的概念，用货币形式说明了执行 MRP 带来的效益，实现物料信息同资金信息集成。ERP 系统在 MRP II 的基础上扩展了管理范围，是面向供应链管理的高度集成的信息系统，能随企业业务流程的变化相应地调整，其管理范围和领域也从制造业扩展到了其他行业和企业。

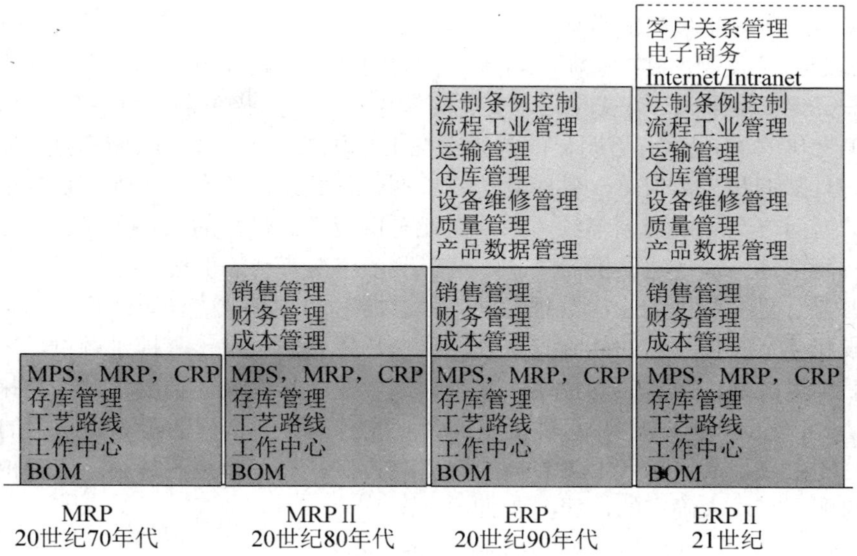

			客户关系管理 电子商务 Internet/Intranet
		法制条例控制 流程工业管理 运输管理 仓库管理 设备维修管理 质量管理 产品数据管理	法制条例控制 流程工业管理 运输管理 仓库管理 设备维修管理 质量管理 产品数据管理
	销售管理 财务管理 成本管理	销售管理 财务管理 成本管理	销售管理 财务管理 成本管理
MPS，MRP，CRP 存库管理 工艺路线 工作中心 BOM	MPS，MRP，CRP 存库管理 工艺路线 工作中心 BOM	MPS，MRP，CRP 存库管理 工艺路线 工作中心 BOM	MPS，MRP，CRP 存库管理 工艺路线 工作中心 BOM
MRP 20世纪70年代	MRPⅡ 20世纪80年代	ERP 20世纪90年代	ERPⅡ 21世纪

图 3-27　ERP 的发展

三、JIT

　　准时生产方式(Just In Time，JIT)是日本丰田汽车公司在 20 世纪 60 年代实行的一种生产方式，其实质是保持物流和信息流在生产中的同步，实现以恰当数量的物料，在恰当的时候进入恰当的地方，生产出恰当质量的产品。这种方法可以减少库存，缩短工时，降低成本，提高生产效率。自 1973 年以后，这种方式对丰田公司渡过第一次能源危机起到了突出的作用，后引起其他国家生产企业的重视，并逐渐在欧洲和美国的日资企业及当地企业中推行开来，由于它起源于日本的丰田汽车公司，因而曾被称为"丰田生产方式"。

　　汽车工业的传统思考方式是"前一道工序向后一道工序供应工件"。这种传送带式的大批量的盲目生产，往往会造成过度生产的浪费、搬运的浪费、库存的浪费、加工本身的浪费及等待的浪费等。为了彻底消除浪费，早期的丰田在美国"自选超市方式"的启发下，把超市看作生产线上的前一道工序，顾客购买相当于后一道工序，他们在需要的时间买需要数量的商品，而超市将立即补充顾客买走的那一部分商品。丰田经过实际生产中不断地完善与调校后，拉动式生产(Pull System)应运而生，即"由后一道工序在需要的时刻到前一道工序去领取需要数量的特定零部件，而前一道工序则只生产所需要领取的数量"。沟通前后工序最重要的管理工具是看板(Kanban)，看板是用来控制生产现场的生产排程工具。具体而言，是一张卡片，卡片的形式随不同的企业而有差别。看板上的信息通常包括零件号码、产品名称、制造编号、容器形式、容器容量、看板编号、移送地点和零件外观等。

　　因此，在丰田的总装车间，看不到分门别类堆积在物架上的零部件，也见不到其他工厂"零部件搬运工往来穿梭"的繁忙景象。这都归功于丰田 SPS(对装配线成套供给零部件)体系，即每一个物料架紧随一辆等待装配的车身，总装工人只需在物料架和车身同步流动的平台上，将触手可及的零部件对号入座装配上车身即可，连工人转身取物料的时间都省了。因此丰田无论整车还是零部件，都能实现"零库存"的管理目标，兑现了"顾客买多少，就送多少到顾客手上"的承诺。

MRPⅡ起源于美国，JIT 起源于日本，不同的文化背景导致不同的企业间关系及企业内部的企业文化。由于 JIT 方式在日本文化氛围中形成，因此在企业间关系方面，JIT 方式与代表欧美文化的 MPRII 有着明显的差异。在 JIT 方式中，企业与供应商是紧密协作和开放的关系，且强调和少数或单一供应商建立长期合作关系，这有利于保证供应的及时和供货的质量。而西方文化则强调契约关系，企业与供应商是供需的市场买卖关系，因此习惯在众多供应商竞价方式下建立供需关系，这有助于获得有利的价格。

MRPⅡ是计划主导型的生产管理方法，即"推"(PUSH)式方法。这个生产活动被分为若干个阶段和环节，按预定的计划安排人、财、物等资源，有步骤地进行供、产、销等各项活动。后续阶段或环节的活动，基本上依计划由先行阶段或环节的活动结果来推动。整个生产活动因依靠事先拟订的尽可能周密的计划安排而有了合理的组织与科学的秩序。JIT 则是现场控制主导型的"拉"(PULL)式生产管理方法，有生产过程中前一工序的活动是按后续工序的现场需求来确定的，如图 3-28 所示。

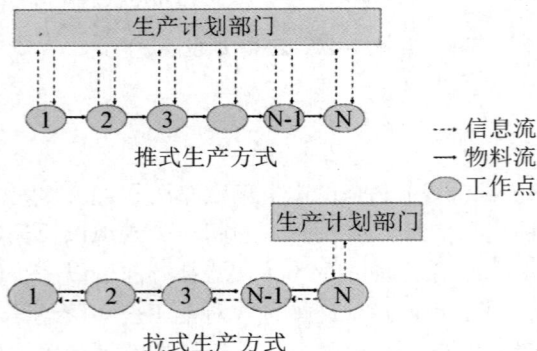

图 3-28　推式和拉式生产方式比较

☕ 轻松一刻

关于 ERP 的解释，有一个家中请客的故事。

一天中午，丈夫在外给家里打电话："亲爱的老婆，晚上我想带几个同事回家吃饭可以吗？"(订货意向)。

妻子："当然可以。来几个人？几点来？想吃什么菜？"

丈夫："6 个人，我们 7 点左右回来，准备些酒、烤鸭、番茄炒蛋、凉菜、蛋花汤……你看可以吗？"(商务沟通)

妻子："没问题，我会准备好的。"(订单确认)

妻子记录下需要做的菜单(MPS 计划)，具体要准备的材料包括：鸭、酒、番茄、鸡蛋、油……(BOM 物料清单)。发现需要的具体数量为：1 只鸭、5 瓶酒、4 个番茄……(BOM 展开)，炒蛋需要 6 个鸡蛋，蛋花汤需要 4 个鸡蛋(共用物料)。

打开冰箱一看(库房)，只剩下 2 个鸡蛋(缺料)。

来到自由市场，妻子："请问鸡蛋怎么卖？"(采购询价)

小贩："1 个 1 元，半打 5 元，1 打 9.5 元。"

妻子：“我只需要8个，但这次买1打。”(经济批量采购)

妻子：“这有一个坏的，换一个。”(验收、退料、换料)

回到家中，准备洗菜、切菜、炒菜……(工艺路线)，厨房里有燃气灶、微波炉、电饭煲……(工作中心)。妻子发现拔鸭毛最费时间(瓶颈工序，关键工艺路线)，用微波炉自己做烤鸭可能就来不及(产能不足)，于是决定在楼下的餐厅里买现成的(产品委外)。

下午4点，电话铃又响：“妈妈，晚上几个同学想来家里吃饭，你帮我准备一下吧。”(紧急订单)

“好的。儿子，你们想吃什么？爸爸晚上也有客人。你愿意和他们一起吃吗？”

“菜你看着办吧，但一定要有番茄炒鸡蛋。我们不和大人一起吃，6:30左右回来。”(不能并单处理)

“好的，肯定让你们满意。”(订单确认)

鸡蛋又不够了，打电话叫小贩送来。(紧急采购)

6:30，一切准备就绪，可烤鸭还没送来，急忙打电话询问：“我是李太太，怎么订的烤鸭还没送来？”(采购委外单跟催)

“不好意思，送货的人已经走了，可能是堵车吧，马上就会到的。”

门铃响了，“李太太，这是您要的烤鸭。请在单上签一个字。”(验收、入库、转应付账款)

6:45，女儿的电话：“妈妈，我想现在带几个朋友回家吃饭可以吗？”(又是紧急订购意向，要求现货)

“不行呀，女儿，今天妈妈已经需要准备两桌饭了，时间实在是来不及，真的非常抱歉，下次早点说，一定给你们准备好。”(这是 ERP 的使用局限，要有稳定的外部环境，要有一个起码的提前期。)

送走了所有客人，疲惫的妻子坐在沙发上对丈夫说：“亲爱的，现在咱们家请客的频率非常高，应该要买些厨房用品了(设备采购)，最好能再雇个小保姆(人力资源)。”

丈夫：“家里你做主，需要什么你就去办吧。”(通过审核)

妻子：“还有，最近家里花销太大，用你的私房钱来补贴一下，好吗？”(应收货款的催要)

现在还有人不理解 ERP 吗？

专题七：入库、在库和出库
——仓储业务流程的三部曲

入库、在库和出库作业是仓储业务流程的三个阶段，这三个阶段前后衔接，相互影响，共同奏响了仓储管理这首交响乐的主旋律。其中，每一个阶段的特点都可以用一个字来表示，入库作业更强调“快”字，在库作业更强调“稳”字，出库作业则更强调“准”字。下面就来介绍一下入库、在库和出库作业的主要内容。

一、入库作业

入库作业是指仓储部门按照存货方的要求合理组织人力、物力等资源，按照入库作业程序，认真履行入库作业各环节的职责，及时完成入库任务的工作过程。入库的基本作业流程，如图 3-29 所示。

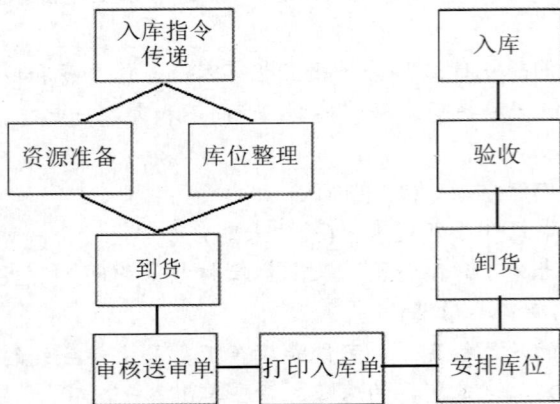

图 3-29　入库作业流程

1. 入库前的准备工作

在整个入库业务程序过程中，入库准备和验收是两个最为关键的环节。入库准备是加快入库速度的重要和必不可少的措施，而验收则是划清仓库和提货方两者责任的必要手段。入库作业之所以更强调"快"字，是因为仓储企业每天都会接收大量的货物，如果入库不及时，不仅会造成货物拥堵，影响后续业务的操作，而且还会造成送货人员的长时间等待，引起客户的不满。为了加快货物入库的速度，仓储企业首先需要提前做好入库作业计划，做好商品的入库准备工作，正所谓"凡事预则立，不预则废"。具体来说，入库前的准备工作如下。

(1) 加强日常业务联系。仓储企业应按计划定期与货主、生产厂家以及运输部门进行联系，了解将要入库货物的品种、类别、数量和到库时间，以便做好入库前的准备工作。

(2) 安排货位。根据入库货物的性能、数量、类别，按分区保管的要求核算所需货位的面积大小，确定货物在仓库存放的货位，并进行清扫、消毒等货位整理工作。

(3) 合理组织人力、物力和相关文件。根据货物入库的数量和时间，安排好验收入库流程，确定各个工作环节所需的人员和设备，对于技术特性复杂的商品，要及时和用货单位的专业技术人员进行有效沟通，并准备好待验商品的有关文件，如技术标准、订购合同等。

(4) 准备验收器具。准备用于点验入库货物数量、质量和包装的验收器材和工具，如衡器、量具等，并校验正确。

(5) 准备苫垫及劳保用品。根据入库货物的性质、数量和储备条件，核算并准备所需的苫垫材料及劳保用品。对某些特殊商品，如毒害品、腐蚀品、放射品等的检验，需要准备好相应的防护用品。

除了存货方直送货物到仓库外，仓储企业也会派人到车站、码头或专用线接运货物。可以说，接运工作完成的有效与否会直接关系到入库商品的数量、质量是否合乎标准，以及企业的经济利益是否能够实现。为此，提货人员应了解接运货物的品名、型号、特性和保管知识，以及装卸搬运注意事项等，在提货前应做好接运货物的准备工作，如装卸运输工具、腾出存放商品的场地等。提货人员在到货前，还应主动了解到货时间和交货情况，根据到货的多少，组织装卸人员、机具和车辆，按时前往提货。

2. 入库作业应遵循的原则

为了安全有效地卸货和仓库能按期准确地组织商品入库，在进行入库作业时还应遵循以下作业原则。

(1) 在组织和安排入库作业时，要考虑现有的人力资源，以及人力资源的合理利用。对于存货方或供应商能够直接送货入库的，应要求对方自行卸货，以减少仓库作业人员，并保证卸货作业能正常进行。

(2) 充分考虑入库作业与在库作业等其他作业的有效衔接，仓库出货、存储一般有托盘、箱、小包及单件四种包装方式，如图 3-30 所示。入库也有这四种包装方式，因此在进行入库作业时，必须通过拆箱、重新包装等方式将进货包装单位转换成适合存储的包装单位。

图 3-30 由周转箱和托盘组成的标准物流单元

(3) 为节省空间，力求在一个工作站进行多品种卸货作业及将各项作业集中在同一工作场所进行，即将卸货、分类、标记、验货等作业环节集中在一个场所完成，这样既可以减少空间的占用，也可以节省商品装卸搬运次数，降低作业成本，提高作业效率。

(4) 采用专用工具以提高卸货效率，并把码头月台到储区的活动尽量设计为直线流动，从而使搬运距离最小。

(5) 尽量使用可流通的容器，节省更换容器的时间，同时也有利于配合装卸搬运设备的使用。

(6) 根据到货车辆的分布特征，合理调度，平衡停泊码头的到货车辆，保证在高峰时段能维持正常速度的流动。

(7) 详细记录入库资料，以便后续存取及信息查询的需要。

二、在库作业

在库作业是指对在库物品进行理货、堆码、苫垫、维护保养、检查盘点等保管工作。为了确保物品的数量和质量完好无缺，减少出入库的操作时间，提高效率，方便拣选和搬运，必须重视在库作业和保管过程。

在库作业之所以更强调"稳"字，是因为仓储企业的首要职责就是保证物资在仓库存储期间，其包装、外观、质量、数量保持稳定，不会发生变化。如果由于保管不当而导致货物的价值受损，那么这将损害存货方的经济利益，仓储企业也负有不可推卸的责任。为此，在库作业需要稳妥、稳当，从而才能让存货方安稳、踏实。一般来说，在库作业需要遵循以下原则。

1. 分区分类原则

所谓分区，就是指根据仓库的建筑、设备条件，将库房、货棚、货场划分为若干保管商品的区域，每区又分为若干货位用于储存货物；分类则是根据商品的自然属性及保管要求，划分为若干类别，以便分类集中管理。分区分类储存商品的好处是：有利于仓储商品的安全，减少损耗；有利于保管员熟悉商品的性能，提高保管养护的技术水平；可缩短商品拣选及收、发作业的时间；能合理使用仓容，提高仓容利用率等。

具体来说，仓库分区分类储存商品应遵循"四一致"原则。

(1) 商品的自然属性、性能应一致。货物性质互有影响和相互抵触的不能存放在一起。例如，危险品和一般商品、食品和有毒商品不能混杂存放；茶叶容易吸味，香皂容易散味，如果将茶叶和香皂放在一起储存，香皂的香味就会破坏茶叶原有的风味，导致商品变质。

(2) 商品的养护措施应一致。货物保管要求和温湿度条件不同的不能存放在一起。例如，我们在日常生活中常见的蔬菜，它们对温度的要求就是有差异的，西红柿存放温度为13～20℃，黄瓜存放温度为1～10℃，胡萝卜的存放温度为0～1℃，大白菜的存放温度为-2～2℃。

(3) 商品的消防方法应一致。灭火方法不同的货物必须分开保管。例如，泡沫或清水型灭火器对扑灭普通货物引发的火灾效果很好，但不适合扑灭电器或图书引发的火灾。

(4) 商品的作业手段应一致。作业手段不同的货物也不宜存在一起。例如，易碎和笨重的货物不适合临近存放，因为笨重货物的出入库需要大型装卸搬运设备，而设备在运行时很容易破坏易碎货物。

仓库分区分类目前主要有三种方法。

(1) 按商品种类和性能划分储存区，适用于一般仓库，如食品和非食品应分区分类储存。

(2) 按商品发往地区进行分区分类，适用于配送和中转仓库，如发往不同地区客户的货物应分区分类储存。

(3) 按商品的危险性质分区分类，适用于化学危险品仓库，如氧化剂和还原剂应分区分类储存。

2. 科学合理原则

在库作业需要遵循科学规律，使用合理的操作方法，一般来说，有以下一些常用的原则。

(1) 先进先出原则。先进先出原则是指在仓储管理中，按照货物入库的时间顺序整理好，在出库时按照先入库的货物先出库的原则进行操作。因为商品大都是有一定保质期的，如果不按照这个原则操作，可能会造成很多商品过期、变质。因此，我们在去超市购物时，尽量选择在货架里面的商品，因为大部分情况下这些商品的生产日期都是最近的。

(2) 重下轻上原则。重下轻上原则是指在储存货物时，一般把较重的货物放在下面，较轻的货物放在上面，这样做可以使货架比较稳固，否则，如果"头重脚轻"，很容易造成货架倾倒，造成人员伤亡和货物损坏。

(3) "五距"原则。所谓"五距"，是指顶距、灯距、墙距、柱距和垛距。①顶距是指货物的顶面与仓库屋顶平面之间的距离。一般的平顶楼房，顶距为50厘米以上；人字形屋顶，堆货顶面以不超过横梁为准。②灯距是指仓库内固定的照明灯与商品之间的距离。灯距不应小于50厘米，以防止照明灯过于接近商品(灯光产生热量)而发生火灾。③墙距是指墙壁与堆货之间的距离。墙距又分外墙(有窗户的墙)距与内墙(无窗户的墙)距，一般外墙距在50厘米以上，内墙距在30厘米以上。墙距用来通风散潮和防火，一旦发生火灾，可供消防人员出入。④柱距是指货堆与屋柱的距离，为10～20厘米。柱距的作用是防止柱散发的潮气使商品受潮，并保护柱脚，以免损坏建筑物。⑤垛距是指货垛与货垛之间的距离，通常为100厘米，垛距的作用是使货垛与货垛之间，间隔清楚，防止混淆，也利于通风检查，一旦发生火灾，还便于抢救、疏散物资。

(4) 效率原则。效率原则是指根据出库频率选定存储位置，出货和进货频率高的物品，应放在靠近出入口，易于作业的地方；流动性差的物品放在距离出入口稍远的地方；季节性物品则依其季节特性来选定放置的位置。

(5) "五五"堆码原则。"五五"堆码原则是指货物在堆码时，以"五"为基本计算单位摆放。根据货物的不同特点，在摆放时每行每层的数量力求整数，以"五"、"十"或其倍数堆码。以"五"为基数进行堆垛，既便于盘点、检查，又整洁美观，可以提高工作效率、充分利用工作现场容积。

(6) 标识向外原则。标识向外原则是指将商品面向通道保管，包装标识向外。这样做可以使仓管员快速识别所保管商品的名称、类别，便于他们进行商品的日常维护和管理。而且在货位的显著位置，还应该插放货卡，上面记录商品名称、规格、数量或出入库状态等内容。

3. 预防为主原则

预防为主原则是指为了避免或减少商品在保管中质量下降和数量损耗，保管人员应积极采取预防措施，严格按照相关规定办事，不能留有任何隐患。尽量不要使损失发生，防患于未然。一般来说，需要注意以下一些问题。

(1) 加强巡视，定期盘点。仓储企业应建立相关制度，督促仓管人员加强巡视力度，以便及时发现事故隐患，并且定期进行盘点工作，这不仅可以帮助仓库及时掌握货物的数量情况，也可以在盘点的过程中检查货物的质量是否正常，是否存在安全隐患。

(2) 进行温湿度控制。温度对库存商品有很大的影响。仓库温度过高，货物会发生融化、膨胀、软化、腐烂变质、挥发、老化、自燃，甚至发生物理爆炸；仓库温度太低，货物容易发生变脆、冻裂等现象。因此，仓库人员必须控制好仓库的温度，一旦发现货物温度太高，应采取加大通风、洒水等方式降温，必要时，甚至可以通过翻动货物降温。

此外，仓库管理人员还应经常对仓库进行湿度检测，通常来说，每天早晚各检测一次，并做好相应的记录。如果仓库内湿度太低，意味着空气太干燥，应适当减少仓内空气流通，可采取洒水、喷水雾等方式增加库内空气湿度，或者直接对货物进行加湿处理。如果库内湿度太高，可以采取封闭仓库或封闭货垛的方式，避免空气流入仓库或货垛，在有条件的情况下，可以采取干燥式通风、制冷除湿。另外，也可以在仓库或货垛内摆放吸湿材料，如生石灰、氯化钠、木炭、硅胶等。

(3) 做好苫垫工作。所谓苫垫，是指苫盖和垫垛。

苫盖是指采用专用苫盖材料对货垛进行遮盖，以减少自然环境中的阳光、雨雪、刮风、尘土等对货物的侵蚀、损害，并使货物由于自身理化性质所造成的自然损耗尽可能减少，保护货物在储存期间的质量。常用的苫盖材料有帆布、芦席、竹席、塑料膜、铁皮、油毡等。

垫垛是指在货物码垛前，在预定的货位地面位置，使用衬垫材料进行铺垫。常见的衬垫物有枕木、废钢轨、帆布、芦席等。垫垛的目的是使堆垛货物与地面隔离，防止地面潮气和积水浸湿货物；地面杂物、尘土与货物隔离；形成垛底通风层，有利于货垛通风排湿。

(4) 重视防火工作。仓库物资储存集中，大部分是易燃易爆物品，一旦遇到着火源，极易发生火灾。仓库发生火灾不仅造成库存物资付之一炬，而且还会对仓库建筑、设备、设施等造成破坏，引起人身伤亡。为了将火灾隐患降到最低，仓库应设置醒目的防火标志；库内严禁吸烟和使用明火；消防器材的设立和摆放应遵循明显和便于取用的原则，同时，消防器材和消防车通道周围不得随意堆放物品和杂物，特别是易燃物品；库区以及周围50米内，严禁燃放烟花爆竹；运输易燃、可燃物品的车辆，一般应将物品用苫布严盖；严禁在库房的闷顶架设电气线路，库内不准乱拉临时电线；库房内不准使用碘钨灯、日光灯等高温照明灯具，应采用60瓦以下的白炽灯或防爆灯。

(5) 加强防盗工作。仓库是企业存储物资的场所，因为物资具有较高价值，所以仓库也成为犯罪分子的偷盗目标。为避免其财产受到损失，仓储企业应主要从以下几方面采取措施。

首先是人防，由于看管工作比较特殊，看管物品多为贵重生产资料，应尽量选择年轻力壮的青年人负责看管工作，在重点时段、重点部位安排多人看管。同时，在上岗前进行专门培训工作，让看管人员了解仓库周边环境及被盗应急措施。

其次是物防，大中型仓库内多存放着贵重的物资，可在仓库建立时就按用途进行特殊设计。在使用过程中，还要不断坚固仓库的墙壁，在一些死角处做特殊处理，门窗可采用多重锁设计，提高犯罪分子的作案成本，使其望而却步。

最后是技防，为提高仓库防盗性，也可在仓库内部和附近安置监控录像设备或红外线防盗报警系统，同时安排专人进行监控，充分利用先进的高科技产品保护仓库财产的安全。

除此以外，仓储企业还应做好防虫鼠、防锈、防霉等工作。

三、出库作业

出库作业是指仓库根据业务部门或存货单位开出的商品出库凭证(提货单、调拨单)，按其所列商品名称、规格、型号、数量等项目，组织商品出库的一系列工作的总称。

出库作业之所以更强调"准"字，是因为出库是仓库作业的最后一个环节，是商品储存阶段的终止，一旦商品离开了仓库，仓库就失去了对商品的控制，所以如果发货出现差错，仓库的损失就很难被追回。为了做到准确无误，商品出库要求做到"三不三核五检查"。"三不"，即未接单据不翻账，未经审单不备货，未经复核不出库；"三核"，即在发货时，要核实凭证、核对账卡、核对实物；"五检查"，即对单据和实物要进行品名检查、规格检查、包装检查、件数检查、重量检查。具体来说，商品出库要求严格执行各项规章制度，提高服务质量，使用户满意。它包括对品种规格的要求，积极与货主联系，为用户提货创造各种方便条件，杜绝差错事故。

1. 商品出库的形式

商品出库有以下几种形式。

(1) 送货。仓库根据货主单位的"商品调拨通知单"，把商品交由运输部门或提供配送服务送达收货单位。

(2) 自提。由收货人或其代理持"商品调拨通知单"直接到库提取，仓库凭单发货。自提具有"提单到库，随到随发"的特点。

(3) 过户。过户是一种就地划拨的形式，商品虽未出库，但是所有权已从原库存货户转移到新存货户。仓库必须根据原存货单位开出的正式过户凭证，才予办理过户手续。

(4) 取样。货主单位出于对商品质量检验、样品陈列等需要，到仓库提取货样。仓库根据正式取样凭证予发给样品，并做好账务记载。

(5) 转仓。货主单位为了业务方便或改变储存条件，需要将某批库存商品自甲库转移到乙库。仓库也必须根据货主单位开出的正式转仓单，才予办理转仓手续。

出库采用何种形式，主要决定于收货人。虽然不同仓库在商品出库的操作程序上会有所不同，操作人员的分工也有粗有细，但就整个发货作业的过程而言，一般都是随着商品在库内的流向，或出库单的流转而构成各工种的衔接。

2. 商品出库的程序

出库程序包括核单备料→复核→包装→点交→登账→现场和档案的清理过程。

(1) 核单备料。发放商品必须有正式的出库凭证，严禁无单或白条发料。保管员接到出库凭证后，应仔细核对，这就是出库业务的核单(验单)工作。首先，要审核出库凭证的合法性和真实性；其次，核对商品品名、型号、规格、单价、数量、收货单位、到站、银行账号；最后，审核出库凭证的有效期等。如属自提商品，还须检查有无财务部门准许发货的签章。

在对"商品调拨通知单"所列项目进行核查之后，才能开始备料工作。出库商品应附有质量证明书或抄件、磅码单、装箱单等。机电设备等配件产品，其说明书及合格证应随货同到。备料时应本着"先进先出、易霉易坏先出、接近失效期先出"的原则，根据领料数量下堆备料或整堆发料。备料的计量实行"以收代发",即利用入库检验时的一次清点数,不再重新过磅。备料后要及时变动料卡余额数量,填写实发数量和日期等。

(2) 复核。为防止差错,备料后应立即进行复核。出库的复核形式主要有专职复核、交叉复核和环环复核三种。除此之外,在发货作业的各道环节上,都贯穿着复核工作。例如,理货员核对单货、守护员(门卫)凭票放行、账务员(保管会计)核对账单(票)等。这些分散的复核形式,起到分头把关的作用,都有助于提高仓库发货业务的工作质量。复核的主要内容包括品种数量是否准确、商品质量是否完好、配套是否齐全、技术证件是否齐备、外观质量和包装是否完好等。复核后保管员和复核员应在"商品调拨通知单"上签名。

(3) 包装。出库的货物如果没有符合运输方式所要求的包装,应进行包装。根据商品的外形特点,选用适宜包装材料,其重量和尺寸,应便于装卸和搬运。出库商品包装要求干燥、牢固,如有破损、潮湿、捆扎松散等不能保障商品在运输途中安全的,应负责加固整理,做到破包装箱不出库。此外,各类包装容器,若外包装上有水湿、油迹、污损,均不许出库。另外,在包装中严禁互相影响或性能互相抵触的商品混合包装;包装后,要写明收货单位、到站、发货号、本批总件数、发货单位等。

(4) 点交。商品经复核后,如果是本单位内部领料,则将商品和单据当面点交给提货人,办清交接手续;如果是送料或将商品调出本单位办理托运的,则与送料人员或运输部门办理交接手续,当面将商品交点清楚。交清后,提货人员应在出库凭证上签章。

(5) 登账。点交后,保管员应在出库单上填写实发数、发货日期等内容,并签名,然后将出库单连同有关证件资料,及时交给货主,以使货主办理货款结算。保管员把留存的一联出库凭证交给实物明细账登记人员登记做账。

(6) 现场和档案的清理。现场清理包括清理库存商品、库房、场地、设备和工具等。档案清理是指对收发、保养、盈亏数量和垛位安排等情况进行分析。

在整个出库业务程序过程中,复核和点交是两个最为关键的环节。复核是防止差错的重要和必不可少的措施,而点交则是划清仓库和提货方两者责任的必要手段。

视频资源

登录 http://pan.baidu.com/s/1i3JZLfZ,可以下载关于仓储的视频。

课程链接

希望深入学习仓储业务操作和仓库管理的内容,可以选择学习"仓储管理"等相关课程。

希望深入学习商品保管知识的内容,可以选择学习"商品养护"等相关课程。

希望深入学习仓储费用或成本的内容,可以选择学习"物流成本管理"等相关课程。

思考题

1. 为什么现阶段我国传统的仓库与先进的自动化立体仓库能够并存?

2. 有人说"库存是一个必要的恶魔"，为什么？

3. 请根据下图所示写出①～⑤分别代表哪五距及其合理距离应为多长。

4. 某企业年需要物资量为 14 400 件，该物资的单价为 0.40 元，保管费率为 25%，每次的订货成本为 20 元，一年工作 52 周，订货提前期为一周。

试求：

(1) 经济订购批量是多少？

(2) 一年应该订几次货？

(3) 订货点的库存储备量为多少？

5. 一家主要的立体声收音机生产商 C 公司，当前正面临着快速增长的产品线和与产品线多样化相关的库存问题，C 公司的老总 Ms. Lynagh，已经决定开始使用一项不同的存货分析工具，进行公司存货需求分析的项目，这个项目的第一阶段包括公司产品线的 ABC 的分析。Ms. Lynagh 在决定 ABC 分类时，在如何使用正确的标准以及制定每一类库存合理的削减量方面遇到了问题。为了解决这种为难处境，Ms. Lynagh 已经与一家物流咨询公司订立了服务合同，由咨询公司来从事库存分析，下表是 C 公司的产品销售记录。

C 公司的销售记录(一年期)

产品号	售出单位	单位售价/元	单位利润/元
101	12 386	275	82.50
103	784	1530	459.00
105	1597	579	173.30
201	48	2500	975.00
203	2	3000	1200.00
205	9876	450	149.00
301	673	600	180.00
303	547	725	200.00
305	3437	917	240.00
500	78	1000	312.00

如果你受雇于这家咨询公司，你如何构建你的分析方法？你会使用什么样的方法？要将库存削减到什么样的水平？

案例讨论题

尼柯尔公司目前拥有 355 名全日制员工，直接从事三种产品 A、B、C 的生产。最终装配在公司主厂房附近的一个经过改造的库房中进行的。

这一天对尼柯尔公司总裁 Williams 来说是一个阴沉的日子。他坐在办公室中望着壁炉里的余灰，希望能够理清自己的思绪。这时，传来轻轻的敲门声。"这肯定又是一件头疼的事，夜猫子进宅，无事不来。"他发着牢骚。

进来的是市场部主管 Thompson："由于我们在管材的订货上落后了，因而一个主要的客户刚刚取消了一大宗产品 A 订单。我的销售人员出去为客户解决棘手的问题，而我们的生产经理却不能提供这种产品。"

在过去的几个月里，尼柯尔公司的运作有些不太稳定。库存水平很高，库存成本已经占用了很大的资金比重，然而与此同时却存在货物短缺，这就导致推迟送货、客户抱怨与取消订货。为了解决问题，往往要过度加班，又增加了费用的支出。

Williams 在第二天召开了一个会议，这次会议的目的就是为获取公司当前面临问题的相关信息，并为找到解决方案做一些基础准备工作。参加这次会议的除了 Williams 本人与 Thompson 外，还有生产和库存主管 Bright、采购主管 Harson 以及财务主管 Clark。

这次会议持续了一个早晨，参加者都很直率，讨论得也很热烈。

Bright 说："市场预测经常不能使我们正常工作。我们经常不得不赶着生产这种或那种产品以满足目前的需求，这就迫使我们常常遇到加班问题，从而导致人工费用的增加。"

Thompson 说："现在产量太低，我们需要大量的产品库存。假设我们有这些商品。我们的销售人员就能多卖出 20%的产品。"

Clark 说："不可以！我们的库存已经处于一种不合适的高水平。我们承担不起保管费用。况且现在技术发展这样快，生产出来的产品如果卖不出去很快就会过时，从而形成更多的库存积压，占用更多的资金。"

Harson 说："由于仓库提供的库存信息不准确而且延迟，给我们的订货工作增加了很大难度。"

"……"

会议结束时，Williams 掌握了大量的信息，但是并没有具体的规划。

讨论：

如果你是 Williams，应该怎样做才能解决公司的危机？

实训题

1. 利用牙膏盒、书本、易拉罐、铅笔等模拟仓库中的货物，练习使用不同的堆码方法或者堆码出不同的垛型。

2. 从某种意义上说，我们日常生活中常用的衣柜、冰箱等也是一种仓库(冷库)，而衣柜中的衣服和冰箱中的食物则是仓库(冷库)中的货物。试根据本单元所学习的知识，对家中的衣柜或冰箱进行科学的仓储管理。

第四单元　配送

——物流的毛细血管

单元导读

你知道物流配送能给我们的生活提供什么帮助吗？你知道配送都有哪些功能吗？你知道在配送过程中进行分拣还需要"摘果子"和"播种子"吗？你知道配送中心是一个什么样的设施吗？你知道不同行业的配送有哪些特点吗？所有这些问题的答案你都能从这一单元中找到。通过对本单元的学习，你可以了解物流配送的特点、演变、类型、功能以及配送中心的相关知识。

专题一：物流配送

——物流的毛细血管

随着电子商务的兴起，配送活动也越来越多地出现在人们的生活当中。例如快递员会将你在网上订购的商品送到你的手中，这就是一种配送。传统的物流配送体系不能直接配送到消费者而是送到相应的超市、便利店等市场终端，然后由市场通过"拉"的方式来吸引消费者购买；而电子商务下的物流配送体系采用"推"与"拉"相结合的方式吸引消费者选择，并可直接配送到消费者手中，让消费者感觉就好像是把大型超市开到了家里。

传统的物流配送体系需要拥有大面积的仓库，而电子商务下的物流配送体系是将散置在各地的并可能分属不同所有者的仓库，通过网络系统连接起来，组成"虚拟仓库"，并进行统一管理和调配使用。此外，在传统的物流配送管理中，由于信息交流的限制，完成一个配送过程的时间比较长，但这个时间随着网络系统的介入会变得越来越短，任何一个有关配送的信息和资源都会通过网络管理在几秒钟内传到有关环节，所以在适当的区域可以做到在 1 小时甚至更少的时间内配送到位。

可以说，现代社会已经离不开配送，如果说运输是物流的动脉，那么配送就像是毛细血管一样为每一个企业、每一个家庭输送着"养料"。因为运输通常是将货物从生产地送到使用地，距离长、批量大，可以说是"点对点"；而配送则是将商品从物流节点(仓库)送到千千万万的客户手中，距离短、批量小、品种多，可以说是"点对面"，如图 4-1 所示。

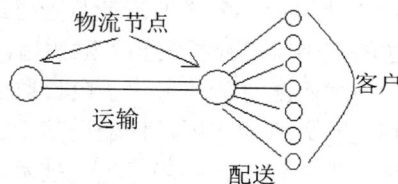

图 4-1　运输和配送的区别

配送是"配"和"送"有机结合的形式。配送与一般送货的重要区别在于，配送利用有效的分拣、配货等理货工作，使送货达到一定的规模，以利用规模优势取得较低的送货成本。如果不进行分拣、配货，有一件运一件，需要一点送一点，这就会大大增加运力资源的消耗，使送货并不优于用户自行取货。所以，在整个配送的流程中，分拣、配货等项工作又是重中之重。

而从物流来讲，配送几乎包括了所有的物流功能要素，是物流的一个缩影或在某小范围中物流全部活动的体现。一般的配送集装卸、包装、保管、运输于一体，通过这一系列活动完成，所以配送可以说是一种"小物流"。

专题二：从送货到配送
——配送的起源与演变

对于"送货上门"我们并不陌生，而且它已经有相当长的历史了，尤其是随着经济的发展，生产相对过剩，在买方主导市场的情况下，各个企业竞相采取各种各样的竞争手段，送货上门便是一种基本的推销手段，而配送是由送货逐渐演变过来的。

配送的雏形最早出现于 20 世纪 60 年代初期。在这个时期，物流运动中的一般性送货开始向备货、送货一体化方向转化。从形态上看，初期的配送只是一种粗放、单一的活动，其活动范围很小，规模也不大。在这个阶段，企业开展配送活动的主要目的是为了促进产品销售和提高其市场占有率。因此，在发展初期，配送主要是以促销手段的职能来发挥其作用的。

20 世纪 60 年代中期，随着经济发展速度的逐步加快，以及随着货物运输量的急剧增加和商品市场竞争的日趋激烈，配送在一些发达国家得到了进一步发展。在这个时期，欧美一些国家的企业相继调整了仓库结构，组建或设立了配送组织，开展了货物配装、配载及送货上门活动。这期间不但配送的货物种类日渐增多，而且配送活动的范围也在不断扩大。例如，在美国已经开展了州际配送，在日本配送的范围则由城市扩大到了乡村。从配送形式和配送组织上看，这个时期曾试行了"共同配送"，并且建立起了配送体系。

1. 配送得以发展的表现

20 世纪 80 年代以后，受多种因素影响，配送有了长足的发展。在这个阶段，配送已演化成了广泛的、以高新技术为支撑手段的系列化、多功能性的供货活动。其具体表现如下。

(1) 配送区域进一步扩大。近几年，实施配送制的国家已不再限于发达国家，许多次发达国家和发展中国家也按照流通社会化的要求试行了配送制，并且积极开展配送活动。就发达国家而言，20 世纪 80 年代以后，配送的活动范围已经扩大到了洲际乃至全球。例如，以商贸立国的荷兰，配送的范围就已经扩大到了欧盟诸国。

(2) 技术水平显著提高。技术不断更新，劳动手段日益先进，是成熟阶段配送的一个显著特征。各种先进技术特别是计算机的应用，使配送基本上实现了自动化。发达国家的配送普遍采用了诸如自动分拣、光电识别、条码等先进技术，并建立了配套体系和配备了先进的设备，如分拣机、无人搬运车等，大大提高了配送的作业效率和准确性，据介绍，有的工序因采用先进技术和先进设备，作业效率提高了 5～10 倍。在日本，发达的配送组织人均搬运作业每小时可达 500 个托盘，分拣能力达 1.45 万件。

(3) 配送的集约化程度明显提高。随着市场竞争日趋激烈及企业兼并速度的明显加快，配送企业的数量在逐步减少；但是，其总体实力和经营规模却与日俱增，配送的集约化程度不断提高。据有关资料介绍，1986 年，美国 GPR 公司共有送货点 3.5 万个；1988 年经过合并后，送货点减少到了 1800 个，减少幅度为 94.58%。

(4) 配送方式的日趋多样化。进入 20 世纪 80 年代以后，由于经济发展的外部环境发生了变化，不但配送规模和配送范围在扩大，而且配送作业方式也逐渐多了起来。在配送实践中，除了存在着独立配送、直达配送等一般性配送形式之外，人们又推出了许多新的配送方式，如"共同配送"、"即时配送"、"交货代理配送"等。

(5) 配送网络逐步信息化。为了提高信息传递与处理效率，部分配送企业建立了 EDI 系统，计算机辅助决策，如辅助进货决策、辅助配货决策、辅助选址决策等。例如，美国 IBM 公司率先研制出了配送车辆计划和配送路线的计算机软件。

(6) 服务质量进一步提高。在激烈的市场竞争中，配送组织必须保持高质量的服务，否则就可能被市场淘汰。目前，配送服务质量的两大要求为准确和快速，即不出现差错和尽可能地缩短供货周期。

2. 配送与送货的区别

虽然配送起源于送货，但配送和送货还是有很大区别的。送货只是供需双方的一种实物交接形式，而配送的含义要广泛得多，可谓"青出于蓝而胜于蓝"，其主要区别体现在以下几方面。

(1) 送货主要体现为生产企业和商品经营企业的一种推销手段，通过送货达到多销售产品的目的；而配送则是社会化大生产、高度专业化分工的产物，是商品流通社会化的发展趋势。

(2) 送货方式对用户而言，只能满足其部分需求，这是因为送货人有什么送什么；而配送则将用户的要求作为目标，具体体现为用户要求什么送什么，希望什么时候送达便什么时候送达。

(3) 送货通常是送货单位的附带性工作，也就是说送货单位的主要业务并非送货；而配送则表现为配送部门的专职，通常表现为专门进行配送服务的配送中心。

(4) 配送是由配送企业进行集中库存，保证向企业内部的各生产单位进行物资供应，可以取代原来分散在各个企业为保证生产持续进行而设立的库存，这样，使企业实现零库存成为可能；而送货则不具有这种功能。

轻松一刻

王永庆 15 岁小学毕业后，到一家米店做学徒。第二年，他用父亲借来的 200 元钱做本金自己开了一家米店。为了和隔壁那家日本米店竞争，王永庆颇费了一番心思。当时大米加工技术比较落后，出售的大米里混杂着米糠、沙粒、小石头等，买卖双方都是见怪不怪。王永庆则多了一个心眼，每次卖米前都把米中的杂物拣干净，这一额外的服务深受顾客欢迎。

王永庆卖米多是送米上门，他在一个本子上详细记录了顾客家有多少人、一个月吃多少米、何时发薪等。算算顾客的米该吃完了，就送米上门；等到顾客发薪的日子，再上门收取米款。他给顾客送米时，并非送到就算，而是先帮人家将米倒进米缸里。如果米缸里还有米，他就将旧米倒出来，将米缸刷干净，然后将新米倒进去，将旧米放在上层，这样，米就不至于因陈放过久而变质。他这个小小的举动令不少顾客深受感动，铁了心专买他的米。就这样，他的生意越来越好。从这家小米店起步，王永庆最终成为今日台湾工业界的"龙头老大"。

专题三：配送的功能要素
——配送要干哪些事

从定义上看，配送是指在经济合理区域范围内，根据客户要求，对物品进行拣选、加工、包装、分割、组配等作业，并按时送达指定地点的物流活动。配送实际是一个物品集散的过程，这一个过程包括集中、分类和散发三个步骤。这三个步骤由一系列配送作业环节组成，通过这些环节的运作，使配送的功能得以实现，而这些作业环节则成为配送的功能要素，其中包括备货、储存、分拣及配货、配装、配送运输、送达服务、配送加工等。

1. 备货

备货是配送的准备工作或基础工作，备货工作包括筹集货源、订货或购货、集货、进货及有关的质量检查、结算、交接等。集货是配送的首要环节，是将分散的、需要配送的物品集中起来，以便进行分拣和配货，所以集货是配送的准备工作。例如，深圳中海物流公司为 IBM 公司配送时，先将 IBM 公司遍布世界各地的 160 多个供应商提供的料件集中到香港中转站，然后再通关运到福田保税区配送中心。配送的优势之一，就是可以集中用户的需求进行一定规模的备货。备货是决定配送成败的初期工作，如果备货成本太高，就会大大降低配送的效益。

2. 储存

配送中的储存有储备及暂存两种形态。配送储备是按一定时期的配送经营要求，形成对配送的资源保证。这种类型的商品储备数量较大，储备结构也比较完善，视货源及到货情况，可以有计划地确定周转储备及保险储备结构及数量。配送的另一种储存形态是暂存，即进行配送时，按分拣配货要求，在理货场地所做的少量储存准备。由于总体储存效益取决于储存总量，所以这部分暂存数量只会对工作方便与否造成影响，而不会影响储存的总效益，因而在数量上控制并不严格。还有另一种形式的暂存，即是分拣、配货之后，形成的待发送货物的暂存，这个暂存主要是调节配货与送货的节奏，暂存时间不长。

3. 分拣及配货

分拣的具体任务是将需要配送的物品从储位上拣取出来，配备齐全，并按照配装和送货要求进行分类，送入指定发货地点堆放。

配货是将拣取分类后的货品经过配货检查，再装入容器，做好标记，运到发货准备区，待装车后发送。它是配送不同于其他物流形式的有特点的功能要素，也是配送成败的一项重要支持性工作。分拣及配货是完善送货、支持送货的准备性工作，是不同配送企业在送货时进行竞争和提高自身经济效益的重要手段。有了分拣及配货就会大大提高送货服务水平，所以分拣及配货是决定整个配送系统水平的关键要素。

4. 配装

配装也称配载，是指充分利用运输工具的载重量和容积，采用先进的装载方法，合理安排货物的装载。在单个用户配送数量不能达到车辆的有效载运负荷时，就存在如何集中不同用户的配送货物，进行搭配装载以充分利用运能、运力的问题，这就需要配装。和一般送货不同之处在于，通过配装送货可以大大提高送货水平及降低送货成本，所以，配装是配送系统中是有现代特点的功能要素，也是现代配送不同于以往送货的重要区别所在。

5. 配送运输

配送运输属于运输中的末端运输、支线运输，和一般运输形态主要区别在于：配送运输是较短距离、较小规模、额度较高的运输形式，一般使用汽车做运输工具。配送运输与干线运输另一个区别是，配送运输的路线选择问题是一般干线运输所没有的，干线运输的干线是唯一的运输线，而配送运输由于配送用户多，一般城市交通路线又较复杂，如何组合成最佳路线，如何使配装和路线有效搭配等，是配送运输的特点，也是难度较大的工作。

6. 送达服务

送货就是指将配好的货物按照配送计划确定的配送路线，送达用户指定的地点，并与用户进行交接。配好的货物运输到用户还不算配送工作的完结，这是因为送达货和用户接货往往还会出现不协调，使配送前功尽弃。因此，要圆满地实现运到的货物的移交，并有效地、方便地处理相关手续并完成结算，还应讲究卸货地点、卸货方式等。送达服务也是配送独具的特殊性。

7. 配送加工

在配送中，配送加工这一功能要素不具有普遍性，但往往是有重要作用的功能要素。主要原因是通过配送加工，可以大大提高用户的满意度。配送加工是流通加工的一种，但配送加工有它不同于一般流通加工的特点，即配送加工一般只取决于用户要求，其加工的目的较为单一。

配送的一般流程比较规范，但并不是所有的配送者均按上述流程进行。不同产品的配送可能有独特之处，如燃料油配送就不存在配货、分放、配装工序，水泥及木材配送又多出了一些流通加工的过程，而流通加工有可能在不同的环节出现。

专题四："播种子"还是"摘果子"
——分拣中的"分"和"拣"

分拣、配货及送货是配送中心的主要职能，而送货是在配送中心之外进行的，所以分拣、配货就成为配送中心的核心工序。分拣作业在配送中心作业中所占的比重较大，是最耗费人力和时间的作业。分拣作业的效率直接影响着配送中心的作业效率和经营效益，也是配送中心服务水平高低的重要因素。

所谓分拣作业，是指配送中心在接受订单后，将用户所订的货物从仓库保管区的储位中取出，按用户要求分类、选取、集中、放置的活动。以基本的人工分拣为例，当客户的订单需求传送到配送中心之后，配送中心会将其生成相应的商品出货单交到分拣员的手中，而分拣员手中拿着出货单到拣货区，根据单子上的出货商品明细，一一将客户所需商品从货架上取下放入周转箱里，直到全部商品拣完，再将周转箱送入下一环节，此时一个分拣任务告一段落。

需要指出的是，这里的拣货区不同于存储保管区，拣货区里的商品都是散货，因为大部分的客户是消费者，他们的需求特点是品种多、数量少，而存储保管区则是整箱、整托盘的货物，随着分拣的进程，拣货区里流动货架上的商品需要及时补充，这就需要工作人员及时将存储区里的整货运到拣货区，拆开包装后码放到流动货架上，这项工作被称为补货，如图 4-2 所示。

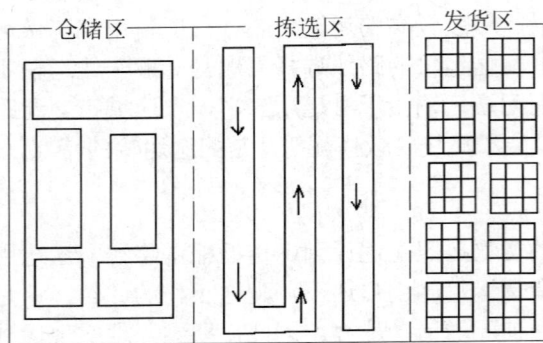

图 4-2　拣选区布局

在拣货时，根据客户的需求不同还有不同的拣货方法。这里有两个形象的名称，一种叫摘果式拣货法，它对应于分拣当中的"拣"；另一种叫播种式拣货法，它对应于分拣当中的"分"。其中，摘果式拣货法主要针对客户需求相差较大的情况，在这里，拣货区的货架就像果树，货架上的商品如同果树上的果子，工作人员拣货就像农民从果树上摘取水果一样，他们会根据不同客户的需要从不同的货位上取下相应的商品，在一棵树上摘下熟了的果子后，再转到另一棵树上去摘果子。而播种式拣货法主要针对客户需求相差不大的情况，即不同客户需要的商品种类相同，只是数量有差异。这时，工作人员会在拣货区摆放代表不同客户的周转箱，然后将一种商品像农民播种一样，一次取出几亩地所需的种子，在地里边巡回边播撒，按照客户需要的数量分别投放到其代表的周转箱里，分发完一种商品再分发另一种商品，直到所有的商品分发完毕。

1. 摘果式拣货法

摘果式拣货法也被称为"订单拣取法"或"人至货前法"，它是针对每一份订单，分拣人员按照订单所列商品及数量，将商品从储存区域或分拣区域拣取出来，然后集中在一起的拣货方式，如图 4-3 所示。在这种情况下，分拣货架是静止的，而分拣人员带着流动的集货架或容器到分拣货架前，即拣货区拣货，然后将货物送到静止的集货点，其特点如下。

(1) 一单一拣，各用户的拣选互相没有影响。

(2) 对紧急需求可以采取集中力量快速拣选的方式。

(3) 拣选完一个出货单，货物便配齐，故可无须暂存。

(4) 对机械化没有严格要求。

(5) 用户数量可在很大范围波动。

摘果式拣货法适用的领域如下。

(1) 用户需求不稳定，波动较大。

(2) 用户之间的共同需求不是主要的，而且需求差异很大。

(3) 用户需求的商品种类很多。

(4) 用户配送时间要求不一。

(5) 新建配送中心的初期的一种过渡性的办法。

(6) 直接面向基本消费者进行配送的电子商务。

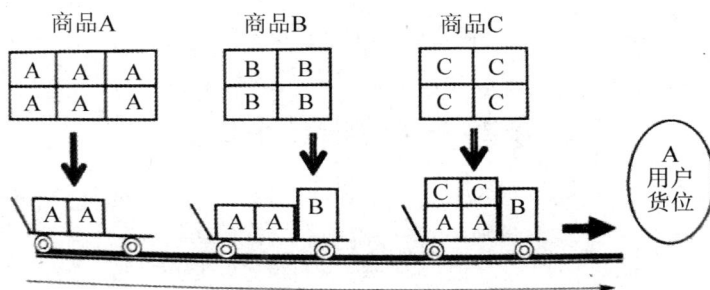

图 4-3　摘果式拣选

摘果式拣货法的缺点如下。

(1) 商品品种多时，拣货行走路线过长，拣取效率低。

(2) 拣取区域大时，搬运系统设计困难。

(3) 少量、多批次拣取时，会造成拣货路径重复率高，效率降低。

2. 播种式拣货法

播种式拣货法也被称为"批量拣取法"或"货至人前法"，它是将多张订单集合成一批，按照商品品种类别加总后再进行拣货，然后依据不同客户或不同订单分类集中的拣货方式，如图 4-4 所示。这种作业方法是人不动，托盘(或货架)带着货物移动到分拣人员面前，再由不同的分拣人员拣选，拣出的货物集中在集货点的托盘上，然后由搬运车辆送走。其特点是可以缩短拣取商品时的行走时间，增加单位时间的拣货量。

播种式拣货法适用的领域如下。

(1) 用户稳定且用户数量较多，可以建立稳定的分货线。

(2) 用户的需求共同性强、差异性小。

(3) 用户需求的商品种类有限。

(4) 用户对配送时间的要求不强。

(5) 商业连锁、服务业连锁、巨型企业的内部供应配送适合采用分货式配货。

播种式拣货法的缺点是：由于必须等订单达到一定数量时才做一次处理，因此订单处理前置时间长。为克服订单拣取和批量拣取方式的缺点，配送中心也可以采取将摘果式拣货法和播种式拣货法组合起来的复合拣取方式。复合拣取方式即根据订单的品种、数量及出库频率，确定哪些订单适应于摘果式拣货法，哪些适应于播种式拣货法，分别采取不同的拣货方式。

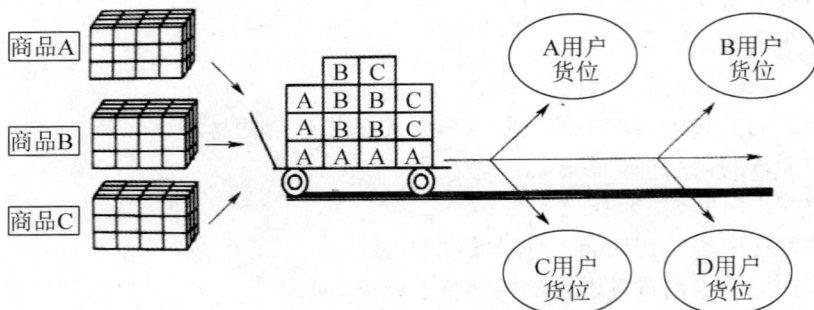

图 4-4　播种式拣选

专题五：配装作业

——"配"字里面有学问

为了充分利用货车的容积和提高运输效率，配送中心常常把同一条送货路线上不同客户的货物组合、配装在同一辆载货车上，在理货和配货流程中还需完成组配或配装作业。配装作业把多家客户的货物混载于同一辆车上进行配载，不但能降低送货成本，而且可以减少交通流量、改变交通拥挤状况。所以，配装也是配送系统中有现代特点的功能要素，是现代配送不同于以往送货的重要区别之处。

应该说，配装作业还是很有学问的，首先配装应遵循下列基本原则。

(1) 轻重搭配的原则。车辆装货时，必须将重货置于底部，轻货置于上部，重心下移确保稳固，同时避免重货压坏轻货，以保证运输安全。

(2) 大小搭配的原则。货物包装的尺寸有大有小，大小搭配可以减少箱内的空隙确保稳固，同时充分利用了车厢的内部容积。

(3) 货物性质搭配原则。拼装在一个车厢内的货物，其化学性质、物理属性、灭火方法不能互相抵触，以保证运输安全。

(4) 到达同一地点的适合配装的货物应尽可能一次记载。

(5) 根据车厢的尺寸、车厢容积、货物外包装的尺寸来确定合理的堆码层次及方法。

(6) 装载时不允许超过车辆所允许的最大载重量。

(7) 装载易滚动的卷状、桶状货物，要垂直摆放。

(8) 货与货之间，货与车辆之间应留有空隙并适当衬垫。

(9) 装货完毕，应在门端处采取适当的稳固措施，以防开门卸货时，货物倾倒砸伤人员或造成货损。

(10) 尽量做到"后送先装"。

其次，在配装作业中，还需要注意装车堆积问题。所谓装车堆积是指在具体装车时，为充分利用车厢载重量、容积而采用的方法，一般是根据所配送货物的性质和包装来确定堆积的行、列、层数及码放的规律，通常有以下几条要求。

(1) 堆码方式要有规律、整齐。

(2) 堆码高度不能太高。车辆的堆装高度一是受限于道路高度限制；二是道路运输法规规定，如大型货车的高度从地面起不得超过 4m；载重量 1000kg 以上的小型货车不得超过 2.5m；载重量 1000kg 以下的小型货车不得超过 2m，如图 4-5 所示。

图 4-5 不合理的货物装载

(3) 货物在横向不得超出车厢宽度，前端不得超出车身，后端不得超出车厢的长度为：大货车不超过 2m，载重量 1000kg 以上的小型货车不得超过 1m，载重量 1000kg 以下的小型货车不得超过 50cm。

最后，为了提高配送车辆的装载效率，可以采用以下方法。

(1) 研究各类车厢的装载标准，根据不同货物和不同包装体积的要求，合理安排装载顺序，努力提高装载技术和操作水平，力求装足车辆核定吨位。

(2) 根据客户所需要的货物品种和数量，调派适宜的车型承运，这就要求配送中心根据经营商品的特性，配备合适的车型。

(3) 凡是可以拼装运输的，尽可能拼装运输，但要注意防止差错。

厢式货车有确定的车厢容积，车辆的载货容积为确定值。设车厢容积为 V，车辆载重量为 W。现要装载质量体积为 R_a、R_b 的两种货物，使得车辆的载重量和车厢容积均被充分利用。

设：两种货物的配装重量为 W_a、W_b：

$$\begin{cases} W_a + W_b = W \\ W_a \times R_a + W_b \times R_b = V \end{cases}$$

$$W_a = \frac{V - W \times R_b}{R_a - R_b}$$

$$W_b = \frac{V - W \times R_a}{R_b - R_a}$$

例：某仓库某次需运输水泥和钢材两种货物，水泥质量体积为 0.9m³/t，钢材是 1.7m³/t。计划使用车辆的载重量为 20t，车辆容积为 21m³。试问：如何装载可使车辆的载重能力和车厢容积都得到充分利用？

设：水泥的装载量为 W_a，钢材的装载量为 W_b。

其中：$V=21\text{m}^3$，$W=20\text{t}$，$R_a=0.9\ \text{m}^3/\text{t}$，$R_b=1.7\text{m}^3/\text{t}$。

$$W_a = \frac{V - W \times R_b}{R_a - R_b} = \frac{21 - 20 \times 1.7}{0.9 - 1.7} = 16.25(\text{t})$$

$$W_b = \frac{V - W \times R_a}{R_b - R_a} = \frac{21 - 20 \times 0.9}{1.7 - 0.9} = 3.75(\text{t})$$

因此，该车装载水泥 16.25t、钢材 3.75t 时车辆到达满载。

通过以上计算可以得出两种货物的搭配使车辆的载重能力和车厢容积都得到充分的利用，但是其前提条件是：车厢的容积系数介于所要配载货物的容重比之间。如果所需要装载的货物的质量体积都大于或小于车厢容积系数，则只能是车厢容积不满或者不能满足载重量。当存在多种货物时，可以将货物比重与车辆容积系数相近的货物先配装，剩下两种最重和最轻的货物进行搭配配装；或者对需要保证数量的货物先足量配装，再对不定量配送的货物进行配装。

☕ **轻松一刻**

很多人小时候可能都玩过"七巧板"和"华容道"，其实这两个传统的益智玩具和配装作业还有很多相似之处呢，如图 4-6 所示。例如"七巧板"的最初形态是将七块不同形状的木板放在一个正方形的木框内，即充分利用木框的空间摆放更多的木板，这就与配装过程中充分利用车辆容积、摆放更多货物的要求一致；而"华容道"则是通过移动各个棋子，帮助曹操从初始位置移到棋盘最下方中部，从出口逃走。如果我们在装车的时候，没有做到"后送先装"，而是把先送的货物"曹操"放到车厢后部，是不是也会自己制造出"华容道"的难题呢？

图 4-6 "七巧板"和"华容道"

专题六：送货作业
——"送"字里面有讲究

送货是配送活动的核心，也是备货和理货工序的延伸。在物流中，送货所表现出的形态实际上就是货物的运输，因此，常常以运输代表送货。所谓配送运输，是指被订购的货物使用汽车或其他运输工具从供应点送到顾客手中的活动。由于配送中的运输需面对众多的客户，而且要多方向运动，因此，在送货过程中，常常进行三种选择，即运输方式、运输路线和运输工具的选择。按照配送合理化的要求，必须在全面计划的基础上，制定科学的、距离较短的货运路线，选择经济、迅速、安全的运输方式，选用适宜的运输工具。通常，配送中心送货都把汽车作为主要的运输工具。

一、配送运输的特点

配送运输有以下几个特点。

1. 时效性

时效性是客户最重视的因素，也就是要确保能在指定的时间内交货。由于配送是从客户订货至交货各阶段中的最后一阶段，也是最容易造成时间延误的阶段，因而配送作业可以说是掌控时效的关键点。一般造成配送延误的原因，除司机本身问题外，不外乎是所选择的配送路径、路况不良，或者终端配送站点不易卸货以及配送站点未能及时配合等。因此慎选配送路径，或加派助理辅助卸货，才能让每位客户都能在期望时间收到期望的货物。

2. 安全性

安全性是指将货品完好无缺地送达目的地，这一点与配送人员的品质有很大关系。以配送而言，要达成安全性目标其关键原则在于：装卸货时的细心程度，运送过程对货品的保护，对客户地点及作业环境的了解，配送人员的职业道德。如果配送人员能随时注意这几项原则，货品必能以最好的品质送到客户手中。

3. 沟通性

由于配送人员算是将货品交到客户手中的负责人，也是客户最直接接触的人员，因而其表现出的态度、反应会给予客户深刻的印象，无形中便成为公司形象的体现，因而配送人员应能与顾客做有效的沟通，且具备良好的服务态度，如此必能维护公司的形象，并巩固客户的忠诚度。

4. 方便性

配送最主要的便是要让顾客觉得方便，因而对于配送站点的送货计划，应采取较弹性的系统，才能够随时提供便利的服务。例如，紧急送货、信息传送、顺道退货、辅助资源回收等。

5. 经济性

满足客户的服务需求，不仅品质要好，价格也是客户重视的主要因素。所以，如果能让配送中心的运作更有效率，成本控制得当，对客户的收费自然也就能更低，也就可以通过经济性吸引更多的客户。

二、配送运输的有效管理

影响配送运输的因素很多：动态因素包括车流量变化、道路施工、配送客户的变动、可供调动的车辆变动等；静态因素包括配送客户的分布区域、道路交通网络、车辆运行限制等。各种因素互相影响，很容易造成送货不及时、配送路径选择不当、贻误交货时间等问题。因此，对配送运输的有效管理极为重要，否则不仅影响配送效率和信誉，而且将直接导致配送成本的上升。

在组织车辆完成货物的运输工作时，通常存在多种可供选择的行驶线路，车辆按不同的行驶线路完成同样的运送任务时，由于车辆的利用情况不同，相应的配送效率和配送成本会不同。因此，选择时间短、费用省、效益好的行驶线路是配送运输组织工作中的一项重要内容。在道路运输网分布复杂、物流节点繁多的情况下，可以采用运筹学方法并利用计算机来辅助确定车辆最终的行驶线路，以保证车辆的高效运行。下面主要介绍几种基本的车辆行驶线路。

1. 往复式行驶线路

往复式行驶线路一般是指由一个供应点对一个客户进行专门送货的线路。从物流优化的角度看，其基本条件是客户的需求量接近或大于可用车辆的核定载重量，需专门派一辆或多辆车一次或多次送货。可以说往复式行驶线路是指配送车辆在两个物流节点间往复行驶的路线类型。根据运载情况，它具体可分为三种形式。

(1) 单程有载往复式线路。这种行驶线路因为回程不载货，因此其里程利用率较低，一般不到50%。

(2) 回程部分有载往复式线路。车辆在回程过程中有货物运送，但货物不是运到线路的终点，而是运到线路的中间某个节点，或中途载货运到终点。这种线路因为回程部分有货可载，里程利用率比前一种有了提高，大于50%，但小于100%。

(3) 双程有载往复式线路。车辆在回程运行中全程载有货物到始点，其里程利用率为100%(不考虑驻车的调空行程)。

2. 环形行驶线路

环形行驶线路是指配送车辆在由若干物流节点组成的封闭回路上，所做的连续单向运行的行驶路线。车辆在环形行驶路线上行驶一周时，至少应完成两个运次的货物运送任务。由于不同运送任务其装卸作业点的位置分布不同，环形行驶线路可分为四种形式，即简单式、交叉式、三角式、复合式，如图4-7所示。

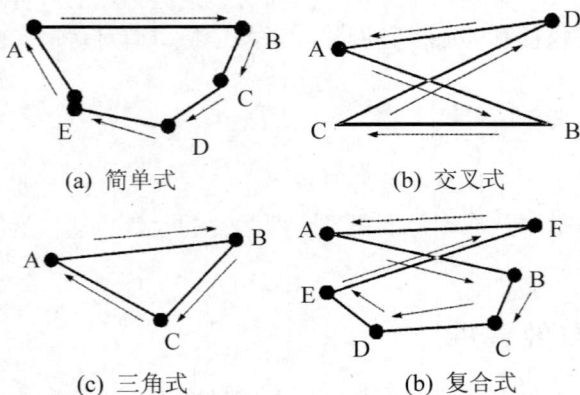

(a) 简单式 (b) 交叉式

(c) 三角式 (b) 复合式

图 4-7　环形行驶线路示意图

3. 汇集式行驶线路

汇集式行驶线路是指配送车辆沿分布于运行线路上各物流节点间，依次完成相应的装卸任务，而且每一运次的货物装卸量均小于该车核定载重量，沿路装或卸，直到整辆车装满或卸空，然后再返回出发点的行驶线路。汇集式行驶线路可分为直线形和环形两类，一般来说，环形的里程利用率可能要高一些。这两种类型的线路都可分为分送式、聚集式、分送—聚集式，如图4-8所示。汇集式直线形线路实质是往复式行驶线路的变形。

(1) 分送式，指车辆沿运行线路上各物流节点依次进行卸货，直到卸完所有待卸货物返回出发点的行驶线路。

(2) 聚集式，指车辆沿运行线路上各物流节点依次进行装货，直到装完所有待装货物返回出发点的行驶线路。

(3) 分送—聚集式，指车辆沿运行线路上各物流节点分别或同时进行装、卸货，直到装或卸完所有待运货物返回出发点的行驶线路。

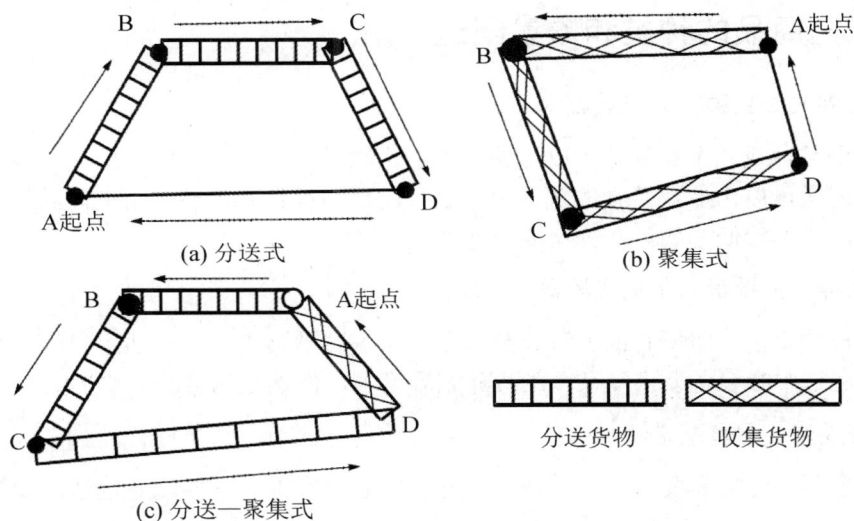

(a) 分送式

(b) 聚集式

(c) 分送—聚集式

分送货物　　收集货物

图 4-8　汇集式行驶线路示意图

4. 星形行驶线路

星形行驶线路是指车辆以一个物流节点为中心，向其周围多个方向上的一个或多个节点行驶而形成的辐射状行驶线路，如图4-9所示。

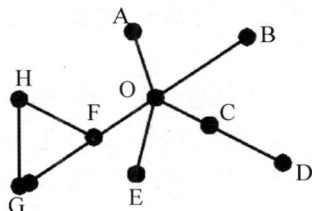

图 4-9　星形行驶线路

专题七：配送的基本形式

——为客户提供个性化物流服务

从物流服务提供者的角度来看，物流公司可以管理整个流通过程，也可以选择几项活动，如报关、运价谈判、库存管理、配送服务等多种第三方物流服务项目。物流公司与生产企业或者商务企业之间是动态联盟、长期稳定的合作关系，它可以根据客户的要求提供个性化物流服务。

从物流公司对外提供物流服务的运作方式来说，它的基本配送形式有以下几种。

一、按配送商品的种类和数量配送

1. 少品种或单品种、大批量配送

单独一个品种或几个品种就可以达到较大的运输量，可以实现整车运输。少品种或单品种大批量配送可以由专业性强的配送中心进行配送，往往不需要与其他商品进行配送，这种情况下，成本较低，如肉联公司的冷冻物流配送。

2. 多品种、少批量、多批次配送

根据用户的要求，将所有的各种物品配备齐全，凑整装车后，送达用户。这种配送作业水平高，配送中心设备要求复杂，配货计划难度大，但这是配货的主要形式。

3. 设备成套、配套配送

根据装配型企业的需要，将生产每一台件所需要的全部零部件配齐运送，如汽车零配件的配送。

二、按配送时间和数量配送

1. 定时配送

在相同的时间间隔内进行物品配送，每次配送的品种和数量可以按照计划执行，也可以按签订合同时商定好的方式进行配送。这是一种按固定的时间和固定的时间间隔的配送服务。

配送的时间，如每天仅在上午 8 点配送一次，或上午一次、下午一次。时间间隔小的也有每小时配送一次的。一般采用"日配"的较多：上午 10 点前接受订单，下午 5 点前配送到位；下午 4 点前接受订单，次日 10 点前配送到位，原则是从接受订单到送达不超过 24 个小时。

"日配"制配送适合鲜、活品种，如食品、水果、蔬菜、鲜花、肉类、蛋奶、活鱼、活虾等。医药、体育用品、书刊、报纸、酒类等也采用"日配"制。小型商店、便利店等商品周转快，随进随卖的店铺，要求"日配"或"小时配"者居多。

2．准时配送

所谓准时配送，就是指按照客户的规定时间，双方协议配送。一般不随意改动配送时间，配送的品种也不轻易改变。比如，为汽车装配线的零部件配送就属于这种类型的配送。采用准时配送方式，生产线上只需维持 2～3 个小时的用量，基本是"零库存"。

3．定量配送

定量配送是指按规定的数量在一个指定时间范围内配送物品，这种配送方式每次配送的品种数量固定，配货作业较为简单。

4．定时、定量配送

按规定的时间、品种和数量进行配送作业，这种配送方式结合了定时配送方式和定量配送方式的特点，服务质量水平较高，同时也使配送组织工作量增大，通常只针对固定用户进行这项服务，适用的范围很有限。

5．定时、定路线配送

配送的车辆每天按照固定的行车路线，按照规定的时间进行配送，恰似配送班车，按部就班、准时准点。这种配送方式的服务对象是商业区的繁华地段，人多、路窄、交通拥挤、商店集中。

三、按配送组织者配送

1．配送中心配送

配送中心配送的组织者是以配送为专职的配送中心，通常规模比较大，种类、存储量比较多，专业性强，和用户有固定的配送关系。

2．生产企业配送

生产企业配送的组织者是生产制造加工企业，尤其是进行多种生产的企业。这些企业可以通过自己的配送系统进行配送，而不需要再将产品发运分配到配送中心进行配送。

3．仓库配送

仓库配送是以仓库为物流节点组织的配送。它既可以将仓库完全作为配送中心，也可以在保持仓库仓储功能的基础上再增加一部分配送职能。

4．商店配送

商店配送的组织者是商品零售经营者或者物资经营网点。这些经营者或者网点的主营业务是零售，一般规模都比较小，但经营品种齐全，容易组织配送。

四、按经营形式配送

1．销售配送

组织者是批发企业，其通过自己建立的配送中心开展这项业务。配送中心把商品批发给各零售商店的同时，也可与生产企业联合，生产企业可委托配送中心储存商品，按厂家指定的时间、地点进行配送。若生产厂家是外地的，则可以采取代理的方式，促进厂家的商品销售，还可以为零售商店提供代存、代供配送服务。其特点是：配送的对象和用户不固定，往往根据市场占有情况而定，随机性强，计划性差。

2. 供应配送

组织者是用户，用户集团自己组建配送据点，集中组织大批量进货，然后向本企业配送。

3. 销售—供应一体化配送

配送中心与生产厂家签订合同，既可负责一些生产厂家的销售配送，又负责一些企业的供应配送。配送中心具有上连生产企业的销售配送、下连用户的供应配送两种职能，实现配送中心与生产企业及用户的联合。

4. 代存、代供配送

用户将属于自己的商品委托配送中心代存、代供，有时还委托代订，然后组织配送，这种配送在实施前不发生商品所有权的转移，配送中心只是用户的代理人，商品在配送前后都属于用户所有，配送中心仅从代存、代理中获取收益。

五、按配送专业化程度配送

1. 综合配送

综合配送是指配送商品种类较多，不同专业领域的产品在同一个配送节点中组织对客户的配送。一般来说，综合配送由于产品性能、形状差异较大，组织起来技术难度较大。

2. 专业配送

专业配送是指按产品性能不同适当地划分专业领域的配送方式。

专题八：共同配送

——配送也需要团队合作

共同配送也称共享第三方物流服务，是指多个客户联合起来共同由一个第三方物流服务公司来提供配送服务。它是在配送中心的统一计划、统一调度下展开的。

虽然目前共同配送在发达国家已经成为一种潮流，但它并不是一个全新的概念。早在1961年时，美国哈灵顿仓储服务公司就将 Quaker 公司、General Mills 公司、Pillsbury 公司以及其他公司的日用食品杂货订单整合成一个整车运输发往同一个销售商，这样就大大降低了运输成本。在当时，这种做法只是被简单地称为"库存整合"。虽然那时没有像"共同配送"这样复杂的名词，但是两者其实是一回事。

1. 共同配送的形式

共同配送的形式包括以下几种。

(1)　由一个配送企业向多个用户的配送，即由一个配送企业综合若干家用户(企业)的要求，进行统筹，在配送时间、数量、次数、路线等诸方面做出系统的、最优的安排。这种形式适合多个用户、需求的商品趋于一致、要求配送的时间和地点也接近的商业街和繁华地区。

(2)　多家配送企业联合，共同划分配送区域，共同利用配送设施，进行一定程度的配送分工，形成一种共同协作的配送方式。

(3)　由若干个企业联合起来，共同组织配送系统进行自我配送服务。

2. 共同配送的目的

实施共同配送的目的在于以下几方面。

(1)　为了降低费用。由于共同配送是多个货主企业共享一个第三方物流服务公司的设施和设备，由多个货主共同分担配送成本，从而降低了成本。另外，由多个不同货主的零散运输通过整合可以变成成本更低的整车运输，从而使得运输费用大幅度降低。

(2)　为了车辆满载，避免交叉、重复、迂回和空驶。

(3)　为了减少配送网点，节约设施费用支出。

(4)　为了减轻交通拥挤和废气公害，保护环境。

共同配送是经长期的发展和探索优化出的一种追求合理化配送的配送形式，也是美国、日本等一些发达国家采用较广泛、影响面较大的一种先进的物流方式。它对提高物流效率、降低物流成本具有重要意义。

虽然共同配送是物流配送发展的总体趋势，但共同配送也涉及很多具体的细节问题，在实施过程中难免会出现一些困难。首先，各业种经营的商品不同，有日用百货、食品、酒类饮料、药品、服装乃至厨房用品、卫生洁具等，林林总总，不一而足。不同的商品特点不同，对配送的要求也不一样，共同配送存在一定的难度。其次，各企业的规模、商圈、客户、经营意识等方面也存在差距，往往很难协调一致。最后，还有费用的分摊、泄露商业机密的担忧等。

专题九：配送中心
——实现配送业务的大本营

配送中心(Distribution Center)是实现配送业务的大本营，其作用体现在：减少交易次数和流通环节；产生规模效益；减少客户库存，提高库存保证程度；与多家厂商建立业务合作关系，能有效而迅速地反馈信息、控制商品质量等，是现代电子商务活动中开展配送活动的物质技术基础。下面我们来学习一下配送中心的定义、功能、流程、选址、分类等内容。

一、配送中心的定义

配送中心是指接受并处理末端用户的订货信息，对上游运来的多品种货物进行分拣，根据用户订货要求进行拣选、加工、组配等作业，并进行送货的设施和机构。根据我国国家标准物流术语中的规定，从事配送业务的物流场所和组织，应符合下列条件。

(1) 主要为特定的用户服务。

(2) 配送功能健全。

(3) 完善的信息网络。

(4) 辐射范围小。

(5) 多品种，小批量。

(6) 以配送为主，储存为辅。

日本《市场用语词典》对配送中心的定义则是："配送中心是一种物流节点，它不以贮藏仓库的这种单一形式出现，而是发挥配送职能的流通仓库，也称作基地、据点或流通中心。配送中心的目的是降低运输成本、减少销售机会的损失，为此建立设施、设备并开展经营、管理工作。"

二、配送中心的功能

1. 采购功能

配送中心需要采购所要供应配送的商品，才能及时、准确、无误地为其用户(即生产企业或商业企业)供应物资。配送中心应根据市场的供求变化情况，制订并及时调整统一的、周全的采购计划，并由专门的人员与部门组织实施。

2. 存储功能

配送中心的服务对象是为数众多的生产企业和商业网点(如连锁店和超级市场)，配送中心需要按照用户的要求及时将各种配装好的货物送交到用户手中，满足生产和消费的需要。为了使配送中心能够顺利有序地完成向用户配送商品的任务，并且更好地发挥保障生产和消费需要的作用，配送中心通常要兴建现代化的仓库并配备一定数量的仓储设备、存储一定数量的商品。某些区域性的大型配送中心和开展"代理交货"配送业务的配送中心，不但要在配送货物的过程中存储货物，而且它所存储的货物数量更大、品种更多。

3. 分拣功能

作为物流节点的配送中心，其为数众多的客户中，彼此差别很大，不仅各自的性质不同，而且经营规模也不同。因此，在订货或进货时，不同的用户对于商品的品种、规格、型号、数量、质量、送达时间和地点等会提出不同的要求。针对这种情况，为了有效地进行配送，即为了同时向不同的用户配送多种货物，配送中心必须采取适当的方式对组织来的货物进行拣选，并且在此基础上，按照配送计划分装和配装货物。配送中心的这一功能是其与传统的仓储企业的明显区别之一，也是配送中心的最重要的特征之一。可以说，没有分拣功能，就没有配送中心。

4. 流通加工功能

从配送中心的角度来看，它往往希望采用大批量的进货来降低进货成本，但是客户企业为了降低库存、加快资金周转，往往要采用小批量进货的方法。因此在配送过程中，为了解决生产中大批量、少规格和消费中的小批量、多样化要求的矛盾，配送中心会按照用户对货物的不同要求对商品进行分装等流通加工活动，这也是配送中心的功能之一。

5. 送货功能

将配好的货物按到达地点或到达路线进行送货，运输车辆可以选择租用社会运输力量或组建自己的专业运输车队。

6. 物流信息汇总及传递功能

通过互联网等信息技术的支持，配送中心可以为客户提供更加准确、及时的配送信息。

三、配送中心的流程

配送中心的种类很多，因此其内部结构和运作方式也不相同。一般来讲，品种、规格复杂的货物具有典型意义，所以配送中心的一般流程是以杂货配送为代表。

1. 带储存库配送中心的流程

由于货种多，为保证配送，需要有一定储存量，这种有储存功能的配送中心，对理货、分类、配货、配装的功能要求较强，但一般来讲，很少有流通加工的功能，如图 4-10 所示。这种流程也可以说是配送中心的典型流程，其主要特点是：有较大的储存场所，分货、拣货、配货场所及装备也较大。

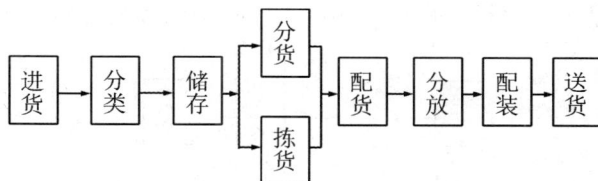

图 4-10　带储存库配送中心的流程

2. 不带储存库配送中心的流程

这种配送中心专以配送为职能，而将储存场所，尤其是大量储存场所转移到配送中心之外的其他地点，专门设置补货型的储存中心，配送中心中则只有为配送备货的暂存，而无大量储存，如图 4-11 所示。暂存设在配货场地中，在配送中心不单设储存区。这种配送中心和第一种类型配送中心的流程大致相同，主要工序及主要场所都用于理货、配货。其区别只在于大量的储存在配送中心外部而不在其中。

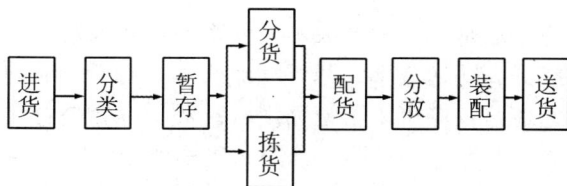

图 4-11　不带储存库配送中心的流程

这种类型的配送中心，由于没有集中储存的仓库，占地面积比较小，也可以省却仓库、现代货架的巨额投资。至于补货仓库，可以采取外包的形式，采取协作的方法解决；也可以自建补货中心。实际上在若干配送中心基础上，可以共同建设一个更大规模的集中储存型补货中心，还可以采用虚拟库存的办法来解决。

3. 加工配送中心的流程

加工配送中心随加工方式不同，其流程也有区别。以平板玻璃为例，进货是大批量、单(少)品种的产品，因而分类的工作不重或基本上无须分类存放。储存后进行加工，和生产企业按标准、系列加工不同，加工一般是按用户要求。因此，加工后产品便直接按用户分放、配货。所以，这种类型配送中心有时不单设分货、配货或拣选环节，配送中心中的加工部分及加工后分放部分占较多位置，如图4-12所示。

```
进货 → 储存 → 加工 → 分放 → 配货 → 配装 → 送货
```

图 4-12 加工配送中心的流程

4. 批量转换型配送中心流程

这种配送中心流程是批量大、品种较单一产品进货，转换成小批量发货式的配送中心，如图4-13所示。不经配煤、成型煤加工的煤炭配送和不经加工的水泥、油料配送的配送中心，大多属于这种类型。这种配送中心流程十分简单，基本不存在分类、拣选、分货、配货、配装等工序，但是由于大量进货，储存能力较强，储存及分装是主要工序。

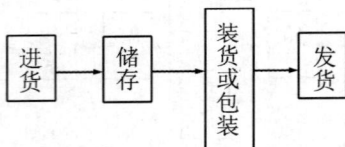

```
进货 → 储存 → 装货或包装 → 发货
```

图 4-13 批量转换型配送中心流程

四、配送中心的选址

配送中心的选址是指在一个具有若干供应点及若干需求点的经济区域内，选择一个地址设置物流配送中心的规划过程。较好的配送中心选址方案是商品通过配送中心汇集、中转、分发，直至输送到需求点的过程的总体效益最好。影响选址的因素包括以下几方面。

1. 社会因素

(1) 交通运输。交通运输是影响配送成本及效率的重要因素之一，需考虑对外的运输通路、进出的流畅，才能提高配送效率、降低物流成本。对于一般的物流配送中心，可选在高速公路、国道、快速道路及城市主干道路附近；对于综合型物流配送中心，一定要选择在两种以上运输方式的交汇地，如铁路、公路、水运或是航空等运输方式的交汇处。

(2) 产业布局。生产企业、流通企业、各类开发区和大市场等，是物流配送服务需求的直接拉动者和货源产生地，因此需考虑周边产业布局和商业布局，如为制造业服务的配送中心选址应在制造企业集中的工业区和高新技术开发区，农副产品配送中心应选在农副产品的生产及加工基地，商贸类配送中心选址应着眼于大型市场和批发市场附近。

(3) 货物流向。对于供向物流来说，配送中心只为生产企业提供原材料、零部件，应当选择靠近生产企业地点，便于降低生产企业的库存，随时为生产企业提供服务；对销向物流来说，配送中心的主要职能是将产品集结、分拣、配送到每位客户或门店手中，故选在靠近客户的地方。

(4) 人力资源。考虑各种人才的可得性、易得性和廉价性。

(5) 城市规划和发展。配送中心的选址不但要符合城市的规划，而且要考虑城市的扩张速度和方向。例如，中国物资储运总公司的许多仓库 20 世纪 70 年代以前处于城乡接合部，随着城市的发展，这些仓库被包围于闹市中，大型货车的进出受管制，专用线的使用也受到限制，在这种情况下要考虑到外迁。

(6) 政策法规。政策法规包括产业政策、环保政策、土地政策、优惠措施(如用地、税收)等。

(7) 社会影响。配送中心操作过程中产生的噪音、尾气、粉尘会给周边居民的生活带来影响，交通持续也会造成较大的干扰，易引起车流紊乱、交通拥挤与阻塞。除此之外，还要考虑周边的人文环境和城市景观的协调程度，不能破坏周边的城市景观的协调程度，以免给社会带来负面影响。

2. 自然因素

(1) 用地。配送中心的位置、面积、地价，既要考虑到现在的发展情况，又要考虑今后的扩展空间。

(2) 地质条件。配送中心一般应设置在地形高的地段，容易保持物资干燥，减少物资保管费用；临近河海地区，必须注意当地的水位，不得有地下水上溢；土地承载力要高，注意地面以下不要存在淤泥层、流沙层、松土层等不良地质条件。

(3) 气候影响。配送中心周边不应有产生腐蚀的气体、粉尘和辐射热的工厂，至少应处于这些企业的上风方向，还应与易发生火灾的单位保持一定的距离，如油库、加油站、化工厂。

除此之外还要考虑水资源、温度、湿度、能源利用、地质灾害等。

五、配送中心的分类

1. 按配送中心的功能分类

(1) 储存型配送中心。有很强储存功能的配送中心，一般来讲，在买方市场下，企业成品销售需要有较大库存支持，其配送中心可能有较强储存功能；在卖方市场下，企业原材料、零部件供应需要有较大的库存支持，这种供应配送中心也有较强的储存功能。大范围配送的配送中心，需要有较大的库存支持，也可能是储存型配送中心。我国目前拟建的一些配送中心，都采用集中库存形式，库存量较大，多为储存型。瑞士 GIBA-GEIGY 公司的配送中心拥有世界上规模居于前列的储存库，可储存 4 万个托盘；美国赫马克配送中心拥有一个有 16.3 万个货位的储存区，可见存储能力之大。

(2) 流通型配送中心。基本上没有长期储存功能，仅以暂存或随进随出方式进行配货、送货的配送中心。这种配送中心的典型方式是，大量货物整进并按一定批量零出，采用大型分货机，进货时直接进入分货机传送带，分送到各用户货位或直接分送到配送汽车上，货物在配送中心里仅做少许停滞。例如，日本的阪神配送中心，中心内只有暂存，大量储存则依靠一个大型的补给仓库。

(3) 加工型配送中心。配送中心具有加工职能，根据用户的需要或者市场竞争的需要，对配送物进行加工之后进行配送的配送中心。在这种配送中心内，有分装、包装、初级加工、集中下料、组装产品等加工活动。

我国上海市和其他城市已开展的配煤配送(配送点中进行了配煤加工)、上海六家船厂联建的船板处理配送中心、原物资部北京剪板厂都属于这一类型的中心；世界著名连锁服务店肯德基和麦当劳的配送中心、在工业、建筑领域中生混凝土搅拌的配送中心也是属于这种类型的配送中心。

2. 按流通职能分类

(1) 供应配送中心。配送中心执行供应的职能，是专门为某个或某些用户(如连锁店、联合公司)组织供应的配送中心。例如，为大型连锁超级市场组织供应的配送中心；代替零件加工厂送货的零件配送中心，使零件加工厂对装配厂的供应合理化。供应型配送中心的主要特点是，配送的用户有限并且稳定，用户的配送要求范围也比较确定，属于企业型用户。因此，配送中心集中库存的品种比较固定，配送中心的进货渠道也比较稳固，同时可以采用效率比较高的分货式工艺。

(2) 销售配送中心。配送中心执行销售的职能，是以销售经营为目的、以配送为手段的配送中心。销售配送中心大体有三种类型：①生产企业将本身产品直接销售给消费者的配送中心，在国外，这种类型的配送中心很多；②流通企业作为本身经营的一种方式，建立配送中心以扩大销售，我国目前拟建的配送中心大多属于这种类型，国外的例子也很多；③流通企业和生产企业联合的协作性配送中心。

比较起来看，国外和我国的发展趋向，都向以销售配送中心为主的方向发展。销售型配送中心的用户一般是不确定的，而且用户的数量很大，每一个用户购买的数量又较少，属于消费者型用户。这种配送中心很难像供应型配送中心一样，实行计划配送，计划性较差。销售型配送中心集中库存的库存结构也比较复杂，一般采用拣选式配送工艺。销售型配送中心往往采用共同配送的方法才能够取得比较好的经营效果。

3. 按配送区域范围分类

(1) 城市配送中心。以城市范围为配送范围的配送中心，由于城市范围一般处于汽车运输的经济里程，这种配送中心可直接配送到最终用户，且采用汽车进行配送。所以，这种配送中心往往和零售经营相结合，由于运距短、反应能力强，因而从事多品种、少批量、多用户的配送较有优势。

(2) 区域配送中心。以较强的辐射能力和库存准备，向省(州)际、全国乃至国际范围的用户配送的配送中心。这种配送中心配送规模较大，一般而言，用户也较多，配送批量也较大，而且往往是配送给下一级的城市配送中心，也配送给营业所、商店、批发商和企业用户，虽然也从事零星的配送，但不是主体形式。这种类型的配送中心在国外十分普遍。

4. 按配送货物种类分类

根据配送货物的种类，配送中心可以分为食品配送中心、日用品配送中心、医药品配送中心、化妆品配送中心、家用电器配送中心、电子(3C)产品配送中心、书籍产品配送中心、服饰产品配送中心、汽车零件配送中心以及生鲜处理中心等。

5. 按运营主体分类

(1) 以生产厂为主的配送中心。它是以家用电器、汽车、化妆品、食品等国有工厂为主。流通管理能力强的厂商，在建立零售制度的同时，通过配送中心使物流距离缩短，并建立迅速向顾客配送的体制。其特点是环节少、成本低。但对零售商来说，因为从这里配送的商品只局限于一个生产厂的产品，难以满足销售的需要，是一种社会化程度较低的配送中心。

(2) 以批发商为主的配送中心。它是指专职流通业的批发商把多个生产厂的商品集中起来，作为批发商的主体商品。这些产品可以单一品种或者搭配向零售商进行配送。这种形式，虽然多了一道环节，但是一次送货，品种多样，对于不能确定独立销售路线的工厂或本身不能备齐各种商品的零售店来说，是一种有效的办法。

(3) 以零售商为主的配送中心，一般是指大型零售店或集团联合性企业所属的配送中心。从批发部进货或从工厂直接进货的商品，经过零售店自有的配送中心，再向自己的网点和柜台直接送货。为保证商品不脱销，零售店必须有一定的"内仓"存放商品，配送中心可以及时不断地向商店各部门送货，不仅有利于减轻商店内仓的压力，节约内仓占用的面积，而且有利于库存集中在配送中心，这有利于减少商店的库存总量。

(4) 以商业企业集团为主的配送中心。它是由商业企业集团组建的完成本企业集团商品供应或销售的配送中心，它是为适应企业集团的产品销售而组建的。

(5) 以物流企业为主的配送中心。它是为批发企业服务的综合性物流中心。各地批发企业都有相当一部分的商品存储在当地的储运公司仓库里。在储运公司仓库实现由储存型向流通型转变的基础上建立起来的配送中心，可以越过批发企业自己的仓库或配送中心，直接向零售店配送商品。与批发企业各自建立的配送中心相比，它的特点是物流设施的利用率高、成本低、服务范围广。

专题十：快递业配送
——电商企业争夺的主阵地

所谓快递业配送，是指在一定的合理区域范围内，根据客户的要求，对快递货物进行分拣、包装、分类、组配等作业，并以最短时间送达指定地点的物流活动。

按照不同的划分标准，快递业配送可分为以下一些类型。
(1) 按地域范围，可分为同城配送、国内配送、国际配送。
(2) 按配送客体，可分为快递信件配送、快递包裹配送。
(3) 按企业性质，可分为国营快递配送、民营快递配送、外资快递配送。

由于针对的客户大多数是终端消费者，所以快递业配送不同于零售业配送或制造业配送，它具有以下一些特性。

(1) 托运人对快递货物的配送时间要求高，时间是委托人委托快递企业提供服务首先要考虑的因素。

(2) 配送客体——快递货物通常体积不大、价值较高或产品难以替代。

(3) 配送路径通常需要门到门服务，配送成本较大。

(4) 服务对象分散，地域分布广，需要完善配送网络系统。

(5) 大多数快递业配送需要建立在航空运输的基础上，实现航空运输与地面中转的紧密配合。

(6) 快递业配送环境以城市为主，并且对配送质量有很大的影响。

传统的快递业配送市场主要由国有的邮政系统占有，市场规模相对较小，但随着电子商务的兴起和发展，网上购物已经成为人们习以为常的生活方式，快递业配送市场这个蛋糕也随之越做越大。特别是在 2008 年，由于受到美国金融危机的影响，萧条的经济让中国的零售行业感受到瑟瑟寒意，但电子商务却成为这个寒冬里屈指可数的"暖行业"之一。互联网研究机构艾瑞咨询在推出的《2008—2009 年中国网络购物行业发展报告》中透露，中国网络购物在 2008 年突破了千亿元大关的交易规模，电子商务成为这场金融危机中的最坚挺力量之一。

虽然电子商务可以节省企业的仓储和店面成本，但对物流技术和效率却提出了更高甚至更苛刻的要求。2009 年春节前，国内最大的电子产品网上商城京东商城在首页挂出公告，劝告消费者暂缓购买或采用其他方式购买货品。北京、上海、广州三地的京东仓库中，等待配送的货品堆积如山。一个机箱在京东商城卖 200 元，如果加上包装，重量有 10 公斤，配送费反而比机箱还高出好几倍。物流配送表面看起来传统、简单，实质上是电子商务活动过程中最难、最花力气、最费金钱的。物流成本过高、配送效率低下、配送服务质量差等，严重地影响着电子商务的发展。

"得物流者得天下"，电子商务行业的争夺战因此延伸到物流配送环节，电子商务企业与快递企业纷纷在电子商务配送服务方面进行合作，加快配送速度，物流配送中心的订单实现"当日达"或"次日达"。以目前规模较大的淘宝网为例，其货物配送的基本流程为：卖家选择并联系快递公司，快递公司上门取货，快递公司配送货物给买家，买家确认货物无误，签收。若有误，在淘宝网上与卖家协商"退款"或"退货"，退货物流费用由协商结果决定。目前与淘宝网合作的快递公司包括邮政速递服务公司、申通物流、圆通速递、中通速递、天天快递、宅急送、韵达快递、风火天地(上海同城)等十余家国内外物流企业，覆盖了中国全部的消费区域。

淘宝网与上述快递公司合作，采取了"推荐物流"、"网货物流推荐指数"等策略，卖方可以在 C2C 平台上面通过比较各个推荐快递公司的运费，选择价格最低的快递公司，也可以综合考虑快递公司的服务质量，参考"网货物流推荐指数"再做选择。卖方可以选择使用淘宝推荐的快递公司的报价，也可以视自己的快递业务量与快递公司协商取得更加低廉的价格。淘宝网同时注重在其网站教育栏目"淘宝大学"开展教育 C2C 平台用户如何更好地选择和使用物流商，已经与其 C2C 平台用户取得良好的互动效果。

但是由于电子商务市场还不成熟，C2C 模式的复杂性，物流配送方面的问题层出不穷。有关数据显示，因物流问题导致的用户不从事网上交易比例正在逐年递增。而支付宝高层表示，物流已经成为网上购物最大的投诉热点，主要体现在以下几方面。

（1）不合理运输大量存在，浪费社会资源。大型 C2C 电子商务平台面向的是全国市场，市场几乎完全由"一只看不见的手"在调控，所以大量存在供求"舍近求远"的状况。

（2）物流配送买卖双方地位不平等。在淘宝网上的交易方式是由卖家最初设定的，主要有"一口价"和"拍卖"两种方式，对应的物流费用分别由买家和卖家承担。

（3）货物配送过程中责任界限不明确、操作流程混乱。快递公司配送覆盖面不到位；物流公司上门取货不及时，派送延误，配送终端不能有效衔接。虽然快递公司都在各自网站平台上提供查询物流单号运作状态的服务，但是由于快递公司无法准确预测货物送到的时间，所以在配送终端送货上门的时候，经常遇到买家不在家的情况。此时，买家只能请人代为签收，或要求快递公司下次再配送上门。

除了依靠第三方物流公司开展配送服务外，还有很多电子商务企业依靠自营配送方式送货。卓越亚马逊、当当和京东商城都建起了自己的物流配送公司，以便更快更好地送货上门。当然，要在这场"极品飞车"式的配送大战中获胜，要烧的钱也不少。以凡客诚品为例，目前有 200 名配送员工，一年光薪水支付就要超过 500 万元。此外，还要为他们配备手机和电瓶车，购买运输货车和其他费用，一年开销就是 800 万元左右。而凡客为了抢占市场，到现在也没收取配送费，而这些费用全得计入成本。有业内人士估算过，凡客诚品一件 99 元的衬衫，设计、采购和生产就花去 70 元，广告宣传费花去 10 元，配送环节将花去 12 元，这么算下来到手的只有 7 元，还不算上交税以及运营成本，如果达不到大规模销售，凡客诚品根本没钱可赚。不过，卓越亚马逊公司认为烧钱是值得的，经过一年速度和服务的比拼，据艾瑞咨询的数据显示，2009 年第一季度，卓越的市场份额达到了 15.14%。卓越的快递公司也从刚成立时的 20 多人增长到百余人，所有的快递业务人员都经过相应的电子商务培训，让其熟悉送货上门的业务流程，并长期进行综合能力的考核。快递公司的技术部还设计了一套配送信息系统，可以实时监控订单配送货的流程信息。

其实，无论是电子商务还是其他行业，都或多或少存在着自营配送(物流)和第三方配送(物流)之争，只不过快递行业的争夺可能更为激烈。从本质上讲，这其实反映了配送管理中的二律背反原理。一般来讲，优质的配送服务与配送成本相关联，提高配送服务水平，配送成本也会随之上升。电子商务的客户主要是终端消费者，这些客户人数众多且分布较广，要实现很高的服务水平，必然要求企业花费大量人力、物力才能达到，而对于有些电子商务企业来说，这种投入是得不偿失的，因此他们会选择和第三方配送(专业快递企业)合作。但目前中国的快递行业发展水平良莠不齐，有些较差的快递企业可能会使配送服务的水平降低，如送货时间长、货物出现丢失或破损等，这些都会导致客户的不满。所以，有一些电子商务企业会成立自己的配送公司和配送网络，虽然从短期来讲，成本较高，但服务水平却能够得到保证，从而获得客户的满意和信任，赢得长期的回报。

自营配送还是第三方配送？这对于电子商务企业来说的确是个问题。

📑 **资料柜**

登录 http://pan.baidu.com/s/1hqwvn0o，可以浏览及下载资料《2012 年中国十大快递企业》。

专题十一：零售业物流配送

——流通领域内的配送网络

　　零售业是与百姓生活关系最密切的行业之一，大到大型连锁超市，小到便利店，广到购物广场，专到电器商城，这些成为人们日常购物、休闲的必去场所。零售业态的多样化在给消费者创造购物便利的同时，也影响着零售业的物流配送模式。

　　过去，零售企业的商品物流主要依赖于作为供货商的生产企业和批发商，零售企业的物流主动权也由它们支配，零售企业则主要提供将消费者订购商品运送到客户家中这种简单的"门到门"物流服务。现在，零售企业认识到企业物流发展的重要性，正逐步获得商品供应的主导权。这是因为供应商的物流管理水平参差不齐，完全依赖供货商经营零售企业的物流，有可能会使零售企业的商品出现问题。即使零售企业对商品的销售动向把握得当，订单也准确无误地送到了供货商手中，但是一旦商品不能及时、准确地送到商店中，会对零售企业的商品管理造成损失。为了避免上述情况的产生，零售企业越来越重视自己物流配送系统的建立和完善。

　　沃尔玛被公认为世界上最大的零售公司，这家有 50 多年历史的企业在全球拥有 4457 个仓库、3 万个供应商，每年的销售额超过 2170 亿美元。2011 年，沃尔玛在美国有 70 个物流配送中心，其面积一般在 10 万平方米左右，可以同时供应 700 多家商店。配送中心每周作业量达 120 万箱，每个月自理的货物金额大约为 5000 万美元，全部作业实现自动化。该公司在高科技和电子技术的运用方面投入了大量资金，如投资 4 亿美元由美国休斯公司发射了一颗商用卫星，实现了全球联网，建成了当今世界公认最先进的配送中心，实现了高效率、低成本的目标，为沃尔玛实行"天天平价"提供了可靠的后勤保证。在沃尔玛的门店，不会发生缺货情况。

　　鉴于沃尔玛的成功经验，许多大型零售企业都加强了物流中心的建设，通过做好市场预测与决策，集中力量研究商品的实体运动，采取共同进货，以减少不必要的流转环节，减轻城市交通公害，降低物流费用，进而达到提高物流管理水平，顺利完成商品使用价值运动过程的目的。

一、物流配送模式的类型

　　零售行业的物流配送模式目前包括以下类型。

1. 自营配送中心模式

　　自营配送中心模式是指企业自己组建物流配送中心，对内部各个门店所需商品进行统一配送。这是目前连锁零售业广泛采用的一种配送模式，在大型连锁零售企业的物流配送方面发挥了重要作用。

2. 第三方物流配送模式

　　第三方物流配送模式即企业把自己的物流活动以合同方式委托给专业物流企业(第三方物流)，同时通过信息系统对物流进行全程管理和控制。调查显示，北京市零售业中仅有

3%的企业选择了第三方物流配送；而在美国，80%以上的企业都采用第三方物流配送模式。

3. 共同配送模式

共同配送模式是由多个企业联合组织实施的配送活动，比较适合规模较小、资金不太雄厚的中小型企业。通过共同配送，可减轻它们在物流设施投资的压力，又能集中各参与企业的资源实现集中配送，提高物流效率和服务水平，使参与企业实现"共赢"。

4. 供应商直送模式

供应商直送模式是指由供应商或生产企业直接将商品在指定的时间送到指定地点，这是规模较大的便利店或超市通常采用的一种配送模式。对于社区小卖部和规模较小的便利店来说，一方面由于其采购数量少，供应商一般不会无偿承担配送业务；另一方面，门店商品种类较多，如果全部采用供应商送货的方式，势必会造成门店频繁接货，影响正常营业，配送效率也大打折扣。此外，各个供应商的物流配送服务水平存在很大差异，很难保证所有供应商都能满足门店的要求。

二、物流配送模式的选择

企业应根据自身条件和客户需求特点来选择适合的配送模式，以提高物流配送效率、降低物流成本。在此，针对不同类型的零售企业，应注意以下几点。

1. 大型连锁店

大型连锁店经营规模较大，资金实力比较雄厚，配送需求较多，物流管理能力强，宜采用自营物流配送模式，自建物流配送中心。建立配送中心进行统一采购、统一配送的效率，会远远高于单个门店自行处理，只要各门店对物流配送的需求足够大，企业又有足够的资金组建配送中心，即投入产出比较高，企业就应采用自营配送中心模式。此外，自营物流企业还应具备较强的物流管理能力。

2. 中型零售店

有些中型零售店拥有自己独立的配送中心、运输车队和相应的附属设施，但由于其规模不大，物流需求不充分，配送过程中经常出现车辆不满载的现象，如果各门店广域分布，自营配送将造成运力的极大浪费。对于中小型便利店，既要降低配送成本，又要保证配送效率，共同配送模式是一种比较理想的选择。

其具体做法是，联合两个或两个以上的中型零售店公司，共同使用配送中心的设施，对于门店需求量少的商品或离配送中心较远的门店配送业务可以委托或受托给其他配送中心，而门店需求量大的商品则仍然由本企业的配送中心统一配送。这样既能保障物流配送的高效率，降低配送成本，又能使本企业的物流具有相对的独立性。

有些中型零售店没有自己独立的配送中心，但有一些零星的物流资源，如几辆车、几个装货工人等。在这种情况下，企业可以联合多家不具备独立配送中心的零售店，将各企业的物流资源集中在一起共同组建配送中心。该配送中心负责所有参与方的物流配送业务，不但可使社会零散的物流资源得到优化配置、发挥规模经济效益，又提高了所有参与方的配送效率、降低了自身物流成本。

3. 小型零售店

零售业还包含遍布于城镇各个角落的小型零售店,其规模极小,缺乏足够的资金组建物流配送中心。由于它们需要小批量、高频率的配送,如果采用供应商直送模式,不仅增加供应商的配送成本,也会使门店由于频繁接货而降低效率。对于这类企业来说,既节约物流成本,又能保证配送及时性的最好方法就是依赖于一家大型批发商,由批发商的配送中心对各种商品实施配送。

通常,大型批发商的商品品种比较齐全,企业采购的所有商品完全可以通过一家大型批发商购齐,既节约了交易成本,又提高了自己讨价还价的能力,而且大型批发商一般会负责送货,从而可为门店节约运输费用、提高配送效率。小型零售企业要注意选择规模较大、信誉好的批发商,一方面产品质量有所保障;另一方面,这类批发商一般售后服务较好,一旦出现滞销或过期都可以按进价退货。

零售企业在选择物流配送模式时,还要综合各方面情况加以考虑,如交通环境状况、地区差异、政策等因素,最终确定适合自己的物流配送模式。

专题十二:走进丰田的物流配送
——从汽车物流看制造业的物流配送

所谓制造业配送,是指围绕制造企业产品生产与销售所进行的供应配送、生产配送以及销售配送。供应配送是根据产品生产的需要所进行的原材料、零部件的配送;生产配送是根据生产工艺流程,对在产品生产过程中所需要的原材料与零部件进行配送;销售配送是根据客户的需要围绕产品销售所进行的配送。

一、供应配送的好坏很大程度上取决于对供应商的选择

一般来说,供应商选择的评估因素包括技术水平、产品质量供应能力、价格、地理位置、可靠性(信誉)、售后服务、提前期、交货准确率和快速响应能力等。以丰田汽车为例,汽车物流因具有技术复杂、服务专业以及高度的资本、技术和知识密集性而被称为"最精密的物流"之一。而一个好的供应商是确保供应物料的质量、价格和交货期的关键。

与其他大型公司一样,丰田汽车从全面质量管理的角度出发,在每一个零部件上注重选择数量有限的可靠供应商,甚至是单一的供应商,以便发展合作关系。其供应商选择的目标为:与供应商发展高标准的信任与合作关系,把买卖关系从对手、胜利者——失败者、契约——讨价还价的关系改变为合作的、团队型关系,使彼此能为对方考虑;与供应商建立一种能促进其不断降低成本、提高产品质量的契约关系;与供应商达成长期共识、彼此在物流流程的高度一体化下同步展开业务;与供应商之间开放沟通渠道,实现信息共享、共担风险、共享利益;使供应商参与到产品的设计和创新过程中。

丰田汽车的物流根据供应商距离的远近产生了三种物流配送模式,即台车物流、飞翼车物流、集装箱物流。以广州丰田为例,台车物流面对的是广州丰田工厂周围两公里内的供应商,使用专用容器,零部件可以直接上装配线;飞翼车物流面对的是距离广州丰田两

公里以外的所有国内厂商，如在上海和天津的供应商，这部分支撑了广州丰田的 Milk-run 系统；集装箱物流面对的则是海外供应商。

1. 台车物流

在丰田汽车的三种物流配送模式中，台车物流最能体现丰田供应链的规划性。广州丰田在进行厂区规划时，就已经将符合台车物流特点的零部件(发动机、座椅、轮胎、玻璃、油箱等)的供应商安排在工厂周边，并建立了专用台车物流通道。一般来讲，丰田汽车选择什么样的供应商进入台车物流体系，主要会从是否顺引、单品体积、重量、运输安全、技术可得性、投资必要性、供应商意愿等几个方面进行考虑。这并不是强迫的行为，只是如果设定在主机厂周边的话，物流和库存成本会节省很多。广州丰田周边的零部件主要有发动机、座椅、轮胎、油箱、油管、排气管、玻璃和一些冲压金属件。这些零部件与其说是供应商距离决定了物流模式，倒不如说是因为其零部件特性决定了物流模式。

台车物流的运输工具主要有台车和专用卡车两种。物流台车是在平托盘、柱式托盘或网箱托盘的底部装上脚轮而成，既便于机械化搬运，又宜于短距离的人力移动，如图 4-14 所示。物流台车适用于企业工序间的物流搬运，也可在工厂或物流配送中心装上货物运到商店，直接作为商品货架的一部分。专用卡车主要用来运输体积很大的零部件，如发动机、座椅和轮胎等。一般来讲，这些零部件因车辆变化其规格或颜色会发生变化，供应商根据装配车辆的先后预先排好零部件顺序，直接送到线上。其中，台车有专用的牵引车头，加挂单翼车厢，使用带车轮的专用容器，走专用通道；专用卡车走的是公路，专用容器置于车厢内。台车物流的特点是装卸快捷，无叉车作业。

图 4-14　物流台车

台车物流采用定量不定时的物流方式。所谓"定量"，是指台车或专用卡车的装车数量都是确定的，一般控制在 20～30 台之间；所谓"不定时"，是指零部件的引取时间随车辆下线的进度滚动。快捷的装卸要求是台车物流选择专用物流容器的原因，这也是它区别飞翼车物流和集装箱物流的地方。

2. 飞翼车物流

飞翼车是广州丰田用于实现 Milk-run 的重要工具。飞翼车走公路，广州丰田来自上海、天津和广州近郊的零部件都使用飞翼车物流。飞翼车使用标准规格的物流车辆，这是为了满足 Milk-run 的需求，如图 4-15 所示。广州丰田的飞翼车车厢的宽度定为 2.45 米，是托盘宽度(1.2 米)的两倍，车厢两侧向上展开，展开后像小鸟的翅膀一样，因此得名"飞翼车"。飞翼车可以在两侧进行托盘的装卸，这样装载零部件托盘和卸空箱托盘就不会发生额外的物流操作，为 Milk-run 的实现提供了前提。

图 4-15　飞翼车

飞翼车有确定的物流线路和物流时间。广州丰田每个月会计算各供应商每天出货的体积，从而提前确定下个月的物流计划。因为月度车辆生产计划已经平均到每一天，所以物流的货量在月度内基本不变，这就为确定的物流线路、物流时间和较高的记载率提供了前提。广州丰田按照供应商的分布和出货量确定物流线路，其中广州近郊全部采用 Milk-run；上海和天津地区的供应商较集中，所以在这两个地区建立中转站(Cross Dock)，通过 Milk-run 集合各分路线的货物之后，再由中转站通过干线运输统一发送至广州丰田，中转站没有零部件库存。虽然 Milk-run 和干线运输使用的都是飞翼车，但中转站并不多余，它实现了远距离的多频次物流。物流线路确定后，广州丰田再根据线路中各出入货点之间的距离确定各点物流作业时间。在广州丰田，每条物流线路都有一个对应的卸货区和装空箱区，在规定的时间点，飞翼车到卸货区或装空箱区进行装卸作业。物流线路和物流时间在月度内不发生变化，一切物流操作井然有序。

3. 集装箱物流

集装箱物流是用来运输海外零部件的。广州丰田所有的海外零部件委托日本某物流公司在日本统一集货后，定期装船发送到中国。为了实现海外零部件单品管理，广州丰田海外零部件在装船的时候不是按照成套件的方式，而是采用进度装船的模式，其原理与飞翼车物流大致相同。海外零部件物流周期长，且影响物流品质的不安全因素很多，因此，广州丰田在厂外设定了合理的库存。在零部件进入总装车间开捆以前，这些库存都是在集装箱内存放，这就大大减少了物流的操作，消除了仓库管理的作业和费用。

二、生产配送的好坏很大程度上取决于企业的管理水平

还是以丰田汽车为例，丰田汽车的很多管理理念和方法在企业界享有盛名，准时制物流(just-in-time logistics，JIT logistics)便是其中重要的一项。对于汽车制造企业来说，如何将上千种汽车零部件准确及时地配送到生产线的不同环节，同时还要实现库存最低、效率最高，这是一个很大的难题。为了解决这个难题，在 20 世纪 50 年代日本丰田汽车公司首创准时制物流管理，1972 年后被广泛应用于日本汽车和电子工业，这也成为"二战"后日

本企业迅速崛起的重要原因。近几十年来，世界上许多著名跨国公司纷纷应用 JIT 管理，取得了很高的经济效益，如日本丰田汽车公司、美国福特汽车公司、IBM 公司都曾成功地实施了 JIT 管理。因此，专家们认为，成功应用 JIT 管理是世界一流制造企业的标志之一。JIT 物流是精益思想的表现，其目的在于原材料、在制品及产成品保持最小库存的情况下，能保持连续、高节奏的大批量生产。零件从上一道工序准时到达下一道工序，并被下一道工序迅速加工和转移。因此，JIT 物流的实施同传统的生产物资管理比较，它完善了企业管理，大大地提高了企业物料配送的精准度，减少了不必要的浪费，为企业节省了大量的成本，从而产生巨大的经济效益和社会效益。

三、销售配送的好坏很大程度上取决于对市场需求的把握

配送需求计划(Distribution Requirement Planning，DRP)是流通领域中的一种物流技术，是 MRP 在流通领域应用的直接结果。它主要解决分销物资的供应计划和调度问题，达到既保证有效地满足市场需要又使得配置费用最省的目的。

DRP 在两类企业中可以得到应用。一类是流通企业，如储运公司、配送中心、物流中心、流通中心等。这些企业的基本特征是，不一定有销售业务，但一定有储存和运输的业务。它们的目标是在满足用户需要的原则下，追求有效利用资源(如车辆等)，达到总费用最省。另一类是一部分较大型的生产企业，它们有自己的销售网络和储运设施。这样的企业既有生产能力，又有流通能力，产品全部或一部分由自己销售，同时，企业中有流通部门承担分销业务，具体组织储、运、销活动。

这两类企业的共同之处是：①以满足社会需求为自己的宗旨；②依靠一定的物流能力(储运、包装、装卸搬运能力等)来满足社会的需求；③从制造企业或物资资源市场组织物资资源。

DRP 的原理如图 4-16 所示，输入三个文件，输出两个计划。

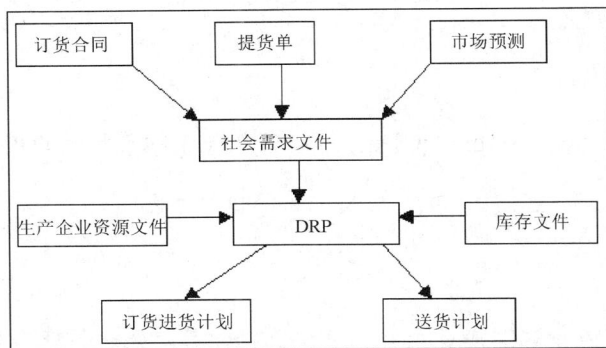

图 4-16 DRP 原理图

输入的三个文件如下。

(1) 社会需求文件，包括所有用户的订货单、提货单和供货合同，以及下属子公司、企业的订货单，此外还要进行市场预测，确定一部分需求量。所有需求要按品种和需求时间进行统计，整理成社会需求文件。

(2) 库存文件。对自有库存物资进行统计列表，以便针对社会需求量确定必要的进

货量。

(3) 生产企业资源文件，包括可供应的物资品种和生产企业的地理位置等，其中地理位置和订货提前期有关。

输出的两个计划如下。

(1) 送货计划。为了保证按时送达，对用户的送货计划要考虑作业时间和路程远近，提前一定的时间开始作业。对于大批量需求可实行直送，而对于数量众多的小批量需求可以进行配送。

(2) 订货进货计划，是指从生产企业订货进货的计划。对于需求物资，如果仓库内无货或者库存不足，则需要向生产企业订货。当然，也要考虑一定的订货提前期。

DRP 在逻辑上是 MRP 的扩展，DRP 和 MRP 虽然都是需求管理的一部分，但是这两种技术之间存在着一个根本性的问题。MRP 是由企业制定和控制的生产计划所决定的，而 DRP 则是由顾客需求引导的，企业无法控制。DRP 的原理就是试图将制造资源计划(MRP)原理应用于输出物流，其前提是产品配送能预先计划和组织。因此，产品市场调查和预测的可靠性是编制和实施 DRP 的基础。

DRP 主要解决产成品的供应、调度与配送的问题，基本目标就是合理地进行物资配送和资源配置，在保证有效地满足市场需要的基础上，使得配置费用最省。

☕ 轻松一刻

Milk Run(循环收货模式)来自于牛奶公司每天清晨挨家挨户在牧场收购牛奶的启发，是汇集式的运输操作，是"多对一"的供应模式，通过对运输的集成产生效益。国内最早是汽车制造业(东风、上海通用)将其作为一种物料集货模式来使用，这种模式不是由供应商自己将配件运送到客户工厂那里，而是由签订合同的物流公司根据客户工厂的物料需求计划，按最优的集货运输方案到供应商处取货，再集中送到客户工厂。这样可以提高车辆装载率，使返回空车的数量和行驶距离大大减少，能有效地降低供应商的送货成本，提高物料供应的敏捷性和柔韧性。

🖥 视频资源

登录 http://pan.baidu.com/s/1mg0qQHq，可以下载关于物流配送的视频。

✳ 课程链接

希望深入学习配送及配送管理等内容，可以选择学习"配送管理实务"等相关课程。

希望深入学习配送中心的选址定位和作业管理等内容，可以选择学习"配送中心运营管理"等相关课程。

🤔 思考题

1. 为什么配送被称为物流的"毛细血管"？

2. 送货和配送有哪些区别？

3. 某仓库某次需运输水泥和玻璃两种货物，水泥质量体积为 $0.9m^3/t$，玻璃是 $1.6m^3/t$，计划使用的车辆的载重量为 11t，车厢容积为 $15m^3$。试问：如何装载可使车辆的载重能力和车厢容积得到充分利用？

4. 思考以下两种配送形式有何不同。

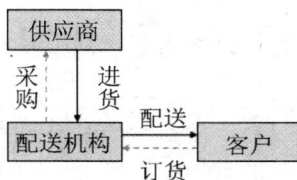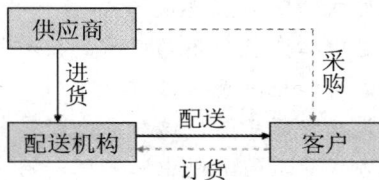

图A   图B

5. 比较一下快递、零售、制造业的配送有哪些异同。

案例讨论题

沃尔玛"笑傲江湖"的利器——高效的配送中心

沃尔玛公司于 1962 年建立第一个连锁商店。随着连锁商店数量的增加和销售额的增加，物流配送逐渐成为公司发展的"瓶颈"。于是，1970 年，沃尔玛在总部所在地建立起第一个配送中心，集中处理公司所销售商品，比例高达 40%。随着公司的不断壮大，配送中心的数量也不断增加。现在已建立 62 个配送中心，为全球 4000 多家连锁店提供配送服务，整个公司销售商品的 85% 由这些中心供应，而其最大几个竞争者只有 50%～65% 的商品集中配送。

沃尔玛所有的系统都是基于 UNIX 系统的一个配送系统，并采用传送带、非常大的开放式平台、产品代码，以及自动补货系统和激光识别系统，所有这些加在一起为沃尔玛节省了相当多的成本。其配送中心的基本流程是：供应商将商品送到配送中心后，经过核对采购计划、进行商品检验等，然后分别送到货架的不同位置存放。各个商店提出要货计划后，计算机系统将所需商品的存放位置查出，并打印有商店代码的标签，整包装的商品直接由货架上送往传送带。零散的商品由工作人员取出后也送到传送带。一般情况下，商品要货的当天就可以将商品发出。由于沃尔玛的商店众多，每个商店的需求各不相同，沃尔玛的配送中心能够自动把产品根据商店的需要，自动分类放入不同的箱子当中。沃尔玛每星期可以处理的产品是 120 万箱，在配送中心内，货物在传送带上传送时，激光扫描货箱上的条形码，全速运行时，只见纸箱、木箱在传送带上飞驰，红色的激光四处闪射，将货物送到正确的卡车上，传送带每天能处理 20 万箱货物，配送的准确率超过 99%。

从配送中心的设计上看，沃尔玛的每个配送中心都非常大，平均占地面积大约有 11 万平方米，相当于 23 个足球场。配送中心一般不设在城市里，而是在郊区，这样有利于降低用地成本。沃尔玛的配送中心虽然面积很大，但它只有一层，之所以这样设计，主要是考虑到货物流通的顺畅性。沃尔玛配送中心的一端是装货月台，可供 30 辆卡车同时装货，另一端是卸货月台，可同时停放 135 辆大卡车。为了满足美国国内 3000 多个连锁店的配送需要，沃尔玛公司在国内共有近 3 万个大型集装箱挂车、5500 辆大型货运卡车，且 24 小时昼夜不停地工作，每年的运输总量达到 77.5 亿箱，总行程 6.5 亿公里。

沃尔玛公司共有六种形式的配送中心。

(1) "干货"配送中心，主要用于生鲜食品以外的日用品进货、分装、储存和配送，该公司目前这种形式的中心数量最多。

(2) 食品配送中心，包括不易变质的饮料等食品，以及易变质的生鲜食品等，需要专门的冷藏仓储和运输设施，直接送货到店。

(3) 山姆会员店配送中心，这种业态批零兼营，有三分之一的会员是小零售商店，配送商品的内容和方式同其他配送中心不同，有时使用第三方物流服务。由于第三方物流的费用较自己高，目前逐步建立自己的山姆会员店配送固定模式。

(4) 服装配送中心，不直接配送到店，而是根据各店需要与其他配送中心联合配送。

(5) 进口商品配送中心，同上。

(6) 退货配送中心，接收店铺因各种原因退回的商品，其中一部分退回供应商，一部分送往折扣店，一部分就地处理。其收益主要来自出售包装箱的收入和供应商支付的手续费。

沃尔玛公司的总部虽然只是一座普通的平房，但与其相连的计算机控制中心却是一座外貌如同体育馆的庞然大物，规模仅次于美国五角大楼，超过了美国联邦航天局。全球 4000 多个店铺的销售、订货、库存情况随时可以调出查询。沃尔玛公司同休斯公司合作，发射了专用卫星，用于全球店铺的信息传递与车辆的定位与联络。如今，沃尔玛公司专门建立了计算机管理系统、卫星定位系统和电视调度系统，拥有世界第一流的通信和信息技术。沃尔玛公司 5500 辆运输卡车全部装上 GPS 定位系统，每辆车在什么位置、转载什么货、目的地是哪里，公司一目了然。利用这些技术，公司可以合理安排运量，最大限度地发挥运输潜力，避免浪费，降低成本，提高效率。沃尔玛公司前总裁大卫·格拉斯总结道："配送设施是沃尔玛成功的关键之一，如果我们有什么比别人干得好的话，那就是配送中心。"

灵活高效的物流配送系统是沃尔玛达到最大销售量和低成本存货周转的核心。沃尔玛配送中心是设立在 100 多家零售卖场中央位置的物流基地，同时可以满足 100 多个销售网点的需求，以此缩短配送时间，降低送货成本。同时，沃尔玛首创交叉配送的独特作业方式，进货与出货几乎同步，没有入库、储存、分拣环节，由此加速货物流通。在竞争对手每 5 天配送一次商品的情况下，沃尔玛每天送货一次，大大地减少中间过程，降低了管理成本。数据表明，沃尔玛的配送成本仅占销售额的 2%，而一般企业这个比例高达 10%。

这种灵活高效的物流配送方式使沃尔玛在竞争激烈的零售业中技高一筹、独领风骚。

讨论：

1. 沃尔玛的配送中心有哪些特点？我国企业能借鉴到什么经验？

2. 配送在沃尔玛的成功当中起到什么作用？

(资料来源：http://wenku.baidu.com/view/5fa3a91e650e52ea551898e6.html)

实训题

练习通过摘果式和播种式拣选法进行分拣作业，具体过程如下。

1. 购买若干种类和数量的水果，然后将每种水果分别放置在不同的纸箱中，下面模拟几份"客户"的订单。例如：

	苹果	橙子	香蕉	梨	西瓜	…
客户 A	4 个		7 个	2 个	3 个	…
客户 B		5 个	2 个	4 个		…
客户 C	6 个	4 个	3 个		1 个	…
…	…	…	…	…	…	…

接下来，每个同学依次按照"客户"的订单要求，用摘果式拣选法完成"货物"的分拣工作，看谁能在最短的时间里准确无误地完成任务。最后，全体同学在一起分享这些胜利果实——一顿丰盛的水果大餐。

2. 购买若干种类和数量的杂粮，然后将每种杂粮分别放置在不同的碗中，下面模拟几份"客户"的订单。例如：

	红豆	薏米	黑豆	黄豆	绿豆	…
客户 A	50 粒	25 粒	20 粒	15 粒	40 粒	…
客户 B	60 粒	20 粒	25 粒	20 粒	20 粒	…
客户 C	40 粒	30 粒	30 粒	10 粒	30 粒	…
…	…	…	…	…	…	…

接下来，每个同学依次按照"客户"的订单要求，用播种式拣选法完成"货物"的分拣工作，看谁能在最短的时间里准确无误地完成任务。最后，全体同学在一起分享这些胜利果实——一顿营养丰富的杂粮粥。

第五单元　流通加工

——物流向制造领域扩张

　　你知道什么是流通加工吗？流通加工在生活中有哪些应用呢？你留意过超市中各类商品的独立包装吗？超市货柜里哪些是经过流通加工的商品呢？商品如果需要大包装改小包装、大材料改小材料运输，你会使用哪些流通加工技术呢？

　　通过对本单元的学习，你会掌握各种不同商品的流通加工作业方法，如生鲜食品的流通加工、机械产品及零配件的流通加工、水泥熟料输送至使用地磨制水泥、集中搅拌供应商品混凝土、钢板剪板及下料加工、木材的流通加工等。根据流通加工的特点，分析流通加工在经营中的具体作用，选择合适的流通加工类型，从而为进一步学习涉及流通加工的相关课程打下良好的基础。

专题一：流通加工的诞生

——生产与物流的一体化产物

　　物流的储存、运输、装卸、包装等功能，并不改变物流的对象，但是为了提高物流速度和物资利用率，在商品进入流通领域后，还需按用户的要求进行一定的加工活动。即在物品从生产者向消费者流动的过程中，为了促进销售，维护产品质量，实现物流的高效率所采取的使物品发生物理和化学变化的功能，这就是流通加工。

　　流通和加工本来不属于同一个范畴，流通是保持物资的原有形式和性质，仅仅改变物品的空间状态、时间状态和所有权性质，属于商业行为；而加工是通过改变物品的形态或性质来创造产品的价值和使用价值，使原材料成为产品，属于生产活动和工业行为。随着物流的快速发展，流通加工已成为现代物流系统中的重要组成部分，在现代物流系统中，其主要担负的任务是提高物流系统对于用户的服务水平。此外，流通加工对于物流系统而言，还是提高物流效率和使物流活动增值的重要手段。

　　目前，在世界许多国家和地区的物流中心或仓库经营中，都大量存在流通加工业务，在日本、美国等物流发达国家则更为普遍。现代物流实用词典指出，流通加工是指物品在从生产地到使用地的过程中，根据需要施加包装、分割、计量、分拣、刷标志、贴标签、组装等简单作业的总称。而根据《中华人民共和国国家标准物流术语》(GB/T 18354—2001)，流通加工是为了提高物流速度和物品利用率，在物品进入流通领域后，按客户的要求进行的加工活动，即在物品从生产者向消费者流动的过程中，为了促进销售、维护商品质量和提高物流效率，对物品进行一定程度的加工。

　　流通加工是为了弥补生产加工的不足，更有效地满足客户的需求，将一部分加工放在物流过程中完成，是生产活动在物流领域的延伸，是物流职能的补充。流通加工与生产加工相比较，在加工方法、加工组织、生产管理方面并无明显差异，但在加工对象、加工程度等方面差异较大，具体体现在以下几方面，如表5-1所示。

表5-1 流通加工和生产加工的区别

比较项目	流通加工	生产加工
加工对象	商品(最终产品)	原材料、零配件、半成品
加工程度	辅助与补充、简单加工	主加工、复杂加工
价值观点	完善使用价值，提高价值	创造价值及使用价值
加工责任人(企业)	商业或物资流通企业	生产企业
加工目的	为流通创造条件	为交换、为消费而生产

1. 加工对象

流通加工的对象是商品；而生产加工的对象不是最终产品，而是原材料、零配件或半成品。

2. 加工程度

流通加工大多是简单加工，而不是复杂加工，一般来讲，如果必须进行复杂加工才能形成人们所需的商品，那么这种复杂加工应该专设生产加工过程。生产过程理应完成大部分加工活动，流通加工则是对生产加工的一种辅助及补充。需要指出的是，流通加工不是对生产加工的取消或代替。

3. 价值观点

生产加工的目的在于创造价值及使用价值；而流通加工的目的则在于完善其使用价值，并在不做大的改变的情况下提高价值。

4. 加工责任人

流通加工的组织者是从事流通工作的人员，能密切结合流通的需要进行加工活动。从加工单位来看，流通加工由商业或物资流通企业完成，而生产加工则由生产企业完成。

5. 加工目的

商品生产是为交换、消费而进行的生产，而流通加工的一个重要目的是为了消费(或再生产)所进行的加工，这一点与商品生产有共同之处。但是流通加工有时候也是以自身流通为目的，纯粹是为流通创造条件，这种为流通所进行的加工与直接为消费所进行的加工在目的上是有所区别的，这也是流通加工不同于一般生产加工的特殊之处。

专题二：流通加工的作用

——流通加工有哪些好处

流通加工是一种低投入、高产出的加工方式，往往以简单加工解决大问题。实践中，有的流通加工通过改变商品包装，使商品档次升级而充分实现其价值；有的流通加工可将产品利用率大幅提高 20%～50%，甚至更多。实践证明，流通加工提供的利润并不亚于从运输和保管中挖掘的利润，因此流通加工是物流业的重要利润来源。流通加工的好处是多方面的，具体体现在以下几方面。

1. 提高原材料利用率

通过流通加工进行集中下料，将生产厂商直接运来的简单规格产品，按用户的要求进行下料。例如，将钢板进行剪板、切裁；将木材加工成各种长度及大小的板、方等。集中下料可以优材优用、小材大用、合理套裁，明显地提高原材料的利用率。例如，通过对平板玻璃进行流通加工(集中裁制、开片供应)，玻璃的利用率可以从60%左右提高到85%～95%。

2. 初级加工方便用户

流通加工不但方便了用户购买和使用，还降低了用户成本。用量小或临时需要的用户，缺乏进行高效率初级加工的能力，依靠流通加工可使用户省去进行初级加工的投资、设备及人力，从而搞活供应，方便了用户。目前发展较快的初级加工有：将水泥加工成生混凝土，将原木或板方材加工成门窗，冷拉钢筋及冲制异型零件，钢板预处理、整形、打孔等加工。

3. 提高加工效率及设备利用率

在分散加工的情况下，加工设备由于生产周期和生产节奏的限制，设备利用时松时紧，使得加工过程不均衡，设备加工能力不能得到充分发挥。而流通加工面向全社会，加工数量大、范围广、任务多。由于建立集中加工点，可以采用一些效率高、技术先进、加工量大的专门机具和设备，这样做的好处是提高了加工质量和设备利用率，并且通过提高加工效率，降低了加工费用及原材料成本。例如，一般企业对钢板下料时，采用气割的方法留出较大的加工余量，不但出材率低而且由于热加工容易改变钢的组织，加工质量也不好，集中加工后，可设置高效率的剪切设备，防止出现上述缺点。

4. 充分发挥各种输送手段的最高效率

流通加工环节将实物的流通分成两个阶段：从生产企业到流通加工；从流通加工到消费环节。一般来说由于流通加工环节设置在消费地，因此，从生产企业到流通加工这一阶段输送距离长，而从流通加工到消费环节的第二阶段输送距离短。第一阶段是在数量有限的生产企业与流通加工点之间进行定点、直达、大批量的远距离输送，因此可以采用船舶、火车等大批量的运输手段；第二阶段则是利用汽车和其他小型车辆来运送经过流通加工后的多规格、小批量、多用户的产品。这样可以充分发挥各种运输手段的最高利用效率，加快输送速度，节省运力运费。

5. 改变功能，提高收益

在流通过程中，进行一些改变产品某些功能的简单加工，其目的除上述几点外，还在于提高产品销售的经济效益。例如，玩具、时装、工艺美术品等产品在进行简单的装潢加工后，改变了产品的外观功能，仅此一项就可使产品售价提高20%以上。

所以，在物流领域中，流通加工可以称为高附加价值的活动。这种高附加价值的形成，主要着眼于满足用户的个性化需要、提高服务功能而取得的，是贯彻物流战略思想的表现，是一种低投入、高产出的加工形式。

● 轻松一刻

阿迪达斯公司在美国有一家超级市场，设立了组合式鞋店，摆放着不是做好了的鞋，而是做鞋用的半成品，款式花色多样，有 6 种鞋跟、8 种鞋底，均为塑料制造的，鞋面的颜色以黑、白为主，搭配的颜色有 80 种，款式有百余种，顾客进来可以任意挑选自己所喜欢的各个部位，交给职员当场进行组合。只要 10 分钟，一双崭新的鞋便做出来了，这家鞋店昼夜营业，职员技术熟练，鞋子的售价与成批制造的价格差不多，有的还稍便宜一些。所以顾客络绎不绝，销售额比邻近的鞋店多 10 倍。

专题三：流通加工的类型
——多样化的改制加工

根据不同的目的，流通加工具有不同的类型。

1. 为满足需求多样化进行的服务性加工

生产部门为了实现高效率、大批量的生产，其产品往往不能完全满足用户的要求。这样，为了满足用户对产品多样化的需要，同时又要保证高效率的大生产，可将生产出来的单一化、标准化的产品进行多样化的改制加工。例如，对钢材卷板的舒展、剪切加工；平板玻璃按需要规格的开片加工；木材改制成枕木、板材、方材等加工。

2. 为提高物流效率，方便物流的加工

有些商品本身的形态使之难以进行物流操作，而且商品在运输、装卸搬运的过程中极易受损，因此需要进行适当的流通加工加以弥补，从而使物流各环节易于操作，提高物流效率，降低物流损失。

例如，造纸用的木材磨成木屑的流通加工，可以极大地提高运输工具的装载效率；自行车在消费地区的装配加工，可以提高运输效率、降低损失；石油气的液化加工，使很难输送的气态物转变为容易输送的液态物，也可以提高物流效率。

3. 为保护产品所进行的加工

在物流过程中，为了保护商品的使用价值，延长商品在生产和使用期间的寿命，防止商品在运输、储存、装卸搬运、包装等过程中遭受损失，可以采取稳固、改装、保鲜、冷冻、涂油等方式。例如，水产品、肉类、蛋类的冷冻加工、防腐加工等；丝、麻、棉织品的防虫、防霉加工等；还有为防止金属材料的锈蚀而进行的喷漆、涂防锈油等措施，运用手工、机械或化学方法除锈；木材的防腐朽、防干裂加工；煤炭的防高温自燃加工；水泥的防潮、防湿加工等。

在我国的公路运输中，易腐保鲜食品的冷藏运输只占运输总量的 20%，其余 80% 左右的水果、蔬菜、禽肉、水产品用普通卡车运输。由于公路冷藏效率低，食品损耗高，整个物流费用占到食品成本 70%，而按国家标准，食品物流成本最高不能超过食品总成本的

50%。我国果蔬的损耗率为 25%～30%，年损失价值近 800 亿元人民币；而欧美日等发达国家的肉蛋禽、乳制品、饮料等食品冷藏运输率达到 100%，蔬菜冷藏运输率达到 95%，果蔬产后损耗率在 5%以下，如图 5-1 所示。

图 5-1　蔬菜流通加工

4. 为弥补生产领域加工不足的深加工

由于受到各种因素的限制，许多产品在生产领域的加工只能到一定程度，而不能完全实现终极加工。例如，木材如果在产地完成成材加工或制成木制品，就会给运输带来极大的困难，所以在生产领域，只能加工到圆木、板材、方材这个程度，进一步的下料、切裁、处理等加工则由流通加工完成。

5. 为促进销售的流通加工

流通加工也可以起到促进销售的作用。例如，将过大包装或散装物分装成适合依次销售的小包装的分装加工；将以保护商品为主的运输包装改换成以促进销售为主的销售包装，以起到吸引消费者、促进销售的作用；将蔬菜、肉类洗净切块，以满足消费者要求等，如图 5-2 所示。

图 5-2　肉类切块加工

6. 为提高加工效率的流通加工

许多生产企业的初级加工数量有限，加工效率不高，也难以投入先进的科学技术，而流通加工以集中加工的形式，解决了单个企业加工效率不高的弊病。以一家流通加工企业的集中加工，代替了若干家生产企业的初级加工，促使生产水平有了一定的提高。例如，稻谷去壳、加工面粉等。

7. 为衔接不同的运输方式，使物流合理化的流通加工

在干线运输和支线运输的节点设置流通加工环节，可以有效解决大批量、低成本、长距离的干线运输与多品种、少批量、多批次的末端运输和集货运输之间的衔接问题。在流通加工点与大生产企业间形成大批量、定点运输的渠道，以流通加工中心为核心，组织对多个用户的配送，也可以在流通加工点将运输包装转换为销售包装，从而有效衔接不同目的的运输方式。例如，散装水泥中转仓库把散装水泥装袋、将大规模散装水泥转化为小规模散装水泥的流通加工，就衔接了水泥厂大批量运输和工地小批量装运的需要。

8. 为实施配送进行的流通加工

这种流通加工形式是配送中心为了实现配送活动，满足客户的需要而对物资进行的加工。例如，混凝土搅拌车可以根据客户的要求，把沙子、水泥、石子、水等各种不同材料，按比例要求装入可旋转的罐中，在配送路途中，汽车边行驶边搅拌，到达施工现场后，混凝土已经均匀搅拌好，可以直接投入使用。

专题四：流通加工方法与技术
——如何进行流通加工

流通加工技术主要是指对各种流通加工对象所采用的各种工艺流程设计和处理方式，下面结合近年来流通加工技术的新进展，分别从食品和工业品两方面，对常见的流通加工方法与技术进行介绍。

一、食品的流通加工技术

食品的流通加工类型种类很多。只要留意超市里的货柜就可以看出，那里摆放的各类洗净的蔬菜、水果、肉末、鸡翅、香肠、咸菜等都是流通加工的结果。这些商品的分类、清洗、贴商标和条形码、包装、装袋等是在摆进货柜之前就已进行了加工作业，这些流通加工都不是在产地，已经脱离了生产领域，进入了流通领域。食品流通加工的具体技术主要有以下几种。

1. 冷冻加工

冷冻加工是指为了保鲜而进行的流通加工，为了解决鲜肉、鲜鱼在流通中保鲜及装卸搬运的问题，采取低温冻结方式的加工。这种方式也用于某些液体商品、药品等。

2. 分选加工

分选加工是指为了提高物流效率而进行的对蔬菜和水果的加工，如去除多余的根叶等，农副产品规格、质量离散情况较大，为获得一定规格的产品，采取人工或机械分选加工的

方式。这种方式广泛用于果类、瓜类、谷物、棉毛原料等。

3. 精制加工

农、牧、副、渔等产品的精制加工是在产地或销售地设置加工点，去除无用部分，甚至可以进行切分、洗净、分装等加工，可以分类销售。这种加工不但大大方便了购买者，而且还可以对加工过程中的淘汰物进行综合利用。例如，鱼类的精制加工所剔除的内脏可以制成某些药物或用作饲料，鱼鳞可以制高级黏合剂，头尾可以制鱼粉等；蔬菜的加工剩余物可以制饲料、肥料等。

4. 浓缩加工

牛奶的消费者是千家万户，牛奶的运输和配送十分复杂，为了提高效率，一般做法是把各个养牛牧场的牛奶集中到牛奶厂，在那里进行检疫、减菌和均质化，装袋后配送给各商店或家庭。冬季和夏季对牛奶的需求有一定差别，可是牛奶的产量一年四季基本不变，所以，可将牛奶做成奶粉和奶酪、奶油保存。此外，为了减少运费，牛奶也可进行浓缩加工(可将牛奶体积浓缩 1/3)，这也是一种很有成效的加工方法。

5. 分装加工

许多生鲜食品零售起点较小，而为了保证高效输送出厂，包装一般比较大，也有一些是采用集装运输方式运达销售地区。这样为了便于销售，在销售地区按所要求的零售起点进行新的包装，即大包装改小包装、散装改小包装、运输包装改销售包装，以满足消费者对不同包装规格的需求，从而达到促销的目的。

二、工业品的流通加工技术

1. 钢板的流通加工

汽车、冰箱、冰柜、洗衣机等生产制造企业，每天需要大量的钢板，除了大型汽车制造企业以外，一般规模的生产企业如果自己单独剪切，难以解决因用料高峰和低谷的差异而引起的设备忙闲不均和人员浪费问题。如果委托专业钢板剪切加工企业，可以解决上述矛盾。专业钢板剪切加工企业能够利用专业剪切设备，按照用户设计的规格尺寸和形状进行套裁加工，精度高、速度快、废料少、成本低。专业钢板剪切加工企业在国外数量很多，大部分由流通企业经营。这种流通加工企业不仅提供剪切加工服务，还出售加工原材料和加工后的成品以及配送服务。

2. 木材的流通加工

木材流通加工可依据木材种类、地点等，决定加工方式。在木材产区可对原木进行流通加工，使之成为容易装载、易于运输的形状。木材的流通加工一般有两种情况。

(1) 磨制木屑、压缩输送。树木在生长地被伐倒后，消费不在当地，不可能连枝带杈地运输到外地，先在原处去掉树杈和树枝，将原木运走，剩下来的树杈、树枝、碎木、碎屑掺入其他材料，在当地木材加工厂进行流通加工，做成复合木板；也可以将树木在产地磨成木屑，采取压缩方法加大容重后，运往外地造纸厂造纸。木材是容重轻的物资，在运输时占相当大的容积，往往使车船满装但不能满载；同时，装车、捆扎也比较困难。从林区外送的原木中有相当一部分用于造纸，木屑可以制成便于运输的形状，以供进一步加工，这样可以提高原木利用率、出材率，也可以提高运输效率，具有相当客观的经济效益。例如，美国采取在林木生产地就地将原木磨成木屑，然后压缩使之成为容重较大、容易装运的形状，而后运至靠近消费地的造纸厂，取得了较好的效果。根据美国的经验，采取这种办法比直接运送原木节约一半的运费。

(2) 集中开木下料。在流通加工点将原木锯截成各种规格锯材，同时将碎木、碎屑集中加工成各种规格板，甚至还可进行打眼、凿孔等初级加工。过去用户直接使用原木，不但加工复杂、加工场地大、加工设备多，更严重的是资源浪费严重，木材平均利用率不到50%，平均出材率不到40%。

在消费地建木材加工厂，将原木加工成板材，或按用户需要加工成各种形状的材料，供给家具厂、木器厂。对木材进行集中流通加工、综合利用，实行集中下料，按用户要求供应规格料，可以使原木的利用率提高到95%，出材率提高到72%左右，有相当好的经济效果。

3. 煤炭的流通加工

煤炭流通加工有多种形式：除矸加工、煤浆加工、配煤加工等。

(1) 除矸加工。它是以提高煤炭纯度为目的的加工形式。一般煤炭中混入的矸石有一定发热量，混入一些矸石是允许的，也是较经济的。但有时不允许煤炭中混入矸石，在运力十分紧张的地区要求充分利用运力、降低成本，多运煤炭、少运矸石。在这种情况下，可以采用除矸的流通加工方法，排除矸石。除矸加工，可提高煤炭运输效益和经济效益，减少运输能力浪费。

(2) 煤浆加工。用运输工具载运煤炭，运输中损失浪费比较大，又容易发生火灾。将煤炭制成煤浆，采用管道输送，是一种新兴的加工技术。在流通的起始环节将煤炭磨成细粉，本身便有了一定的流动性，再用水调和成浆状，则具备了流动性，可以像其他液体一样进行管道输送。用管道运输方式运输煤浆，可以减少煤炭消耗、提高煤炭利用率。而且这种方式不和现有的运输系统争夺运力，输送连续、稳定、快速，是一种经济的运输方法。

(3) 配煤加工。在使用地区设置集中加工点，将各种煤及一些其他的发热物质，按不同配方进行掺配加工，生产出各种不同发热量的燃料，称为配煤加工。配煤加工可以按需要发热量生产和供应燃料，防止热能浪费和"大材小用"，也防止发热量过小，不能满足使用要求。工业用煤经过配煤加工，还可以起到便于计量控制、稳定生产过程的作用，具有很好的经济和技术价值。

4. 水泥的流通加工

在需要长途调入水泥的地区，如果需求数量大且相对稳定，则不需直接调入大量的成品水泥，而是将块状或颗粒状的半成品熟料运进，在需求地的流通加工点进行细磨，并根据客户的使用要求和当地的资源状况掺入适当的混合材料或添加剂，制成不同品种及标号的水泥。这样可以节省运力、降低运费，大大降低水泥流通过程中的损耗，以较低的成本实现大批量、高效率输送。

5. 混凝土的流通加工

改变以粉状水泥供给用户，由用户在建筑工地现场拌制混凝土的习惯方法，改为将粉状水泥输送到使用地区的流通加工点，在这里将水泥、沙石、水以及添加剂，按比例进行初步搅拌，然后装进水泥搅拌车，事先计算好时间，卡车一边行走一边搅拌，到达工地后，搅拌均匀的混凝土直接进行浇注。这种流通加工方式，可以降低单位混凝土产量所需的设备投资、管理费用、人力及电力消耗，并提高混凝土物流的合理化程度，优于直接供应或购买水泥在工地现场搅拌制作混凝土的传统做法。

6. 平板玻璃的流通加工

平板玻璃的运输货损率较高，玻璃运输的难度比较大。平板玻璃的"集中套裁、开片供应"是重要的流通加工方式。玻璃套裁中心负责按用户提供的图纸统一套裁开片，向用户提供成品，形成从工厂到套裁中心稳定的、高效的、大规模的平板玻璃"干线运输"以及从套裁中心到用户的小批量、多户头的"二次运输"的现代物流模式。采用这种流通加工技术的好处如下。

(1) 提高玻璃的利用率。在消费比较集中的地区建玻璃流通加工中心，按照用户的需要对平板玻璃进行套裁和开片，可使玻璃的利用率从 62%～65%提高到 90%以上，大大降低了玻璃的破损率，增加了玻璃的附加价值。

(2) 促进平板玻璃包装方式改革。从工厂向套裁中心运输平板玻璃，如果形成固定渠道，便可以大规模集装，这样节约了大量包装用木材，同时防止了流通中的大量破损。

(3) 提高生产率，简化工序。套裁中心按需要裁制，有利于玻璃生产厂简化规格，以及单品种大批量生产。这不但能提高工厂生产率，而且简化了工厂切裁、包装等工序，使工厂集中力量解决生产问题。

(4) 集中处理少量废玻璃。此外，现场切裁玻璃劳动强度大、废料也难于处理，搞集中套裁，可以广泛采用专用设备进行裁制，废玻璃相对数量少，并且易于集中处理。

7. 机电产品的流通加工

多年以来，机电产品的储运困难较大，主要原因是不易进行包装，如果进行防护包装，包装成本过大，并且运输装载困难，装载效率低，流通损失严重。所以，为了解决储运问题，降低储运费用，可以采用半成品(部件)大容量包装出厂、在消费地拆箱组装的方式。组装一般由流通部门在所设置的流通加工点进行，组装之后随即进行销售，这种流通加工方式近年来已在我国广泛采用。例如，自行车和助力车整车运输、保管和包装，费用多、难度大、装载率低，但这类产品装配简单，不必进行精密调试和检测。所以，可以将同类部件装箱，批量运输和存放，在商店出售前再组装。这样做可大大地提高运载率，有效地衔接批量生产和分散消费。这是一种只改变商品状态、不改变商品功能和性质的流通加工形式。

8. 服装的流通加工

这里的服装流通加工，主要指的不是材料的套裁和批量缝制，而是在批发商的仓库或配送企业缝商标、贴价签、改换包装等简单的加工作业。近年来，因消费要求的苛刻化，退货大量增加，如从商场退回来的衣服，一般会在仓库或配送中心重新分类、整理、改换价签和包装。

专题五：流通加工合理化
——怎样才能做好流通加工

流通加工合理化(Rationalization of Distribution Processing)的含义是实现流通加工的最优配置，在满足社会需求这一前提的同时，合理组织流通加工生产，并综合考虑运输与加工、加工与配送、加工与商流的有机结合，以达到最佳的加工效益。也就是对是否设置流通加工环节、在什么地方设置、选择什么类型的加工、采用什么样的技术装备等问题，作出正确选择。这样做，不仅要避免各种不合理的流通加工形式，使流通加工有存在价值，而且要做到最优选择。

一、不合理的流通加工形式

首先我们先来了解一下有哪些不合理的流通加工形式。

1. 流通加工地点设置不合理

流通加工地点设置即布局状况，是决定整个流通加工是否有效的重要因素。一般来说，为衔接大批量生产与多样化需求的流通加工，加工地点应设置在需求地区，才能实现大批量的干线运输与多品种末端配送的物流优势。如果将流通加工地设置在生产地区，一方面为了满足用户多样化的需求，会出现多品种、小批量的产品由产地向需求地的长距离运输；另一方面由于在生产地增加了一个加工环节，也会增加近距离运输、保管、装卸等一系列物流活动。所以，在这种情况下，不如由原生产单位完成这种加工，而无须设置专门的流通加工环节。

即使是在生产地区设置流通加工的选择是正确的，还有流通加工在小地域范围内的正确选址问题。如果处理不善，仍然会出现不合理。这种不合理主要表现在：流通加工与生产企业或用户之间距离较远，交通不便；流通加工点的投资过高，如受选址的地价影响；加工点周围的社会、环境条件不好等。

2. 流通加工方式选择不当

流通加工方式包括流通加工对象、流通加工工艺、流通加工技术和流通加工程度等。流通加工方式的确定，实际上是与生产加工的合理分工。分工不合理，把本来应由生产加工完成的作业，错误地交给流通加工来完成，或者把本来应由流通加工完成的作业，错误地交给生产过程去完成，都会造成不合理。

流通加工不是对生产加工的代替，而是一种补充和完善。所以，一般来说，如果工艺复杂、技术装备要求较高，或加工可以由生产过程延续或轻易解决的，都不宜再设置流通加工，尤其不宜与生产过程争夺技术要求较高、效益较高的最终生产环节，使生产企业变成初级加工或前期加工，而由流通企业完成最终装配或最终产品的加工。如果流通加工方式选择不当，就可能会出现与生产夺利的恶果。

3. 流通加工作用不大，形成多余环节

有的流通加工过于简单，或者对生产和消费的作用都不大，甚至有时由于流通加工的盲目性，同样未能解决品种、规格、包装等问题，相反却增加了作业环节，这也是流通加工不合理的重要表现形式。

4. 流通加工成本过高，效益不好

流通加工之所以有生命力，重要的优势之一就是它有较大的投入产出比，因而能有效地起到补充、完善的作用。如果流通加工成本过高，则不能实现以较低投入实现更高使用价值的目的，势必会影响它的经济效益。除了一些必需的即使亏损也应进行的加工外，都应看成是不合理的。

二、流通加工合理化的措施

目前，人们在流通加工合理化方面已经积累了一些经验，取得了一些成果，主要体现在以下几方面措施。

1. 流通加工和配送结合

将流通加工设置在配送点中，一方面按配送的需要进行加工，另一方面加工又是配送作业流程中分货、拣货、配货的重要一环，加工后的产品直接投入到配货作业，使流通加工与货物中转巧妙地结合在一起。这是当前对流通加工做合理选择的重要形式，在煤炭、水泥等产品的流通中已经表现出较大的优势。

2. 流通加工和配套结合

配套是指对使用上有联系的用品集合成套地供应给用户使用，例如方便食品的配套。当然，配套的主体来自各个生产企业，如方便食品中的方便面，就是由其生产企业配套生产的。但是，有的配套不能由某个生产企业全部完成，如方便食品中的盘菜、酱料等，如图 5-3 所示。这样，在物流企业进行适当的流通加工，可以有效地促成配套，大大提高流通作为供需桥梁与纽带的能力。

图 5-3　方便食品中的盘菜和酱料

3. 流通加工和运输结合

流通加工能有效衔接干线运输和支线运输，促进两种运输形式的合理化。利用流通加

工，在支线运输转干线运输或干线运输转支线运输等这些必须停顿的环节，不进行一般的支转干或干转支，而是按干线或支线运输合理的要求进行适当加工，从而大大提高运输效率及运输转载水平。

4. 流通加工和商流结合

流通加工也能起到促进销售的作用，从而使商流合理化，这也是流通加工合理化的方向之一。加工和配送相结合，通过流通可以，提高了配送水平，促进了销售，使加工可以与商流合理结合。此外，通过简单地改变这些包装可以形成方便的购买量，或者通过组装加工可以解除用户使用产品前进行组装、调试的难处，都可以有效地促进商流。例如，商家免费为用户安装空调及室外机并进行调试，大大地方便了用户的使用，可以促使空调的销售进一步增长。

对于流通加工合理化的最终判断，要看其是否能实现社会和企业的两个效益，而且是否取得最优效益。流通企业更应该树立社会效益第一的观念，以实现产品生产的最终利益为原则，只有在生产流通过程中不断补充、完善为己任的前提下才有生存的价值。如果只是追求企业的局部效益，不适当地进行加工，甚至与生产企业争利，这就有违于流通加工的初衷，或者其本身已不属于流通加工的范畴。

课程链接

希望深入学习配送管理中的流通加工作业和技术等内容，可以选择学习"配送管理实务"等相关课程。

希望深入学习流通加工在配送中心经营管理中的作用、配送中心典型流通加工业务操作等内容，可以选择学习"配送中心管理与运作"等相关课程。

希望深入学习流通加工的合理化、合理下料、配送与流通加工涉及的工作岗位等内容，可以选择学习"流通加工与配送实务"等核心技能课程。

思考题

1. 如何认识流通加工在物流活动中的地位？
2. 谈谈流通加工有哪些作用。
3. 举例说明一两种流通加工技术的应用。
4. 流通加工的不合理表现有哪些？
5. 如何实现物流流通加工合理化？

案例讨论题

上海联华生鲜食品加工配送中心

联华生鲜食品加工配送中心是我国国内目前设备最先进、规模最大的生鲜食品加工配送中心，总投资 6000 万元，建筑面积 35 000 平方米，年生产能力 20 000 吨，其中肉制品 15 000 吨，生鲜盆菜、调理半成品 3000 吨，西式熟食制品 2000 吨，产品结构分为 15 大类约 1200 种生鲜食品；在生产加工的同时配送中心还从事水果、冷冻品的配送任务。连锁经营的利润源重点在物流，物流系统好坏的评判标准主要有两点：物流服务水平和物流成本。本案例(联华生鲜食品加工配送中心)就是其中在这两个方面都做得比较好的一个物流系统。本案例中的软件系统，是由上海同振信息技术有限公司开发完成的。

生鲜商品按其称重包装属性可分为：定量商品、称重商品和散装商品，按物流类型可分为：储存型、中转型、加工型和直送型；按储存运输属性可分为：常温品、低温品和冷冻品；按商品的用途可分为：原料、辅料、半成品、产成品和通常商品。生鲜商品大部分需要冷藏，所以其物流流转周期必须很短，节约成本；生鲜商品保值期很短，客户对其色泽等要求很高，所以在物流过程中需要快速流转。两个评判标准在生鲜配送中心通俗地归结起来就是"快"和"准确"。本文下面分别从几个方面来说明一下联华生鲜配送中心是如何做的。

订单管理

门店的要货订单通过联华数据通信平台，实时地传输到生鲜配送中心，在订单上制定各商品的数量和相应的到货日期。生鲜配送中心接受到门店的要货数据后，立即生成到系统中生成门店要货订单，按不同的商品物流类型进行不同的处理。

(1) 储存型的商品：系统计算当前的有效库存，比对门店的要货需求以及日均配货量和相应的供应商送货周期自动生成各储存型商品的建议补货订单，采购人员根据此订单再根据实际的情况做一些修改即可形成正式的供应商订单。

(2) 中转型商品：这种商品没有库存，直进直出，系统根据门店的需求汇总按到货日期直接生成供应商的订单。

(3) 直送型商品：根据到货日期，分配各门店直送经营的供应商，直接生成供应商直送订单，并通过 EDI 系统直接发送到供应商。

(4) 加工型商品：系统按日期汇总门店要货，根据各产成品/半成品的 BOM 表计算物料耗用，比对当前有效的库存，系统生成加工原料的建议订单，生产计划员根据实际需求做调整，发送采购部生成供应商原料订单。

各种不同的订单在生成完成/或手工创建后，通过系统中的供应商服务系统自动发送给各供应商，时间间隔在 10 分钟以内。

物流计划

在得到门店的订单并汇总后，物流计划部根据第二天的收货、配送和生产任务制订物流计划。

(1) 线路计划：根据各线路上门店的订货数量和品种，做线路的调整，保证运输效率。

(2) 批次计划：根据总量和车辆人员情况设定加工和配送的批次，实现循环使用资源，提高效率；在批次计划中，将各线路分别分配到各批次中。

(3) 生产计划：根据批次计划，制订生产计划，将量大的商品分批投料加工，设定各线路的加工顺序，保证和配送运输协调。

(4) 配货计划：根据批次计划，结合场地及物流设备的情况，做配货的安排。

储存型物流运作

商品进货时先要接受订单的品种和数量的预检，预检通过方可验货，验货时需进行不同要求的品质检验、终端系统检验商品条码和记录数量。在商品进货数量上，定量的商品的进货数量不允许大于订单的数量，不定量的商品要提供一个允许超值的范围。对于需要重量计量的进货，系统和电子秤系统连接，自动去皮取值。

捡货采用播种方式，根据汇总取货，汇总单标识从各个仓位取货的数量，取货数量为本批配货的总量，取货完成后系统预扣库存，被取商品从仓库仓间拉到待发区。在待发区配货分配人员根据各路线各门店配货数量对各门店进行播种配货，并检查总量是否正确，如不正确要校核，如果商品的数量不足或其他原因造成门店的实配量小于应配量，配货人员通过手持终端调整实发数量，配货检验无误后使用手持终端确认配货数据。

在配货时，冷藏和常温商品被分置在不同的待发区。

中转型物流运作

供应商送货同储存型物流先预检，预检通过后方可进行验货配货；供应商把中转商品卸货到中转配货区，中转商品配货员使用中转配货系统按商品再路线再门店的顺序分配商品，数量根据系统配货指令的指定执行，贴物流标签。将配完的商品采用播种的方式放到指定的路线门店位置上，配货完成统计单个商品的总数量/总重量，根据配货的总数量生成进货单。

中转商品以发定进，没有库存，多余的部分由供应商带回，如果不足在门店间进行调剂。

三种不同类型的中转商品的物流处理方式如下。

1. 不定量需称重的商品。

设定包装物皮重。

由供应商将单件商品上秤，配货人员负责系统分配及其他控制性的操作。

电子秤称重，每箱商品上贴物流标签。

2. 定量的大件商品

设定门店配货的总件数，汇总打印一张标签，贴于其中一件商品上。

3. 定量的小件商品(通常需要冷藏)

在供应商送货之前先进行虚拟配货，将标签贴于周转箱上。

供应商送货时，取自己的周转箱，按箱标签上的数量装入相应的商品。

如果发生缺货，将未配到的门店(标签)作废。

加工型物流运作

生鲜的加工按原料和成品的对应关系可分为两种类型：组合和分割，两种类型在 BOM 设置和原料计算以及成本核算方面都存在很大的差异。在 BOM 中每个产品设定一个加工车间，只属于唯一的车间，在产品上区分最终产品、半成品和配送产品，商品的包装分为定量和不定量的加工，对于称重的产品/半成品需要设定加工产品的换算率(单位产品的标准重量)，原料的类型区分为最终原料和中间原料，设定各原料相对于单位成品的耗用量。

生产计划/任务中需要对多级产品链计算嵌套的生产计划/任务，并生成各种包装生产设备的加工指令。对于生产管理，在计划完成后，系统按计划内容出标准领料清单，指导生产人员从仓库领取原料以及生产时的投料。在生产计划中考虑产品链中前道与后道的衔接，各种加工指令、商品资料、门店资料、成分资料等下发到各生产自动化设备。

加工车间人员根据加工批次加工调度，协调不同量商品间的加工关系，满足配送要求。

配送运作

商品分捡完成后，都堆放在待发库区，按正常的配送计划，这些商品在晚上送到各门店，门店第二天早上将新鲜的商品上架。在装车时按计划依路线门店顺序进行，同时抽样检查准确性。在货物装车的同时，系统能够自动算出包装物(笼车、周转箱)的各门店使用清单，装货人员也据此来核对差异。在发车之前，系统根据各车的配载情况出各运输的车辆随车商品清单，各门店的交接签收单和发货单。

商品到门店后，由于数量的高度准确性，在门店验货时只要清点总的包装数量，退回上次配送带来的包装物，完成交接手续即可，一般一个门店的配送商品交接只需要5分钟。

讨论:

根据上述材料，试写出世纪联华配送中心的业务流程，并进行分析。

(资料来源: http://info.food.hc360.com/2006/05/09150479892.shtml)

实训题

在我们日常的家务劳动中，其实有很多与流通加工相类似的活动，例如你可以在家人做饭的时候，帮他们择菜、洗菜、切菜，或者在饭后削几个水果、切好块，摆到家人的面前。这样你就可以在做家务的同时，体验一下流通加工的过程。

第六单元 装卸搬运

——物流的咽喉

📖 单元导读

为什么说装卸搬运是物流的咽喉呢？因为物流各个阶段的前后或同一阶段的不同活动之间，都必须进行装卸搬运作业，它是物流各阶段、各职能之间相互转换的桥梁。例如，在运输过程结束、货物要进入仓库之前，必须有装卸搬运作业。如果这个咽喉太细太窄，必然会影响货物的流动，即便你吃得很快(运输能力强)，胃口很大(仓储容量大)，也会被噎住。

在本单元，你能够了解装卸搬运的特点、作用、作业方式以及关于托盘、叉车、起重机和输送机的知识，是现代化的装卸搬运技术把工人从繁重的体力劳动中解脱出来。通过对本单元的学习，可以为你进一步学习涉及装卸搬运的相关课程打下良好的基础。

专题一：装卸搬运

——默默无闻的幕后英雄

在同一地域范围内，如车况范围、工厂范围、仓库内部等，以改变"物"的存放、支承状态的活动称为装卸，以改变"物"的空间位置的活动称为搬运，两者全称为装卸搬运。有时候在特定场合，单称"装卸"或单称"搬运"，也包含了"装卸搬运"的完整含义。在习惯使用中，物流领域(如铁路运输)常将"装卸搬运"这一整体活动称作"货物装卸"；在生产领域中，常将这一整体活动称作"物料搬运"。实际上，它们的活动内容都是一样的，只是领域不同而已。

装卸搬运是伴随运输和仓储而产生的物流活动，是对运输、仓储、包装、流通加工、配送等物流活动进行衔接的中间环节。物流的各环节和同一环节不同活动之间，都必须进行装卸搬运作业，正是装卸搬运活动把物流运动各个阶段联结起来，成为连续的流动过程。虽然装卸搬运作业在具体操作中并不直接创造价值，但它却是在物品由生产到消费的流动过程中不可缺少的环节，可谓是默默无闻的幕后英雄。与生产领域和流通领域其他环节相比，装卸搬运具有如下特点。

1. 装卸搬运是附属性、伴生性的活动

装卸搬运是伴随生产与流通的其他环节发生的。无论是生产领域的加工、组装、检测，还是流通流域的包装、运输、储存，一般都以装卸搬运作为起点和终点。所以说，无论在生产领域还是流通领域里，装卸搬运环节既是不可缺少的，又与其他环节密不可分。例如，汽车运输就包含了相随的装卸搬运，仓库中的保管活动也含有装卸搬运活动。

2. 装卸搬运是支持、保障性的活动

装卸搬运不产生有形的产品，而是提供劳动服务，是生产领域与流通领域其他环节的保障性作业。装卸搬运会影响其他物流活动的质量和速度，例如装车不当，会引起运输过程中的损失；卸放不当，会引起货物转换成下一步运动的困难。许多物流活动在有效的装卸、搬运的支持下，才能实现高水平。

3. 装卸搬运是衔接性的活动

在任何其他物流活动互相过渡时，都是以装卸搬运来衔接，因此装卸搬运往往成为整个物流"瓶颈"，是物流各功能之间能否形成有机联系和紧密衔接的关键。目前比较先进的联合运输方式，就是为了解决这种衔接而产生的。

4. 装卸搬运是均衡、波动性的活动

装卸搬运作业具有均衡性与波动性。生产领域的装卸搬运必须与生产活动的节拍一致，表现为与生产过程均衡性、连续性的一致性；流通领域的装卸搬运，虽力求均衡作业，但随着车船的到发和货物出、入库的不均衡，作业是突击的、波动的、间歇的，因此装卸搬运作业应具有适应波动性的能力。

5. 装卸搬运是复杂、延展性的活动

人们通常认为装卸搬运仅仅改变货物的存放状态和空间位置，作业比较简单，但由于它经常和运输、存储紧密衔接，因此除装卸搬运外，还要同时进行堆码、装载、加固、计量、取样、检验、分拣等作业，以保证充分利用载运工具、仓库的载重能力与容量，因此作业是比较复杂的。

总之，装卸搬运活动在整个物流过程中占有很重要的位置。一方面，物流过程各环节之间以及同一环节不同活动之间，都是以装卸搬运作业有机结合起来的，从而使物品在各环节、各种活动中处于连续运动或所谓流动；另一方面，各种不同的运输方式之所以能联合运输，也是由于装卸搬运才使其形成。虽然不是"主角"，但却是物流活动正常运行离不开的幕后英雄。

专题二：装卸搬运的作用

——物流的咽喉要地

在物流过程中，装卸活动是不断出现和反复进行的，它出现的频率高于其他各项物流活动，每次装卸搬运活动都要花费很长时间，所以往往成为决定物流速度的关键。装卸搬运活动所消耗的人力也很多，所以装卸搬运费用在物流成本中所占的比重也较高。以我国为例，铁路运输的始发和到达的装卸搬运作业费占运费的 20% 左右，船运占 40% 左右。而美国与日本之间的远洋船运，一个往返需 25 天，其中运输时间为 13 天，装卸搬运时间为 12 天。因此，为了降低物流费用，装卸搬运是个重要环节。

此外，因为进行装卸搬运操作时往往需要接触货物，所以这是在物流过程中造成货物破损、散失、损耗、混合等损失的主要环节。例如，袋装水泥纸袋破损和水泥散失主要发

生在装卸搬运过程中，玻璃、机械、器皿、煤炭等产品在装卸搬运时最容易造成损失。由此可见，装卸搬运是物流活动得以进行的必要条件，在全部物流活动中占有重要地位，发挥重要作用。其具体体现在以下几方面。

1. 影响物流质量

因为装卸搬运是使货物产生垂直和水平方向上的位移，这样货物在移动过程中会受到各种外力作用，如振动、撞击、挤压等，容易使货物包装和货物本身受损，如损坏、变形、破碎、散失、流溢等，所以装卸搬运损失在物流费用中占有一定的比重。

2. 影响物流效率

物流效率主要表现为运输效率和仓储效率。在货物运输过程中，完成一次运输循环所需的时间，在发运地的装车时间和在目的地的卸车时间占有不小的比重，特别是在短途运输中，装卸车时间所占比重更大，有时甚至超过运输工具运行时间，所以缩短装卸搬运时间，对加速车船和货物周转具有重要作用。例如在我国，火车货运以 500 公里为分歧点，运距超过 500 公里，运输在途时间多于起止的装卸时间；运距低于 500 公里，装卸时间则超过实际运输时间。而在仓储活动中，装卸搬运效率对货物的收发速度和货物周转速度，产生直接影响。

3. 影响物流安全

由于物流活动是物的实体流动，在物流活动中确保劳动者、劳动手段和劳动对象安全非常重要。装卸搬运特别是装卸作业，货物要发生垂直位移，不安全因素比较多。实践表明，物流活动中发生的各种货物破失事故、设备损坏事故、人身伤亡事故等，相当一部分是装卸过程中发生的。特别是一些危险品，在装卸搬运过程中如违反操作规程进行野蛮装卸，很容易造成燃烧、爆炸等重大事故。

4. 影响物流成本

由于装卸搬运作业比较频繁，其作业量往往是货物运量和库存量的若干倍，据我国对生产物流的统计，机械工厂每生产 1 吨成品，需进行 252 吨次的装卸搬运，其成本为加工成本的 15.5%。所以如果能减少装卸搬运的作业量，就可以有效地降低物流成本。

专题三：装卸搬运的作业方式
——多样化的装卸搬运

装卸搬运作业形式有很多类别，下面我们一起来了解一下。

一、按货物主要运动形式分

(1) 吊装吊卸法(垂直装卸法)，主要是使用各种起重机械，以改变货物的铅垂方向位置为主要特征的方法。这种方法应用面最广。

(2) 滚装滚卸法(水平装卸法)，是以改变货物水平方向的位置为主要特征的方法。

二、按作业对象分

(1) 单件作业法，是指单件、逐件装卸搬运的方法，这是以人力作业为主的作业方法。它主要适用于装卸搬运场合不适宜采用装卸机械和物品形状特殊的情况。对于一些零散货物，诸如搬家货物等也常采用这种作业方法，长大笨重货物、不宜集装的危险货物以及行包等仍然采用单件作业法。单件作业依作业环境和工作条件，可以采用人工作业法、机械化作业法、半机械化作业法、半自动化作业法。

(2) 集装作业法，是指先将货物集零为整，再对集装件进行装卸搬运的方法。它主要包括托盘作业法、集装箱作业法、框架作业法、货捆作业法、滑板作业法、网袋作业法、挂车作业法等。

① 托盘作业法。托盘作业法是指用托盘系列集装工具将货物形成成组货物单元，以便于采用叉车等设备实现装卸作业机械化的装卸作业方法。一些不宜采用平托盘的散件货物，可采用笼式托盘形成成组货物单元；一些批量不很大的散装货物，如粮食、食糖、啤酒等可采用专用箱式托盘形成成组货物单元，再辅之以相应的装载机械、泵压设备等的配套，实现托盘作业法。

② 集装箱作业法。集装箱的装卸作业通常采用垂直装卸法和水平装卸法进行，有的集装箱在货物堆场也可采用能力很大的集装箱叉车装卸。垂直装卸法在港口可采用集装箱起重机，目前以跨运车运输为最广，但龙门起重机方式最有发展前途。水平装卸法在港口是以挂车和叉车为主要装卸设备。集装箱装卸作业的配套设施有：维修、清洗、动力、照明、监控、计量、信息和管理设施等。在工业发达国家，集装箱堆场作业全自动化已付诸实施，如图6-1所示。

图6-1　集装箱跨车

③ 框架作业法。框架通常采用木质或金属材料制作，要求有一定的刚度、韧性，质量较轻，以保护商品、方便装卸，有利于运输作业。管件以及各种易碎建材，如玻璃产品

等，一般适用于各种不同集装框架实现装卸机械化。

④ 货捆作业法。货捆作业法是指用捆装工具将散件货物组成一个货物单元，使其在物流过程中保持不变，从而能与其他机械设备配合，实现装卸作业机械化。木材、建材、金属之类货物，最适于采用货捆作业法。带有与各种货捆配套的专用吊具的门式起重机和悬臂式起重机是货捆作业法的主要装卸机械，叉车、侧叉车、跨车等是配套的搬运机械。

⑤ 滑板作业法。滑板是用纸板、纤维板、塑料板或金属板制成，与托盘尺寸一致的、带有翼板的平板，用以承放货物组成的搬运单元。滑板作业法虽具有托盘作业法的优点且占用作业场地少，但带推拉车的叉车较重、机动性较差，对货物包装与规格化的要求很高，否则不易顺利作业。

⑥ 网袋作业法。将粉粒状货物装入多种合成纤维和人造纤维编织成的集装袋，将各种袋装货物装入多种合成纤维或人造纤维编织成的网，将各种块状货物装入用钢丝绳编成的网，这种先集装再进行装卸作业的方法称为网袋作业法。它适用于粉粒状货物、各种袋装货物、块状货物、粗杂物品的装卸作业。网袋集装工具体积小、自重轻，回送方便，可一次或多次使用。

⑦ 挂车作业法。挂车作业法是指先将货物装到挂车里，然后将空车拖上或吊到铁路平板车上的装卸作业方法。通常将此作业完成后形成的运输组织方式称为背负式运输，是公铁联运的常用组织方式。

(3) 散装作业法，是指对煤炭、矿石、粮食、化肥等块、粒、粉状物资，采用重力法(通过筒仓、溜槽、隧洞等方法)、倾翻法(铁路的翻车机)、机械法(抓、舀等)、气力输送法(用风机在管道内形成气流，利用压差来输送)等方法进行装卸。

① 重力法。重力法是指利用货物的势能来完成装卸作业的方法。它主要适用于铁路运输，汽车也可利用这种装卸作业法。装车设备有筒仓、溜槽、隧洞等几类。重力法卸车主要指底门开车或漏斗车在高架线或卸车坑道上自动开启车门，煤或矿石依靠重力自行流出的卸车方法。

② 倾翻法。倾翻法是指将运载工具的载货部分倾翻因而将货物卸出的方法。它主要用于铁路敞车和自卸汽车的卸载方法，汽车一般是依靠液压机械装置顶起货厢实现卸载的。

③ 机械法。机械法是指采用各种机械，使其工作机构直接作用于货物，如通过舀、抓、铲等作业方式达到装卸目的的方法。常用的机械有带式输送机、堆取料机、装船机、链斗装车机、单斗和多斗装载机、挖掘机和各种抓斗等。

在以上三种装卸作业法中，集装作业法和散装作业法都是随物流量增大而发展起来的，并与现代运输组织方式(如集装箱运输)、储存方式(如高层货架方式)等相互联系，互为条件、互相促进、相互配合，促进了物流现代化进程。

三、按运输手段分

按运输手段分，装卸作业方式包括铁路装卸、船舶装卸、汽车装卸等。

1. 铁路装卸

铁路装卸是对火车车皮的装进及卸出，特点是一次作业就实现一车皮的装进或卸出，很少有像仓库装卸时出现的"整装零卸"或"零装整卸"的情况。

2. 船舶装卸

船舶装卸包括码头前沿的装船，也包括后方的支持性装卸，有的港口装卸还采用小船在码头与大船之间"过驳"的办法，因而其装卸的流程较为复杂，往往经过几次的装卸及搬运作业，才能最后实现船与陆地之间货物过渡的目的。

3. 汽车装卸

汽车装卸一般一次装卸批量不大，由于汽车的灵活性，可减少或根本减去搬运活动，而直接、单纯地利用装卸作业达到车与物流设施之间货物过渡的目的。

四、按机械作业分

按机械作业分，装卸方式可分成轻便吊车的"吊上吊下"方式，使用叉车的"叉上叉下"方式，使用半挂车或叉车的"滚上滚下"方式、"移上移下"方式及"散装散卸"方式等。

1. "吊上吊下"方式

该方式采用各种起重机械从货物上部起吊，依靠起吊装置的垂直移动实现装卸，并在吊车运行的范围内或回转的范围内实现搬运或依靠搬运车辆实现小搬运。由于吊起及放下属于垂直运动，这种装卸方式属垂直装卸。

2. "叉上叉下"方式

该方式采用叉车从货物底部托起货物，并依靠叉车的运动进行货物位移，搬运完全靠叉车本身，货物可不经中途落地直接放置到目的处。这种方式垂直运动不大，而主要是水平运动，属水平装卸方式。

3. "滚上滚下"方式

该方式主要是指港口装卸的一种水平装卸方式。利用叉车或半挂车、汽车承载货物，连同车辆一起开上船，到达目的地后再从船上开下，称"滚上滚下"方式。利用叉车的滚上滚下方式，在船上卸货后，叉车必须离船，利用半挂车、平车或汽车，则拖车将半挂车、平车拖拉至船上后，拖车开下离船而载货车辆连同货物一起运到目的地，再原车开下或拖车上船拖拉半挂车、平车开下。"滚上滚下"方式需要有专门的船舶，对码头也有不同的要求，这种专门的船舶称"滚装船"，铁路上称"驮背运输"。

4. "移上移下"方式

在两车之间(如火车及汽车)进行靠接，然后利用各种方式不使货物垂直运动，而靠水平移动从一个车辆上推移到另一车辆上，称"移上移下"方式。"移上移下"方式需要使两种车辆水平靠接，因此，对站台或车辆货台需要进行改变，并配合移动工具实现这种装卸。

5. "散装散卸"方式

该方式对散装物进行装卸，一般从装点直到卸点，中间不再落地，这是集装卸与搬运于一体的装卸方式。

五、按作业特点分

按作业特点分，装卸作业可分成连续装卸与间歇装卸两类。

1. 连续装卸

连续装卸主要是指同种大批量散装或小件杂货通过连续输送机械，连续不间断地进行作业，中间无停顿，货间无间隔。在装卸量较大、装卸对象固定、货物对象不易形成大包装的情况下，适用采取这一方式。

2. 间歇装卸

间歇装卸主要适用于货流不固定的各种货物，尤其适于包装货物、大件货物，具有较强的机动性，装卸地点可以在较大范围内变动，散粒货物也可采取此种方式。

专题四：装卸搬运合理化
——消减无效作业

物流活动离不开装卸搬运，它贯穿于不同物流阶段之间，因此装卸搬运是物流系统中重要的子系统之一。

一、装卸搬运的原则

在整个物流过程中，要从运输、储存、保管、包装与装卸的关系来考虑装卸搬运的原则，体现在以下几条。

1. 有效作业原则

有效作业原则是指所进行的装卸搬运作业是必不可少的，尽量减少和避免不必要的装卸搬运，只做有用功，不做无用功。

前面已经讲过，装卸作业本身并不产生价值。但是，如果进行了不适当的装卸作业，就可能造成商品的破损，或使商品受到污染。因此，尽力排除无意义的作业，是理所当然的。尽量减少装卸次数，以及尽可能地缩短搬运距离等，所起的作用也是很大的。

因为装卸作业不仅要花费人力和物力，增加费用，还会使流通速度放慢。每多增加一次装卸，费用也就相应地增加一次，同时还增加了商品污损、破坏、丢失、消耗的机会。因此，装卸作业的经济原则就是"不进行装卸"。所以，应当考虑如何才能减少装卸次数、缩短移动商品距离的问题。

2. 简化流程原则

简化装卸搬运作业流程，包括两个方面：①尽量实现作业流程在时间和空间上的连续性；②尽量提高货物放置的活载程度。

装卸的连续性是指两处以上的装卸作业要配合好。进行装卸作业时，为了不使连续的各种作业中途停顿而能协调地进行，整理其作业流程是很必要的。因此，进行"流程分析"，对商品的流动进行分析，使经常相关的作业配合在一起，也是很必要的。

例如，把商品装到汽车或铁路货车上，或把商品送往仓库进行保管时，应当考虑合理取卸或出库的方便。所以某一次的装卸作业、某一个装卸动作，有必要考虑下一步的装卸要有计划地进行。要使一系列的装卸作业顺利地进行，作业动作的顺序、作业动作的组合或装卸机械的选择及运用是很重要的。

3. 提高搬运灵活性原则

在物流过程中，常需将暂时存放的物品再次搬运。从便于经常发生的搬运作业考虑，物品的堆放方法是很重要的，这种易于移动的程度，被称为"搬运灵活性"。衡量商品堆存形态的"搬运灵活性"，用灵活性指数表示，如表6-1所示。

一般将灵活性指数分为五个等级，即：散堆于地面上为0级；装入箱内为1级；装在货盘或垫板上为2级；装在车台上为3级；装在输送带上为4级。

表6-1 装卸搬运活性指数表

货物的放置状态	需要进行的作业				活性指数
	整 理	架 起	提 起	拖 动	
散放地上	要	要	要	要	0
放置在容器内	不要	要	要	要	1
集装化	不要	不要	要	要	2
在无动力车上	不要	不要	不要	要	3
在传送带或车上	不要	不要	不要	不要	4

4. 集中作业原则

集中作业原则包括搬运场地的集中和作业对象的集中。前者是在有条件的情况下，把作业量较小的分散的作业场地适当集中，以利于装卸搬运设备的配置及使用，提高机械化作业水平以及合理组织作业流程，提高作业效率；后者是把分散的零星的货物汇集成较大的集装单元，以提高作业效率。

商品整理就是把商品汇集成一定单位数量，再进行装卸，即可避免损坏、消耗、丢失，又容易查点数量，而且最大的优点在于使装卸、搬运的单位加大，使机械装卸成为可能以及使装卸、搬运的灵活性好等。这种方式是把商品装在托盘、集装箱和搬运器具中，原封不动地装卸、搬运进行输送、保管。

5. 安全作业原则

装卸搬运作业流程中，不安全因素比较多，必须确保作业安全。作业安全包括人身安全、设备安全，尽量减少事故。

减轻人力装卸就是把人的体力劳动改为机械化劳动。在不得已的情况下，非依靠人力不可时，尽可能不要让搬运距离太远。关于"减轻人力装卸"问题，主要是在减轻体力劳动、缩短劳动时间、防止成本上升、劳动安全卫生等方面推进省力化、自动化。

6. 系统优化原则

装卸搬运作业组织的出发点是实现装卸搬运的合理化，而其合理化的目标是系统的整体优化，要充分发挥系统中各要素的功能，从作业质量、效率、安全、经济等方面，对装卸搬运系统进行评价。

在整个物流过程中，要从运输、储存、保管、包装与装卸的关系来考虑。装卸要适合运输、储存保管的规模，即装卸要起着支持并提高运输、储存保管能力、效率的作用，而不是起阻碍的作用。对于商品的包装来说也是一样的，过去是以装卸为前提进行的包装，要运进许多不必要的包装材料；采用集合包装，不仅可以减少包装材料，同时也省去了许多徒劳的运输。

二、合理化措施

具体来说，要实现装卸搬运作业合理化，应采取一些合理化的措施。

1. 防止无效作业

所谓无效作业，是指在装卸作业活动中超出必要的装卸、搬运量的作业。消除无效的装卸搬运，不但可以节省不必要的人力、物力消耗，而且可以减少货物的损耗。显然，防止和消除无效作业对装卸作业的经济效益有重要作用。为了有效地防止和消除无效作业，可从以下几个方面入手。

(1) 尽量减少装卸次数。

实现装卸搬运次数的最小化。通过合理的设计，尽可能实现货物运输与装卸搬运的合理化，尽量减少二次装卸搬运和临时停放，要避免没有物流效果的装卸作业。

(2) 提高被装卸物料纯度。

物料的纯度，是指物料中含有水分、杂质与物料本身使用无关的物质的多少。提高装卸搬运的纯度，有些货物要在去除水分、杂质之后再进行搬运。物料的纯度越高，则装卸作业的有效程度越高；反之，则无效作业就会增多。

(3) 包装要适度。

包装是物流中不可缺少的辅助作业手段。包装的轻型化、简单化、实用化，会不同程度地减少作用于包装上的无效劳动。在有效保护货物质量的前提条件下，货物要避免过度包装，尽可能提高货物净重占装卸搬运毛重的比例。

(4) 缩短搬运作业距离。

物料在装卸、搬运当中，要实现水平和垂直两个方向位移，选择最短路线完成这一活动，就可避免超越这一最短路线以上无效劳动。装卸搬运路线的长短与作业效率直接相关。因此，应合理确定车辆停放位置，确定货物存放场所，设计出入库作业程序，以减少货物移动的距离，避免迂回装卸搬运。

2. 提高装卸搬运灵活性

所谓装卸搬运的灵活性，是指在装卸作业中的物料进行装卸作业的难易程度，货物的码放状态是否适合装卸搬运。所以，在堆放货时，事先要考虑到物料装卸作业的方便性。装卸搬运的灵活性，根据物料所处的状态，即物料装卸、搬运的难易程度，可分为不同的级别，如图 6-2 所示。

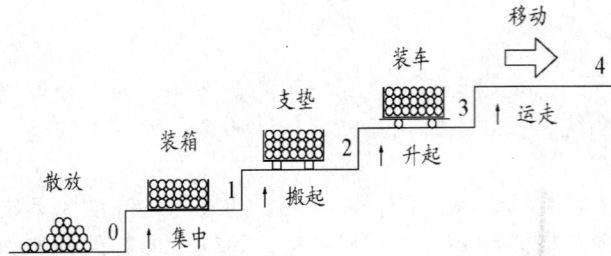

0 级：物料杂乱地堆在地面上的状态。

1 级：物料装箱或经捆扎后的状态。

2 级：箱子或被捆扎后的物料，下面放有枕木或其他衬垫后，便于叉车或其他机械作业的状态。

3 级：物料被放于台车上或用起重机吊钩钩住，即刻移动的状态。

4 级：被装卸、搬运的物料，已经被启动、直接作业的状态。

图 6-2　装卸搬运灵活性级别示意图

不同的物品码放状态，形成不同的活性指数。零散地放置在地面上的物品活性指数最低，而码放在传送带上的物品活性指数最高。在放置物品时一定要考虑装卸搬运的活性，以利于今后装卸搬运活动。

从理论上讲，活性指数越高越好，但也必须考虑到实施的可能性。例如，物料在储存阶段中，活性指数为 4 的输送带和活性指数为 3 的车辆，在一般的仓库中很少被采用，这是因为大批量的物料不可能存放在输送带和车辆上的缘故。

3. 消除重力的不利影响

在货物的装卸搬运过程中，应尽可能地利用货物本身的重量，消除重力的不利影响，以减轻劳动强度和能量消耗。

(1) 利用重力进行装卸。

在有条件的情况下利用重力进行装卸，可减轻劳动强度和能量的消耗。例如，从汽车或火车车厢卸货时，可以利用车厢与地面之间的高度差，使用溜槽、溜板之类的简单工具，依靠货物的自重，从高处自动滑到地面，达到省力的目的。将设有动力的小型运输带(板)斜放在货车、卡车或站台上进行装卸，使物料在倾斜的输送带(板)上移动，这种装卸就是靠重力的水平分力完成的。

人力的负重行走要持续抵抗货物重力的影响，同时还要行进，因此会消耗大量的体力。在搬运作业中，如果能够配合以简单的工具，不用手搬而是把物资放在一台车上，货物的重力由台车承担，使物料水平移动，只要克服移动的阻力就行，可以大大节省体力的消耗。

(2) 利用重力式移动货架。

利用重力式移动货架，也是一种利用重力进行省力化的装卸方式之一。重力式货架的每层格均有一定的倾斜度，利用货箱或托盘，可自己沿着倾斜的货架层板，自己滑到输送机械上。为了使物料滑动的阻力越小越好，通常货架表面均处理得十分光滑，或者在货架层上装有滚轮，也有在承重物资的货箱或托盘下装上滚轮，这样将滑动摩擦变为滚动摩擦，物料移动时所受到的阻力会更小。

4. 提高机械化

机械化不但能够完成人力所难以完成的超大、超重货物的装卸搬运作业，将人从繁重的体力劳动中解放出来，而且能够大幅度提高物流装卸搬运的效率，提高装卸搬运的经济效果。尤其对于危险品的装卸搬运而言，机械化能够保证人和货物的安全。根据不同的货物种类及数量，合理地选择装卸搬运机械，有利于降低单位装卸搬运费用。随着生产力的发展，装卸搬运的机械化程度定将不断提高。此外，由于装卸搬运的机械化能把工人从繁重的体力劳动中解放出来，尤其对于危险品的装卸作业，机械化能保证人和货物的安全，也是装卸搬运机械化程度不断得以提高的动力。

5. 推广集装化、组合化

集装化是实现装卸搬运合理化的重要途径，可以充分利用机械进行操作。在装卸搬运作业中，通过叉车与托盘的结合可以有效提高装卸搬运的效率，大量节约作业时间以及作业的灵活性。同时，由于不直接触及货物本身，可以达到保护货物的效果，防止货物缺失，数量确认也变得更容易。例如，我国出口日本的金鱼缸和其他瓷器，按照传统方式，破损率高达 50%，采用集装箱进行装卸搬运和运输后，破损率仅为 0.5%。

6. 合理规划装卸搬运作业

俗话说："凡事预则立不预则废。"装卸搬运作业需要对整个装卸作业的连续性进行合理的安排，以减少运距和装卸次数。

首先，装卸搬运作业现场平面布置是直接关系到装卸、搬运距离的关键因素，装卸搬运机械要与货场长度、货位面积等互相协调。要有足够的场地集结货场，并满足装卸搬运机械工作面的要求，场内道路布置要为装卸搬运创造良好的条件，有利于加速货位的周转。使装卸搬运距离达到最小平面布置，是减少装卸搬运距离的最理想的方法。

其次，要提高装卸搬运作业连续性。应做到：作业现场装卸搬运机械合理衔接；不同的装卸搬运作业在相互联结使用时，力求使它们的装卸搬运速率相等或接近；充分发挥装卸搬运调度人员的作用，一旦发生装卸搬运作业障碍或停滞状态，立即采取有力的措施补救。

7. 装卸搬运作业文明化

野蛮装卸搬运容易造成货物破损、丢失现象，同时对搬运机械、运输工具造成损伤，导致破损费用居高不下。因此，在装卸搬运过程中应提倡文明操作、科学运营，按照不同货物的要求及运输包装所提供的指示进行合理的作业，保证货物、设备的安全。

资料柜

登录 http://pan.baidu.com/s/1pfSRk，可以浏览及下载资料《装卸搬运安全操作规程》。

专题五：托盘

——和集装箱构成集装系统两大支柱

根据中国国家标准《物流术语》，托盘(Pallet)是用于集装、堆放、搬运和运输的放置，作为单元负荷的货物和制品的水平平台装置，一般用木材、金属、纤维板制作，便于装卸、搬运单元物资和小数量的物资。作为与集装箱类似的一种集装设备，托盘现已广泛应用于生产、运输、仓储和流通等领域，被认为是 20 世纪物流产业中两大关键性创新之一。托盘作为物流运作过程中重要的装卸、储存和运输设备，与叉车配套使用，在现代物流中发挥着巨大的作用。

托盘给现代物流业带来的效益主要体现在：可以实现物品包装的单元化、规范化和标准化，保护物品，方便物流和商流；物品运输的集装化，提高运输效率，降低运输成本；物品存放的立体化、物品流通过程的自动化，物品装卸的机械化、自动化，提高装卸效率和速度；物品数据处理的信息化，提高现代物流的系统管理水平。所以，托盘虽小，其作用却不容忽视。

当前，托盘拥有的数量已成为衡量一国物流现代化水平的重要标志之一。据中国物流与采购联合会托盘专业委员会对 300 多家托盘生产企业、托盘使用及销售企业进行初步调查的结果，目前中国拥有的各种类型托盘总数约为 5000 万～7000 万片，可能远不止此数，每年产量递增 2000 万片左右。其中木质平托盘约占 90%，塑料平托盘占 8%，钢质托盘、复合材料托盘以及纸质托盘合计占 2%，复合材料平托盘和塑料托盘上升比例较大。下面我们来学习一下托盘的类型。

一、平托盘

平托盘(Composite Material Pallet)几乎是托盘的代名词，只要一提托盘，一般都是指平托盘，因为平托盘使用范围最广，利用数量最大，通用性最好。平托盘又有多种划分方式。

(1) 根据台面分类。有单面型、单面使用型、双面使用型和翼型等四种。

(2) 根据叉车叉入方式分类。有单向叉入型、双向叉入型、四向叉入型三种。

(3) 根据材料分类。有木质平托盘、钢质平托盘、塑料平托盘、复合材料平托盘以及纸质托盘等种类。

1. 木托盘(Wood Pallet)

以天然木材为原料制造的托盘，是现在使用最广的一种托盘，如图 6-3 所示。其优点是价格相对便宜、维修比较简单。其缺点是不防火、不防水、易受潮、易生虫、易腐烂，而且制作木托盘需砍伐大量森林，与环保主题背道而驰。

图 6-3　木托盘

2. 竹托盘(bamboo pallets)

竹托盘是以天然竹为原材料，经过特殊工艺加工制作的托盘，是未来托盘的发展趋势。对于人口森林占有率低的国家来说，竹托盘代替木托盘是很好的选择。其优点是价格低廉、性价比高；绿色新材料，符合环保理念；防水、防霉、防虫；强度和承载力明显高于木托盘。其缺点是外观整洁度有待提高，边角易出现毛刺。

3. 塑料托盘(plastic pallet)

以工业塑料为原材料制造的托盘。其优点是外观整洁，易清洗，易消毒；无钉无刺、无毒无味、耐酸、耐碱、耐腐蚀、不腐烂、不助燃，使用寿命是木托盘的5～7倍；可回收并重新利用。其缺点是成本高；强度低，抗冲性能差，载重也较小，但是随着塑料托盘制造工艺的进步，一些高载重的塑料托盘已经出现，正在慢慢地取代木质托盘。

4. 塑木托盘

塑木托盘就是用塑木材料做的托盘。塑木(木塑)复合材料(WPC)是当今世界上许多国家逐步被推广应用的新型材料，它是用 PP、PE、PVC 等树脂或回收的废旧塑料与锯木、秸秆、稻壳、玉米秆等废弃物，通过专用设备应用科学的工艺配方进行配混造粒或直接用挤出成型工艺制成各种型材。

塑木托盘综合了木托盘和塑料托盘及钢制托盘的优点而基本摒弃了其不足，价格却低于其他各类托盘。产品具有强度高、韧性好、不变形、不吸潮、不霉蛀、抗腐蚀、耐老化、易加工、低成本、可回收、无污染等优点。

5. 金属托盘(metal pallet)

金属托盘是以钢、铝合金、不锈钢等材料为原材料加工制造的托盘。其优点是结构坚固，承载力高，抗冲击力强。其缺点是自重大，易腐蚀生锈，价格昂贵，只能在特定行业中使用。

6. 纸托盘(paper pallet)

纸托盘以纸浆、纸板为原料加工制造的托盘。其优点是外观平整，自重较轻。其缺点是承载力太低；不防水，不防火，易吸潮，不能在仓库中长期使用。

二、柱式托盘

柱式托盘(Post Pallets)是在平托盘基础上发展起来的，其特点是在不压货物的情况下可进行码垛(一般为四层)，多用于包装物料、棒料管材等的集装，如图6-4所示。柱式托盘的主要作用，一是利用立柱支撑重量物，往高叠放；二是可防止托盘上放置的货物，在运输和装卸过程中发生塌垛现象。

图6-4　柱式托盘

柱式托盘分为固定式和可卸式两种，其基本结构是托盘的四个角有钢制立柱，柱子上端可用横梁连接，形成框架型。柱式托盘还可以为可移动的货架、货位；不用时，还可叠套存放，节约空间。近年来，柱式托盘在国外推广迅速。

三、箱式托盘

箱式托盘(Box Pallets)是在平托盘基础上发展起来的，多用于散件或散状物料的集装，金属箱式托盘还用于热加工车间集装热料。一般下部可叉装，上部可吊装，并可进行码垛，一般为四层，如图 6-5 所示。

箱式托盘是四面有侧板的托盘，有的箱体上有顶板，有的没有顶板。箱板有固定式、折叠式、可卸下式三种。四周栏板有板式、栅式和网式，因此，四周栏板为栅栏式的箱式托盘也称笼式托盘或仓库笼。箱式托盘防护能力强，可防止塌垛和货损；可装载异型不能稳定堆码的货物，应用范围广。

图 6-5　箱式托盘

四、轮式托盘

轮式托盘与柱式托盘和箱式托盘相比，多了下部的小型轮子。因而，轮式托盘显示出能短距离移动、自行搬运或滚上滚下式的装卸等优势，用途广泛，适用性强。

五、特种专用托盘

由于托盘作业效率高、安全稳定，尤其在一些要求快速作业的场合，突出显示出利用托盘的重要性，所以各国纷纷研制了多种多样的专用托盘，这里仅举几个例子。

1. 平板玻璃集装托盘

平板玻璃集装托盘也称平板玻璃集装架，分许多种类。有 L 型单面装放平板玻璃单面进叉式，有 A 型双面装放平板玻璃双向进叉式，还有吊叉结合式和框架式等，如图 6-6 所示。运输过程中托盘起支撑和固定作用，平板玻璃一般都立放在托盘上，并且玻璃还要顺着车辆的前进方向，以保持托盘和玻璃的稳固。

2. 轮胎专用托盘

轮胎的特点是耐水、耐蚀，但怕挤、怕压，轮胎专用托盘较好地解决了这个矛盾。利用轮胎专用托盘，可多层码放，不挤不压，大大地提高装卸和储存效率。

图 6-6　平板玻璃集装托盘

3. 长尺寸物品托盘

这是一种专门用来码放长尺寸物品的托盘，有的呈多层结构。物品堆码后，就形成了长尺寸货架。

4. 油桶专用托盘

这是专门存放、装运标准油桶的异型平托盘。双面均有波形沟槽或侧板，以稳定油桶，防止滚落。其优点是可多层堆码，提高仓储和运输能力。

专题六：从手推车到叉车
——搬运车辆的发展与演变

人与动物的本质区别之一就是人会制造和使用工具，为了提高装卸搬运的效率，从古代开始，人们就在不断发明新的搬运工具，借此将人力从繁重枯燥的搬运工作中解放出来，在所有的搬运工具中，搬运车辆是最早出现，也是应用最广的。

所谓搬运车辆，是指用于短途搬运物品的无轨车辆，又称工业车辆，它是广泛应用的物料搬运机械，包括手推车、牵引车和拖车、起升车辆、电动搬运车(俗称电瓶车)、内燃搬运车和无人驾驶搬运车等。其中起升车辆还有堆码和装卸物品的功能。在各种搬运车辆中，手推车出现最早。18 世纪工业革命以后，人们开始制造以各种发动机驱动的运货车辆，随着运输效率的提高，搬运和装卸成了薄弱环节，搬运车辆于是得到迅速发展。

搬运车辆有人力和机动两种。人力搬运车是一种以人力为主，在路面上从事水平运输的搬运车。这是最古老，但至今仍是应用最广泛的搬运设备之一。其广泛使用于车间、仓库、站台、货场等处。其具体包括杠杆式手推车、手推台车、登高式手推台车、手动托盘搬运车、手动液压升降平台车、手推液压堆高车，如图 6-7～图 6-12 所示。

叉车作为机动搬运车辆的代表，是一种能把水平运输和垂直升降有效结合起来的装卸机械，有装卸、起重及运输等综合功能，具有工作效率高、操作使用方便、机动灵活等优点。其标准化和通用性很高，被广泛应用于车站、机场、货栈、仓库、车间和建筑工地，对成件、成箱或散装货物进行装卸、堆垛以及短途搬运、牵引和吊装工作。因为经常和托盘搭配使用，所以可以称得上是托盘的"黄金搭档"。

图 6-7　杠杆式手推车

图 6-8　手推台车

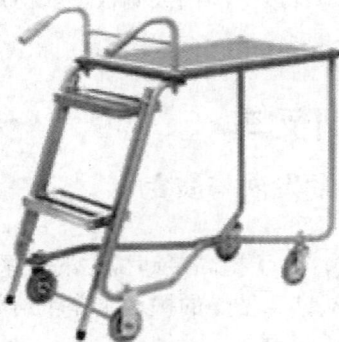

图 6-9　登高式手推台车

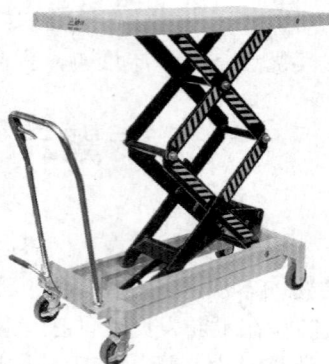

图 6-10　手动液压升降平台车

图 6-11　手动托盘搬运车

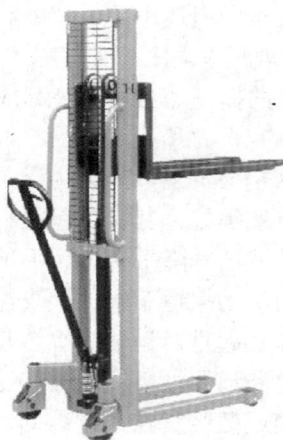

图 6-12　手动液压堆高车

平衡重式叉车是使用最为广泛的叉车。货叉在前轮中心线以外，为了克服货物产生的倾覆力矩，在叉车的尾部装有平衡重，如图 6-13 所示。这种叉车适用于在露天货场作业，一般采用充气轮胎，运行速度比较快，而且有较好的爬坡能力，取货或卸货时，门架可以前移，便于货叉插入，取货后门架后倾以便在运行中保持货物的稳定。平衡重式叉车主要由发动机、底盘(包括传动系、转向系、车架等)、门架、叉架、液压系统、电气系统及平衡重等部分组成。叉车门架一般为两级门架，起升高度为 2～4m。当堆垛高度很高而叉车总高受到限制时，可采用三级或多级门架。货叉的升降及门架的倾斜，均采用液压系统驱动。一般提升油缸配合起重滑轮、链条可使货叉增速升降，即货叉起升降速度为内门架(或油缸活塞)升降速度的两倍。

图 6-13 平衡重式叉车

叉车具有以下一些特点。

1) 机械程度高

在使用各种取物装置或在货叉与货板配合使用情况下，可以实现装卸工作的完全机械化，不需要人工的辅助体力劳动。多年来，由于成件货物的品种多、规格杂、外形不一、包装各异，所以对这些货种很难实现装卸作业机械化。叉车的问世，使这一难题得到了解决。它不但保证了安全生产，而且占用的劳动力大大减少，劳动强度大大降低，作业效率大大提高，经济效益十分显著，如图 6-14 所示。

2) 机动灵活性好

叉车外形尺寸小，重量轻，能在作业区域内任意调动，适应货物数量及货物方向的改变，可机动地与其他起重运输机械配合工作，提高机械的使用率，甚至可进入船舱、车厢和集装箱内，对成件、包装件以及托盘、集装箱等集装件进行装卸、堆码、拆垛、短途搬运等作业，是托盘运输、集装箱运输必不可少的设备。由于良好的机动性，叉车用途非常广泛，它不仅广泛应用于公路运输、铁路运输、水路运输各部门，而且在物资储运、邮政以及军事等部门也有应用。

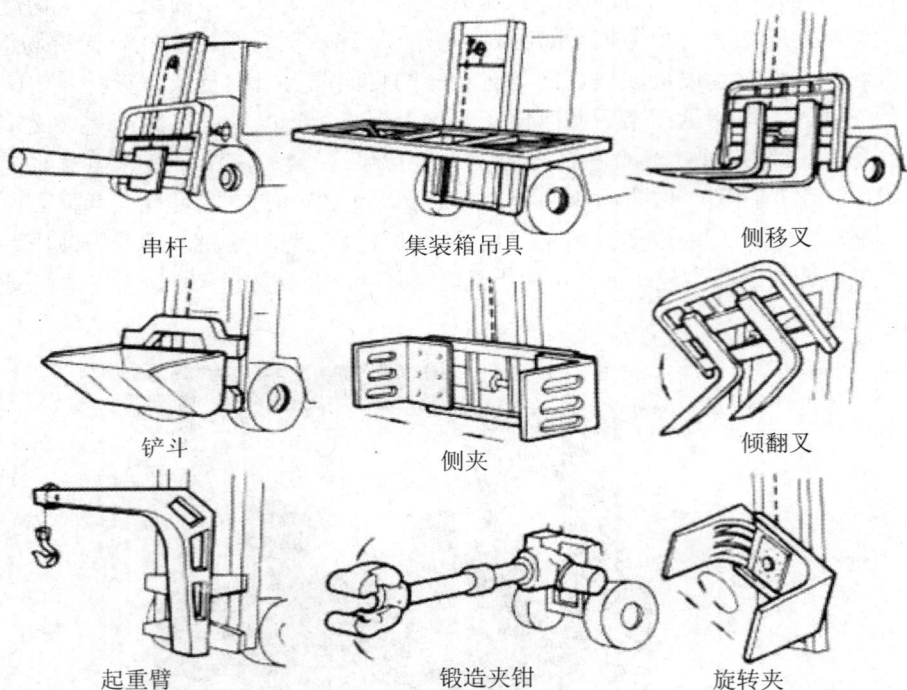

串杆　　　　　　　集装箱吊具　　　　　　侧移叉

铲斗　　　　　　　　侧夹　　　　　　　倾翻叉

起重臂　　　　　　锻造夹钳　　　　　　旋转夹

图 6-14　叉车的属具

3)　性价比高

与大型起重机械比较，叉车的成本低、投资少，能获得较好的经济效果。

4)　用途广泛

在配备与使用各种工作属具，如货叉、铲斗、臂架、串杆、货夹、抓取器、倾翻叉等以后，叉车可以适应各种品种、形状和大小货物的装卸作业，扩大对特定物料装卸范围，并提高其装卸效率。

叉车通常可以分为两大类：内燃叉车和电动叉车。

一、内燃叉车

内燃叉车，顾名思义，以内燃机作为驱动力来源；按照功能不同具体可分为平衡重式叉车、重型叉车、集装箱叉车和侧面叉车。

1. 平衡重式叉车

平衡重式叉车一般采用柴油、汽油、液化石油气或天然气发动机作为动力，载荷能力 1.2~8.0 吨，作业通道宽度一般为 3.5~5.0 米，考虑到尾气排放和噪音问题，通常用在室外、车间或其他对尾气排放和噪声没有特殊要求的场所。由于燃料补充方便，因此可实现长时间的连续作业，而且能胜任在恶劣的环境下(如雨天)工作。

2. 重型叉车

重型叉车采用柴油发动机作为动力，承载能力 10.0～52.0 吨，一般用于货物较重的码头、钢铁等行业的户外作业。

3. 集装箱叉车

集装箱叉车采用柴油发动机作为动力，承载能力 8.0～45.0 吨，一般分为空箱堆高机、重箱堆高机和集装箱正面吊。它应用于集装箱搬运，如集装箱堆场或港口码头作业，如图 6-15 所示。

图 6-15　集装箱叉车

4. 侧面叉车

侧面叉车采用柴油发动机作为动力，承载能力 3.0～6.0 吨，在不转弯的情况下，具有直接从侧面叉取货物的能力，因此主要用来叉取长条形的货物，如木条、钢筋等，如图 6-16 所示。

图 6-16　侧面叉车

二、电动叉车

以电动机为动力，蓄电池为能源，承载能力为 1.0～8.0 吨，作业通道宽度一般为 3.5～5.0 米。由于没有污染、噪声小，因此广泛应用于室内操作和其他对环境要求较高的工况，因其车体紧凑、移动灵活、自重轻和环保性能好而在仓储业得到普遍应用。随着人们对环境保护的重视，电动叉车正在逐步取代内燃叉车。由于每组电池一般在工作约 8 小时后需要充电，因此对于多班制的工况需要配备备用电池。电动叉车具体可分为以下一些类型。

1. 搬运车

搬运车承载能力为 1.6～3.0 吨，作业通道宽度一般为 2.3～2.8 米，货叉提升高度一般在 210mm 左右，主要用于仓库内的水平搬运及货物装卸。步行式、站驾式和坐驾式等三种操作方式，可根据效率要求选择，如图 6-17～图 6-19 所示。

图 6-17 步行式电动托盘车   图 6-18 站驾电动托盘车

图 6-19 工人在用搬运车操作

2. 堆垛车

电动托盘堆垛车分为全电动托盘堆垛车和半电动托盘堆垛车两种类型，如图 6-20 和图 6-21 所示。顾名思义，前者行驶、升降都为电动控制，比较省力；而后者是需要人工手动拉或者推着叉车行走，升降则是电动的，承载能力为 1.0～2.5 吨，作业通道宽度一般为 2.3～2.8 米，在结构上比电动托盘搬运叉车多了门架，货叉提升高度一般在 4.8 米内，主要用于仓库内的货物堆垛及装卸。

图 6-20　电动托盘堆垛车

图 6-21　堆垛车进行操作

3. 前移式叉车

前移式叉车承载能力为 1.0～2.5 吨，门架可以整体前移或缩回，缩回时作业通道宽度一般为 2.7～3.2 米，提升高度最高可达 11 米左右，常用于仓库内中等高度的堆垛、取货作业，如图 6-22 所示。

图 6-22　前移式叉车

4. 电动拣选叉车

在某些工况下，如超市的配送中心，不需要整托盘出货，而是按照订单拣选多种品种的货物组成一个托盘，此环节称为拣选。按照拣选货物的高度，电动拣选叉车可分为低位拣选叉车(2.5 米内)(见图 6-23)和中高位拣选叉车(最高可达 10 米) (见图 6-24)，其承载能力分别为 2.0～2.5 吨(低位)、1.0～1.2 吨(中高位，带驾驶室提升)。

图 6-23　低位电动拣选叉车

图 6-24　中高位电动拣选叉车

5. 低位驾驶三向堆垛叉车

　　低位驾驶三向堆垛叉车通常配备一个三向堆垛头，叉车不需要转向，货叉旋转就可以实现两侧的货物堆垛和取货，通道宽度为 1.5～2.0 米，提升高度可达 12 米，如图 6-25 所示。低位叉车的驾驶室始终在地面不能提升，考虑到操作视野的限制，主要用于提升高度低于 6 米的工况。而高位叉车驾驶室可以提升，提升高度可达 14.5 米，如图 6-26 所示。驾驶员可以清楚地观察到任何高度的货物，也可以进行拣选作业。高位驾驶三向堆垛叉车在效率和各种性能都优于低位驾驶三向堆垛叉车，因此该车型已经逐步替代低位驾驶三向堆垛叉车。

图 6-25　三向堆垛叉车

图 6-26　高位三向堆垛叉车

除了叉车以外，牵引车也是工厂常用的搬运车辆，在搬运较多物品及较远距离的工作时，牵引车有不可替代的高效性和安全性。牵引车动力一般为电力驱动。牵引车后可挂专用小车及带轮的其他可牵引的车(如物流台车等)，如图 6-27 所示。由于牵引机构及轮的机构特殊设计，在行驶时牵引车和小车的轮轨迹相同(同轨迹)，保证了在行驶时的安全性。

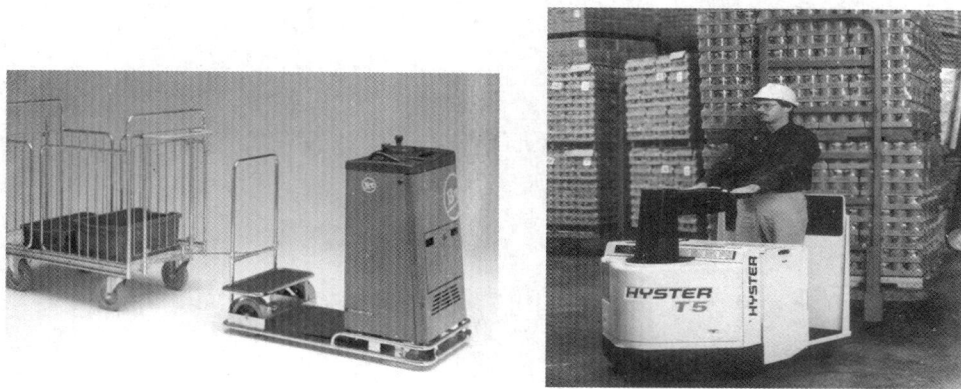

图 6-27　物流台车

视频资源

登录 http://pan.baidu.com/s/1hEx22，可以下载关于叉车的视频。

登录 http://pan.baidu.com/s/1c0xjuKS，可以下载关于叉车培训的视频。

资料柜

登录 http://pan.baidu.com/s/1iusAq，可以浏览及下载资料《叉车安全操作规程》。

专题七：起重机械

——装卸“大力士”

起重机械是一种以间歇的作业方式用来垂直升降货物或兼作货物的水平移动，以满足货物的装卸、转载等作业要求。其广泛应用于港口、码头堆场、工矿企业、仓库、物流园区等物流节点上。按起重性质，起重机可分为流动式起重机、塔式起重机、桅杆式起重机；按结构形式，主要分为轻小型起重设备、桥架式(桥式、门式起重机)、臂架式(自行式、塔式、门座式、铁路式、浮船式、桅杆式起重机)、缆索式。下面我们就来了解一下常见的起重机械。

一、轻小型起重设备

轻小型起重设备的特点是轻便、结构紧凑，动作简单，一般只有一个升降机构，它只能使重物做单一的升降运动。属于这一类的设备有：千斤顶、滑车、手(气、电)动葫芦、绞车等，如图 6-28 和图 6-29 所示。电动葫芦常配有运行小车与金属构架以扩大作业范围。

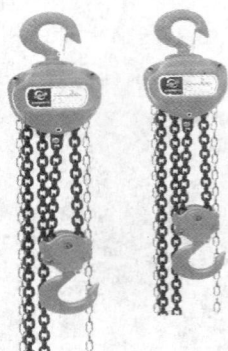

图 6-28　手动葫芦

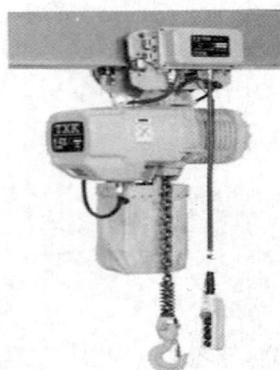

图 6-29　电动葫芦

二、桥架式起重机

桥架起重机可在长方形场地及其上空作业，多用于车间、仓库、露天堆场等处的物品装卸，常见的有桥式起重机和门式起重机。

1. 桥式起重机

桥式起重机是桥架在高架轨道上运行的一种桥架型起重机，又称天车。桥式起重机的桥架沿铺设在两侧高架上的轨道纵向运行，起重小车沿铺设在桥架上的轨道横向运行，构成一矩形的工作范围，就可以充分利用桥架下面的空间吊运物料，不受地面设备的阻碍。桥式起重机的特点是可以使挂在吊钩或其他取物装置上的重物在空间实现垂直升降或水平运移。桥式起重机广泛地应用在室内外仓库、厂房、码头和露天贮料场等处，如图 6-30 所示。

图 6-30　桥式起重机

2. 门式起重机

门式起重机是桥式起重机的一种变形，主要用于室外的货场、料场货、散货的装卸作业。它的金属结构像门形框架，承载主梁下安装两条支脚，可以直接在地面的轨道上行走，主梁两端可以具有外伸悬臂梁。门式起重机具有场地利用率高、作业范围大、适应面广、通用性强等特点，在港口货场得到广泛使用，如图 6-31 所示。

图 6-31　门式起重机

装卸桥是由门式起重机加大跨度发展而成的一种桥架型起重机，如图 6-32 所示。在港口运行的集装箱运载桥，是一种特殊结构的大型起重机，专用于船舶的集装箱装卸工作，两侧一般都是刚性支腿，形成坚固的门架，桥架支承在与门架连成一体的上部构架上，带有集装箱吊具的小车在桥架上运行，伸向海面的长悬臂通常是可俯仰的。非作业状态时，悬臂可吊起在 80°～85° 仰角处，使运载桥让过船舶上的最高点；作业时悬臂放平。也有些悬臂是固定的。

图 6-32　装卸桥

三、臂架式起重机

臂架式起重机的特点与桥式起重机基本相同，可在圆形场地及其上空作业，多用于露天装卸及安装等工作，有流动式起重机、浮式起重机、塔式起重机、门座式起重机等。

1. 流动式起重机

1）汽车起重机

汽车起重机是指装在普通汽车底盘或特制汽车底盘上的一种起重机，其行驶驾驶室与起重操纵室分开设置，如图 6-33 所示。这种起重机的优点是机动性好，转移迅速；缺点是工作时须支腿，不能负荷行驶，也不适合在松软或泥泞的场地上工作。汽车起重机的底盘性能等同于同样整车总重的载重汽车，符合公路车辆的技术要求，因而可在各类公路上通行无阻。这种起重机一般备有上、下车两个操纵室，作业时必须伸出支腿保持稳定，起重量的范围很大，可从 8 吨～1000 吨，底盘的车轴数，可从 2～10 根，是产量最大，使用最广泛的起重机类型。

图 6-33　汽车起重机

2)　履带起重机

履带起重机是指将起重作业部分装在履带底盘上，行走依靠履带装置的流动式起重机，如图 6-34 所示。它可以进行物料起重、运输、装卸和安装等作业。履带起重机具有起重能力强、接地比压小、转弯半径小、爬坡能力大、不需支腿、带载行驶、作业稳定性好以及桁架组合高度可自由更换等优点，在电力、市政、桥梁、石油化工、水利水电等建设行业应用广泛。

图 6-34　履带起重机

3)　轮胎起重机

轮胎起重机是指把起重机构安装在加重型轮胎和轮轴组成的特制底盘上的一种全回转式起重机，如图 6-35 所示。其上部构造与履带式起重机基本相同，为了保证安装作业时机身的稳定性，起重机设有四个可伸缩的支腿。在平坦地面上可不用支腿进行小起重量吊装及吊物低速行驶。它由上车和下车两部分组成。上车为起重作业部分，设有动臂、起升机构、变幅机构、平衡重和转台等；下车为支承和行走部分。上、下车之间用回转支承连接。吊重时一般需放下支腿，增大支承面，并将机身调平，以保证起重机的稳定。

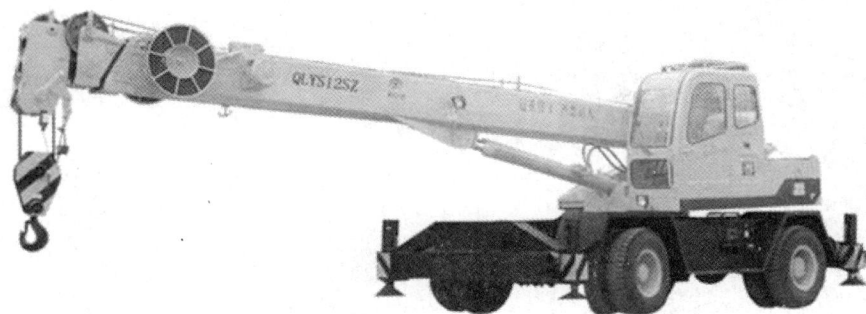

图 6-35　轮胎起重机

2. 浮式起重机

浮式起重机是指安装在专用的船体或囤船上的固定式起重机，如图 6-36 所示。浮式起重机可以进行岸与船、船与船之间的装卸作业，其自重轻，占地少，工作效率高，运转灵活，是内河湖泊理想的装卸设备，也适用于码头疏浚和码头工程施工作业，如作为抓斗挖泥机、浮式卸砂机、浮式卸煤机等使用。

图 6-36　浮式起重机

3. 塔式起重机

塔式起重机是指机身为塔形刚架，能沿轨道行走，配有全围转臂的一种起重机，如图 6-37 所示。在大型塔机的塔架下部可通行混凝土运输车辆，是动臂装在高耸塔身上部的旋转起重机。其作业空间大，主要用于房屋建筑施工中物料的垂直和水平输送及建筑构件的安装，一般用在工地上，吊运物资。

图 6-37 塔式起重机

4. 门座式起重机

门座式起重机是指桥架通过两侧支腿支承在地面轨道或地基上的桥架型起重机，如图 6-38 所示。它具有沿地面轨道运行，下方可通过铁路车辆或其他地面车辆，可转动的起重装置装在门形座架上的一种臂架型起重机。门形座架的四条腿构成四个"门洞"，可供铁路车辆和其他车辆通过。门座起重机大多沿地面或建筑物上的起重机轨道运行，进行起重装卸作业。

图 6-38 门座式起重机

专题八：连续输送机械

——搬运"飞毛腿"

连续输送机械是以连续、均匀的方式沿着一定的线路从装货地点到卸货地点输送散料和成件包装货物的机械装置，简称"输送机"。其工作构件的装载和卸载都是在运动过程中完成的，无须停车，启动、制动少；被输送的散货以连续的形式分布在承载构件上，被输送的成件货物也同样按一定的次序以连续的方式移动。

输送机可以进行水平、倾斜和垂直输送，也可组成空间输送线路，输送线路一般是固定的。输送机输送能力大，运距长，还可以在输送过程中同时完成若干工艺操作，所以应用十分广泛。其实早在公元 186—189 年，为了灌溉农田，我国古代人民就发明了高转筒车和提水的翻车(见图 6-39)，这可以说是输送机的雏形。1868 年，在英国出现了带式输送机；1887 年，在美国出现了螺旋输送机；1905 年，在瑞士出现了钢带式输送机；1906 年，在英国和德国出现了惯性输送机。此后，输送机受到机械制造、电机、化工和冶金工业技术进步的影响，不断完善，逐步由完成车间内部的输送，发展到完成在企业内部、企业之间甚至城市之间的物料搬运，成为物料搬运系统机械化和自动化不可缺少的组成部分。

图 6-39　古代翻车

和其他搬运设备相比，输送机具有以下优点。

(1) 运行速度比较高且稳定。

(2) 生产率较高。

(3) 设备重量轻，外形尺寸小。

(4) 消耗功率小，运行成本低。

(5) 运行中冲击力小，零部件负荷较轻，制造维修相对简单。

(6) 负载均匀，消耗功率变动小。

而它也有缺点。

(1) 只能在固定区间输送物品。

(2) 每种输送设备只适用于输送一定类型的物品。

(3) 设备输送的物品形态和单件重量要求较严格，通用性差，多数不能自动取货，须配备相应的装卸货装置。

一、按安装方式分类

输送机具有多种类型，按安装方式不同分类可分为以下几种。

1. 固定式输送机

固定式输送机主要用于固定输送场合，如专用码头、仓库、工厂专用生产线等，具有输送量大、效率高、单位电耗低等特点，如图6-40所示。

2. 移动式输送机

移动式输送机是指可以移动的输送机，具有机动性强、利用率高和调度灵活等特点，主要适用于输送量不太大、输送距离不长的中小型仓库，如图6-41所示。

图 6-40　固定式输送机

图 6-41　移动式输送机

二、按机械结构分类

按机械结构特点分类，输送机可分为以下几种。

1. 带式输送机

带式输送机(Belt Conveyer)又称胶带输送机，俗称"皮带"，是指组成有节奏的流水作业线所不可缺少的经济型物流输送设备，如图6-42所示。它广泛应用于家电、电子、电器、机械、烟草、注塑、邮电、印刷、食品等各行各业，物件的组装、检测、调试、包装及运输等。

皮带机按其输送能力可分为重型皮带机如矿用皮带输送机，轻型皮带机如用在电子塑料，食品轻工，化工医药等行业。皮带输送机具有输送能力强，输送距离远，结构简单易于维护，能方便地实行程序化控制和自动化操作。运用输送带的连续或间歇运动来输送100公斤以下的物品或粉状、颗状物品，其运行高速、平稳，噪声低，并可以上下坡传送。

图 6-42　带式输送机

2. 链式输送机

链式输送机是利用链条牵引、承载，或由链条上安装的板条、金属网带、辊道等承载物料的输送机，如图 6-43 所示。它广泛用于食品、罐头、药品、饮料、化妆品和洗涤用品、纸制品、调味品、乳业及烟草等的自动输送、分配和后道包装的连线输送。

图 6-43　链式输送机

3. 滚筒输送机

滚筒输送机主要由辊子、机架、支架、驱动部分等组成，辊筒、滚筒输送机是依靠转动着的辊子和物品间的摩擦使物品向前移动。滚筒输送机适用于各类箱、包、托盘等货物的输送，散料、小件物品或不规则的物品需放在托盘上或周转箱内输送，如图 6-44 所示。它能够输送单件重量很大的物料，或承受较大的冲击载荷，滚筒线之间易于衔接过滤，可用多条滚筒线及其他输送机或专机组成复杂的物流输送系统，完成多方面的工艺需要。其可采用积放滚筒实现物料的堆积输送。滚筒输送机结构简单，可靠性高，使用维护方便。

图 6-44　滚筒输送机

4. 悬挂式输送机

悬挂式输送机(见图 6-45)是在空间连续输送物料的设备，物料装在专用箱体或支架上沿预定轨道运行。线体可在空间上下坡和转弯，布局方式自用灵活，占地面积小。它应用于机械、汽车、电子、家用电器、轻工、食品、化工等行业大批量流水生产作业中。在输送工件的过程中，采用空中多点输出送，并可调节其输送速度，十分有利于机械装配等作业。

图 6-45　悬挂式输送机

5. 斗式输送机

斗式输送机(Bucket elevator)包括有驱动装置(含逆止装置)、壳体(包括水平段、改向段、垂直段)，及位于壳体内的牵引链、料斗、头轮和尾轮，在壳体的两端设有加料段和卸料段，料斗的两侧通过连接环分别与两根平行的牵引链相连接，如图 6-46 所示。头轮上设有与牵引链相吻合的齿。其输送形式为一字形、L 形、Z 形三种。其适用于冶金、矿山、建筑、化工、食品、粮食等行业一定粒度、块度的物料和粉料的输送。

图 6-46 斗式输送机

课程链接

希望深入学习装卸搬运的业务管理知识和装卸搬运的作业方法等内容，可以选择学习"物流装卸搬运实务"等相关课程。

希望深入学习针对不同货物种类有不同装卸搬运工艺流程和技术等内容，可以选择学习"物流装卸搬运设备与技术"等相关课程。

思考题

1. 装卸搬运作业的特点和分类有哪些？
2. 现代装卸搬运的作业准则是什么？
3. 以前大家买东西用菜篮子或购物袋，现在很多人都在使用拉杆购物车。思考一下这一改变体现了哪些装卸搬运的合理化原则？
4. 装卸搬运设备如何进行分类？
5. 叉车的分类以及各种叉车的结构特点及用途分别是什么？

案例讨论题

托盘的标准化

目前，世界范围内多数国家的物流标准化工作还处于初始阶段，但作为物流托盘化基础的托盘标准化却由于托盘使用量大，使用频率高，使用范围广，而有较大进展。据统计，美国拥有 15～20 亿个托盘，日本拥有 7～8 亿个托盘，物流业刚起步不久的我国也拥有上亿个托盘，并且社会生产、流通的大多数行业都不同程度地大量使用托盘。

国际标准化组织——托盘标准化技术委员会(IO/TC51)是国际托盘标准制、修订的专门机构，在 2003 年颁布的 ISO6780 标准中推出六种国际托盘标准规格，其中，欧洲普遍使用 1200mm × 800mm，1200mm × 1000mm 两种规格的托盘，美国主要使用的规格为 40 英寸 × 48 英寸，澳大利亚则以 1140mm × 1140mm、1067mm × 1067mm 两种规格为主，亚洲国家，特别是日本、韩国，分别于 1970 年和 1973 年把 1100mm × 1100mm(简称 T11)规格托盘作为国家标准托盘大力推广。目前，澳大利亚标准化托盘使用率最高，为 95%；美国为 55%；欧洲为 70%；日本为亚洲之最，使用率为 35%；韩国为 26.7%。

我国已成立了中国物流标准化技术委员会和中国物流与采购联合会托盘专业委员会(以下简称两会)。两会成立后，制订了若干物流国家标准，如《数码仓库应用系统规范》、《物流企业分类与评价指标》等，还与国际上托盘使用大国，特别是与日本、韩国这两个临近托盘大国进行了广泛深入的交流与合作，为我国托盘事业发展做了大量工作。但目前两会还没有制定出我国自己的托盘国家标准，而是套用 ISO/TC51 制定的国际标准。我国目前在社会上流通使用的托盘规格有几十种之多，其中包括 1100mm × 1100mm，1200mm × 1000mm 两种规格。

1. 物流托盘化面临的主要问题

我国物流系统最大的问题是效率低、成本高。标准化托盘的大量使用将有利于托盘集装单元化和实行托盘作业一贯化，有利于衔接货架、物流设备、运输车辆以及集装箱的尺寸，进而促进物流托盘化的发展、降低物流成本、提高物流效率。

中国物流与采购联合会托盘专业委员会自 2001 年成立后，对我国托盘使用现状进行了广泛深入的调查研究，调查显示，我国物流托盘化工作中存在以下几个主要问题。

(1) 我国现有托盘规格多达几个种，物流运输商品单元大小不一，极度混乱。

托盘使用单位往往根据自己产品的包装设计、定制托盘，而托盘制造商则是有订单就生产，这是一种本末倒置的现象，使我国现有托盘规格混乱，难以统一。以托盘为基础的商品单元是物流系统中最主要的作业单元，由于商品及其包装大小各异，以致承载商品的托盘规格也参差不齐，托盘规格混乱，装载商品后很难形成整齐划一的单元。托盘规格和运输车辆、仓库、集装箱等不配套，致使各种运输工具的装载率、装卸设备的荷载率、仓储设施空间利用率都较低，效率不能发挥，同时还使无效作业增加，速度降低、成本上升，影响了物流的效益和竞争力。小小的托盘及其规格问题目前已成为我国物流业降低成本、提高效率的瓶颈。1960 年，日本就出现了近千种规格非标准托盘的情况，致使其在托盘标准化方面尝尽苦头，其经验和教训值得我们吸取。

(2) 在托盘规格的选用和确定上认识不统一，不利于托盘标准化的尽快实施。

目前，在业界对托盘的规格选用确定上观点各异，有主张使用方形的，有主张使用长方形的。主张使用方形托盘(T11)的理由是：我国是国际贸易大国，外贸运输一般采用集装箱海运方式，只有 T11 托盘才能实现与海运集装箱的最佳匹配，进而实现精密、高效的物流。主张使用长方形托盘(1200mm × 1000mm，简称 1210 型)的观点是：我国现有大多数企业以 1210 型托盘尺寸为企业标准；许多在我国投资的外资企业为融入我国市场、降低物流费用，纷纷放弃原有托盘使用习惯，而改用 1210 型托盘；另外，T11 托盘仅在日、韩两国使用较多，在世界其他国家或地区用量很少，如选用 T11 托盘只有利于我国与日、韩两国形成共用体系，而其不足之处却有许多，如改变目前国内大量使用的与 1210 型托盘配套的相关设备极其困难，不利于我国同日、韩以外的其他更多国家或地区形成统一的托盘体系；T11 托盘的叉车进入口不如 1210 型托盘更方便等。

（3）我国目前尚未建立起全国范围的托盘共用系统，不利于物流托盘化发展。

由于制造商无法回收随商品发往四面八方的空托盘，我国绝大多数企业的托盘都是在企业内部周转，尤其是内销商品，流通过程中几乎不用托盘，产品发运时，要把托盘上的货物一件件地装上车，到达目的地后再把货物卸下，码放在对方的托盘上，然后再放到货架上。企业的产品经过多次倒换托盘，增加了无效的人工搬运装卸作业，极大地降低了工作效率，也使产品在流通转运过程中容易受到损害；为了应对流通转运过程中的野蛮装卸，有些企业拼命提高包装纸箱的抗压强度，双瓦楞纸代替单瓦楞纸，用纸克重很高，但还是不能根本解决问题，产品流通成本不断升高，产品竞争力不断下降。所以，应将托盘连同货物(称托盘集装单元)一起送到最终用户手中，而不在中途反复倒盘(称托盘作业一贯化)，减少无效作业，降低物流成本，提高物流效率和竞争力。但托盘作业一贯化又导致所用托盘不能回收，其价值就成为制造商的物流成本问题；又由于我国目前还没有国家级托盘共用系统，还不能解决托盘回收和循环使用问题，这使进一步降低物流成本困难重重，严重地阻碍了物流托盘化的进展。

（4）我国木质托盘使用量大、森林资源浪费严重、不符合科学发展观的要求。

调查数据显示，我国现有托盘总量不少于 1 亿个，实际使用量远高于此数字，其中木质托盘占 90%左右，塑料托盘占 8%左右，而钢托盘、塑木托盘及其他材质托盘只占 2%左右。一棵成材大树只能制作 6 个标准托盘，树木生长周期又非常长，所以，我国大量使用木质托盘导致了森林资源的巨大浪费。在强调可持续发展的今天，以浪费大量森林资源为代价的物流托盘化是不可取的。

2. 托盘标准化的对策

（1）政府、行业组织、学术界、实业界通力合作，全力推动托盘国家标准尽快出台，力争早日实现物流托盘化。制定托盘国家标准以及实现物流托盘化是一个庞大的系统工程，政府、行业组织、学术界、实业界应同心协力来完成。

首先，政府或行业组织应组织学术界与实业界共同参与，在国际标准范围内选择 1～2 种标准托盘规格，没必要提出上述 6 种规格以外的其他规格。因为世界各国或地区都在推行自己的传统托盘规格，而不是 6 种规格并用，所以，应本着科学性、前瞻性、符合我国国情的原则，慎重选择标准托盘规格。

其次，政府或行业组织应根据我国现状制定相应法律、法规或其他规定，推动标准托盘的实际大量使用，随着标准托盘使用率不断提高，并存的几十种托盘规格会逐步减少。

最后，以标准托盘尺寸规格为基础，逐步调整物流设施、设备、运输车辆等的相关尺寸，力争早日建起物流托盘化体系，这反过来又会促进标准托盘的更广泛使用，实现托盘总量更大幅度增长，进一步缩小中外物流在成本和效率方面的差距。

（2）实施托盘作业一贯化，提高物流运作水平。

制定托盘国家标准的基本目的是实施托盘作业一贯化，使不必要的倒盘、折垛、码垛、装卸、搬运等无效作业不再发生，大幅度降低物流成本，提高物流运作水平。实施托盘作业一贯化需要相关各方共同推动才能实现。

(3) 尽快建立国家级托盘共用系统，解决托盘作业一贯化中托盘回收问题。

根据物流业发达国家经验，回收托盘并循环使用，必须依靠社会力量组建托盘回收共用系统。国外的托盘共用系统由一个托盘公司运作，它拥有一定数量的托盘，在全国各地建立托盘回收点，负责托盘的回收和维护。使用托盘的企业可以向托盘公司租用所需数量的托盘，出厂的托盘集装单元可以保持原态送达最终收货地点，用户取走托盘上的货物后，将空托盘还给就近的托盘回收站并付给相应租金。使用托盘的企业不必购买大量托盘，免去了存放、管理和维修托盘的麻烦。可见，托盘共用系统既可有效保证托盘作业一贯化的实施，又能合理使用托盘。

对于国际长距离运输所用托盘的回收问题，由于费用太大，最好使用一次性托盘，因其价格低，成本可均摊到运价中，由于距离长，这种分摊是很合算的。建立托盘共用系统需要大量投资，回收期又长，而且还要根据所运作托盘的数量来确定。所以，我国建立托盘共用系统应由国家、企业、金融机构、有兴趣的个人共同出资以组建股份制公司的方式来实现。

(4) 制定相关的其他规定和标准，完善物流托盘化系统。

托盘尺寸规格标准化后，托盘制造材料标准、各种材质托盘的质量标准、托盘检测方法及鉴定技术标准、托盘作业标准等一系列相关标准和规定都需尽快制定出台，还要考虑解决相关研究与执行机构的设立、托盘制造设备和托盘作业相关设备的研发等问题，这些是完善物流托盘化的必要内容和保证。

需要特别指出，随着技术的进步，以废塑料、稻壳、木屑为原料的塑木托盘具有良好的性价比。从可持续发展、节约森林资源角度出发，我国应大力提倡生产使用塑木托盘，减少木质托盘的生产和使用，这是于国、于民、于企业都有利的事。

托盘是现代物流中最普遍使用的装卸搬运器具，托盘标准化是实现物流托盘化的关键基础之一。我国应在借鉴国外经验，积极采用 ISO 标准的同时，尽快制修订切实可行的托盘国家标准，促进我国物流托盘化的健康发展。

讨论：
1. 托盘标准化的意义有哪些？
2. 如何更好地实现托盘标准化？

(资料来源：樊宏. 托盘标准化与物流托盘化. 中国物流与采购[J]. 2005(15))

实训题

登录 http://www.7k7k.com/swf/109502.htm，可以通过在线小游戏体验一下叉车的操控以及完成相应的装卸搬运任务。

第七单元　包装

——商品的外衣

🔖 **单元导读**

　　大家平常购物所买的商品是不是都带有包装？商品为什么要有包装呢？你所接触到的包装物都是什么材料的？你所见到过的包装容器都是什么形状的？你是否担心过包装材料的安全性？用过的包装废弃物你是如何处理掉的？有关包装方面的法律法规你知道多少？大家听说过绿色包装吗？通过对本单元内容的学习，你可以找到以上问题的答案。

专题一：从天然材料到人工材料

——包装的历史与发展

　　包装是一个古老而现代的话题，也是人们自始至终在研究和探索的课题。从远古的原始社会、农耕时代，到科学技术十分发达的现代社会，包装随着人类的进化、商品的出现、生产的发展和科学技术的进步而逐渐发展，并不断地产生一次次重大突破。从总体上看，包装大致经历了原始包装、传统包装和现代包装三个发展阶段。

一、原始包装阶段

　　人类使用包装的历史可以追溯到远古时期。早在距今一万年左右的原始社会后期，随着生产技术的提高，生产得到发展，人们有了剩余物品需要贮存和进行交换，于是开始出现原始包装。最初，人们用葛藤捆扎猎获物，用植物的叶、贝壳、兽皮等包裹物品，这是原始包装发展的"胚胎"。以后随着劳动技能的提高，人们以植物纤维等制作最原始的篮、筐，用火煅烧石头、泥土制成泥壶、泥碗和泥罐等，用来盛装、保存食物、饮料及其他物品，使包装的方便运输、储存与保管功能得到初步完善。这就是古代包装，即原始包装。

二、传统包装阶段

　　约在公元前 5000 年，人类开始进入青铜器时代。4000 多年前的中国夏代，中国人已能冶炼铜器，商周时期青铜冶炼技术进一步发展。春秋战国时期，人们掌握了铸铁炼钢技术和制漆涂漆技术，铁质容器、涂漆木质容器大量出现。在古代埃及，公元前 3000 年就开始吹制玻璃容器。因此，用陶瓷、玻璃、木材、金属加工各种包装容器已有千年的历史，其中许多技术经过不断完善发展，一直使用到如今。

　　早在汉代，公元前 105 年蔡伦发明造纸术。公元 61 年，中国造纸术经高丽传至日本；13 世纪传入欧洲，德国第一个建造了较大的造纸厂。11 世纪中叶，中国的毕昇发明了活字印刷术。15 世纪，欧洲开始出现了活版印刷，包装印刷及包装装潢业开始发展。16 世纪欧洲陶瓷工业开始发展，美国建成了玻璃工厂，开始生产各种玻璃容器。至此，以陶瓷、玻璃、木材、金属等为主要材料的包装工业开始发展，近代传统包装开始向现代包装过渡。

三、现代包装阶段

自 16 世纪以来，由于工业生产的迅速发展，特别是 19 世纪的欧洲产业革命，极大地推动了包装工业的发展，从而为现代包装工业和包装科技的产生和建立奠定了基础。18 世纪末，法国科学家发明了灭菌法包装储存食品，导致 19 世纪初出现了玻璃食品罐头和马口铁食品罐头，使食品包装学得到迅速发展。进入 19 世纪，包装工业开始全面发展，1800 年机制木箱出现，1814 年英国出现了第一台长网造纸机，1818 年镀锡金属罐出现，1856 年，美国发明了瓦楞纸，1860 年欧洲制成制袋机，1868 年美国发明了第一种合成塑料袋——赛璐珞，1890 年美国铁路货场运输委员会开始承认瓦楞纸箱正式作为运输包装容器。

进入 20 世纪，科技的发展日新月异，新材料、新技术不断出现，聚乙烯、纸、玻璃、铝箔、各种塑料、复合材料等包装材料被广泛应用，无菌包装、防震包装、防盗包装、保险包装、组合包装、复合包装等技术日益成熟，从多方面强化了包装的功能。从 20 世纪中后期开始，国际贸易飞速发展，包装已被世界各国所重视，大约 90%的商品需经过不同程度、不同类型的包装，包装已成为商品生产和流通过程中不可缺少的重要环节。目前，电子技术、激光技术、微波技术广泛应用于包装工业，包装设计实现了计算机辅助设计(CAD)，包装生产也实现了机械化与自动化生产。

当今，包装行业已经成为一个独立的行业。根据中国包装业协会数据显示，全世界每年包装销售额为 5000～6000 亿美元，占国民生产总值的 1.5%～2.2%。通常发达国家的包装工业在其国内属于第九产业或第十大产业，发展中国家的包装工业和产品的年增长率达 10%以上。到 2014 年，全球包装市场规模将从 2009 年的 4290 亿美元增至 5300 亿美元，其增长速度将明显高于全球经济增速。

中国包装行业发展迅速，包装产业总产值从 2003 年 2500 亿元，发展到 2010 年约 12 000 亿元，年复合增长率为 21%。由于全球包装行业向亚洲转移，特别是向中国转移，预计未来三到五年中国包装总产值增长将加速，年增长率大于 21%，将继续保持仅仅次于美国的世界第二大包装产品生产国，甚至有望超越美国。

☕ 轻松一刻

"枕型包"是大家常见的牛奶和饮料纸包装，由纸、塑、铝复合共挤而成，用于牛奶饮料等液体无菌灌装，成型后的包装形式长条，形如枕头，又因瑞典利乐公司在全球尤其是在国内占据大量市场，故被称作利乐枕。与塑料瓶、玻璃瓶相比，砖型和枕型的利乐包，容积率相对较大，而且这种包装形状更易于装箱、运输和存储。从技术的角度来看，利乐包是由纸、铝、塑组成的六层复合纸包装，能够有效阻隔空气和光线，而这些正是容易让牛奶和饮料变质的"杀手"。因此，小小的利乐包，让牛奶和饮料的消费更加方便而安全，保质期更长，实现了较高的包装效率。而且在保持包装性能不变的前提下，经过长期的努力，利乐包中纸板的使用量已经减少了 18%；铝箔的厚度也已经减少了 30%；另一方面，所有利乐包装都可以回收再利用，做成文具、桌椅、建筑材料等，使它们在完成包装的功能后，能够"废而不弃"。但大家需要注意的是：利乐包装的物品绝对不可以放在微波炉里加热，那样会带来炸弹的效果！

专题二：既当"保镖"，还会推销

——物流包装的分类与作用

在社会再生产过程中，产品的包装处于生产过程的终点和分销物流的起点。物流是商品流通的命脉，而物流包装作为物流系统功能之一，是物流系统活动中最基本的因素，也是物流经济活动运营中的核心和基础支持。在物流系统中，运输、装卸、搬运、仓储、配送以及销售等环节都与包装紧密相连。在整个流通过程中，包装是否结实、是否科学合理、是否标准化，决定着产品能否以完美的使用价值达到用户满意。做好物流包装可以促进经营，降低成本，减少损失，提高经济效益，获取客户满意度。任何一种产品从生产领域转移到消费领域，都必须借助于包装，完善的物流包装是实现现代化物流的保障。可见，包装在物流中的地位十分重要。

所谓包装，是指为在流通过程中保护产品，方便储运，促进销售，按一定技术方法而采用的容器、材料和辅助物的总体名称。它也指为了达到上述目的而采用容器、材料和辅助物的过程中施加一定技术方法等的操作活动。包装应该包含包装材料和包装技术两层含义。以包装在物流中的功能划分，包装可以分为两类：一类是为了物流运输而进行的包装，称为工业包装；另一类是为促进市场销售而进行的包装，称为商业包装。

工业包装也称运输包装，主要是为方便装卸、存储、保管、运输而进行的包装。因此工业包装必须考虑装卸作业的形式，如用人工装卸，应按人工可以承受的重量进行包装，如果使用机械装卸，就无须按人工装卸考虑包装单位的大小，只要交易允许，则尽量采用大单元包装方式，这样可以降低包装费用。工业包装的规格、形状、重量、包装材料、包装容器等还要考虑与运输方式相吻合，同时还要便于仓储保管。

工业包装又有内包装和外包装之分，如卷烟的条包装为内包装，大箱包装为外包装。外包装主要是从运输作业角度考虑的，能更好地保护商品，方便搬运。同时外包装还具有标准化的特点，可以在不同企业间进行周转使用，提高物流管理的效率。常见的外包装容器有集装袋或集装包、托盘、瓦楞纸箱、集装箱等，如图 7-1 所示。

图 7-1　集装袋与托盘的组合

商业包装也称销售包装，主要是以促进销售为目的包装，销售包装是商品的外在形象。包装上的商标、图案、文字说明可以起到广告和"无声推销员"的作用。因此，这种包装要考虑零售业的需要，强调包装外形的美观，以便吸引消费者的注意力，激发消费者的购买欲，适当的装潢还可以提高商品的价格。商业包装的规格、形状、包装容器等还要考虑便于消费者购买和携带。

在流通和消费过程中，包装的作用主要体现在保护商品、方便储运、促进销售、方便消费四个方面。

保护商品是包装最重要、最基本的作用。恰当的包装可以起到防止各种可能的损害和保护产品使用价值的作用，就像商品的"保镖"一样，如图 7-2 所示。产品从生产厂家要经过一定的时间和历程才能送到消费者手中，产品在经历多次装卸、存储、运输的过程中要承受各种振动、挤压、颠簸、碰撞等各种外力的作用，为防止商品的破损变形，结实的包装是必需的。商品在流通过程中不仅会受到以上各种外力的作用，还会受到气候、生物、环境、安全等各种外来因素的影响。为防止商品受潮发霉、害虫侵蚀、污物污染、被盗丢失以及保护人员和环境的安全，选用合适的包装材料和包装技术是非常必要的。

图 7-2　包装就像商品的"保镖"

方便储运体现的是包装的便利功能，给流通环节贮、运、调、销带来方便，如装卸、盘点、码垛、发货、收货、转运、销售计数等。

促进销售是包装的第三个作用，消费者在选购商品时，通常第一眼看见的是商品的包装，而不是商品本身。当商品的质量不容易从产品本身辨别的时候，人们往往会凭包装作出判断。它不仅可以说明产品的名称、品质和商标，介绍产品的特效和用途，而且还可以展现企业的特色。消费者通过包装可以在短时间内获得商品的有关信息。包装是产品差异化的基础之一，一个设计独特、新颖大方并且具有强烈的视觉冲击力色彩的包装可以使本企业产品有别于其他同类产品，方便消费者进行分辨和挑选。例如，卡通造型的沐浴液包装会吸引很多小孩子来购买；而巧克力做成心形包装让更多情侣乐于购买。所以有人说"包装是不会讲话的推销员""精美的包装胜过一千个推销员"。

除了以上作用外，包装还可以方便顾客消费，这一作用主要体现在食品的小包装或独立包装上。食品换上小包装，一大好处是方便。出门在外，口袋里装几块小包装的熟食，方便携带，容易储存，还能随时享用。尤其是出门旅行时，打开一小袋食用，十分方便，特受欢迎。而且，小包装更符合当今消费者的需求。随着生活质量的提高，人们现在追求

"吃得新鲜又健康"，吃得少但要吃得精，更重视质量和品质。小包装恰恰捕捉到消费者需求的变化，为消费者提供了新选择，消费者再也不用担心食品过期。

与传统包装相比，小包装还具有节约的优势。一家美国葡萄酒生产企业今年推出了新款便携利乐包葡萄酒，用纸包装替代过去的玻璃瓶，不仅大幅节约了运输成本，在储存和运输空间相同的前提下能多储运酒达 33%。

专题三：商品也会"说话"
——包装的标记与标志

商品包装标记是根据商品自身的特征，用文字、图案和阿拉伯数字等在包装物上明显的位置注明的记号。商品标记一般分为基本标记、运输标记等。基本标记用来说明物品实体的基本情况，例如名称、规格、型号、批号、计量单位、数量、重量、出厂日期和地址等。对于时效性较强的物品还要写明成分、保质期等。运输标记主要标明起运、到达地点和收发货单位等的文字记号。运输标记的主要作用为：加强保密性，有利于物流中的商品安全；具有导向性和指令性作用，可以减少物流中商品的错发、错运等事故的发生。

物流包装标志是用来指明被包装物品的性质和物流活动安全以及理货、分运需要的文字和图像的说明。物流包装标志主要是为便于工作人员辨认、识别货物，以利于交接、装卸、分票、清点和查核，避免错发、错卸和错收。物流包装标志有以下几种。

一、识别标志

识别标志(也称运输包装收发货标志)是运输过程中识别货物的标志，通常印刷在外包装上，其内容有：分类标志、供货号、货号、品名规格、数量、重量、生产日期、生产单位、体积、有效期限、收货地点和单位、运输号码以及发运件数等。常见的运输包装的标志图如图 7-3 所示。

图 7-3　物品分类标志图

二、指示标志

指示标志(也称储运包装注意标志)是根据不同商品对物流环境的适应能力，用醒目简洁的图形和文字标明在装卸、运输及储存过程中应注意的事项。例如：小心轻放、由此吊起、切勿倒置、怕热和怕湿等，如图 7-4 所示。此类标志的图形符号按照 2008 年制定的国家标准《包装储运图示标志》(GB 191—2008)的规定执行。

包装储运图示标志

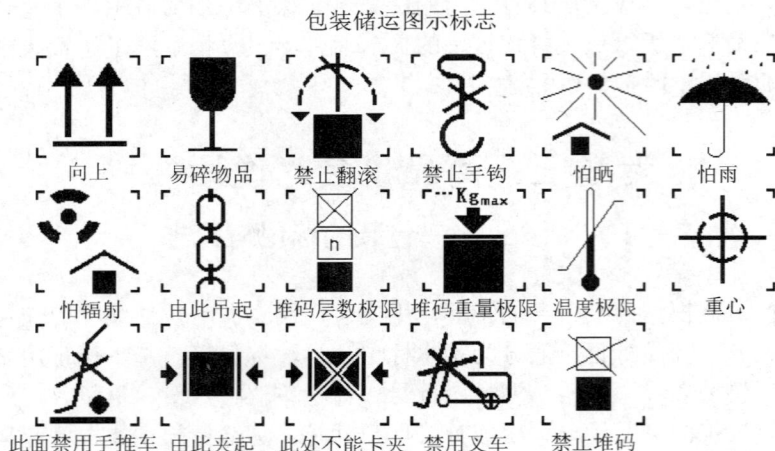

向上	易碎物品	禁止翻滚	禁止手钩	怕晒	怕雨
怕辐射	由此吊起	堆码层数极限	堆码重量极限	温度极限	重心
此面禁用手推车	由此夹起	此处不能卡夹	禁用叉车	禁止堆码	

图 7-4　包装储运图示标志

三、警告性标志

警告性标志(也称危险货物包装标志)是用来标明对人体和财产安全有严重威胁的货物的专用标志，由图形、文字和数字组成。危险品标志必须标明危险品的类别及等级，如爆炸品、易燃液体、易燃固体、放射性物品、腐蚀品等。不同类别的危险品，应使用不同的危险品标志。此类标志图形、颜色等按照 1990 年制定的国家标准《危险货物包装标志》(GB 190—1990)的规定执行。如图 7-5 所示是一些常见的危险货物包装标志图形。

图 7-5　危险品包装标志图

通过以上的介绍可以看出，商品在通过包装上的标记和标志告诉人们："我是什么？我从哪里来，到哪里去？我的脾气怎么样，你们应该如何保护我。"如果你也想听懂商品的话，那就好好地学习包装上的标记和标志吧。

专题四：包装材料与包装容器
——丰富多彩的包装形式

食品可以用纸盒、纸袋、纸箱包装，也可以用塑料薄膜、塑料碗、塑料桶还可以用玻璃、陶瓷制品等来包装。服装可以用塑料袋、纸袋等包装材料来包装。本专题内容主要介绍商品包装材料与包装容器。包装材料的选择十分重要，它直接关系到商品包装的质量和包装费用，同时也会影响到运输、装卸、搬运和保管等环节。用于物流包装的材料有很多种，有纸质的、塑料的、木质和竹质的、玻璃和陶瓷的、金属的等，从传统的纤维纸板到最新的记忆性塑料带，可谓应有尽有。

一、纸制品包装材料与容器

在包装材料中，纸质材料的应用最为广泛，品种最多。由于纸具有价格低，质地细腻、均匀，耐摩擦，耐冲击，容易黏合，易于采用各种加工方法等优点，所以，目前在世界范围内，纸占包装材料的比重比其他包装材料都大。另外，用纸做成的包装容器不易受温度影响，无毒、无味，又可以回收再利用，因此，它也是非常理想的绿色包装材料。

专用包装纸包括牛皮纸、鸡皮纸、羊皮纸、玻璃纸和纸袋纸等。牛皮纸因纸面呈黄褐色，质地坚韧，强度大，仿佛牛皮而得名。它主要用于包装工业用品，如可用作五金电器及仪器、棉毛丝绸织品、绒线等包装，还用于制作卷宗、档案袋、信封、唱片袋等。鸡皮纸是一种单面光泽性好的薄包装纸，在欧洲原意是"弹药纸"，用作火药的信管。因其质地近似于牛皮纸，但略逊一筹且色泽多变故得名。鸡皮纸用于包装比较轻巧的工艺品、食品或小商品，纸面均匀，抗水性好。羊皮纸又称植物羊皮纸，古代羊皮纸是用小羊羔皮加工而成，而现代羊皮纸是原纸经过硫酸浸渍，再用清水洗净、甘油润饰后烘干而成。羊皮纸具有防油、防水、强度大的特性，适应于化工产品、机器零件等工业包装；食品羊皮纸适用于食品、药品、消毒材料的内包装用纸，例如用于包装茶叶、药品、糖果、香烟等，也可用于其他需要不透油、耐水性的包装用纸。玻璃纸完全透明，像玻璃一样光亮，主要用于医药、食品、精密仪器等商品的美化包装。纸袋纸可用来生产多层纸袋，其中普通纸袋纸主要用来生产水泥纸袋，还可以用来制作杂货用纸袋或大纸袋、运输包装袋、裹包用纸；微皱纹纸袋纸伸长性好、强度大、耐撕裂，特别适用于混合性运输、出口运输及远距离运输；防潮纸袋纸用于包装散粒产品、无机肥料以及在高湿度运输条件下的其他货物的纸袋。

纸板是指用牛皮纸浆、化学纸浆、旧纸浆等为原料制成的厚纸板的总称。纸板可做成纸盒和纸箱包装容器。在纸板品种中，瓦楞纸板用途最广泛，产量也最大。瓦楞纸板一般有单面瓦楞纸板、双面瓦楞纸板、三层瓦楞纸板、五层瓦楞纸等。瓦楞纸箱是用瓦楞纸板经过模切、压痕、钉箱或粘箱制成的箱型容器。瓦楞纸箱因其重量轻、耐冲击、容易进行机械加工和回收、价格便宜等优点而被广泛使用。瓦楞纸箱的用量一直是各种包装制品之首。瓦楞纸箱现广泛用于水果、饮料、家居用品、电器产品等包装领域。瓦楞纸箱主要用于运输包装，随着经济的发展，商品对包装的要求越来越高。瓦楞纸箱也逐渐由过去的单纯运输包装向既满足运输包装要求，又兼顾销售包装功能方向发展，如图7-6所示。

图 7-6　瓦楞纸箱

　　纸材料可以制成的包装容器有包装袋、包装盒、包装箱等。折叠纸盒是一种应用非常广泛的绿色包装容器。折叠纸盒通常是使用较薄的纸板经过模切和压痕后通过折叠组合成型的。目前，折叠纸盒是应用范围最广、结构变化最多的一种商品销售包装容器。它已经被广泛地用于药品、食品、香烟、化妆品、工艺品、服装、电子产品、五金等包装领域，也用于软饮料、牛奶、熟食、茶叶等产品的包装。折叠纸盒具有加工成本低、运输方便、适用于各种印刷方式、便于销售和陈列、适用自动化包装、回收利用性好、有利于环境保护等优点。

二、塑料制品包装材料与容器

　　塑料是可塑性高分子材料的简称。具有质轻、美观、耐腐蚀、力学性能高、易于加工和着色等特点。塑料有良好的透明度和表面光泽，印刷和装饰性能好，可以美化商品，属于节能材料。塑料在包装中被广泛使用，可用于内包装、外包装，用于工业包装时可制成塑料桶、塑料箱、塑料托盘等包装容器，也可以制成塑料瓶、塑料碗、塑料盒、塑料袋等用于药品、饮料、食品以及纺织品等商品的包装。

　　塑料包装材料包括：聚乙烯(Polyethene，PE)、聚丙烯(Polypropylene，PP)、聚苯乙烯(Polystyrene，PS)、聚氯乙烯(Polyvinylchloride，PVC)、聚酯(Polyester，PET)等。

　　聚乙烯是日常生活中最常用的高分子材料之一，大量用于制造塑料袋、塑料薄膜等。它可抗多种酸碱腐蚀，但是不抗氧化性酸。它具有好的防水性能、好的热稳定性、大的柔性和可存在性、中等耐油性等特点。高压聚乙烯可制成薄膜，因其透气性好、透明结实，适用于蔬菜、水果的保鲜。

　　聚丙烯比聚乙烯具有更高的熔点，且无毒，所以常被使用在一些医疗器具上。聚丙烯具有较高的耐冲击性，机械性质强韧，但是较容易氧化。在包装上，聚丙烯可以制成塑料瓶子、塑料盖、塑料罩、塑料薄膜等用于食品和药品的包装。

　　聚苯乙烯是一种无色透明的塑料材料，易脆，对大多数的有机溶剂敏感，但对大多数无机化合物和碱金属不敏感。聚苯乙烯常被用来制作各种需要承受温度的一次性容器，以及一次性泡沫饭盒、盘子和杯子。发泡聚苯乙烯材料一般做包装的衬垫和内包装的防震材料。

聚氯乙烯有刚性和柔性两种类型。聚氯乙烯具有好的阻隔性能，透明似晶体结构。聚氯乙烯最大的特点是阻燃，广泛用于防火材料。在包装方面的主要用途是制作热成型泡罩，也用于水瓶、肉类的弹性外包装等，还可以制成塑料周转箱。聚氯乙烯的缺点是其在燃烧过程中会释放出盐酸和其他有毒气体。

聚酯对氧气和二氧化碳的耐受性是塑料中最好的，常用于制造饮料瓶。其缺点是熔体强度低、易吸潮。

三、木制品包装材料与容器

木质材料主要是指由树木加工成的木板或片材。木材是最传统的包装材料，一般用于外包装，因为木材具有抗压、抗挤、抗震、抗冲撞能力，至今仍有较广泛的使用。木质包装可回收、重复用，属于绿色包装材料。

木板箱一般可用运输包装容器，能装载多种性质不同的物品，如机械电子、陶瓷建材、五金电器、精密仪器仪表等行业的产品。木板箱作为运输包装容器具有很多优点，例如有抗碰裂、溃散、戳穿的性能，有较大的耐压强度，能承受较大负荷，制作方便等。但木板箱的箱体较重，体积较大，本身并没有防水性。

木桶分为木板桶、胶合板桶和纤维板桶。木板桶具有透气性好、不渗漏、无味等特点，有的木桶内还涂上石蜡或白布层，具有防寒、结构严密、隔热、坚固的优点；胶合板桶的桶盖与桶底为木板，而桶身为胶合板；纤维板桶的结构与用途和胶合板桶相同，具有防潮、耐冲击等特点。

木材的另一个用途是制作托盘。但是由于木材资源的再生速度很慢，许多物流包装领域改用塑料托盘替代。此外，木质材料还可以制成木盒、木筒、竹筒，用于轻质商品的销售包装，如茶叶、食品、工艺品等的包装。

四、金属制品包装材料与容器

包装所用的金属材料主要是指钢材和铝材。其形式为薄板和金属箔，前者为刚性材料，后者为柔性材料。金属包装材料具有极优良的综合性能，金属材料非常坚固、强度高、耐腐蚀、不易破裂，容易进行加工，而且防水、防潮、防光、防摔，能有效地保护被包装的物品。金属材料不但可以用于小型销售包装，如茶叶、奶粉、糖果、饼干、饮料、奶粉等商品的包装，而且是大型运输包装的主要容器。

钢材一般用于制造运输包装的大型容器，如集装箱、钢桶、钢罐等主要用于食品、药品、文化用品、石油、涂料及油脂类物品的包装。镀锌薄钢板是制罐材料之一，主要用于制作工业产品包装容器。

铝主要用于销售包装，很少应用在运输包装上，主要用于制作饮料罐。

五、玻璃、陶瓷制品包装材料与容器

玻璃与陶瓷属于硅酸类材料。玻璃与陶瓷包装是指以普通或特种玻璃与陶瓷制成的包装容器，如玻璃瓶、玻璃罐、陶瓶与缸、坛、壶等。玻璃、陶瓷的特点是不怕腐蚀、强度高，但易碎，所以常用于食品、饮料、酒类、药品的储藏。玻璃资源丰富且便宜，易于回收重复用。

六、复合材料制品与容器

复合材料是由两种或两种以上异质、异形、异性的材料复合形成的新型材料。复合材料按性能高低分为常用复合材料和先进复合材料。先进复合材料是以碳、芳纶、陶瓷等高性能增强体与耐高温的高聚合物、金属、陶瓷和碳(石墨)等构成的复合材料。这类材料往往用于各种高技术领域用量少而性能要求高的场合。常用复合材料是指把纸张与塑料复合，纸与金属箔等两种或两种以上材料复合在一起以适应用途要求的包装材料。这类材料主要应用于茶叶袋、腌制品包装袋、牙膏管等。

七、其他包装材料

其他包装材料的种类繁多应用广泛，主要分为纤维品包装材料，天然包装材料两大类。

纤维织品包装材料有天然纤维(植物纤维、动物纤维、矿物纤维)和化学纤维(人造纤维、复合纤维)。这类纤维可制成包装袋，可用来包装中药药材、土特产品等。

天然包装材料有竹类、藤材、草类，可制成竹筒、藤箱、草编袋等包装容器。

☕ 轻松一刻

包装可以食用吗？答案是肯定的。杯子不仅可以用来盛放解渴的饮料，当你饿的时候甚至还能把它吃掉。这种神奇的杯子成分中含有某种植物提取物，并融入了柠檬、薄荷等口味，看上去就像一只玻璃杯，当你抱着杯子大啃特啃的时候，周围人投射来的异样目光恐怕是逃不掉了。如果你觉得它不好吃，随便丢在草丛、花盆里，它就可以生物降解成令花草茁壮的肥料。

专题五：全心全意为商品服务
——五花八门的包装技术与方法

在经济高速发展的当代，进入流通领域中的商品种类繁多。每种商品的性能、用途等各不相同，因此，为了保证商品在运输、储存、销售等环节不受到损害，使商品能够安全地到达消费者手中，对不同的产品采用不同包装技术和方法是非常必要的。下面要介绍的内容是物流包装技术与方法。

一、防霉防腐包装

物品的霉变和腐败简称为霉腐。物品的霉变就是指真菌在物品上经过生长繁殖后，出现肉眼能见到的真菌，如食品、纺织品、皮革、纸与纸板等。物品的腐败是指由细菌、酵母菌等引起物品中营养物质的分解，使物品遭到侵袭破坏而呈现腐烂现象，如蔬菜、水果等。

物品的霉腐一般要经过以下四个环节：受潮、发热、霉变和腐烂。从霉腐的本质和过程中可以看到物品的霉腐不仅与物品本身的组成成分有关，而且与物品在生产、包装、运输和储存过程中受到的外界环境因素的影响有关，如环境湿度、环境温度、空气、化学因素、辐射和压力等。

防霉防腐包装技术就是在充分了解引起霉腐的微生物(简称霉腐微生物)的营养特性和生活习性的情况下，采取相应的措施，使被包装物品处在能抑制霉腐微生物滋长的特定条件下，延长被包装物品的质量保持期限。当前防霉防腐包装技术主要有以下几种。

1. 化学药剂防霉腐包装技术

化学药剂防霉腐包装技术主要是指使用防霉防腐化学药剂将待包装物品、包装材料进行适当处理的包装技术。有的将防霉防腐剂直接加在某个工序中；有的是将其喷洒或涂抹在物品表面；有的是将包装材料和包装容器先用药物浸泡再予以包装等。这种方法属于非密封防霉腐包装。

2. 气相防霉腐包装技术

气相防霉腐包装技术是指使用具有挥发性的防霉防腐剂，利用其挥发产生的气体直接与霉腐微生物接触，杀死这些微生物或抑制其生长，以达到物品防霉防腐的目的。由于气相防霉腐是气相分子直接作用于物品上，对其外观和质量不会产生不良影响，但要求包装材料和包装容器具有透气率小、密封性能好的特点。

3. 气调防霉腐技术

气调防霉腐技术是生态防霉腐的形式之一。气调防霉防腐包装是在密封包装的条件下，通过改变包装内的空气组成成分，以降低氧的浓度，造成低氧环境来抑制霉腐微生物的生命活动与生物性物品的呼吸强度，从而达到对被包装物品防霉防腐的目的。气调防霉腐包装技术的关键是密封和降氧。

4. 低温冷藏防霉腐技术

低温冷藏防霉腐包装技术是通过控制物品本身的温度，使其低于霉腐微生物生长繁殖的最低界限，控制酶的活性。它一方面抑制了生物性物品的呼吸氧化过程，使其自身分解受阻，一旦温度恢复，仍可保持其原有的品质；另一方面抑制霉腐微生物的代谢与生长繁殖，达到防霉防腐的目的。

5. 干燥防霉腐包装技术

微生物生活环境缺乏水分即造成干燥，在干燥的条件下，真菌不能繁殖，物品也不会腐烂。干燥防霉腐包装技术是通过降低密封包装内水分与物品本身的含水量，使霉腐微生物得不到生长繁殖所需水分来达到防霉防腐目的的。因为干燥可使微生物细胞蛋白质变性并使盐类浓度增高，从而使微生物生长受到抑制，或促使其死亡。

二、防潮包装技术

防潮包装是指采用具有一定隔绝水蒸气能力的防潮材料对产品进行包装，隔绝外界湿度变化对产品的影响，同时使包装内的相对湿度满足产品的要求，保护物品的质量。防潮包装可以防止食品、纤维制品、皮革等受潮霉变，防止金属及其制品锈蚀等。

防潮包装的形式有：绝对密封包装；真空包装；充气包装；贴体包装；热收缩包装；泡罩包装；泡塑包装；油封包装；多层包装；使用干燥剂包装。

1. 绝对密封包装

绝对密封包装是指采用透湿度为零的刚性容器包装。将物品装入金属容器内，应检查容器壁面及焊封处有无缺焊、砂眼、破裂等造成漏气的隐患；若将物品装入玻璃、陶瓷容器或很厚的塑料容器内，需采用可靠的一次封口或附加二次密封。

2. 真空包装

真空包装是指将包装产品容器内残留的空气抽出，使其处于符合要求的负压状态，从而可以避免容器内残留的湿气影响物品的品质。同时抽真空还可以利用其负压来减小蓬松物品的体积，减少物品占用的储存空间。

目前，真空包装主要用于食品的包装，如肉类、谷类加工食品以及易氧化变质的食品，也可用于机械零件、仪器和羽绒制品、毛制品等蓬松品的包装。

3. 充气包装

充气包装是指将包装容器内部的空气抽出，再充以惰性气体(氮气或二氧化碳)，可以防止湿气及氧气对包装物产生不良影响。充气包装除了防潮、防氧外，还可以克服真空包装中包装容器易被物品棱角和突出部分戳穿的缺点。另外，充气包装饱满美观，可以克服真空软包装缩瘪难看的缺点。充气包装可用于熟制食品、烘烤食品、新鲜肉类、海鲜类、新鲜果蔬等产品。

4. 贴体包装

贴体包装又叫真空贴体包装，是一种新颖的商品包装技术。它用抽真空的方法使塑料薄膜紧贴在物品上并热封容器封口，这样可大大降低包装内部的空气量。

贴体包装主要应用于五金、文具、玩具、陶瓷玻璃制品、医疗器械、电子元器件等产品。近十年来，贴体包装也应用到了食品行业，如新鲜肉类、鱼类、腌腊制品、熟肉制品的包装。这些食品经贴体包装后，不仅展示性好，而且保质期长，食用方便。

5. 热收缩包装

热收缩包装是指用热收缩塑料薄膜包装物品后，经加热薄膜可紧裹物品，并使包装内部空气压力稍高于外部空气，从而减缓外部空气向包装内部的渗透。食品工业是热收缩包装的最大市场，如各种快餐食品、乳酸类食品、饮料、小食品、啤酒罐、各种酒类、农副产品、干食品、土特产等的包装。热收缩包装在非食品领域的应用也日渐增多，如标签及瓶盖、封口、纤维及衣物、化妆品、医药品、油脂、文具、玩具、办公用品、日杂用品、建筑材料等的包装。

6. 泡罩包装

采用全塑的泡罩包装及认购并热封，可避免物品与外部空气直接接触，并减缓空气向包装内部的渗透。

泡罩包装最初主要用于药品包装。现在除了药品片剂、胶囊栓剂等医药产品的包装外，泡罩包装还广泛应用于食品、化妆品、玩具、礼品、工具和机电零配件的销售包装。

7. 泡塑包装

将物品先用纸或塑料薄膜包裹，再放入泡沫塑料盒内就地发泡，这样可以有效地阻止空气的渗透。

8. 油封包装

机电产品涂以油脂或进行油浸后，金属部件不与空气直接接触，可以有效地减缓湿气的侵害。

9. 多层包装

采用不同透湿度的材料进行两次或多次包装，从而在层与层之间形成拦截空间，不仅可减缓水蒸气的渗透，并且可以使内部气体与外界空气掺混降至最低。多层包装阻湿效果较好，但操作麻烦。

10. 使用干燥剂包装

在装有包装物品的容器内放入干燥剂，它可以吸收原有的以及透入的湿气而保护产品。

三、防氧包装技术

防氧包装是选择气密性好、透湿度低、透氧率低的包装材料或包装容器对物品进行密封包装的方法。

氧气是生物生存的重要条件之一，氧气有助于物质的燃烧，可与绝大多数的金属反应，是昆虫、微生物得以生存繁殖的重要条件。对于高分子材料制品，防氧包装既是一种防霉包装，也是一种防老化包装；对于食品，防氧包装既是一种无菌化包装，又是一种防腐败包装。

起初防氧包装主要应用于食品、贵重药材、橡胶制品等物品的包装。近几年来，防氧包装的应用领域又扩大到精加工零件、电子元器件、无线电通信整机、精密仪器、机电设备和农副产品等方面。

防氧包装的方法主要有真空包装法、充气包装法和脱氧剂防氧包装法三种。

1. 真空包装与充气包装

真空包装是指将物品装入气密性包装容器，在密封之前抽真空，使密封后的容器内达到预定真空度的一种包装方法。

充气包装是指在已充满内装物的气密性容器中充填惰性气体(一般为氮气和二氧化碳)的一种包装方法。

真空包装与充气包装是为了解决一个共同的问题而采取的两种不同的方法。它们同样使用高度防透氧材料，包装生产线的设备大多也是相同，并且都是通过控制包装容器内的空气来推迟产品的变质，如表 7-1 所示。

表 7-1　食品包装充气的品种和作用

食品类别	食品名称	充气种类	充气作用
大豆	豆豉	N_2	可减缓成熟度
加工品	豆制品	N_2	防止氧化
壳类物及加工制品	年糕	CO_2	防止发霉
	面包	CO_2	防止发霉
	干果仁	N_2	防止氧化、吸潮、香味失散
	花生仁、杏仁	CO_2+N_2	防止氧化、吸潮、香味失散
油脂	食用油、菜油	N_2	防止氧化
水产	鱼糕	CO_2	限制微生物、真菌的发育
	鱼肉	CO_2+N_2	限制微生物、真菌的发育
	紫菜	N_2	防止变色、氧化、香味失散和昆虫发育
乳制品	干酪	CO_2/CO_2+N_2	防止氧化
	奶粉	N_2	防止氧化
肉	火腿、香肠	CO_2/N_2	防止氧化、变色、抑制微生物繁殖
	烧鸡	CO_2+N_2	防止氧化、变色、抑制微生物繁殖
点心	蛋糕、点心	CO_2/CO_2+N_2	抑制微生物繁殖
饮料	果汁	N_2	防止氧化

2. 脱氧剂防氧包装

使用脱氧剂是继真空与充气包装之后出现的一种新的防氧包装方法,与前两者相比具有更多的优点和更广泛的应用范围,因此有人称使用脱氧剂是包装技术的一次革命。使用脱氧剂可以不用真空或充气设备,不仅可以比较彻底除掉物品微孔中的氧气,而且可以及时除掉包装作业完成后缓慢透进来的少量氧气。由于除氧的彻底性和使用方法的灵活性,使脱氧剂广泛地用于食品、药品、纺织品、精密仪器、金属制品和文物等领域的包装。

四、防震包装技术

防震包装又称缓冲包装,是指为了减轻内装物受到的冲击和震动、保护其免受损坏所采取的一定的防护措施的包装。它在各种包装方法中占有重要的地位,是包装技术的重要内容之一。防震包装方法主要有全面防震包装法、部分防震包装法、悬浮式防震包装法和充气式防震包装法四种。

1. 全面防震包装法

全面防震包装法是指内装物与外包装之间全部用防震材料填满来进行防震的包装方法。它可采用压缩包装法;裹包包装法;就地发泡包装法等。

山东某气动元器件公司生产的产品,原来采用的是木箱包装,这种传统的木箱方式难以起到理想的缓冲防震作用,再加上国内运输方面存在的问题,产品破损时有发生,给企业带来了不小的损失。为了解决产品包装问题,该企业采用了新的防震包装技术。企业从美国希悦尔包装公司引进了一台"因时发"现场形成包装系统。这种包装技术采用的是纸箱包装，操作员仅需按动扳机，全电动的系统就可以将可发性泡沫原料注入纸箱内，这种高弹性的发泡沫在包装箱中迅速膨胀，与所装产品的形状吻合，实现产品在包装箱内的有效定位和缓冲，避免了运输过程中产品的来回移动和碰撞。该公司改用这种新的防震包装技术后，为产品提供了很好的保护作用，客户订购的货物能够以更好的状态送达，因而带来了更高的客户满意度。

2. 部分防震包装法

对于整体性好的物品和有内包装容器的物品，仅在物品或内包装的拐角或局部地方使用防震材料进行衬垫即可，这种方法称为部分防震包装法。该法所用的防震包装材料主要有泡沫塑料的防震垫、充气塑料薄膜防震垫和橡胶弹簧等。目前部分防震法广泛应用于电视机、收录机、洗衣机和仪表仪器等产品的包装，如图 7-7 所示。

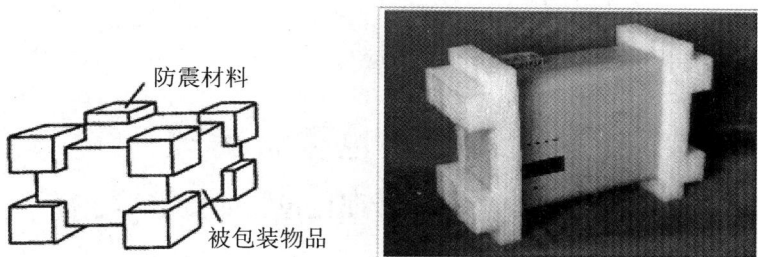

图 7-7 防震包装

3. 悬浮式防震包装法

悬浮式防震包装法是指对于某些贵重易损的物品，为了有效地保证在流通过程中不受损害，往往采用坚固的外包装容器，把物品用带子、绳子、吊环、弹簧等将物品吊在外包装中，不与四壁接触。这些支撑件起着弹性阻尼器的作用，如图 7-8 所示。

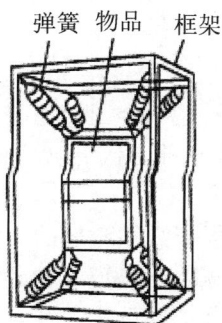

图 7-8 悬浮式防震包装示意图

4. 充气式防震包装法

充气式防震包装方法，较之以往的包装形态，新型充气式防震包装主要有四个优点。

(1) 应用范围广。其可用于电子领域、食品行业、文物保护和仪器仪表工业等。对于计算机、手机等高端电子产品，其运输必须力求平稳，尽量减少振动，这就要求包装必须具有良好的抗冲击功能；对于食品、文物保护、仪器仪表工业等，必须保证在长途运输过程中没有破损。充气式防震包装具有良好的弹性、复原性、温湿度稳定、吸湿性小，应用范围广泛。

(2) 良好的经济效益和社会效益。充气式防震包装可广泛用于军工、电子、精密仪器仪表以及易脆产品的包装，避免了产品在储运过程中的损坏，挽回了经济损失。充气式防震包装，材料便宜，加工设备简单，降低了包装成本，提高了产品利润，带来了经济效益。

(3) 良好的环保效益。传统的产品包装在考虑抗震方面，常使用泡沫塑料。由于泡沫塑料体积大，压缩性能差，且为一次性包装，用完之后即成为废品，不易于回收；而充气式防震包装所用的材料相对于泡沫塑料用量少，且可以根据不同产品的要求来设计和使用，使用前和使用后均可排尽气体，有效地减小体积，运输和使用都十分方便，可以循环、反复、多次使用，还可回收再利用，满足了环保要求。

(4) 良好的质量。从价值几分的食品包装到价格数十万元的贵重仪器包装，充气式防震包装都能满足功能性、可靠性、安全性、适应性、经济型、时间性等要求。

专题六：包装也要讲道理
——合理化包装的要求与途径

包装的合理化是指产品在包装过程中使用适当的材料和适当的技术，以达到节约包装费用、降低包装成本的目的；同时要满足储运的方便，还能起到对商品保护的作用并有利于销售的要求，最终提高包装的经济效益的包装综合管理活动。

现代商品包装的重要目标就是寻求包装合理化，使包装的功能性、经济性兼顾以取得更好的社会经济效益。

一、包装合理化的要求

1. 包装要符合集装单元化和标准化要求

目前的物流包装或多或少都存在一些不合理的包装形式，例如，供应商到货的包装容器规格多、非标准的多、单元过大且不通用，因此就带来卸货难、检验难、发料难等问题。这些缺陷降低了物流处理的速度。

单元化和标准化是包装合理化过程中必须考虑的问题。包装的单元化和标准化要求包装的规格尺寸要与托盘、集装箱等相匹配，要与运输车辆和搬运机械相匹配。包装实现了单元化和标准化，才能批量化作业，有了批量化装卸、保管和运输，才能提高效率，节约费用。包装单元化和标准化是现代化物流的重要标志。

2. 包装应妥善保护内装商品，使其质量不受损伤

这就要制定相应的适宜的标准，使包装物的强度恰到好处地保护商品，使其质量免受损伤。除了要在运输装卸时经得住冲击、震动之外，还要具有防潮、防水、防锈等功能。

3. 包装材料和包装容器应当安全无害

包装材料要避免有聚氯联苯之类的有害物质，包装容器造型要避免对人造成伤害。

4. 包装容量要适当，便于装卸

不同的装卸方式决定着包装的容量。如果采用人工装卸方式，包装的重量必须限制在手工装卸允许能力范围内，包装的外形和尺寸也应适合人工操作。现代管理科学对人工装卸最佳重量进行研究的结果确定：包装的重量为工人体重的40%较为合适。如果采用机械装卸，包装尺寸和重量都可以大大增加。

5. 对包装容器的内装物要有贴切的标志或说明

商品包装物上关于商品质量、规格的标志或说明，要能贴切地表示内装物的性状，尽可能采用条形码，便于出入库管理、保管期间盘点及销售统计。

6. 包装内装商品时外围空闲容积不应过大

为了保护内装商品，难免会使内装商品的外围产生某种程度的空闲容积，但合理包装要求空闲容积减少到最低限度，防止过大包装。一般情况下，空闲容积率最好降低到20%以下。

7. 包装费用要与内装商品相适应

包装费用应包括包装本身的费用和包装作业的费用。包装费用必须与内装商品相适应，但不同商品对包装要求也不同。一般来说，对于普通商品，包装费用应低于商品售价的15%，但这只是个平均比率。

包装合理化要求包装费用要与内装商品的特性相适应，而包装不足和包装过剩都属于不合理的包装。

8. 包装要便于回收或废弃物的治理

包装应设法减少其废弃物数量。在制造和销售产品时，就应注意包装容器的回收利用或成为废弃物后的治理工作。

近年来广泛采用一次性使用包装和轻型塑料包装材料，消费者用过之后随手扔掉，带来了环境污染及资源浪费等社会问题。

二、实现包装合理化的途径

1. 包装的单纯化

包装的单纯化主要是从提高包装作业效率上考虑的。包装的单纯化要求包装材料及规格应尽量单纯化，包括形状和种类也应单纯化。包装材料品种少了，可使管理方便并减少浪费；包装形状和规格单一有利于提高作业效率，实现机械化。

包装能简化的应尽量简化(如简易包装)，没必要包装的可采用无包装化(如散装沙子、水泥等)。无包装化物流既能节约包装费用，降低整体物流成本，又能省去包装物的回收和处理作业。

2. 包装尺寸模块化、标准化

包装尺寸与托盘、集装箱、车辆、搬运机械、货架等物流设备关系密切，只有他们之间相互匹配，才能实现物流全过程的合理化、高效化。因此，要从系统的观点制定包装的尺寸标准，实现包装尺寸标准化，如图7-9所示。

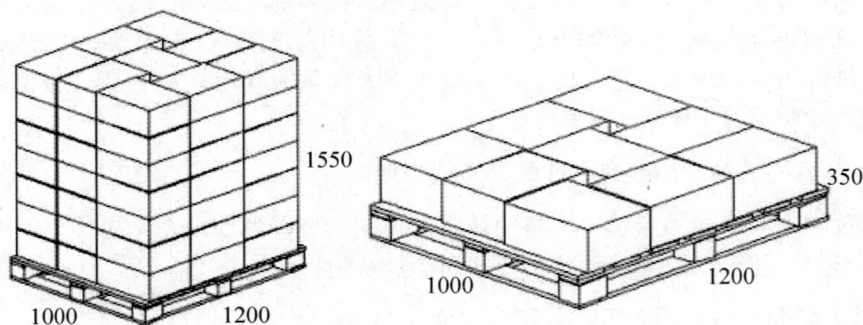

图 7-9 模数化和标准化使包装更规范统一

确定包装基础尺寸的标准，即包装模数化。包装模数标准确定以后，各种进入流通领域的产品都按照模数规定的尺寸包装。模数化包装利于小包装的集合，利于集装箱及托盘装箱。包装模数还应与仓库设施、运输设施尺寸模数统一，以利于运输与保管，提高作业效率。

3. 包装的轻薄化

由于包装只是起保护作用，对产品使用价值没有任何意义。因此，在强度、寿命、成本相同的条件下，更轻、更薄、更短、更小的包装，可以节约材料、提高装卸搬运和运输的效率、减少废弃包装材料的数量，使包装的综合成本降低。

4. 包装作业机械化与自动化

包装作业的机械化是提高包装作业效率，减轻人工包装作业强度的基础。为了提高作业效率和包装的现代化水平，各种包装机械的开发和应用是很有必要的。由于被包装物品的种类繁多，包装材料和包装方法又各不相同，因而出现了各式各样的包装机械。其中有高度自动化的，也有半自动化和手动的。

5. 包装成本低廉化

首先，在包装设计上要防止过剩包装；其次，要选择合适的包装材料，节约材料开支；最后，通过机械作业和人工作业的合理组合，提高包装作业效率，降低包装成本。

6. 包装的绿色化

包装是产生大量废弃物的环节，处理不好会造成环境污染。

包装材料最好是可反复多次使用并能回收再生利用的，在包装材料的选择上，还要考虑不对人体健康产生影响危害，对环境不造成污染，即所谓的"绿色包装"，主要包括纸包装、可降解塑料包装、生物包装盒可食用性包装。绿色包装将成为今后包装业的主流。

7. 包装与其他环节的配合

包装是物流系统组成的一部分，需要和装卸搬运、运输、仓储等环节一起综合考虑、全面协调。包装要便于运输、保管和装卸搬运；要便于堆码、摆放、陈列、提取、携带；要便于回收和再生利用。

☕ 轻松一刻

楚国有一个商人把他的珍珠卖给郑国的人，珍珠是用木兰树的木质的盒子装，用桂椒来熏盒子，用精美的珠玉点缀其上，用美玉来装饰，用翠鸟的羽毛装饰木盒子。郑国的人买了这个盒子却把珍珠还给了商人。因此，留下了"买椟还珠"这个成语故事。

启示：郑人只重外表而不顾实质，使他做出了舍本求末的不当取舍；而楚人喧宾夺主的"过度包装"也十分可笑。

📑 资料柜

登录 http://pan.baidu.com/s/1mgv7gda，可以浏览及下载资料《包装的禁忌》。

✳ 课程链接

希望深入学习包装知识和包装作业技术的内容，可以选择学习"包装学"等相关课程。

🧑 思考题

1. 古代包装与现代包装的异同点有哪些？
2. 各种包装材料的优缺点有哪些？它们之间有哪些互补性？
3. 有人说过度包装不要紧，一可以增加产品的附加值，促进销售；二包装物还可以回收再利用，你是否认同这种观点？
4. 什么叫绿色包装？符合什么样条件的包装才叫绿色包装？请举例说明。
5. 根据编号顺序，分别说出每个包装标记所表示的含义。

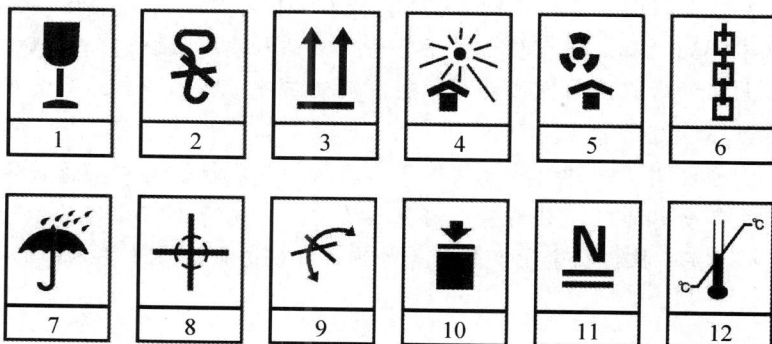

案例讨论题

日本食品的绿色包装

在日本，经营食品的商人已放弃塑料包装，在食品界掀起"绿色"革命，取得了较大的成效。食品包装已不只是要好和实用，照顾环境需要也成为包装业的重要课题。现在的日本商人在给食品包装时尽量采用不污染环境的原料，用纸袋包装取代塑料容器。这也减少了将用过之后的包装收集到工厂再循环所面对的成本和技术困难，绿色包装设计在这方面发挥了很大作用。

(1) 日本 90%的牛奶都是以有折痕线条的包装出售，这是很好的环保教育，使孩子们从小就接触和使用有环保作用的"绿色"包装产品。这种容易压扁的包装不但生产成本低，而且能够减少占用空间，方便送往再循环，并减少运输成本。

日本碗、碟清洁剂的包装也一样能够照顾到环保的需要。消费者第一次用完清洁剂后，在市面上能够买到以立式或袋装出售的清洁剂，再把清洁剂倒入原有的塑料容器中继续使用，使塑料容器不需丢掉。

日本专家指出：许多没有包装必要的食品，完全可以放弃包装。以蔬菜、水果为例，日本连锁店商会的调查显示，除番茄、桃子、草莓外，90%的蔬菜、水果都不需要销售包装，这样有助于保持蔬菜、水果的营养与新鲜。

(2) 日本三得利公司用作赠送顾客的礼品啤酒包装，其包装盒是用麦壳经加工以后精制而成的，用这种材料的包装，废弃后可自行分化，成为一种肥料，形成一种资源。这是生态学与循环工艺相结合的研究成果。

日本用于包装食用油的塑料空心圆球为可食性塑料，加热烹调后自行融化，这是日本"守护未来预支的地球设计小组"创新出来的安全材料的绿色包装。

(3) 日本三得利公司推出的啤酒易拉罐包装，喝完以后只要按其罐体形态提示的方向，左右扭曲便可缩小体积，方便回收。在日本各城镇街头设置了 250 万台罐装饮料售货机，一年要出售 350 亿只罐装饮料，有关部门对这些出售以后的废弃回收做了巨大努力，为达到此项目的包装设计也应运而生。

目前，日本空铁皮罐回收率已达到 45.7%，空铝罐回收率已达 43.5%，但同美国 1990年时铝罐的回收率 63.6%相比仍有较大差距。为此，日本政府采取奖励空罐回收的方法，各销售店也经常向消费者提供简便工具和方法，促使回收工作的开展，最大限度地保证这些废弃包装不会对环境造成污染。

在中国，我们也发明了一种以纯天然纸浆为原料的一次性快餐盒。这种纸膜餐具用毕丢弃后，7～15 天即全部降解，且不留任何有毒物质。可是喜中有忧的是由于制作成本较高、产品质量不够稳定、扶持基金没有到位等原因，目前这种快餐盒还不能形成规模生产，难以推向市场。

讨论：

1. 日本食品的绿色包装体现在哪几个方面？

2. 我国的以纯天然纸浆为原料的一次性快餐盒没有形成规模生产并推向市场的原因是什么？

实训题

以 5～6 个同学为一小组，每组收集 2～4 种商品包装形式的实物。讲述每种包装所采用的包装材料和包装技术方法，试分析某种包装存在的缺陷并指出改进建议(包装材料、包装容器、包装技术等方面)。

第八单元 信息技术

——使物流提速的利器

📷 **单元导读**

先进信息技术在物流管理中的大量使用，使物流行业的效率大大提高。利用条码和射频识别技术可以帮助我们有效地管理和分拣货品；EDI 即电子数据交换系统，利用信息技术可以把各方信息连成一片；利用 GPS 技术和 GIS 技术可以实现车辆和货物在运输途中的监管，规划合理的运输线路，从而提高车辆的运输效率，减少空驶消耗。通过对本单元的学习，我们便能了解现代信息技术如何在物流领域发挥作用，以及在物流过程中物流公司必备的信息化设备和工具。

专题一：未来超市一游

——现代物流信息技术的展示

你是否曾为在超市购物时因为等候结账的时间太长而抱怨？又是否因为不能很快地找到你想要购买的商品而烦恼？现在，未来超市的出现将轻而易举地解决以上这些难题。提起未来超市，或许很多人还会觉得很遥远，或者觉得未必会让人感到激动。下面我们就进入位于德国杜赛尔多夫的麦德龙未来超市"real"，真实地感受一回全新的令人惊奇的购物体验，顾客在这里购物将变得更便捷、有趣，当然这都是现代信息技术的功劳，如图 8-1 所示。

图 8-1 未来超市

具体来说，未来超市主要依赖两种技术的支持：WLAN(无线局域网)和 RFID(射频标志)，它们使顾客在几近无人化的服务中，享受到更为便捷的购物过程。商家也节约了大量的人力成本和物流、仓储成本，提高了供应链的效率。

走进未来超市，首先会有超市工作人员询问顾客的一些基本信息，诸如姓名、地址、年龄和职业等，然后为顾客制作一张电子卡，并将电子卡放入一个书本大小的便携式电脑中，随后将小电脑夹在手推车的手柄上。这就是未来超市提供给顾客的个人购物助手，它将在购物过程中为顾客提供帮助，例如在购物过程中顾客可以自己扫描和记录放进购物车的每一件商品的品名和价格，还能帮助顾客找到所需商品的位置，如图 8-2 所示。

图 8-2　未来超市的购物车

从前人们去超市购物恐怕是这样的经历：在偌大的超市，面对琳琅满目的商品，买大件东西还容易找到，而要找到类似针头线脑之类的小东西就要花费些时间了。但在麦德龙的未来超市，在便携式电脑里输入你要找的商品，屏幕上马上就会显示一张超市平面图，标出该品牌商品的精确位置。因为电脑中安装有精确的卫星定位系统，所以顾客不必推着购物车四处乱找，电脑屏幕上会不断地显示你要走的路线，直到找到放置该商品的货架。当你选择好某样商品后，购物车可以对商品进行直接扫描，商品名称、规格、价格等信息就会立即显示，如果你又不想要了，也可以直接删除。当你完成全部购物后，购物助手就会把商品清单和总价发送回服务器，顾客可以在自助设备上直接完成付款，付款方式可以是现金、银行卡、支票，如是现金，可以自助找零；也可以是手机支付、指纹支付等。

因为是自己扫描商品，自己结账，顾客再也不用排长队浪费时间了，也不用把商品再翻出来点一遍，每次购物可以省 5～15 分钟的时间，所以即使在节假日，你也很难看见排队等候的景象。不过，要细心一点，因为每件商品上都有个电子标签(RFID)，对应特定的编码，只要购物车里有一件东西忘了付款，出口那里有台无线射频仪会马上感应出来，控制出口的栏杆，让顾客出不了门。而现在的超市几乎每天都要为防损耗费大量的精力，内盗、外盗、混合盗，天天忙得超市管理人员焦头烂额，要是采用这样的先进技术，那些令超市头痛的小偷也难有机会了，不仅能大大减少超市的被盗损失，还能把负责防盗的超市营运人员给解放出来。

对于音像制品的销售，国内很多超市已经提供了试听服务，但都需要戴上耳机试听。与一般超市不同的是，在未来超市试听音乐，不需要戴上耳机，你只要站在某一区域内(1平方米以内)，就可以听到正在播放的音乐，而在这个区域范围之外的人是听不到的，避免干扰其他顾客。如此奇妙是源于顾客所站立区域上方的一块聚音板，与试听区域面积差不多大小，确保了仅在固定区域内的顾客能听到音乐。同样的技术，在商店内有多处运用，商店在不同的商品区域播放的是不同音乐，比如户外商品区可以听到鸟叫声、鱼类生鲜区可以听到海浪声、运动区可以看到和听到正在直播的篮球比赛……不同区域的声音互不干扰。

与国内超市满是厂商促销员不同的是，未来超市内的服务人员并不多，但却设置了"真心"帮你导购的机器人，它可以自由移动或拐弯，顾客如果要找寻某样商品或去某个区域，只要在机器人自带的触摸显示屏上输入指令，机器人就会带领你前往。而且你不用担心机器人会突然没电了，它会自己找到充电的地方去充电。

顾客选购化妆品往往是最难的，不知道什么样的化妆品适合自己，在未来商店内，有这样一台机器：通过触摸屏，你首先需要回答包括性别、年龄等几个问题，然后从机器中拿出一个类似化妆棉的物品，在自己脸上紧贴一会儿，然后把化妆棉放入机器内，机器会自动检测，对你的皮肤状态进行分析，最终告诉你适用怎样的化妆品。这台机器是欧莱雅提供的，但根据测试结果，它也推荐其他品牌的商品。未来超市内还设有葡萄酒免费试喝区，喜欢红酒的话，顾客可以在一机器上自助选择不同价位的葡萄酒进行品尝，一次可以品尝六种不同味道的葡萄酒，避免了顾客冲着降价或者促销礼物而带回自己不喜欢的口味，一切以人为本。

未来超市还配有落地式定位电脑，既为顾客介绍商品的产地和质量，还可当顾客的好参谋。比如在卖肉柜台，如果你选择了一块牛肉，电脑会告诉你它是牛身上哪个部位的肉，适合做什么菜肴，你甚至可以把相关的菜谱打印下来带回家。而且，在未来超市里，只需将水果放在秤上，电子秤内置的摄像机便根据水果的形状和颜色自动辨认，迅速称重，并自动打印价签，如图 8-3 所示。在未来超市，连电子秤都有智慧！

图 8-3　未来超市的电子秤

在未来超市购物，没有国内超市里人声鼎沸的喧闹，没有服务人员爱理不理的冷脸，没有促销员手持电喇叭大叫特价促销，处处整洁有序。商品琳琅满目，背景音乐轻声环绕，灯光恰到好处。整个超市就类似一个由 WLAN(无线局域网)构成的超级网吧，智能货架、广告屏幕、个人购物助手、电子秤等都是通过有线或无线的方式接入整个超市的局域网，随时保持在线，因而能及时向顾客传达超市的相关信息，并将顾客购物的信息传回服务器，如图 8-4 所示。

图 8-4　未来超市的电子价签

　　管理人员只要调整系统中每种商品信息设置，就可以完成商品的价格调整、打折、促销、抽奖等活动，在超市里有 4 万个电子价签，不仅代替了手工更换纸价签，节约大量人力，而且还可以确保每件商品与系统价目表的匹配，避免由于价格有误导致产生纠纷。超市甚至可以将以上活动精确到某个具体时间段，还可以跟踪和处理某些商品的去向，例如商品的每一次移动都会被装置在超市各个角落的扫描器捕捉到，这些扫描器又将相关信息传输到超市的主服务器上。

　　所以在未来超市，所有的货架都是满满的，但是看不到补货的员工。因为只要货架上的商品减少，货架里的扫描器会自动传送缺货信号给超市服务器，然后仓库接收到补货指令后会通过货架的自动传输轨道补货，再也不用担心空货架和过期、破损商品的出现了(因为这些商品已经被自动下架了)，智能货架及其附带的扫描器实现了所有商品库存信息的收集和动态管理。

　　未来超市的库房也很有特色。搁放产品的托架上都装有带射频的芯片，而库房的出入口也都装有识别这些射频信号的装备。这样，库房对商品的出入情况便了如指掌，随时掌握商品所在的位置，是在库房，还是在卖场，或是在运送商品的车上。当某种商品出现了质量问题，需要迅速采取措施处理时，员工可以毫不费力地找到该商品的位置。

　　当然未来超市对供应商也提出了新的要求，供应商的单个商品、箱包装和货盘集装箱必须要有电子标签，不然就无法收货，更别说销售了。例如在麦德龙的未来超市中，RFID 技术被广泛地运用，它可以在缺货时向后端的管理系统发送补货消息，也可以自动跟踪每种商品的销售速度和销售数量，并同时具有安全防盗功能。只要按照未来超市供货的要求，供应商每次的送货卡车一进入仓库，根本不用开门，电脑系统就已经知道这个集装箱里都有哪些商品，以及数量、规格等详细信息。这样，厂商都节约了大量的人力成本和物流成本，提高了供应链的效率。

其实，将高科技手段运用到零售领域早不是什么新鲜事，早在 20 世纪 80 年代中期，沃尔玛公司就购买了当时美国最大的私人卫星通信系统，全美国沃尔玛连锁店的员工都可以通过店里的电视看到当时的 CEO 在阿肯色州本顿威尔市的演说。所有负责运送货物的卡车都被装上了 GPS，这样做的好处是，沃尔玛使用条形码信息通过配货中心就可以安排发货和跟踪货物，商店同时收到信息——什么商品在哪辆卡车上、什么时候到达，中间过程完全透明。

在这些大型超市的负责人看来，超市正测试的最新技术将会成为未来零售业发展的主流。他们希望技术为购物者提供更佳服务的同时，也能帮助其降低成本，而这些新技术的演变与推进，将使得未来的超市变得更加智能与个性化。

视频资源

登录 http://pan.baidu.com/s/1i3kNUcd，可以下载关于未来超市的视频。

专题二：条形码

——用于商品识别的黑白精灵

在我们的日常生活中，随处可以见到条形码的身影，如我们使用的书，平时购买的饮料、食品等，上面都印刷有条形码。那么你知道条形码是怎么来的？它又是如何影响我们的生活呢？下面我们就来学习一些关于条形码的知识。

条形码(Barcode)是将宽度不等的多个黑条和空白，按照一定的编码规则排列，用以表达一组信息的图形标识符。常见的条形码是由反射率相差很大的黑条(简称条)和白条(简称空)排成的平行线图案。条形码可以标出物品的生产国、制造厂家、商品名称、生产日期、图书分类号、邮件起止地点、类别、日期等许多信息，因而在商品流通、图书管理、邮政管理、银行系统等许多领域都得到广泛的应用。人们日常见到的印刷在各种商品外包装上的条形码，是普通一维条码，也就是平常所说的传统条码。这种条码自 20 世纪 70 年代初问世以来，得到人们的普遍关注，发展十分迅速。在短短的 40 多年时间里，它已广泛应用于工业、商业、交通运输业、金融、医疗卫生、仓储业、邮电及办公自动化等领域。

条码的使用，极大地加快了信息处理的速度，提高了工作效率。例如在物流行业中，货物的分类、货位的分配和查询、进出库信息、进出库盘点、产品查询等，如果是用人力去做这些事，不仅浪费时间、人力、物力和财力，还常常伴随着非常大的出错率，给大多数商家乃至整个物流行业的发展都带来很多困扰。而条码技术对物流行业的帮助是显而易见的，它操作方便简单，维护也不用费心，仓库的管理人员经过简单的培训都能快速上岗进行操作，而且还能大大减少居高不下的人为出错率，把烦琐的工作瞬间化繁为易。

最早发明条形码的是美国人诺曼·约瑟夫·伍德兰(Norman Joseph Woodland，如图 8-5 所示)和他的大学同学伯纳德·西尔弗(Bernard Silver)，两人在上大学时，西尔弗偶然听到一名商店管理人员请校方引导学生，研究商家怎样才能在结账时捕捉商品信息，然后告诉了伍德兰。一天，伍德兰正在沙滩上用手指划道。他回忆那一刻："我把四根手指插入沙中，不知为什么，我把手拉向自己的方向，划出四条线。我说：'天哪！现在我有四条线。

它们可以宽，可以窄，用以取代点和长划。'"——这就是条形码诞生的灵感。

　　伍德兰于 1952 年进入国际商用机器公司(IBM)，并于当年使条形码系统在美国获得专利权。但因为条形码读取技术还不成熟，条形码在当时尚属于一项超前发明，因而未被投入使用。直到 20 世纪 70 年代初，伍德兰加入 IBM 的一个小组，开发可读取条形码的激光扫描系统，以满足商家的迫切需求。当时商家希望借助新技术在结账时自动、快速读取商品信息，同时降低处理和库存管理成本。终于在获得专利权 22 年后，条形码在美国商店首次投入使用。1974 年，在美国俄亥俄州的一家超级市场，一包箭牌口香糖成为接受条形码扫描的第一件商品。在 IBM 的努力下，条形码从申请专利时的圆形，发展成现在全球通用的矩形。如今，全球每

图 8-5　诺曼·约瑟夫·伍德兰

天大约 50 亿件商品接受条形码扫描。美国福克斯新闻网评论，伍德兰的条形码引发了零售业变革。2011 年，伍德兰和西尔弗双双名列美国全国发明家名人堂。

　　和传统的信息读取方式相比，条形码技术具有以下几个方面的优点。

1. 可靠准确

键盘输入数据出错率为三百分之一，利用光学字符识别技术出错率为万分之一，而采用条形码技术误码率低于百万分之一。

2. 数据输入速度快

与键盘输入相比，条形码输入的速度是键盘输入的五倍，并且能实现"即时数据输入"。

3. 经济便宜

与其他自动化识别技术相比较，因为条码是印刷在商品包装上的，所以其成本几乎为零。

4. 灵活、实用

条形码符号作为一种识别手段可以单独使用，也可以和有关设备组成识别系统实现自动化识别，还可和其他控制设备联系起来实现整个系统的自动化管理。同时，在没有自动识别设备时，也可实现手工键盘输入。

5. 自由度大

识别装置与条形的标签相对位置的自由度要比 OCR(光学字符识别)大得多。条形码通常只在一维方向上表达信息，而同一条形码上所表示的信息完全相同并且连续，这样即使是标签有部分缺欠，仍可以从正常部分输入正确的信息。

6. 设备简单

条形码符号识别设备的结构简单，操作容易，无须专门训练。

7．易于制作

条形码标签易于制作，被称为"可印刷的计算机语言"，对印刷技术设备和材料无特殊要求，且设备也相对便宜。

目前在我国，条形码技术在加工制造和仓储配送业中的应用也已经有了良好的开端，红河卷烟厂就是一例。成箱的纸烟从生产线下来，汇总到一条运输线。在送往仓库之前，先要用扫描器识别其条码，登记完成生产的情况，纸箱随即进入仓库，运到自动分拣机。另一台扫描器识读纸箱上的条码。如果这种品牌的烟正要发运，则该纸箱被拨入相应的装车线。如果需要入库，则由第三台扫描器识别其品牌，然后拨入相应的自动码托盘机，码成整托盘后通达运输机系统入库储存。条码的功能在于极大地提高了产品流通的效率，而且提高了库存管理的及时性和准确性。

20 世纪 80 年代末，出现了具有更大信息量的条码——二维码，条码技术因此出现了质的飞跃。二维码在与一维码同样的单位面积上的信息含量是一维码的近百倍，它不但可以存放数字，而且可以直接存放包括汉字在内的所有可以数字化的信息，如文字、图片、声音、指纹等。依托二维码信息容量大、保密性高、编码范围广、译码可靠性高、纠错能力强、成本便宜等特性可以开展丰富多彩的应用，尤其随着智能手机的普及，各种各样的二维码应用接踵而至。

例如消费者在购买食品时，只需使用手机扫码，即可随时随地对产品认证状况等信息进行查询，并可及时举报虚假、错误的信息。商户也可以将包含网址的二维码印制在杂志、报纸、宣传资料、户外广告上，用户通过自己手机中安装的二维码识读客户端扫描，即可快速访问商户网址，加强了商家和潜在用户的互动，丰富了广告中包含的信息。而在面积较大的平面广告上，商家可以将热点产品以货架的样式展现出来，辅以必要的文字说明。用户如果发现有自己需要的商品，即可使用手机扫码，直接进入订单页面，简单填写少量信息(如购物件数等)后，即可完成订购，省去了用户上网重新搜索此商品的步骤。

二维码技术应用在物流管理过程中，通常是把条码印制或粘贴在物品的外包装、物品本身上，通过应用二维码识读器和计算机网络设备对物流全过程进行实时跟踪、识别、认证、控制、反馈，避免数据的重复录入。自条形码技术出现以来，因其独有的自动识别功能、与管理对象唯一对应并可分级管理对象等特点，已经广泛应用在各行业的物流管理中。传统的一维条码由于受信息容量的限制，不得不依赖数据库的存在，使用范围受到很大的限制。二维码技术具有信息容量大、纠错性能好等特点，就可以把条码技术在物流管理中的优点完全展现出来。现在用一个二维码就可以表示物品的相关信息和其他附属信息，如价格、名称、制造厂、生产日期、重量、有效期、检验员等。因此，可以说二维码技术是在一维码基础上的发展和创新，由于当前物流领域已经广泛应用一维码技术，而二维码技术远远优越于一维码技术，因此它将成为一维码的升级品，逐步淘汰一维码，从而迅速进入物品流通领域。

而在不远的未来，彩色三维码也将出现在我们的生活中。彩色三维码是建立在传统黑白二维码基础之上发展而来的一种全新图像信息矩阵产品，由红、绿、黑、蓝四色矩阵而构成的独特彩色图像三维矩阵产品。它的原理是运用手机读取器向服务器发送索引资讯，在服务器上转换成 URL 信息，然后跳转到相应的网页上。彩色三维码的应用范围极其广泛，可用于商品溯源防伪、品牌传播推广、公共信息服务、票务验证服务、会务展览服务、会员管理服务、电商延伸服务、物流渠道管理、广告传媒服务、用户消费导航、商品电子标志、出版物延伸服务、企业商务管理、社区互动服务等之上，如图8-6所示。

一维码　　　　　二维码　　　　　三维码

图 8-6　条形码的发展

☕ **轻松一刻**

世界最大二维码是加拿大的一对农民夫妇 Kraay 与 Rachel 在一块面积达 10 英亩的玉米地上种出的，二维码的面积达到了 2.8 万平方米。而这块玉米地也被正式收录进了吉尼斯世界纪录，成为世界上最大的二维码。Kraay 与 Rachel 在翻看杂志的时候看到上面有不少的二维码，突发奇想，他们计划将自家农场的玉米地改造成二维码的形状，她在一位设计师和技术工人的帮助下完成了这幅创造纪录的巨幅"麦田"作品。二维码中包含的信息就是自家农场的网站，有人在乘飞机路过时候拿手机对着这块地一扫，就可以自动跳转到自家的网站，如图8-7所示。

图 8-7　世界最大二维码

📇 **资料柜**

登录 http://pan.baidu.com/s/1eQ7oG5k，可以浏览及下载资料《条形码的种类及分配》。

专题三：射频识别技术

——商品识别不再需要"亲密接触"

射频识别技术即 RFID(Radio Frequency IDentification)，又称电子标签、无线射频识别，是一种通信技术，可通过无线电讯号识别特定目标并读写相关数据，而无须识别系统与特定目标之间建立机械或光学接触。

同许多发明和技术一样，RFID 也是从军事领域发展出来的。1937 年，美国海军研究试验室开发了敌我识别系统，将盟军的飞机和敌方的飞机区别开来。这种技术在 20 世纪 50 年代成为现代空中交通管制的基础，它是早期 RFID 技术的萌芽，最早应用在军事、实验室等。20 世纪 80 年代，RFID 技术及产品进入商业应用阶段，各种规模的应用开始出现，如铁路运输和食品管理领域。20 世纪 90 年代以来，RFID 技术标准化问题得到愈来愈多的重视，RFID 的产品得到广泛采用，逐渐成为人们生活中的一部分。

而且随着 RFID 产品种类更加丰富，这种信息技术的应用前景将非常广阔。如今，美国的沃尔玛已经全面实现了货盘级的物流 RFID 化，并要求其供货商必须采用 RFID 标签。据估计，通过采用 RFID，零售业巨头沃尔玛由于大量使用 RFID 技术，在一年内省下的成本将高达 83.5 亿美元，其中大部分是因为不需要人工查看进货的条码而节省的劳动力成本。它还可以解决大部分偷盗问题。现在沃尔玛一年因盗窃导致的损失有近 20 亿美元，这相当于全美排名第 700 位的企业的年营业额。此外，根据 AMR Research 所做的 RFID 使用意愿与现况调查显示：在 500 家美国企业中，高达 82%的美国企业计划使用 RFID，有 2/3 以上的受访企业正处于 RFID 的计划、实施、评估或使用阶段。下面我们就来学习一下关于 RFID 的知识。

一、RFID 的结构与原理

从结构上讲，RFID 是一种简单的无线系统，读取器透过天线发送一定频率的射频讯号，当电子标签(Tag)进入发射天线工作区域时产生感应电流，电子标签获得能量被启动开始工作。电子标签将自身编码等信息透过电子标签内建的天线发送出去给读取器。读取器天线接收到从电子标签回传来的载波讯号，经天线调节器传送到读取器，读取器对接收的讯号进行解调和译码然后送到后台进行相关处理，如图 8-8 所示。

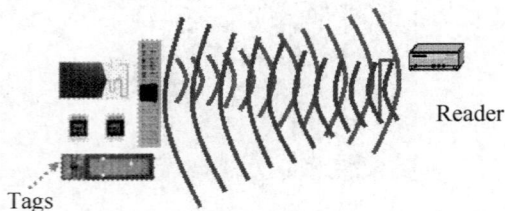

Reader

Tags

图 8-8　RFID 原理

其中某些标签在识别时，从识别器发出的电磁场中就可以得到能量，并不需要电池；也有标签本身拥有电源，并可以主动发出无线电波。标签包含了电子存储的信息，数米之内都可以识别。与条形码不同的是，射频标签不需要处在识别器视线之内，也可以嵌入被追踪的物体之内。

二、RFID 的特点与优势

从概念上来讲，RFID 类似于条码扫描，对于条码技术而言，它是将已编码的条形码附着于目标物并使用专用的扫描读写器利用光信号将信息传送到扫描读写器；而 RFID 则使用专用的 RFID 读写器及专门的可附着于目标物的 RFID 标签，利用频率信号将信息由 RFID

标签传送至 RFID 读写器。

和传统条形码识别技术相比，RFID 有以下优势。

1. 快速扫描

条形码一次只能有一个条形码受到扫描；RFID 辨识器可同时辨识读取数个 RFID 标签，因此信息识读速度更快，如表 8-1 所示。

表 8-1　不同识别方式的比较

数据量登录方式	1 笔	10 笔	100 笔	1000 笔
人工录入	10 秒	100 秒	1000 秒	2 小时 47 分
条码扫描	2 秒	20 秒	200 秒	33 分
RFID	0.1 秒	1 秒	10 秒	1 分 40 秒

2. 体积小型化、形状多样化

RFID 在读取上并不受尺寸大小与形状限制，不需为了读取精确度而配合纸张的固定尺寸和印刷品质。此外，RFID 标签更可往小型化与多样形态发展，以应用于不同产品，如图 8-9 所示。

图 8-9　RFID 标签

3. 抗污染能力和耐久性

传统条形码的载体是纸张，因此容易受到污染，但 RFID 对水、油和化学药品等物质具有很强抵抗性。此外，由于条形码是附于塑料袋或外包装纸箱上，所以特别容易受到折损；RFID 卷标是将数据存在芯片中，因此可以免受污损。

4. 可重复使用

现今的条形码印刷上去之后就无法更改，RFID 标签则可以重复地新增、修改、删除 RFID 卷标内储存的数据，方便信息的更新。

5. 穿透性和无屏障阅读

在被覆盖的情况下，RFID 能够穿透纸张、木材和塑料等非金属或非透明的材质，并能够进行穿透性通信。而条形码扫描机必须在近距离而且没有物体阻挡的情况下，才可以辨读条形码。

6. 数据的记忆容量大

一维条形码的容量是 50 字节，二维条形码最大的容量可储存 2～3000 字符，RFID 最大的容量则有数兆字节。随着记忆载体的发展，数据容量也有不断扩大的趋势。未来物品所需携带的资料量会越来越大，对卷标所能扩充容量的需求也相应地增加。

7. 安全性

由于 RFID 承载的是电子式信息，其数据内容可经由密码保护，使其内容不易被伪造及变造。

近年来，RFID 因其所具备的远距离读取、高储存量等特性而备受瞩目。它不仅可以帮助一个企业大幅地提高货物、信息管理的效率，还可以让销售企业和制造企业互联，从而更加准确地接收反馈信息，控制需求信息，优化整个供应链。RFID 与条形码的比较，见表 8-2。

表 8-2　RFID 与条形码比较表

功　能	条　码	RFID
读取数量	条码读取时只能一次一个	可同时读取多个 RFID 标签数量
信息容量	容量小	容量大
读写能力	条码资料不可更新	电子信息可以反复修改
读取方便性	读条码时需要光线	RFID 不需光线
坚固性	污损即无法使用，无耐用性	可在恶劣环境下使用
隐蔽性	需外漏，可见	可隐藏在包装内读取
高还读取	移动中读取有限制	可进行高速移动读取

三、RFID 的应用领域

RFID 的应用非常广泛，目前许多行业都运用了射频识别技术。例如将标签附着在一辆正在生产中的汽车，厂方便可以追踪此车在生产线上的进度；射频标签也可以附于牲畜与宠物上，方便对牲畜与宠物的识别；射频识别的身份识别卡可以使员工得以进入特定的办公区域；汽车上的射频应答器也可以用来征收收费路段与停车场的费用。目前电子标签的应用领域包括以下几个方面。

1. 物流业

RFID 在物流业中的应用包括物流过程中的货物追踪，信息自动采集，仓储应用，港口应用，邮政快递。例如将 RFID 系统用于智能仓库货物管理，有效地解决了仓储货物信息管理。对于大型仓储基地来说，管理中心可以实时了解货物位置、货物存储的情况，对于提高仓储效率、反馈产品信息、指导生产都很重要的意义。它不但增加了一天内处理货物的件数，还可以监看货物的一切信息。其中应用的形式多种多样，可以将标签贴在货物上，由叉车上的读写器和仓库相应位置上的读写器读写；也可以将条码和电子标签配合使用，如图 8-10 所示。

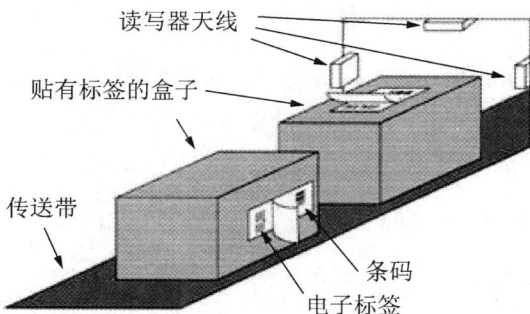

图 8-10 RFID 在物流业中的应用

2. 零售业

RFID 在零售业中的应用包括商品销售数据的实时统计，补货，防盗。买单出库时，不同类别的全部物品可通过扫描器，一次性完成扫描，在收银台生成销售单的同时解除防盗功能。这样，顾客带着所购物品离开时，警报就不会响了。在顾客付账时，收银台会将售出日期写入标签，这样顾客所购的物品也得到了相应的保证和承诺，还可用于照相机、摄像机、便携电脑、CD 随身听、珠宝等贵重物品的防盗、结算和售后保证。电子标签可以附着或内置于物品包装内，专门的货架扫描器会对货品实时扫描，得到实时存货记录。如果货品从货架上拿走，系统将验证此行为是否合法，如果为非法取走货品，系统将报警。

3. 制造业

RFID 在制造业中的应用包括生产数据的实时监控，质量追踪，自动化生产。电子标签在生产流水线上可以方便准确地记录工序信息和工艺操作信息，满足柔性化生产需求。对工人工号、时间、操作、质检结果的记录，可以完全实现生产的可追溯性，还可避免生产环境中手写、眼看信息造成的失误。

4. 图书馆

RFID 在图书馆中的应用包括书店、图书馆和出版社的图书管理应用。在图书中贴入电子标签，可方便地接收图书信息，整理图书时不用移动图书，可提高工作效率，避免工作误差。

5. 医疗行业

RFID 在医疗行业中的应用包括医疗器械管理、药品管理和 HIS 系统。

6. 身份识别

RFID 在身份识别中的应用包括电子护照、身份证、学生证等各种电子证件。

7. 防伪

RFID 在防伪中的应用包括贵重物品(烟，酒，药品)及票证的防伪。目前意大利的托斯卡纳酒庄和中国的茅台，都不约而同地在酒瓶盖上安装 RFID 标签防伪，可以在经销商处辨明真伪和年份，一旦开盖，这个标签就自动失效了。

8. 资产管理

RFID 在资产管理中的应用包括各类贵重的，或数量大相似性高的，或危险品等资产的管理。

9. 交通运输

RFID 在交通运输中的应用包括高速公路收费管理，出租车、公交车的车辆识别与管理，如图 8-11 所示。

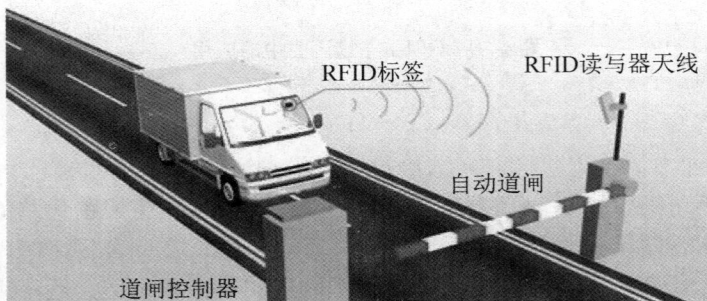

图 8-11   RFID 在高速公路收费管理中的应用

10. 食品

RFID 在食品中的应用包括水果、蔬菜、生鲜食品等保鲜度的管理。

11. 动物识别

RFID 在动物识别中的应用包括驯养动物、畜牧牲口及宠物的识别管理。

12. 航空

RFID 在航空中的应用包括旅客机票，行李包裹追踪。

13. 军事

RFID 在军事中的应用包装弹药、枪支、物资、人员及车辆的识别与追踪。

四、RFID 的种类

RFID 技术中所衍生的产品有三大类：无源 RFID 产品、有源 RFID 产品和半有源 RFID 产品。

1. 无源 RFID 产品

无源 RFID 产品发展最早，也是发展最成熟，市场应用最广的产品。例如，公交卡、食堂餐卡、银行卡、宾馆门禁卡、二代身份证等，这个在我们的日常生活中随处可见，属于近距离接触式识别类。其产品的主要工作频率有低频 125KHz、高频 13.56MHz、超高频 433MHz，超高频 915MHz。

2. 有源 RFID 产品

有源 RFID 产品是最近几年慢慢发展起来的，其远距离自动识别的特性，决定了其巨大的应用空间和市场潜质。在远距离自动识别领域，如智能监狱，智能医院，智能停车场，智能交通，智慧城市，智慧地球及物联网等领域有重大应用。有源 RFID 在这个领域异军突起，属于远距离自动识别类。产品主要工作频率有超高频 433MHz，微波 2.45GHz 和 5.8GHz。

3. 半有源 RFID 产品

半有源 RFID 产品，结合有源 RFID 产品及无源 RFID 产品的优势，在低频 125kHz 频率的触发下，让微波 2.45G 发挥优势。半有源 RFID 技术，也可以叫作低频激活触发技术，利用低频近距离精确定位，微波远距离识别和上传数据，来解决单纯的有源 RFID 和无源 RFID 没有办法实现的功能，简单地说，就是近距离激活定位、远距离识别及上传数据。

半有源 RFID 是一项易于操控、简单实用且特别适合用于自动化控制的灵活性应用技术，识别工作无需人工干预，它既可支持只读工作模式也可支持读写工作模式，且无须接触或瞄准；可在各种恶劣环境下自由工作，短距离射频产品不怕油漬、灰尘污染等恶劣的环境，可以替代条码，例如用在工厂的流水线上跟踪物体；长距射频产品多用于交通上，识别距离可达几十米，如自动收费或识别车辆身份等。

五、发展 RFID 的潜在问题

1. 价格过高

RFID 电子标签毕竟是电子产品，每个标签都是一个完整的电子线路，其成本比条码、磁条高几倍或几十倍。这是造成电子标签几乎所有身份识别的场合都有需求，但真正实现的却很少的主要原因。例如零售业的超市商品，可能有些商品本身的价值还没有一个电子标签的价值高，这样的场合目前使用电子标签就不太现实。而制造业的生产线上，可以将电子标签装到"拖盘"上重复使用，这样摊到每个部件上的成本就相对很低了。

2. 失业

企业采用 RFID 系统后，将接手原来由人工完成的工作并进一步取代人工操作，其衍生而来的问题，将是许多劳工面临失去工作的危机。市场调研公司表示，如果制造商大量采用 RFID，仅在美国一地就可能导致 400 万个工作岗位消失。

3. 健康影响

因为 RFID 磁条所使用的 800～900MHz 已经属于超高频范围，很多人担心长期生活在 RFID 磁条包围中会受到高频射线影响身体健康。

4. 隐私问题

隐私保护团体也对 RFID 可能造成生产商长期跟踪用户抱有强烈的意见。

5. 技术的突破

根据专业机构所做的一项调查显示，即使贴上双重标签，RFID 标签仍有 3%的无法判读；只贴一个标签的吊牌则只有 78% 的正确判读。此外，射频识别标签与读取机具有方向性及射频识别讯号容易被物体所阻断，这也成为射频识别技术未来发展的一大挑战。

☕ **轻松一刻**

事无完美，RFID 也有其自身的缺陷。RFID 要依靠电磁波工作，但电磁波无法穿透金属和液体，金属会反射电磁波造成屏蔽，而液体会吸收电磁波。无奈的是，大部分集装箱以及机械设备都是金属的，而大部分动物活体的含水量都非常高。所以给牛使用的 RFID 标签，都是外挂在牛的耳朵上，而非植入牛的体内，如图 8-12 所示。

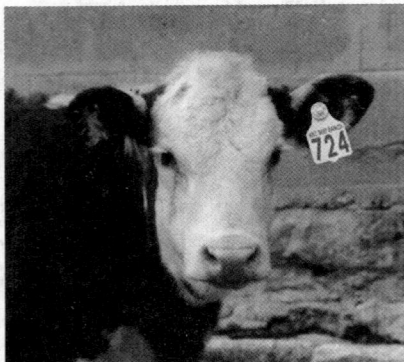

图 8-12　牛耳上的 RFID 标签

💻 **视频资源**

登录 http://pan.baidu.com/s/1qWHJE6w，可以下载关于 RFID 的视频。

登录 http://pan.baidu.com/s/1mgDObaC，可以下载关于麦德龙未来超市使用 RFID 的视频。

专题四：电子数据交换

——信息沟通不再有障碍

电子数据交换(Electronic Data Interchange，EDI)是 20 世纪 80 年代发展起来的一种新颖的电子化贸易工具，是计算机、通信和现代管理技术相结合的产物，我国港澳地区及海外华人地区称作"电子资料联通"。

EDI 是一种在公司之间传输订单、发票等作业文件的电子化手段，它通过计算机通信网络将贸易、运输、保险、银行和海关等行业信息，用一种国际公认的标准格式，实现各有关部门或公司与企业之间的数据交换与处理，并完成以贸易为中心的全部过程。国际标准化组织(ISO)将 EDI 描述成"将贸易(商业)或行政事务处理按照一个公认的标准变成结构化的事务处理或信息数据格式，从计算机到计算机的电子传输"。又由于使用 EDI 可以减少甚至消除贸易过程中的纸面文件，因此 EDI 又被人们通俗地称为"无纸贸易"。下面我们就来了解一下 EDI。

一、电子信箱和 EDI

电子信箱很多人都可能使用过,它的应用和发展大大地提高了人们的办公效率,而 EDI 技术则是电子信箱技术的进一步发展,可以说,将电子信箱应用于商业事务的愿望促进了 EDI 技术的发展。EDI 和电子信箱之间既有联系又有区别,从通信的角度来说,EDI 和电子信箱是相似的,但是它们之间也有比较明显的区别。例如电子信箱是通过交换网络将人与人联系起来,使人和人之间可以通过交换网络快速准确地交换信息,而 EDI 则是通过交换网络将两个计算机系统联系起来,例如将服装进出口公司的电脑系统与海关的电脑系统联系起来,以此简化报关手续。所以说,EDI 是计算机之间通过交换网络传递商务信息。

此外,电子信箱与 EDI 的另一大不同之处是,电子信箱存储和传递的信息是用户(人)之间的信息,这种信息只要人能读懂即可,不要求有一定格式(当然,你使用电子邮箱时最好给信件加上前面的称呼和后面的祝词,否则,对方可能就会有意见了)。而 EDI 通信不一样,EDI 通信的双方是计算机,从根本上说则是计算机上的软件。软件可没有人那么聪明,什么格式都能看懂,软件之间的通信需要格式化信息内容,况且,EDI 通信内容主要是贸易中的文件和报表,使格式化信息成为可能,这是 EDI 与电子邮箱的另一不同。举一个例子,电子信箱传递的是普通的信件,EDI 传递的是文件、表格,但是无论传递的是何种内容的信息,都要将这些待传递的内容装入信封,写上收信人的地址,贴足邮票,丢入邮筒,也就是说通信的过程是一样的。

EDI 不是用户间简单的数据交换系统,EDI 用户需要按照国际通用的消息格式发送消息,接收方也需要按照国际统一规定的语法规则,对消息进行处理,并引起其他相关系统的 EDI 综合处理,整个过程都是自动完成,不需要人工干预,减少了差错,提高了效率。例如,有一个工厂采用了 EDI 系统,它通过计算机通信网络接收到来自用户的一笔 EDI 方式的订货单,工厂的 EDI 系统随即检查订货单是否符合要求和工厂是否接收订货,然后向用户回送确认信息。工厂的 EDI 系统根据订货单的要求检查库存,如果需要则向相关的零部件和配套设备厂商发出 EDI 订货单;向铁路、海运、航空等部门预订车辆、舱位和集装箱;以 EDI 方式与保险公司和海关联系,申请保险手续和办理出口手续;向用户开 EDI 发票;同银行以 EDI 方式结算账目等。从订货、库存检查与零部件订货,办理相关手续及签发发货票等全部过程都由计算机自动完成,既快速又准确。

二、EDI 的优点

1. 迅速准确

EDI 使用电子方法传递信息和处理数据,它一方面用电子传输的方式取代了以往纸单证的邮寄和递送,从而提高了传输效率;另一方面通过计算机处理数据取代人工处理数据,从而减少了差错和延误。如果没有 EDI 系统,即使是高度计算机化的公司,也需要经常将外来的资料重新输入本公司的计算机。调查表明,从一部计算机输出的资料多达 70%的数据需要再输入其他的计算机,既费时又容易出错。如图 8-13 所示。

手工条件下贸易单证的传递方式：

EDI 条件下贸易单证的传递方式：

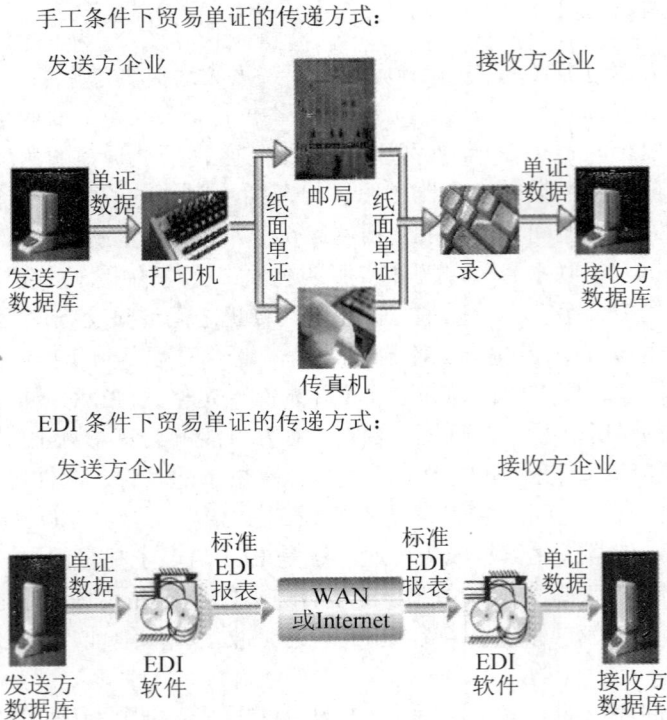

图 8-13　手工条件和 EDI 条件下信息传递过程比较

2. 降低成本

EDI 减少了纸张的消费。根据联合国组织的一次调查，进行一次进出口贸易，双方需交换近 200 份文件和表格，其纸张、行 文、打印及差错可能引起的总开销等大约为货物价格的 7%。据统计，美国通用汽车公司采用 EDI 后，每生产一辆汽车可节约成本 250 美元，按每年生成 500 万辆计算，可以产生 12.5 亿美元的经济效益。

3. 方便高效

采用 EDI 业务可以将原材料采购与生产制造、订货与库存、市场需求与销售，以及金融、保险、运输、海关等业务有机地结合起来，集先进技术与科学管理为一体，极大地提高了工作效率。EDI 使贸易双方能够以更迅速有效的方式进行贸易，大大地简化了订货或存货的过程，使双方能及时地充分利用各自的人力和物力资源。美国 DEC 公司应用了 EDI 后，使存货期由 5 天缩短为 3 天，每笔订单费用从 125 美元降到 32 美元。新加坡采用 EDI 贸易网络之后，使贸易的海关手续从原来的 3～4 天缩短到 10～15 分钟。

4. 保密性好

EDI 系统有相应的保密措施，传输信息的保密通常是采用密码系统，各用户掌握自己的密码，可打开自己的"邮箱"取出信息，外人却不能打开这个"邮箱"，有关部门和企业发给自己的电子信息均自动进入自己的"邮箱"。一些重要信息在传递时还要加密，即把信息转换成他人无法识别的代码，接收方计算机按特定程序译码后还原成可识别信息。

为防止有些信息在传递过程中被篡改，或防止有人传递假信息，还可以使用证实手段，即将普通信息与转变成代码的信息同时传递给接收方，接收方把代码翻译成普通信息进行比较，如二者完全一致，可知信息未被篡改，也不是伪造的信息。

三、EDI 的标准化问题

在 EDI 技术构成中，标准起着核心的作用。EDI 技术标准可分成两大类：一类是表示信息含义的语言，称为 EDI 语言标准，主要用于描述结构化信息；另一类是载运信息语言的规则，称为通信标准。它的作用是负责将数据从一台计算机传输到另一台计算机。一般来说，EDI 语言对其载体所使用的通信标准并无限制，但对语言标准却有严格的限定。EDI 语言标准目前广泛应用的有两大系列：国际标准的 EDIFACT 和美国的 ANSI X.12。

虽然 EDI 的迅猛发展，其影响已波及全球，但目前存在的 EDIFACT 和 ANSI X.12 两大标准在某种程度上制约了 EDI 全球互通的发展。例如当一个美国的公司要与它在欧洲或亚洲的子公司或贸易伙伴联系时，因双方所采用的 EDI 标准不同，就要进行复杂的技术转换才能达到目的。虽然绝大多数翻译软件的制造厂商都支持这两个标准，但仍会给用户或厂商造成一些不必要的麻烦。

为了在国际贸易中更快、更省、更好地使用 EDI，世界各国特别是欧、美等工业发达国家，都在强烈要求统一 EDI 国际标准，即"讲一种语言，用一种标准"。在 EDIFACT 被 ISO 接受为国际标准之后，国际 EDI 标准就逐渐向 EDIFACT 靠拢。ANSI X.12 和 EDIFACT 两家已一致同意全力发展 EDIFACT，使之成为全世界范围内能接受的 EDI 标准。目前，EDIFACT 标准作为联合国与国际标准化组织联合制定的国际标准正在为越来越多的国家所接受。

四、EDI 的模式

传统的 EDI 系统是基于 VAN 技术的 EDI。所谓 VAN(Value Added Network，增值网)，是指可提供额外服务(如协议的更改，检错及纠错等)的计算机网络系统。VAN 是目前普遍采用的 EDI 应用模式，在国际贸易、海关通关、交通运输、政府招标、公用事业中应用广泛。在这一模式下，通常需要建立一个区域性的 EDI 中心，同时建立一个 VAN 网络。用户首先以会员方式加入到 EDI 中心，并按通用标准格式编制报文才能通过网络传送信息。由此可见，传统的 EDI 对用户的要求较高，推广应用较难。为此，逐步改变传统 EDI 系统单纯依靠增值专用网的封闭式传输模式，向基于 Internet 和 Web 技术的开放式 EDI 应用模式发展将是 EDI 发展信息增值服务的关键。

Internet 模式的 EDI 是指利用先进的国际互联网、服务器等电子系统和电子商业软件运作的全部商业活动，包括利用电子邮件提供的通信手段在网上进行的交易。Internet 模式的 EDI 大大地方便了那些中小型企业，不用购买和维护 EDI 软件，不用进行 EDI 单证和应用程序接口开发，只需利用浏览软件即可应用，而有关表格制作和单证翻译等工作由 EDI 中心或商业伙伴完成。

五、EDI 的应用

EDI 用于金融、保险和商检，可以实现对外经贸的快速循环和可靠的支付，降低银行间转账所需的时间，增加可用资金的比例，加快资金的流动，简化手续，降低作业成本。

EDI 用于外贸业，可以提高用户的竞争能力。EDI 用于通关和报关，可以加速货物通关，提高对外服务能力，减轻海关业务的压力，防止人为弊端，实现货物通关自动化和国际贸易的无纸化。

税务部门可以利用 EDI 开发电子报税系统，实现纳税申报的自动化，既方便快捷，又节省人力物力。

制造业利用 EDI 能够充分理解并满足客户的需要，制订出供应计划，达到降低库存、加快资金流动的目的。运输业采用 EDI 则能实现货运单证的电子数据传输，充分利用运输设备、仓位，为客户提供高层次和快捷的服务。而 EDI 对仓储业，可以加速货物的提取及周转，减缓仓储空间紧张的矛盾，从而提高仓库利用率。

关于 EDI 的应用价值，正如香港 TRADELINK 公司的宣传资料指出的那样："当 EDI 于 20 世纪 60 年代末期在美国首次被采用时，只属于当时经商的途径之一；时至今日，不但美国和欧洲大部分国家，以至越来越多的亚太地区国家，均已认定 EDI 是经商的唯一途径。"国外专家甚至深刻地指出："能否开发和推动 EDI 计划，将决定对外贸易方面的兴衰和存亡。如果跟随世界贸易潮流，积极推行 EDI 就会成为巨龙而腾飞，否则就会成为恐龙而绝种。"而《大趋势》作者约翰·奈斯比特则预言："未来全球信息化经济将建立于全球计算机网络及网络基础上的 EDI 之上。"

专题五：电子订货系统
——订货变得更轻松

提起 EOS，人们可能首先想到的是单反相机，但这里的 EOS 指的是电子订货系统，它是指企业间利用通信网络(VAN 或互联网)和终端设备，以在线连接(Online)的方式进行订货作业和订货信息交换的系统。最早把电子订货系统(EOS)引入商业的是连锁店，其目的是追求分店与总店的相互补货业务级管理运行上的合理化。以往的订货是通过电话、邮寄或传真来进行的，听错记错等状况往往层出不穷；而电子订货系统，是在店内使用手持式终端机(Handy Terminal)输入订货资料，在经由电信电路将资料传送给供货商。如此一来，人为的失误减少了，订货、送货的效率也就自然提高了。

一、EOS 的特点

(1) 商业企业内部计算机网络应用功能完善，能及时产生订货信息。

(2) POS 与 EOS 高度结合，产生高质量的信息，如图 8-14 所示。

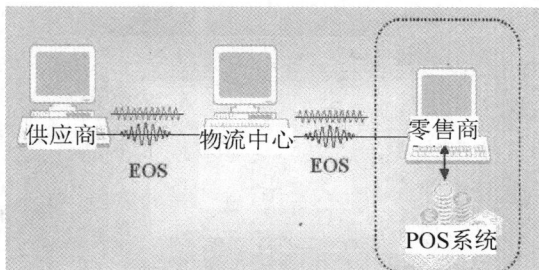

图 8-14　POS 与 EOS 的结合

(3)　满足零售商和供应商之间的信息传递。

(4)　通过网络传输信息订货。

(5)　信息传递及时、准确。

(6)　EOS 是许多零售商和供应商之间的整体运作系统，而不是单个零售店和单个供应商之间的系统。电子订货系统在零售商和供应商之间建立起了一条高速通道，使双方的信息及时得到沟通，使订货过程的周期大大缩短，既保障了商品的及时供应，又加速了资金的周转，实现了零库存战略。

二、EOS 的分类

根据电子订货系统的整体运作程序来划分，大致可以分为以下三种类型。

(1)　连锁体系内部的网络型，即连锁门店有电子订货配置，连锁总部有接单计算机系统，并用即时、批次或电子信箱等方式传输订货信息。这是"多对一"与"一对多"相结合的初级形式的电子订货系统。

(2)　供应商对连锁门店的网络型，其具体形式有两种：一种是直接的"多对多"，即众多的不同连锁体系下属的门店对供应商，由供应商直接接单发货至门店；另一种是以各连锁体系内部的配送中心为中介的间接的"多对多"，即连锁门店直接向供应商订货，并告知配送中心有关订货信息，供货商按商品类别向配送中心发货，并由配送中心按门店组配向门店送货。这可以说是中级形式的电子订货系统。

(3)　众多零售系统共同利用的标准网络型，其特征是利用标准化的传票和社会配套的信息管理系统完成订货作业。其具体形式有两种：一是地区性社会配套的信息管理系统网络，即成立由众多的中小型零售商、批发商构成的区域性社会配套的信息管理系统营运公司和地区性的咨询处理公司，为本地区的零售业服务，支持本地区 EOS 的运行；二是专业性社会配套信息管理系统网络，即按商品的性质划分专业，从而形成各个不同专业的信息网络。这是高级形式的电子订货系统，必须以统一的商品代码、统一的企业代码、统一的传票和订货的规范标准的建立为前提条件。

无论采用何种形式的电子订货系统，皆以门店订货系统的配置为基础。

三、EOS 系统在企业物流管理中的作用

(1)　对于传统的订货方式，如上门订货、邮寄订货电话、传真订货等，EOS 系统可以缩短从接到订单到发出订货的时间，缩短订货商品的交货期，减少商品订单的出错率，节

省人工费。

(2) 有利于减少企业的库存水平，提高企业的库存管理效率，同时也能防止商品特别是畅销商品缺货现象的出现。

(3) 对于生产厂家和批发商来说，通过分析零售商的商品订货信息，能准确判断畅销商品和滞销商品，有利于企业调整商品生产和销售计划。

(4) 有利于提高企业物流信息系统的效率，使各个业务信息子系统之间的数据交换更加便利和迅速，丰富企业的经营信息。

四、EOS 系统的操作流程

(1) 在零售店的终端利用条码阅读器获取准备采购的商品条码，并在终端机上输入订货资料，利用电话线通过调制解调器传到批发商的计算机中。

(2) 批发商开出提货传票，并根据传票开出拣货单，实施拣货，然后根据送货传票进行商品发货。

(3) 送货传票上的资料便成为零售商店的应付账款资料及批发商的应收账款资料，并接到应收账款的系统中去。

(4) 零售商对送到的货物进行检验后，就可以陈列出售了。

使用 EOS 时要注意订货业务作业的标准化，这是有效利用 EOS 系统的前提条件；商品代码的设计，商品代码一般采用国家统一规定的标准，这是应用 EOS 系统的基础条件；订货商品目录账册的做成和更新，订货商品目录账册的设计和运用是 EOS 系统成功的重要保证；计算机以及订货信息输入和输出终端设备的添置是应用 EOS 系统的基础条件；在应用过程中需要制定 EOS 系统应用手册并协调部门间、企业间的经营活动。EOS 的操作流程如图 8-15 所示。

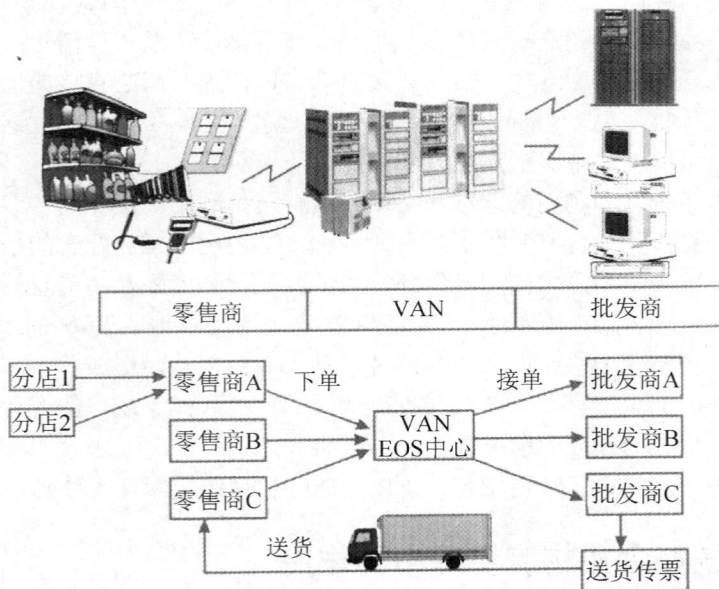

图 8-15　EOS 系统操作流程

在商业化、电子化迅速发展的今天，EOS 系统越来越显示出它的重要性，同时随着科技的发展和 EOS 系统的日益普及，EOS 系统的标准化和网络化已成为当今 EOS 系统的发展趋势。

专题六：全球定位系统
——太空中的"指南针"

全球定位系统(Global Positioning System，GPS)是利用卫星星座(通信卫星)、地面控制部分和信号接收机对对象进行动态定位的系统。GPS 起始于 1958 年美国军方的一个项目，1964 年投入使用。20 世纪 70 年代，美国陆海空三军联合研制了新一代卫星定位系统 GPS。其主要目的是为陆海空三大领域提供实时、全天候和全球性的导航服务，并用于情报收集、核爆监测和应急通信等一些军事目的，经过 20 余年的研究实验，耗资 300 亿美元，到 1994 年，全球覆盖率高达 98%的 24 颗 GPS 卫星已布设完成。

一、GPS 的基本原理

GPS 全球卫星定位系统由三部分组成：空间部分——GPS 卫星，24 颗 GPS 卫星在离地面 12 000 公里的高空上，以 12 小时的周期环绕地球运行，使得在任意时刻，在地面上的任意一点都可以同时观测到 4 颗以上的卫星；地面控制部分——地面监控系统；用户设备部分——GPS 信号接收机。说得简单点，用户通过 GPS 接收卫星信号，经信号处理而获得用户位置、速度等信息，最终实现利用 GPS 进行导航和定位的目的，如图 8-16 所示。

图 8-16 GPS 基本原理

二、GPS 的主要特点

1. 定位精度高

GPS 导航精度可达 15 米，单机定位精度优于 10 米，采用差分定位精度可达厘米级甚至毫米级。

2. 观测时间短

随着 GPS 系统的不断完善，软件的不断更新，目前 GPS 接收机的一次定位和测速工作在 1 秒甚至更少的时间内便可完成。

3. 执行操作简单

GPS 接收机体积也越来越小，重量越来越轻，使得用户的操作和使用非常简便。

4. 功能多、应用广

GPS 系统不仅可用测量、导航，还可用于测速、测时，测速的精度可达 0.1 米/秒，测时的精度可达几十毫微秒。它广泛应用于电力、金融、通信、交通、广电、石化、冶金、国防、教育、IT、公共服务设施等各个领域，随着相关技术的发展，GPS 系统应用领域还在不断扩大。

5. 抗干扰性能好、保密性强

由于 GPS 系统采用了伪码扩频技术，因而 GPS 卫星所发送的信号具有良好的抗干扰性和保密性。

6. 全球、全天候工作

GPS 可为各类用户连续地提供高精度的三维位置、三维速度和时间信息，不受天气的影响。

三、GPS 在货物运输管理中的应用

GPS 实时性、全天候、连续、快速、高精度的特点运用到物流运输行业给其带来了一场实质性的转变，并在物流业的发展中发挥越来越重要的作用。其应用主要包括以下几方面。

1. 导航功能

通过 GPS 定位系统和电子地图的结合，货车司机可方便地知道自己目前所在地的位置，即使在陌生的城市也不会迷路，迅速到达目的地，减少运输时间，提高工作效率。

2. 车辆跟踪功能

在任意时刻通过发出指令查询运输工具所在的地理位置(经度、纬度、速度等信息)并在电子地图上直观地显示出来，使物流公司和运输管理部门足不出户，就对目前道路上运行的货运车辆情况了如指掌，并可根据车辆的速度、方向和离目标的距离，判断货运车辆的到达时间，提前做好接车准备，节约时间成本，大大地提高工作效率。

3. 提供出行路线规划功能

实现路线规划及路线优化，事先规划车辆的运行路线、运行区域，何时应该到达什么地方等，能避免绕行，选择最优路径，减少车辆损耗和运输时间，降低运输成本，从而取得明显经济效益。尤其 GPS 技术在冷链物流中的应用，大大地提高了运输的质量和有效地保证运输时间，从而确保了冷链产品的质量和及时到达。

4. 信息查询功能

将运输工具的运能信息、维修记录信息、车辆运行状况登记处、司机人员信息、运输工具的在途信息等到多种信息提供调度部门决策，以提高重车率，尽量减少空车时间和空车距离，充分利用运输工具的运能。

5. 话务指挥功能

GPS 的用户可使用话音功能与司机进行通话或使用本系统安装在运输工具上的移动设备的汉字液晶显示终端进行汉字消息收发对话。驾驶员通过按下相应的服务、动作键，将该信息反馈到网络 GPS，质量监督员可在网络 GPS 工作站的显示屏上确认其工作的正确性，了解并控制整个运输作业的准确性(发车时间、到货时间、卸货时间、返回时间等)。并且物流公司可以通过监控中心把最新的市场信息反馈给运输车队，实现异地配载，从而使销售商更好地服务客户、管理库存，加快物资和资金的运转，降低各环节的成本。

6. 紧急援助功能

通过车载单元的报警和通话装置，可及时处理意外事故，保证行车安全。

GPS 的运用已经为交通运输体系的发展起着不可忽视的作用，并将会在以后为物流运输企业业务的发展提供更加广阔的前景。

☕ 轻松一刻

除了美国 GPS 以外，世界上还有中国北斗、俄罗斯格罗纳斯、欧盟伽利略等导航系统，这四大导航系统如同金庸笔下的四大武林高手一样，各具特色。

中国的北斗如同北丐，因为北斗导航系统面对全世界用户开放，而且免费使用，就像丐帮一样以义气为先；俄罗斯格洛纳斯如同南帝，因为它虽然精度略低，但抗干扰能力极强，就像南帝一样定力深厚；而美国 GPS 则为东邪，因为其技术最为成熟，而且为美国在对外的战争中立下汗马功劳，就像东邪沉稳冷峻；欧洲的伽利略则为西毒，其最大特点是精准，有"欧洲版 GPS"之称，就像西毒一样招招致命。

专题七：地理信息系统

——电子地图使物流更具智慧

地理信息系统(Geographic Information System，GIS)是一种基于计算机技术的工具，可以对在地球上的事物进行制图和分析。以往单纯的地理信息只是一堆枯燥的数字，这时需要有合适的软件去把它用形象的地图表示出来。与此同时，地理信息数据库的建立，也需要合适软件的帮助，把地理数据信息化。GIS 技术就是把地图这种独特的视觉化效果和地理分析功能与一般的数据库操作(例如查询和统计分析等)集成在一起的工具。

近年来，随着"智慧物流"概念的热炒，以"物联化"、"互联化"和"智能化"为核心的智慧物流信息技术和应用体系开始树立。空间信息管理作为一直以来物流构建中必不可少的内容，更被智慧物流所重视。GIS 成为推动和实现物流信息化的关键技术，它是智慧物流物联网体系的重要枢纽，互联化的必要信息平台，智能化的分析要件。具有 GIS

功能的物流信息系统便于企业基于属性数据和图形的结合进行科学、规范的管理，并且可以优化车辆与人员的调度，最大限度地利用人力、物力资源，使货物配送达到最优化。对于物流中的许多重要决策问题，如配送中心的选址、货物组配方案、运输的最佳路径、最优库存控制等方面，都可以得到更好的解决。

将 GIS 用于建立物流信息系统在国外物流企业已得到广泛运用并取得很大成功，目前在国内一些物流企业也有成功应用。拿沃尔玛物流配送来说，在商品装车发往分店的途中，借助 GPS 定位系统或者沿途设置的 RFID 监测点，GIS 可以准确地表达单件商品的位置与完备性，并预知准确的运抵时间。商品运抵门店后，一旦进入到 RFID 阅读器覆盖的场所，GIS 还可以表现具体商品的位置，有效地防止商品失窃现象，并可以通过覆盖分店的 RFID 阅读器找到由顾客随意放置的商品位置由店员归位。

另外，GIS 可以有效解决目前物流配送中配送员的单笔配送效率与多笔配送效率的优化问题，这是传统 GIS 在智能物流中无法体现的。无论当前众多电子商务公司的如京东、凡客，还是专门的物流配送如顺丰、圆通等企业，广大的配送员在分区配送的模式下基于人工的配送路线选择，受配送分区大小、复杂情况、配送员对区域的熟悉度等影响，面对少则十来单，多则上百单的商品配送时，往往不能规划出最优的配送秩序和配送线路，更不能有效地掌控单笔商品在配送员手中的流转情况，造成大量的客户投诉和客户流失。

由于智慧物流下的单件识别和移动通信的突破，使得 GIS 可以完全克服这些问题，通过给物流员配备移动设备，借助 GIS 的分析功能，可以对某个城市或地区按管理的要求建立电子地图，准确反映出街道、道路等的情况，从而使企业能精确地确定配送点和客户的位置。根据服务区域和特点，划分工作组、责任区，并根据客户分布和需求量，合理地安排工作路线和顺序。对于不同的客户，根据对产品的不同需求量，等待服务的不同的时间点和时间段分配不同的优先级，迅速地将不同配送区域下的配送任务分发到不同的配送员手中，并同时为配送员提供当批配送商品的最优配送方案，更重要的是还可以通 GPS 等技术实时掌控配送员和商品的动态，并传递给数据中心提供给管理者和客户，从而使客户满意程度最大化，如图 8-17 所示。

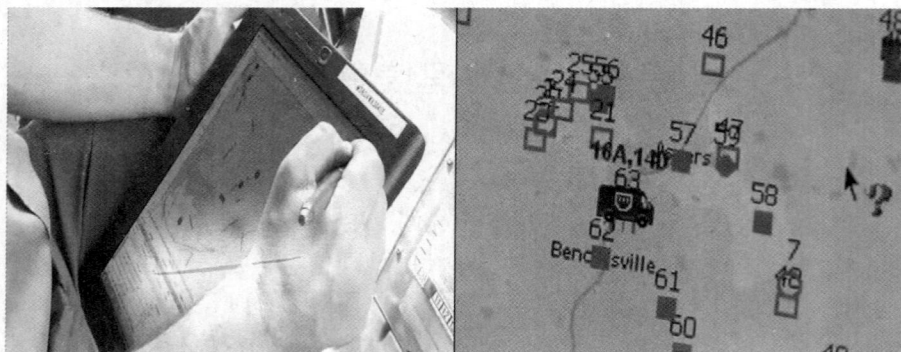

图 8-17　GIS 在运输中的应用

在智慧物流中，GIS 不再是仅仅局限于企业物流管理系统本身的应用。借助于物联网的识别功能，GIS 可以很好地表现出不同种类商品在不同仓库、不同区域、不同门店的流转情况，从而可以将这些信息结合到相关区域的人群构成、收入能力、消费水平、社区状况等商业地理分功能中，帮助做出人、车、库房、路径、辐射区域等最适合的物流计划，甚至通过对顾客覆盖率、连锁网络的优化、竞争状况和市场饱和程度等分析，为选址、经营分区等商业决策提供更好的支持。GIS 将更进一步加强与企业内部 ERP、CRM 等系统的结合，物流信息也将通过 GIS 的分析的提供给企业的整体决策。

可以说，从智能物流到智慧物流的跨越，对 GIS 提出了更高要求，同时也为 GIS 功能的施展提供了更为广阔的天地。

专题八：电子标签拣货系统
——信息技术使货物拣选更高效

通常配送中心的拣货作业是最繁重、最易出差错的工作。传统的人工拣货作业要求拣货员拿着出库单，将客户所需的商品分别从货架上取下，这样做既费时又费力，而且很容易出现差错。据统计，人工拣货作业的时间投入占整个配送中心总人工时间的 30%～40%，而差错率却平均高达千分之三。

随着信息化设备的逐渐开发应用，在拣货环节中，各种新技术、新设备应用已相当普遍，其中比较典型和常用的是电子标签拣货系统。电子标签拣货系统是在拣货操作区中的所有货架上，为每一种货物安装一个电子标签，和传统的人工拣货方式相比，电子标签拣货系统无须打印出库单，出/入库信息通过中央计算机直接下载到对应的电子标签；电子标签发出光、声音指示信号，指导拣货员完成拣货；拣货员完成作业后，按动电子标签按键，取消光、声音指示信号，将完成信息反馈给中央计算机；拣货员按照其他电子标签指示继续进行拣货，如图 8-18 所示。

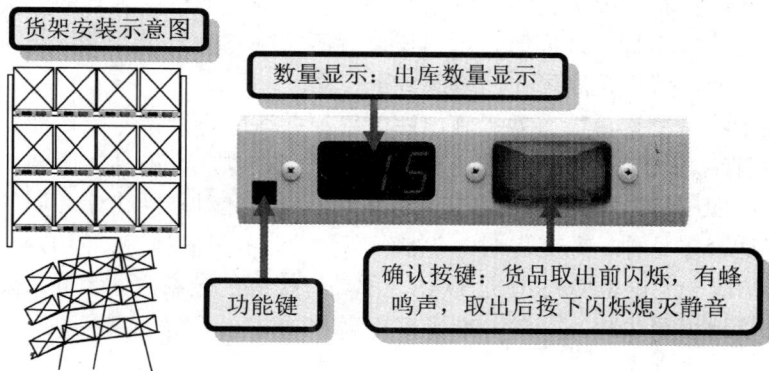

图 8-18　电子标签拣货系统原理

电子标签借助于明显易辨的储位视觉引导，可简化拣货作业为"看、拣、按"三个单纯的动作，降低拣货人员思考及判断的时间，以降低拣错率并节省拣货人员寻找货物存放位置所花的时间，提高拣货速度及效率，降低误拣错误率。除了拣货效率提高之外，因拣货作业所需熟练度降低，人员无须特别培训，即能上岗工作。因此可以引进兼职人员，降低劳动力成本。如图 8-19 所示我们可以清楚地看到导入电子标签拣货系统为企业带来的好处。

一般拣货出现的问题	电子标签拣货的优点
√ 耗时长	√ 拣货速度只需一般拣货时间的1/2～1/3
√ 差错多	√ 操作人员只需一般操作人员的1/2～1/3
√ 操作人数多	√ 任何人都可以马上作业
√ 依赖熟练工	√ 实现无纸化手工作业
√ 临时工不固定	√ 拣货失误率降低到0.03%～0.01%
√ 传票使用多	
√ 拣货数量不准确	

图 8-19　一般拣货和电子标签拣货的比较

电子标签拣货系统在实际使用中，主要有两种方式——摘果式 DPS 和播种式 DAS。

摘果式电子标签拣货系统(Digital Picking System，DPS)是在拣货操作区中的所有货架上，为每一种货物安装一个电子标签，根据订单清单数据，发出出货指示并使货架上的电子标签亮灯(闪亮)，操作员按照电子标签所显示的数量及时、准确、轻松地将商品拣选下来，就像从果树上摘果子一样。因为 DPS 一般要求每一品种均配置电子标签，对很多企业来说，投资较大，所以可采用两种方式来降低系统投资。一是采用可多屏显示的电子标签，用一只电子标签实现多个货品的指示；另一种是采用 DPS 加人工拣货的方式：对出库频率最高的 20%～30%产品(约占出库量 50%～80%)，采用 DPS 方式以提高拣货效率；对其他出库频率不高的产品，仍使用纸张的拣货单。这两种方式的结合在确保拣货效率改善的同时，可有效节省投资。

播种式电子标签系统(Digital Assorting System，DAS)是另一种常见的电子标签应用方式，DAS 中的每一个储位代表一个客户(各个商店，生产线等)，每一储位都设置电子标签。操作员先通过条码扫描把将要分拣货物的信息输入系统中，下订单客户的分货位置所在的电子标签就会亮灯、发出蜂鸣，同时显示出该位置所需分货的数量，分拣员可根据这些信息进行快速分拣作业，就像是农民在田地撒种子一样。

电子标签用于物流配送，能有效提高出库效率，并适应各种苛刻的作业要求，尤其在零散货品配送中有绝对优势，在连锁配送、药品流通场合以及冷冻品、服装、服饰、音像制品物流中有广泛应用前景。而 DPS 和 DAS 是电子标签针对不同物流环境的灵活运用。一般来说，DPS 适合多品种、短交货期、高准确率、大业务量的情况；而 DAS 较适合品种集中、多客户的情况。无论是 DPS 还是 DAS，都具有极高的效率。据统计，采用电子标签拣货系统可使拣货速度至少提高一倍，准确率提高 10 倍。

视频资源

登录 http://pan.baidu.com/s/1i3mjPtj，可以下载关于电子标签拣货系统操作的视频。

专题九：物流自动化技术

——走进高科技"无人仓库"

当你来到先进的自动化仓库，你可能会为眼前所呈现的场面感到震撼。因为在偌大的仓库库房中，各种机械、设备和货物"往来奔忙"，但却见不到一个工作人员的身影。之所以能做到这一切，自动化技术起到了重要的促进作用。20世纪50年代末和60年代，人们相继研制和采用了自动导引小车(AVG)、自动货架、自动存取机器人、自动识别和自动分拣等系统。20世纪70年代和80年代，旋转体式货架、移动式货架、巷道式堆垛机和其他搬运设备都加入了自动控制的行列。下面我们就来了解一下这些先进的自动化技术。

一、自动化立体仓库

自动化立体仓库，也叫自动化立体仓储，利用立体仓库设备可实现仓库高层合理化，存取自动化，操作简便化。自动化立体仓库的主体由货架，巷道式堆垛起重机、入(出)库工作台和自动运进(出)及操作控制系统组成。货架是钢结构或钢筋混凝土结构的建筑物或结构体，货架内是标准尺寸的货位空间，巷道堆垛起重机穿行于货架之间的巷道中，完成存、取货的工作，管理上采用计算机及条形码技术，如图8-20所示。

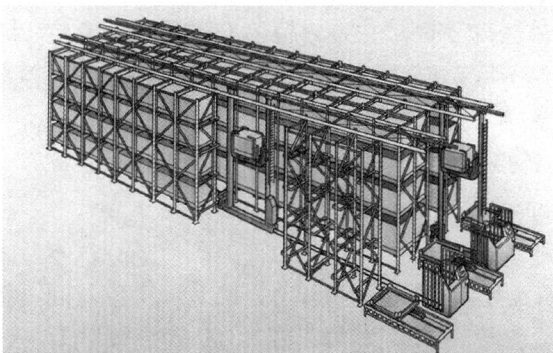

图 8-20　自动化立体仓库

自动化仓库具有一般普通仓库不可比拟的优点，体现在以下几点。

1. 自动化仓库可以节省劳动力，节约占地

由于自动化仓库采用了电子计算机等先进的控制手段，采用高效率的巷道堆垛起重机，使仓库的生产效益得到了较大的提高，往往一个很大的仓库只需要几个工作人员，节省了大量劳动力。同时，仓库的劳动也大大地减轻，劳动条件得到改善。自动化仓库的高层货架能合理地使用空间，使单位土地面积存放货物的数量得到提高。在相同的土地面积上，建设自动化仓库比建设普通仓库储存能力高达几倍，甚至十几倍。这样在相同储存量的情况下，自动化仓库节约了大量土地。

2. 自动化仓库出入库作业迅速、准确，缩短了作业时间

现代化的商品流通要求快速、准确。自动化仓库由于采用了先进的控制手段和作业机械，采用最快的速度、最短的距离送取货物，使商品出入库的时间大大缩短。同时，仓库作业准确率高，仓库与供货单位、用户能够有机地协调，这有利于缩短商品流通时间。

3. 提高仓库的管理水平

由于电子计算机控制的自动化仓库结束了普通繁杂的台账手工管理办法，使仓库的账

目管理以及大量资料数据通过计算机贮存，随时需要，随时调出，既准确无误，又便于情报分析。从库存量上，自动化仓库可以将库存量控制在最经济的水平上，在完成相同的商品周转量的情况下，自动化仓库的库存量可以达到最小。

4. 自动化仓库有利于商品的保管

在自动化仓库中，存放的商品多、数量大，品种多样。由于采用货架——托盘系统，商品在托盘或货箱中，使搬运作业安全可靠，避免了商品包装破损、散包等现象。自动化仓库有很好的密封性能，为调节库内温度，搞好商品的保管养护提供了良好的条件。在自动化仓库中配备报警装置和排水系统，仓库可以预防和及时扑灭火灾。

二、自动分拣系统

自动分拣系统(Automatic Sorting System，ASS)是先进配送中心所必需的设施条件之一，具有很高的分拣效率，通常每小时可分拣商品 6000～12 000 箱。自动分拣系统是按照预先设定的计算机指令对物品进行分拣，并将分检出的物品送达指定位置的机械。随着激光扫描、条码及计算机控制技术的发展，自动分拣机在物流中的使用日益普遍，该系统目前已经成为发达国家大中型物流中心不可缺少的一部分。

1. 自动分拣系统的特点

(1) 能连续、大批量地分拣货物。

由于采用大生产中使用的流水线自动作业方式，自动分拣系统不受气候、时间、人的体力等的限制，可以连续运行，同时由于自动分拣系统单位时间分拣件数多，因此自动分拣系统的分拣能力是人工分拣系统可以连续运行 100 个小时以上，每小时可分拣 7000 件包装商品，如用人工则每小时只能分拣 150 件左右，同时分拣人员也不能在这种劳动强度下连续工作 8 小时。

(2) 分拣误差率极低。

自动分拣系统的分拣误差率大小主要取决于所输入分拣信息的准确性大小，这又取决于分拣信息的输入机制，如果采用人工键盘或语音识别方式输入，则误差率在 3%以上，如采用条形码扫描输入，除非条形码的印刷本身有差错，否则不会出错。因此，目前自动分拣系统主要采用条形码技术来识别货物。

(3) 分拣作业基本实现无人化。

国外建立自动分拣系统的目的之一就是为了减少人员的使用，减轻人员的劳动强度，提高人员的使用效率，因此自动分拣系统能最大限度地减少人员的使用，基本做到无人化。

2. 自动分拣系统的类型

(1) 滑块式分拣系统。

滑块式分拣系统是利用滑块在输送机的滑杆上前后滑动来推移分流物品，从而达到分项目的。根据物品长度来组合不同数量的滑块。每分钟可分流 150 次，最大可推动 100 千克左右。驱动滑块移动的动力一般是电磁力，如图 8-21 所示。

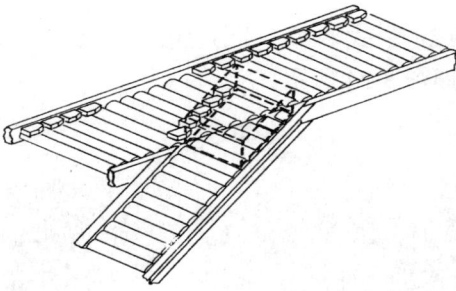

图 8-21 滑块式分拣系统

(2) 导向式分拣系统。

导向式分拣系统是利用浮起链条、传送带、滚筒或轮子把分流物品抬离主输送线,引导其流入分流输送线系统。当被分类物进入轮子时,根据分类指令,高速旋转的浮动轮子迅速上浮,把来自主线的物品抬起,在浮动轮子的引导下分流到分类输送线上。这些分类方法要求物品不能太高太窄,否则易于倾侧,如图 8-22 所示。

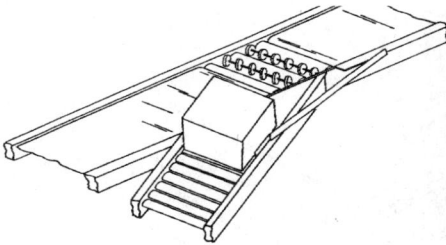

图 8-22 导向式分拣系统

(3) 翻板式分拣系统。

翻板式分拣系统是当物品到达分流位置时,倾倒板突然向上转动,把物品倾倒出来。这种分类方法效率高,每分钟可达 200 次,但是对物品冲击大,物品易倾覆,要求物品在分类上没有方位的要求,如图 8-23 所示。

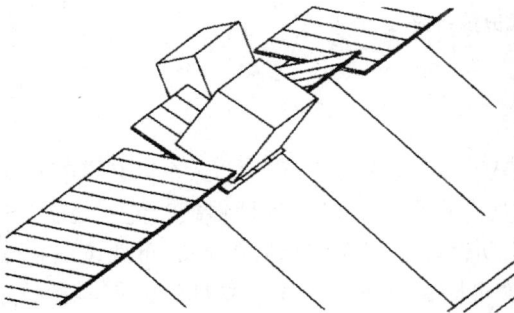

图 8-23 翻板式分拣系统

(4) 摇臂式分拣系统。

摇臂式分拣系统是被分拣的物品放置在钢带式或链板式输送机上，当到达分拣口时，摇臂转动，物品沿摇臂杆斜面滑到指定的目的地，如图 8-24 所示。

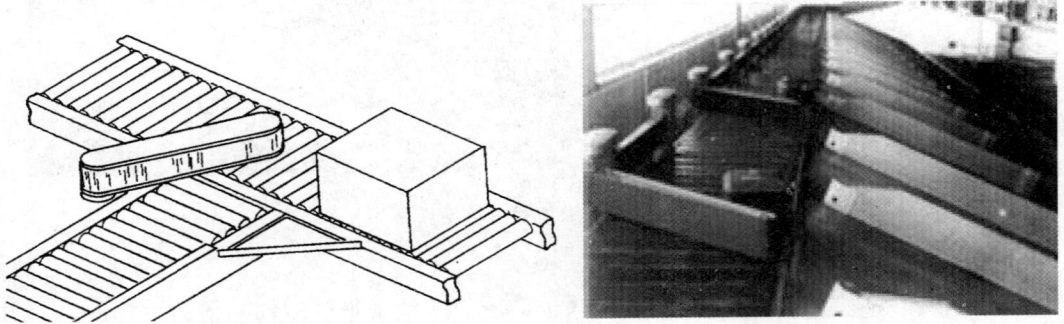

图 8-24　摇臂式分拣系统

(5) 侧推式分拣系统。

侧推式分拣系统是直接推、挡物品，使之离开主线进入分流输送线，如图 8-25 所示。

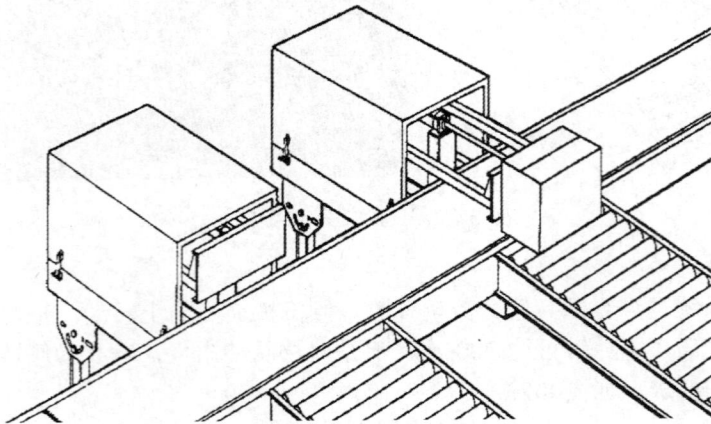

图 8-25　侧推式分拣系统

三、自动引导车

自动引导车(Automated Guided Vehicle，AGV)，是指无人搬运车，装备有电磁或光学等自动导引装置，能够沿规定的导引路径行驶，具有安全保护以及各种移载功能的运输车。通过计算机来控制小车行走的路线和小车的功能动作，不但定位精确度高，而且设定和改变路径特别灵活。如图 8-26 所示。它广泛应用于机械、电子、纺织、卷烟、医疗、食品、造纸等行业的柔性搬运和传输。

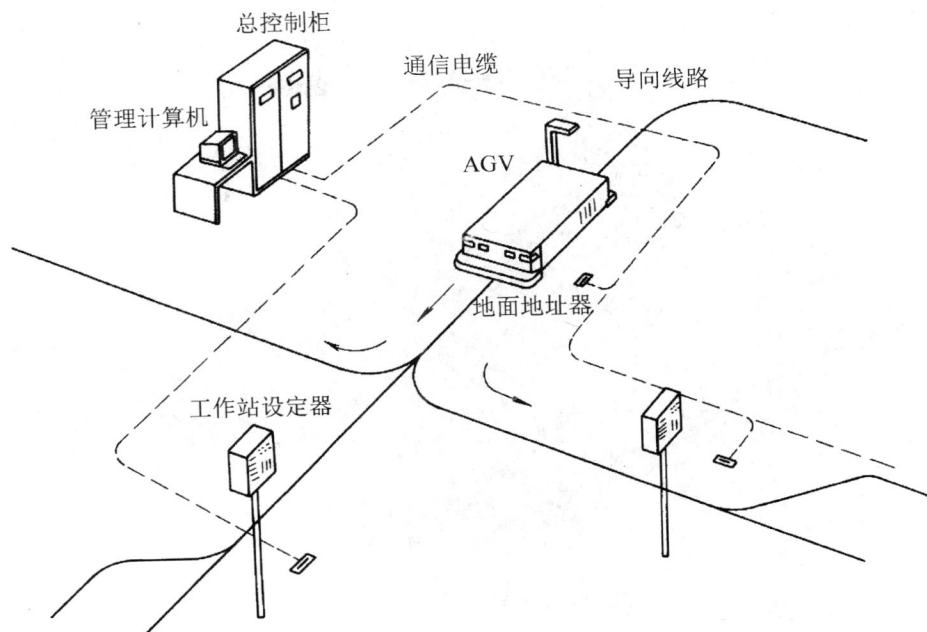

图 8-26　自动引导车系统

AGV 的优点如下。

1. 自动化程度高

由计算机，电控设备，激光反射板等控制，由工作人员向计算机终端输入相关信息，计算机终端再将信息发送到中央控制室，由专业的技术人员向计算机发出指令，在电控设备的合作下，这一指令最终被 AGV 接受并执行。

2. 充电自动化

当 AGV 小车的电量即将耗尽时，它会向系统发出请求指令，请求充电(一般技术人员会事先设置好一个值)，在系统允许后自动到充电的地方"排队"充电。另外，AGV 小车的电池寿命很长(10 年以上)，并且每充电 15 分钟可工作 4 小时左右。

3. 方便

减少占地面积，生产车间的 AGV 小车可以在各个区域间穿梭往复。

四、堆码机器人

堆码机器人采用吸附机构来提起负荷，其机械手能够同时从 1～5 堆成品中取货，然后码成有多种产品的托盘。活节机械手可以用大约 25 次/分钟的速度处理 25 千克以上的成品包或盒子，机械手的转动和紧夹部件能够通过两根轴线作上下前后运动。堆码机器人可以把输送线上流向终端的物件，整齐地码放，以便完成货物的进出、分拣等工作，整个过程顺序流畅、完全自动化，如图 8-27 所示。

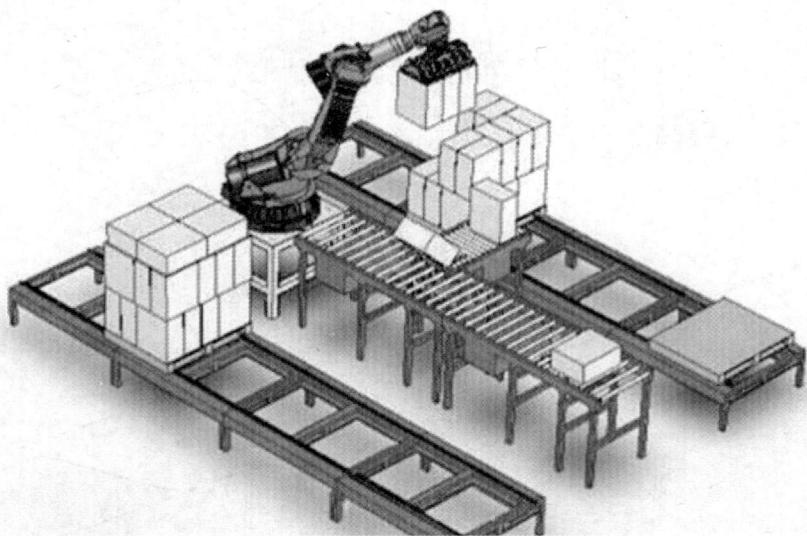

图 8-27　堆码机器人

　　物流自动化已成为未来物流发展的趋势，有着显著的优点。首先它提高了仓储管理水平。由于采取了计算机控制管理，各受控设备完全自动地完成顺序作业，使物料周转管理、作业周期缩短，仓库吞吐量相应提高，适应现代化生产需要。其次，它提高自动化作业程度和仓库作业效率，节省劳动力，提高了生产率。最后，贮存量小，占地面积小，物料互不堆压，存取互不干扰，保证了库存物料的质量。

视频资源

登录 http://pan.baidu.com/s/1i3qT7tb，下载关于自动分拣系统的视频。
登录 http://pan.baidu.com/s/1gdtF263，下载关于自动化仓库的视频。

课程链接

　　希望深入学习物流信息技术和设备的内容，可以选择学习"物流信息技术"等相关课程。

思考题

1. 为什么无线射频识别技术还不能完全取代条形码技术？
2. EDI 和 EOS 有哪些联系和区别？
3. GPS 和 GIS 有哪些联系和区别？

案例讨论题

沃尔玛的物流信息系统

沃尔玛是由美国零售业的传奇人物山姆·沃尔顿于 1962 年在阿肯色州成立的，20 世纪 60 年代进入折扣百货业、80 年代发展山姆仓储俱乐部、90 年代发展购物广场。经过 40 余年的发展，沃尔玛已经成为美国最大的私人雇主和世界上最大的连锁零售商。沃尔玛的成功与其不断的业态创新、准确的市场定位、先进的配送管理、强大的信息技术支持、"天天平价"的营销策略以及和睦的企业文化等几个因素密不可分。

1970 年沃尔玛还不是一个很大的公司，跟信息化、自动化这个概念几乎沾不上边，唯一拥有的处理系统就是底账和铅笔。拥有 10 个超市和 3 个大型仓库，营业额仅有 2.3 亿。但正是那时沃尔玛投资 3000 万美元建立全国的零售体系，愿意拿出营业额 15% 左右的投资进行信息化建设。从此以后，沃尔玛在每轮零售 IT 系统的投资中，都比竞争对手下手更早、力度更大。先进的信息系统投资使沃尔玛显著降低成本，大幅提高资本生产率和劳动生产率，使它的信息技术水平往往领先同行 5～10 年，注定了它未来的成功。尽管信息技术并不是沃尔玛取得成功的充分条件，但它却是沃尔玛成功的必要条件。信息技术的投资强化了企业核心价值，保证了沃尔玛的竞争优势。

沃尔玛早在 1969 年就开始使用计算机管理跟踪库存，整个公司的计算机网络配置在 1977 年完成，可处理工资发放、顾客信息和订货、发货、送货，并达成了公司总部与各分店及配送中心之间的快速直接通信。1979 年，位于本顿威尔总部的第一个数据处理和通信中心建成，负责处理系统报表。虽然面积只有 1500 平方米，但在全球第一个实现集团内部 24 小时物流网络化监控和连续通信，使采购库存、订货、配送和销售一体化。

1980 年沃尔玛最早开始使用条形码和电子扫描器实现存货自动控制。20 年前正是沃尔玛等企业的大力推动，条形码才得以快速普及。在商品上印刷条形码的企业，从 1984 年不足 1.5 万家迅速增加到 1987 年的 7.5 万家。1983 年沃尔玛开始使用 POS 机，1988 年又使用无线激光扫描枪等便携式数据终端设备。条形码的普及代替了大量手工劳动，使商品处置过程节约了 60% 的人工；缩短了顾客的结账时间；便于计算机跟踪商品从进货到库存、配送、送货、上架、售出的全过程，及时掌握商品销售和运行信息，极大地提高了货物的处理效率，也为零售企业创造了新的利润增长点。

沃尔玛是第一个使用自有通信卫星的零售公司，拥有美国最大的私有卫星系统。1983 年它与休斯公司合作花费 2400 万美元购买商业卫星，1987 年完成了公司的全球卫星通信网络。截至 20 世纪 90 年代初，沃尔玛在计算机和卫星通信系统上就已经投资了 7 亿美元，而它不过是一家纯利润只有 2%～3% 的折扣百货零售公司。通过卫星通信网络，将各分店 POS 终端、配送中心与公司总部的计算机连接起来。顾客在沃尔玛任何一个分店购物付款的同时，与 POS 机相连的计算机已经通过卫星把顾客的购物信息传到了与分店不远的配送中心和位于美国阿肯色州本顿维尔市的沃尔玛总部，直至 5000 多家供应商。在沃尔玛本顿威尔总部的信息中心卫星通信室看上一两分钟，就可以了解整个公司一天的销售情况，可以查到当天信用卡入账总金额、各个分店任何商品的销售量和每一商品 65 周的库存记录。

沃尔玛在 1985 年最早使用电子数据交换(EDI)与供应商建立自动订货系统，进行更好的供应链协调。通过计算机联网，向供应商提供商业文件，发出采购指令，获取收据和装运清单等，同时也使供应商及时精确地把握其产品销售情况。保证了商店的销售与配送中心保持同步，配送中心与供应商保持同步。EDI 技术使得订单处理实现了无纸化，提高了自动补货系统的准确度。商品的信息直接传送到总部，减少了信息扭曲，有助于上层领导作出正确的决策。1990 年，沃尔玛已与 5000 余家供应商中的 1800 家实现了电子数据交换，成为当时 EDI 技术在全美国的最大用户。

20 世纪 80 年代末期，沃尔玛配送中心的运行就完全实现了自动化。每种商品都有条码，由十几公里长的传送带传送商品，由激光扫描器和计算机追踪每件商品的储存位置及运送情况。到 20 世纪 90 年代，整个公司销售 8 万种商品，85%由这些配送中心供应，而竞争对手大约只有 50%~65%的商品能够集中配送。1990 年以后，沃尔玛为车队装备了卫星定位系统(GPS)，控制公司的物流，提高配送效率，以速度和质量赢得用户的满意度和忠诚度。1998 年，沃尔玛在信息技术上的投入占到了销售额的 0.5%，虽低于业内平均水平，但其规模仍达到 6.5 亿美元。沃尔玛公司的 90%以上的软件均由自己的 1000 名专职开发人员编制，以使软件更适用于公司业务。

21 世纪初，沃尔玛又成了全球推行射频标志技术(RFID)的主要倡导者。RFID 是一种非接触式的自动识别技术，它通过射频信号自动识别目标对象并获取相关数据，识别工作无须人工干预，可在各种恶劣环境中工作，可以克服条形码使用效率低、容易出差错、信息容量有限等不可克服的缺陷。沃尔玛计划逐步在全球推行 RFID 新技术，以新型的高科技芯片逐步取代传统的条形码，充分地把 GPS(全球卫星定位系统)和 GIS(地理信息系统)运用到物流供应链中。沃尔玛已要求其前 100 家供应商在 2005 年 1 月之前向其配送中心发送货盘和包装箱时使用 RFID 技术，2006 年 1 月前在单件商品中投入使用。如果供应商们在 2008 年还达不到这一要求，就可能失去为沃尔玛供货的资格。沃尔玛的严格在业界是闻名的，强制采用 RFID 这一措施，使得推广普及 RFID 的标准成了众多企业效仿借鉴的对象。估计从 2005 年到 2007 年，沃尔玛供应商每年将使用 50 亿张电子标签，每年可为沃尔玛节省 83.5 亿美元，其中大部分是人工查看进货的条码的劳动力成本节省。RFID 有助于解决零售业两个最大的难题：商品断货和盗窃等损耗。沃尔玛一年单是盗窃造成的损失就有 20 亿美元。RFID 技术使得合理的产品库存控制和智能物流技术成为可能。借助电子标签，可以实现商品的运输、仓储、配送、上架、销售、退货处理等环节的实时监控。可以实时了解到货架情况并迅速补货，减少 10%~30%的安全库存量，从而大大降低仓储成本。信息化、自动化程度的提高和差错率的降低，使整个供应链的管理显得透明而完美。

今天，沃尔玛的计算机数据通信系统、POS 终端、条形码、无线扫描枪、RFID 系统、ECR(电子收款机)、EDI 系统等构建了现代化的信息数据交换平台。现代信息技术手段的应用，使沃尔玛如虎添翼，极大地提高了企业运行效率，强化了竞争优势。沃尔玛的管理人员可以通过计算机系统与任何一家分店和配送中心联系，在一到两分钟之内就可以准确掌握这一天的商品销售、库存，订货、配送、财务和员工等方面的情况，据此确定是否进货，并指挥配送中心向分店配送货物或在分店之间进行调剂；能在一个小时之内对全球 5000 多家分店内每种商品的库存、上架、销售量全部盘点一遍。该系统使沃尔玛能够管理其业务的爆炸性增长，与此同时又能维持很高的服务水平，而存货成本也降低了 75%。沃尔玛的店铺可通过 POS 终端来跟踪每笔销售，既避免了存货短缺，又不会造成存货过剩，同时还降低了商品售价。沃尔玛的信息系统有力地提高了整个企业对市场变化的应变能力，使沃尔玛得以稳居美国乃至世界零售业的龙头之位。正如沃尔玛的创始人沃尔顿先生称："我们从计算机系统获得的力量成为我们竞争的一大优势"。在沃尔玛、凯玛特和西尔斯都已经成功导入了信息系统的情况下，但由于沃尔玛比对手更早地导入 EDI 系统，使其每个员工年贡献 18.1 万美元的生产力始终高于竞争对手。2002 年，拥有上百年的经营历史的美国第二大零售商凯玛特(kmart)由于经营状况不佳等原因宣布破产。凯玛特在传统营销的方法和策略上有很多独到的地方，但进入 20 世纪 80 年代后该公司没能继续把自身的核心竞争能力与信息时代的发展相结合，因而丧失了竞争优势。凯玛特在所有信息技术的应用上基本都比沃尔玛落后 10 年，这应该说是凯玛特衰亡的关键因素。

利用信息技术改善供应链与物流管理体系方面的核心竞争能力，不仅使沃尔玛获得了成本上的优势，而且加深了它对顾客需求信息的了解、提高了市场反应速度，赢得了宝贵的竞争优势。沃尔玛被称为零售配送革命的领袖，其独特的配送体系，大大降低了成本，加速了存货周转，成为"天天低价"的最有力的支持，使沃尔玛折扣店的商品售价比对手低 10%～20%，山姆会员店中则要低到 30%～40%。

沃尔玛采取过站式物流管理方式，即由公司总部"统一订货、统一分配、统一运送"的物流供应模式，同时也授权给各分店，可直接从供应商甚至是国外供应商处订货，从而使补货时间从行业的平均水平(6 周)减少到 36 小时。沃尔玛完整的物流系统不仅包括配送中心，还有更为复杂的资料输入采购系统、自动补货系统等。

1. 自动补货系统

沃尔玛的自动补货系统采用条形码技术、射频数据通信技术和计算机系统自动分析并建议采购量使得自动补货系统更加准确、高效，降低了成本，加速了商品流转以满足顾客需要。早在 1986 年，沃尔玛便采用全电子化的快速供应 QR 这一现代化供应链管理模式。QR 模式改变了传统企业的商业信息保密做法，将销售信息、库存信息、生产信息、成本信息等与合作伙伴交流分享。

沃尔玛通过 EDI 系统把 POS 终端数据传给供应方，供应方可以及时了解沃尔玛的销售状况、把握商品需求动向，及时调整生产计划和材料采购计划，供应方利用 EDI 系统在发货前向沃尔玛传送 ASN(预先发货清单)，这样沃尔玛可以做好进货准备，省去货物数据录入环节，提高商品检验效率。沃尔玛在接收货物时用扫描仪读取机器的条码信息，与进货清单核对，判断到货和发货清单是否一致。利用电子支付系统向供应方支付货款，把 ASN 和 POS 数据比较，就能迅速知道商品库存的信息。

沃尔玛把商品进货和库存管理职能移交给供应方，由供应商对沃尔玛的流通库存进行管理和控制。供应方对 POS 信息和 ASN 信息进行分析，把握商品销售和沃尔玛的库存动向。在此基础上，决定送货的时间、品种和方式，发货信息预先以 ASN 形式传送给沃尔玛，以多频度小数量进行连续库存补充，减少双方的库存，实现整个供应链的库存水平最小化。沃尔玛可以省去了商品进货业务，节约了成本，能够集中精力于销售活动，并且能够事先得知供应方的商品促销计划和商品生产计划，能够以较低价格进货。

2. 信息化的物流配送中心

沃尔玛在物流方面的投资主要集中在物流配送中心建设方面。运输环节成本和效率是沃尔玛整个物流管理的重点。沃尔玛较早认识到配送中心作为零售店轴心的作用，卖场一般都设在配送中心周围，以缩短送货时间、降低送货成本。通常以 320 公里为一个商圈建立一个配送中心，以满足周围 100 多个分店的需求。目前沃尔玛每个配送中心离最远的分店不超过 500 英里，只有一天的路程。从零售店下订单到货物上架的响应时间只需要 48 小时，而其大部分竞争对手配送的响应时间至少 120 个小时。

沃尔玛的配送中心是典型的零售型配送中心。沃尔玛第一配送中心于 1970 年建立，占地 6000 平方米，负责供货给 4 个州的 32 间商场，集中处理公司所销商品的 40%。沃尔玛的总部至今仍在阿肯色州本顿维尔市的第一配送中心附近。沃尔玛在美国拥有 100%的物流系统。沃尔玛随着经营规模的发展壮大而不断完善其配送中心的组织结构。2005 年沃尔玛在全球已经建立了 110 个信息化、自动化水平很高的物流配送中心，为 3703 家分店提供服务。沃尔玛每个配送中心一般有 600~800 名员工，平均面积有 10 万平方米，相当于 23 个足球场那么大，里面装着商品种类超过 8 万种。配送中心的一端是装货平台，另一端是卸货平台。每天有 160 辆货车开进来卸货，150 辆车装好货物开出。配送中心 24 小时不停地运转，许多商品在配送中心停留的时间总计不超过 48 小时。配送中心每年处理数亿次商品，99%的订单正确无误。

在配送中心，计算机信息系统掌管着一切。沃尔玛各分店的订单信息通过公司的高速通信网络传递到配送中心，配送中心整合后正式向供应商订货。供应商可以把商品直接送到订货的商店，也可以送到配送中心。沃尔玛要求供应商的商品必须都要有条形码，商品送到配送中心后，先经过核对采购计划、商品检验等程序，卡车将停在配送中心收货处的数十个门口，把货箱放在高速运转的激光控制的传送带上，在传送过程中经过一系列激光扫描，读取货箱上的条形码信息，分别送到货架的不同位置存放，计算机会记录下货物的方位和数量。一旦分店提出需求计划，计算机就会查出这些货物的存放位置，并打印出印有商店代号的标签，以供贴到商品上。整包装的商品将被直接送上传送带，零散的商品由工作人员取出后，也会被送上传送带。商品在长达几公里的传送带上进进出出，通过激光辨别物品上的条形码，把它引向配送中心另一端正待完成某家分店送货任务的卡车。传送带上一天输出的货物可达 20 万箱。

在推广使用 RFID 电子标签后，供应商按照沃尔玛配送中心发来的订单分拣好商品，交付运送；在商品通过配送中心的接货口时，RFID 阅读器自动完成进货商品盘点并输入数据库。配送中心在按照各个分店的要求进行配货后，商品被直接送上传送带装车；在商品装车发往分店的途中，借助 GPS 定位系统或者沿途设置的 RFID 监测点，就可以准确了解商品的位置与完备性，从而准确预知运抵时间；运抵门店后，卡车直接开过接货口安装的 RFID 阅读器，商品即清点完毕，直接上架出售或暂时保存在门店仓库中，门店数据库中的库存信息也随之更新。商品一旦进入到 RFID 阅读器覆盖的场所，RFID 系统就自动承担起商品的电子监控功能，有效地防止商品失窃现象。由于顾客改变了购买决策而随意放置的商品，也可以通过覆盖分店的 RFID 阅读器找到由店员归位。顾客选购商品后，只需将购物车推过安装有 RFID 阅读器的收银通道，商品的计价即自动完成。随着商品的减少，装有 RFID 阅读器的货架即自动提醒店员进行补货。这样，商品在整个供应链和物流管理过程中就变成了一个完全透明的体系。

为了取得充分的灵活性、为一线商店提供最好的服务和摆脱第三方运输公司的影响，沃尔玛不失时机地扩大了自己的车队规模。沃尔玛的送货车队也可能是美国最大的。为满足美国国内连锁店的配送需要，沃尔玛在国内拥有 3 万多个大型集装箱挂车、6000 多辆大型货运卡车，24 小时昼夜不停地工作。公司运输卡车全部安装了 GPS 卫星定位系统，调度中心在任何时候都可以掌握这些车辆及货物的情况。沃尔玛通常为每家分店的送货频率是每天一次，而凯玛特平均 5 天一次。这使得沃尔玛在其竞争对手不能及时补货时始终保持货架的充盈。一般来说，物流成本占整个销售额的 10%左右，有些食品行业甚至达到 20%或者 30%。但是，沃尔玛的配送成本仅占它销售额的 2%，而凯玛特是 8.75%，西尔斯则为5%。灵活高效的物流配送使得沃尔玛在激烈的零售业竞争中技高一筹赢得了竞争优势。

讨论：

沃尔玛的物流信息系统有哪些优势？从物流信息技术的角度分析为什么沃尔玛能够取得巨大的成功。

(资料来源：http://wenku.baidu.com/view/28726616866b84ae45c8d0d.html)

实训题

1. 登录 http://www.barcode-generator.de/V2/zh/index.jsp，通过在线条码生成器自己制作条码(例如包含你姓名信息的二维码)，并了解不同类型条码的特点。

2. 登录 http://pan.baidu.com/s/1kwnYe，下载电子标签拣货系统.swf，可以练习使用电子标签拣货系统。

第九单元　供应链管理

——企业掌握竞争先机的生命线

单元导读

在当今世界企业中的竞争，供应链已经成为企业之间竞争的秘密武器，从海尔、戴尔到苹果，每个公司的成功都看到了供应链起巨大作用的身影。你知道供应链是在什么样的经济环境变化下提出并发展起来的吗？你想了解什么是供应链吗？学习供应链是应该具备诸葛亮的高瞻远瞩的战略还是应该有赵云那样攻城拔寨的执行力呢？有名的木桶理论、牛鞭效应以及曲棍球现象又是什么呢？QR 和 ECR 又是什么呢？带着这些小问题，我们一起打开供应链那并不神秘的大门，来了解它的真实面貌。

专题一：供应链和供应链管理
——从我们的餐桌开始说起

这一单元我们要讲述的是供应链管理，那么我们首先要了解什么是供应链。在了解供应链之前，我们先要了解几个概念。

1. 链

链条我们在生活中都见过，从定义上说，链是由间隔相同的构件串接起来的组合件。链的作用在于彼此相连，任何一个环节只有在整体中才有意义，因此不管是什么链条，它都遵从彼此依赖、彼此支撑的特点，掌握了这点，对我们后面理解供应链非常重要。在链条中，任何一点都具有传递的作用，所传递的是能量和动力，而对于供应链来说，所传递的则是信息流、物流和资金流，如图 9-1 所示。

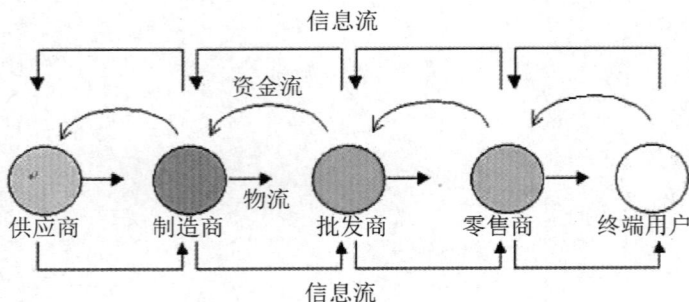

图 9-1　供应链示意图

2. 供应

供应是指将企业经营所需的资源提供给企业中需要资源的部门的企业经营活动，以物资满足需要的活动。

这里我们提到的供应，是指从供应商到用户手上的过程，也就是我们通常指的正向物流，传统供应链的供应由原材料、中间库存、最终产品及相关信息从供应地到消费地的有效实际流动所进行的计划、管理和控制过程。

3. 供应链

举一个形象的例子，我们每天都要吃饭，那么米饭是怎么到我们的餐桌上呢？首先我们要从超市或者从粮店去买米，那么大米是怎么到的超市或者粮店呢？是由专门生产粮食的企业送到超市或者粮店的，那么这些生产粮食的企业又从哪里得到粮食呢？生产粮食的原料是从种植粮食的农民手里买过来的，那么农民的种子是从哪里来的呢？农民的粮食种子是由专门的种子公司提供的。同时我们能吃到粮食，还有化肥公司，仓储公司等很多专业公司的支撑，这才能保证我们想买米买面，到了超市就可以买到。这个过程就是供应链，具体到粮食行业，就是粮食行业的供应链。

下面就是我们粮食行业的供应链，如图 9-2 所示。

图 9-2　粮食行业的供应链

在供应链中，有很多企业，每个企业的角色都是供应链的一部分。例如在粮食行业，里面的各个企业共同编制了整个行业的供应链。

那么我们现在看看什么叫作供应链。我们可以把供应链描绘成一棵枝叶茂盛的大树：生产企业构成树根；独家代理商则是主干；分销商是树枝和树梢；满树的绿叶红花是最终用户；在根与主干、枝与干的一个个节点，蕴藏着一次次的流通，遍体相通的脉络便是信息管理系统。

在供应链"企业 A—企业 B—企业 C"中，企业 A 是企业 B 的原材料供应商，企业 C 是企业 B 的产品销售商。如果企业 B 忽视了供应链中各要素的相互依存关系，而过分注重自身的内部发展，生产产品的能力不断提高，但如果企业 A 不能及时向他提供生产原材料，或者企业 C 的销售能力跟不上企业 B 产品生产能力的发展，那么我们可以得出这样的结论：企业 B 生产力的发展不适应这条供应链的整体效率，如图 9-3 所示。

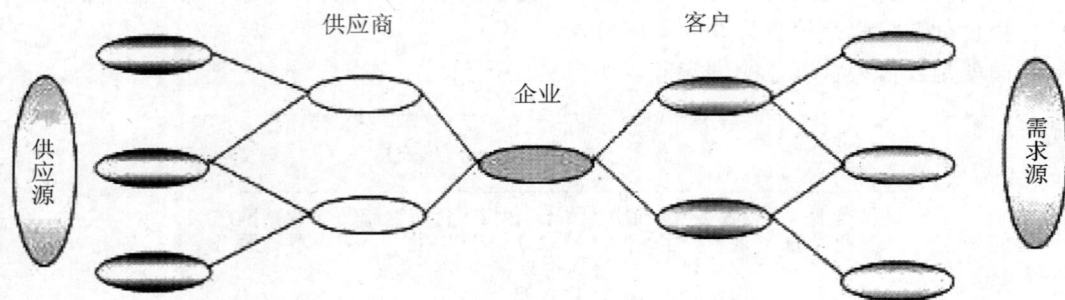

图 9-3　供应链的网链结构

国家标准《物流术语》将其定义为：生产与流通过程中所涉及将产品或服务提供给最终用户的上游与下游企业所形成的网链结构。

4. 供应链管理

既然供应链是一个包含供应商、制造商、运输商、零售商以及客户等多个主体的系统，供应链管理就是指对整个供应链系统进行计划、协调、操作、控制和优化的各种活动和过程，其目标是将顾客所需的正确的产品，能够在正确的时间，按照正确的数量、质量和状态送到正确的地点，并使这一过程所耗费的总成本最小。供应链管理是一种体现着整合与协调思想的管理模式，它要求组成供应链系统的成员企业协同运作，共同应对外部市场复杂多变的形势。

5. 供应链管理发展的四个阶段

1) 传统供应链阶段(推式供应链阶段)

早期的观点认为供应链是指将采购的原材料和收到的零部件，通过生产转换和销售等活动传递到用户的一个过程。供应链仅仅被视为企业内部的一个物流过程，它所涉及的主要是物料采购、库存、生产和分销诸部门的职能协调问题，最终目的是为了优化企业内部的业务流程、降低物流成本，从而提高经营效率。推式供应链以制造商为核心企业，根据产品的生产和库存情况，有计划地把商品推销给客户，其驱动力源于供应链上游制造商的生产。在这种运作方式下，供应链上各节点比较松散，追求降低物理功能成本，属卖方市场下供应链的一种表现。由于不了解客户需求变化，这种运作方式的库存成本高，对市场变化反应迟钝，如图9-4所示。

图 9-4 推式供应链

2) 价值增值供应链阶段(拉式供应链阶段)

进入20世纪90年代，由于需求环境的变化，原来被排斥在供应链之外的最终用户、消费者的地位得到了前所未有的重视，从而被纳入了供应链的范围。这样，供应链就不再只是一条生产链，而是一个涵盖了整个产品运动过程的增值链。同时由于丰田公司提出的拉式生产理念和零库存等管理理念，从而提高企业的竞争能力，而使世界各国企业开始关注价值增值带来的整体收益。拉式供应链是以客户为中心，比较关注客户需求的变化，并根据客户需求组织生产。在这种运作方式下，供应链各节点集成度较高，有时为了满足客户差异化需求，不惜追加供应链成本，属买方市场下供应链的一种表现。这种运作方式对供应链整体素质要求较高，从发展趋势来看，拉动方式是供应链运作方式发展的主流，如图9-5所示。

图 9-5 拉式供应链

3) 集成化供应链阶段(网式供应链阶段)

随着信息技术的发展和产业不确定性的增加，今天的企业间关系正在呈现日益明显的网络化趋势。人们对供应链的认识也正在从线性的单链转向非线性的网链，供应链的概念更加注重围绕核心企业的网链关系，即核心企业与供应商、供应商的供应商的一切向前关系，与用户、用户的用户及一切向后的关系。网状型供应链多存在于产业供应链和全球网络供应链中，这种结构中的每一个节点成员至少与一个上游成员和一个下游成员相连接，这样连接成的供应链是一个网状型的供应链，每一个环节上都有至少一个或多个供应链成员，如果在某一环节上只有一个成员，则该成员一定是这个供应链上的核心成员，它对这个供应链将起到重要的作用。网式供应链的概念已经不同于传统的销售链，它跨越了企业界限，从扩展企业的新思维出发，并从全局和整体的角度考虑产品经营的竞争力，使供应链从一种运作工具上升为一种管理方法体系、一种运营管理思维和模式，如图9-6所示。

4) 敏捷供应链阶段

敏捷供应链是伴随着动态企业联盟和敏捷竞争概念的出现而产生的。动态企业联盟是企业为了快速响应出现或根据预测即将出现的市场机遇，而联合其他企业组织的利益共同体。敏捷竞争是21世纪国际竞争的重要形式之一，是企业在无法预测的持续、快速变化的竞争环境中生存、发展并扩大竞争优势的一种新的经营管理和生产组织的模式。它的核心内容包括：新产品的创新开发和对市场变化的快速响应；树立双赢的竞争价值观；充分发挥每个员工的积极性和创造性；企业组织和生产过程的快速重组；企业范围的信息共享和应用集成；企业信息系统的调整和重构。

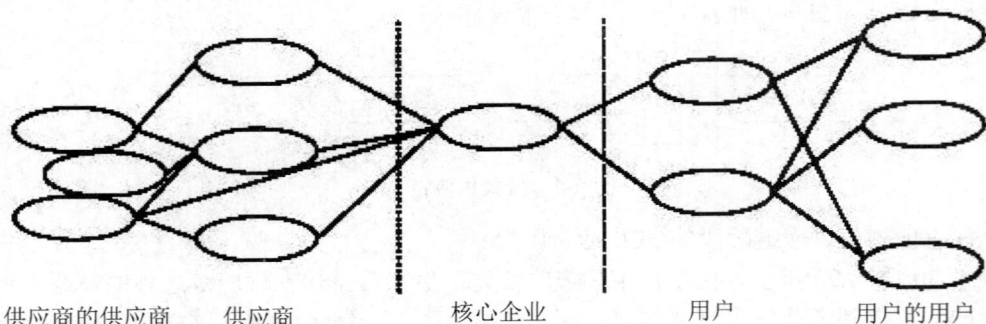

图 9-6　集成化供应链

供应商的供应商　　　供应商　　　　核心企业　　　用户　　　用户的用户

敏捷供应链与一般供应链的区别在于，它可以根据动态联盟的形成与解体而组成和解散，快速地完成组织体系和信息系统的调整和重构。它需要通过供应链管理来促进企业间的联合，进而提高企业的敏捷性，以适应动态联盟的需要。敏捷供应链可用来支持动态企业联盟的实现，可以迅速结盟，并实现联盟后的优化运行和平稳解体，集成企业间的业务流程和管理信息系统。

海尔的张瑞敏在很多场合举过这样的例子：用户要一个三角形的冰箱，海尔也能生产出来。快速地满足全球用户个性化的需求，正是敏捷供应链带来的强大动力。为此，海尔对供应商队伍进行了"瘦身"，只留下那些最强的、最快的，淘汰那些反应慢的，2336 家供应商最终被精简到了 900 家。断了 1000 多家供货商的财路，这种大手术对于年轻的海尔来说可谓风险极大。但经过敏捷供应链的建设，海尔的采购周期从 10 天压到了 3 天，同时国际供货商的比例达到了 67.5%，比整合前上升了 20%，其中的世界 500 强企业占到了 44 家，如 GE、埃莫生、巴斯夫等。在网上招标中，价格低并不是最重要的，海尔提出分供方要参与产品的前期设计，目前可以参与前期开发的供货商比例已高达 32.5%。韩国 LG 公司与海尔合作已经达 10 年的历史，面对越来越挑剔的海尔，他们丝毫不敢掉以轻心。的确，海尔的供应链随时都会优胜劣汰，每一家供货商每走一步都要小心翼翼。

曾有一对小夫妻精心布置了自己的房间，在添加冰箱时，他们突发奇想，把冰箱的表面想象成了蓝天白云的景象。抱着试试看的想法，他们点击了海尔的网上订购单。他们想可能得等待挺长一段时间，没想到 10 多天后，海尔公司就给他们打电话，说冰箱已经做好了，要给他送货，这对夫妻十分惊讶海尔的速度。如果放到过去，海尔根本生产不出这种个性化的冰箱，但供应链的变革使它有了可能。在海尔搭建的网络化的平台上，客户的订单被海尔的各个部门同时看到，最重要的是全球的供货商第一时间洞察到了海尔的需求。日本一家供货商主动承担了钢板前期设计的任务，在短短几天时间里，这种特殊的钢板就空运到了青岛本部，成本仅仅增加了一百元钱。

专题二：供应链是一种战略

——"隆中对"和"田忌赛马"的启示

供应链管理是一种战略，如同高瞻远瞩的诸葛亮；其他物流作业活动则是战术，如同英勇善战的赵云。要理解这个问题，我们先来看看三国中著名的"隆中对"。刘备拜访诸葛亮，三顾茅庐才见到，他问诸葛亮："汉朝的统治崩溃，董卓、曹操先后专权，您告诉我该采取怎样的办法呢？"诸葛亮回答道："曹操现在已拥有百万大军，挟持皇帝来号令诸侯，这确实不能与他争强。孙权占据江东，已历三世，地势险要，民众归附，又任用了有才能的人，孙权这方面可以把他作为外援，而不可谋取他。荆州和益州是您应该占据的，对外联合孙权，对内革新政治。一旦天下形势发生了变化，就派一员上将率领荆州的军队杀向宛、洛二郡，将军亲自率领益州的军队打出秦川，如果真能这样做，那么称霸的事业就可以成功，汉朝的天下就可以复兴了。"

诸葛亮在"隆中对"中所提出的政策指导了蜀国未来发展的根本方向，即确定了谁是朋友、谁是敌人，哪里是未来的根据地，以及确定了组织未来成长的轨迹，那就是天下有变，怎么逐鹿中原。刘备在遇到诸葛亮之前，虽然拥有关羽、张飞、赵云等猛将，但却屡战屡败，原因就在于缺乏长远、正确的战略，往往走一步算一步，而且选择结盟的对象(诸如袁绍、吕布之类)也都不是明智的选择。而之所以世间传言"卧龙、凤雏得一而安天下"，是因为诸葛亮、庞统都是拥有战略眼光的人物，他们能够为刘备制定适合自身发展的长期性、全局性、根本性的路线，沿着这条路走下去，就能取得成功。

供应链管理同样也要求有战略眼光，它的重点是关注供应链上的整体，而不是单独一家企业，如同诸葛亮，他关注的是天下大势，而不是一城一地的得失。如果要攻城略地，刘备需要的是像赵云这样的猛将，但要争霸天下，只有像诸葛亮这样的战略大师才能为他指点迷津。所以供应链管理是以未来的长期利益为指向，精心选择合作伙伴，将其联结为一个不可分割的、协调发展的整体，同时强调快速反映市场需求及战略差异化，追求高稳定、低风险、低成本、高效益，从而达到供应链整体价值的最大化。

下面再通过"田忌赛马"的故事来看一下，供应链管理作为战略的整体性特征。

齐国的大将田忌，很喜欢赛马，有一回，他和齐威王约定，要进行一场比赛。 他们商量好，把各自的马分成上、中、下三等。比赛的时候，上马对上马，中马对中马，下马对下马。由于齐威王每个等级的马都比田忌的马强一些，所以比赛了几次，田忌都失败了。田忌找到了孙膑。孙膑先以下等马对齐威王的上等马，第一局田忌输了。第二场比赛，孙膑拿上等马对齐威王的中等马，获胜了一局。第三局比赛，孙膑拿中等马对齐威王的下等马，又战胜了一局。比赛的结果是三局两胜，田忌赢了齐威王。 还是同样的马匹，由于调换一下比赛的出场顺序，就得到转败为胜的结果。

"田忌赛马"故事反映了不同企业之间配合的效果，田忌所代表的一方的上、中、下三批马，每个层次的质量都劣于齐王的马。但是，田忌用完全没有优势的下马对齐王有完全优势的上马，再用拥有相对优势上、中马对付齐王的中、下马，结果稳赢。对于企业间的配合来说，强强联手并不一定打造出最强，那么关键在哪里呢？答案就是战略协同。

最早提出"战略协同"这一概念的学者安索夫给出了一个协同公式 2+2=5，它表达了这样一种理念：公司整体的价值大于公司各独立组成部分价值的总和。日本的战略专家伊丹广之把安索夫的协同概念分解成了"互补效应"和"协同效应"两部分。这位战略家的目标是最有效地利用公司的所有资源，同时创造充足的资源。他心中的协同是一种发挥资源最大效能的方法。在供应链中，企业之间的"1+1>2"的现象与特点，是企业之间合作和如何优势互补的过程，优秀的供应链管理就是要创造"1+1>2"的管理优势。我们现在企业间的竞争早已摒弃了过去那种单打独斗的模式，每一家企业的背后都有一个供应链在支撑，因此团队的协同作战能力很重要，即便供应链上的每一个企业都不是最优秀的，但只要配合默契，充分发挥供应链整体的效率，同样可以击败强手，取得像田忌赛马那样的结果。

专题三：供应链思想产生的背景
——信息时代的必然要求

"不是我不明白，这世界变化快"，在信息时代的背景下，随着世界经济的快速发展，我们的生活和企业的经营理念都产生了巨大的改变，供应链思想也在这一变革的潮流中应运而生，大致有以下几点原因。

1. 产品寿命周期越来越短

随着消费者需求的多样化发展，企业的产品开发能力也在不断提高。目前，国外新产品的研制周期大大缩短。例如，AT&T 公司新电话的开发时间从过去 2 年缩短为 1 年；惠普公司新打印机的开发时间从过去的 4.5 缩短为 22 个月，而且这一趋势还在不断加强。与此相应的是产品的生命周期缩短，革新换代的速度加快。由于产品在市场上存留时间大大缩短了，企业在产品开发和上市时间的活动余地也越来越小，给企业造成巨大的压力。

2. 产品品种数飞速膨胀

因消费者需求的多样化越来越突出，厂家为了更好地满足其要求，便不断推出新的品种，从而引起了一轮又一轮的产品开发竞争，结果是产品的品种数成倍增长。以日用百货为例，据有关资料统计，从 1975 年到 1991 年，品种数已从 2000 种左右增加到 20 000 种左右。

3. 交货期的要求越来越高

随着市场竞争的加剧，经济活动的节奏越来越快。其结果是每个企业都感到用户对时间方面的要求越来越高。这一变化的直接反映就是竞争主要因素的变化。20 世纪 60 年代的企业间竞争的主要因素是成本，到 20 世纪 70 年代时竞争的主要因素转变为质量，进入 20 世纪 80 年代以后竞争的主要因素转变为时间。这里所说的时间要素，主要是指交货期和响应周期。用户不但要求厂家要按期交货，而且要求的交货期越来越短。企业要有很强的产品开发能力，不仅是指产品品种，更重要的是指产品上市时间，即尽可能提高对客户需求的响应速度。例如，在 20 世纪 90 年代初期，日本汽车制造商平均 2 年可向市场推出一个新车型，而同期的美国汽车制造商推出相同档次的车型却要 5~7 年。

如果一个企业对用户要求的反应稍微慢一点，很快就会被竞争对手抢占先机。因此，缩短产品的开发、生产周期，在尽可能短的时间内满足用户要求，已成为当今所有管理者最为关注的问题之一。

4. 用户对产品和服务的期望越来越高

进入 20 世纪 90 年代的用户对产品质量、服务质量的要求越来越高，用户已不满足于从市场上买到标准化生产的产品，他们希望得到按照自己要求定制的产品或服务。这些变化导致产品生产方式革命性的变化。传统的标准化生产方式是"一对多"的关系，即企业开发出一种产品，然后组织规模化大批量生产，用一种标准产品满足不同消费者的需求。然而，这种模式已不再能使企业继续获得效益。现在的企业必须具有根据每一个顾客的特别要求定制产品或服务的能力，即所谓的"一对一(One-to-One)"的定制化服务(Customized Service)。定制化大量生产(Mass Customization)脱颖而出，例如，以生产芭比娃娃著称的玛泰尔公司，从 1998 年 10 月份起，可以让女孩子登录到 barbie.com 设计她们自己的芭比朋友。她们可以选择娃娃的皮肤弹性、眼睛颜色、头发的式样和颜色、附件和名字。当娃娃邮寄到孩子手上时，女孩子会在上面找到她们娃娃的名字。这是玛泰尔公司第一次大量制造"一个一样"的产品。

全球性的竞争使得市场变化太快，单个企业依靠自己的资源进行自我调整的速度赶不上市场变化的速度。为了解决这个影响企业生存和发展的世界性问题，供应链管理脱颖而出。虚拟企业(Virtual Enterprise, VE)、动态联盟、敏捷制造模式、扁平组织结构、合作的"共赢"(Win-win)关系等新兴的思想逐步被管理界所认可和采用。

5. 全球一体化

全球闻名的耐克球鞋年产 9000 万双，每年都推出 100 多种新产品和新款式。但是，美国耐克公司 7800 多名职工只负责设计、选厂、监制和销售，而生产却由分散在世界各地的 40 多家工厂来完成。耐克公司生产经营活动遍布全球六大洲，其员工总数达到了 22 000 人，与公司合作的供应商、托运商、零售商以及其他服务人员接近 100 万人。

对于耐克公司来讲，自己不做运输，运输环节是由第三方物流公司完成的，运输费用只承担从产地到地区性办事处仓库这个环节，仓储是办事处自行管理。仓库的主要功能是，作为总公司直属店的仓库，并不是每一家代理公司的仓库；另一个重要功能是中转仓库，产品从产地运到区域仓库后，代理公司马上会来提货运往自己的仓库，所以是做中转库使用。各个代理公司自备车辆，到耐克公司当地的办事处仓库提货，运往自己的仓库，再运往代理公司的各个店铺。这部分运输、仓储是代理公司自行完成的，运输、仓储费用也是代理公司承担的。

6. 横向产业模式的发展

IBM 是全球最大的信息技术和业务解决方案公司，起初由于 IBM 的战略失误，忽视了 PC 的市场战略地位，在制定了 PC 标准之后，将属于 PC 核心技术的中央处理器以及 OS 的研发生产分别外包给 Intel 和 Microsoft 公司，在短短的 10 年内，这两个公司都发展成为世界级的巨头，垄断了行业内的制造标准，同时也改变了 IBM 延续了几十年的纵向产业模式。当 IBM 意图再次进入桌面操作系统和微处理器体系涉及领域，开发出 OS/2 和 Power 芯片期望推向桌面市场的时候，都遭到了惨痛的失败。20 世纪 70 年代 IBM 垄断一切的时代一去不返了。当 IBM 意识到其不再在该领域拥有优势的时候，与 Microsoft 和 Intel 的继续合作使得横向产业模式得到更好的发展。而反观 Macintosh，虽然其垄断了自身硬件和操作系统的生产，但是由于与 IBM 兼容机不兼容，从而失去了大量希望使用 Windows 平台上某些软件的用户，而使发展受限。如今 IBM 已经整合其硬件、软件、业务咨询及 IT 服务，形成完整的解决方案组，以满足不同的业务需求。

7. 企业流程再造

戴尔公司以"直接经营"模式著称，其高效运作的供应链和物流体系使它在全球 IT 行业不景气的情况下逆市而上。根据权威的国际数据公司(IDC)的最新统计资料，在 2002 年第三季度，戴尔重新回到了全球 PC 第一的位置，中国市场上戴尔的业绩更加令人欣喜。戴尔公司在全球的业务增长在很大程度上要归功于戴尔独特的直接经营模式和高效供应链，直接经营模式使戴尔与供应商、客户之间构筑了一个称为"虚拟整合"的平台，保证了供应链的无缝集成，如图 9-7、图 9-8 所示。

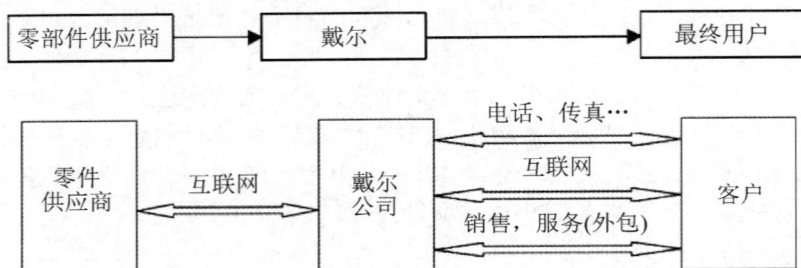

图 9-7 戴尔的供应链

图 9-8 其他计算机制造商采用的供应链

事实上，戴尔的供应链系统早已打破了传统意义上"厂家"与"供应商"之间的供需配给。在戴尔的业务平台中，客户变成了供应链的核心。直接经营模式可以让戴尔从市场得到第一手的客户反馈和需求，生产等其他业务部门便可以及时将这些客户信息传达到戴尔原材料供应商和合作伙伴那里。这种在供应链系统中将客户视为核心的"超常规"运作，使得戴尔能做到 4 天的库存周期，而竞争对手大都还徘徊在 30～40 天。这样，以 IT 行业零部件产品每周平均贬值 1% 计算，戴尔产品的竞争力显而易见。

在不断完善供应链系统的过程中，戴尔公司还敏锐地捕捉到互联网对供应链和物流带来的巨大变革，不失时机地建立了包括信息搜集、原材料采购、生产、客户支持及客户关系管理，以及市场营销等环节在内的网上电子商务平台。在 valuechain.dell.com 网站上，戴尔公司和供应商共享包括产品质量和库存清单在内的一整套信息。与此同时，戴尔公司还利用互联网与全球超过 113 000 个商业和机构客户直接开展业务，通过戴尔公司先进的网站，用户可以随时对戴尔公司的全系列产品进行评比、配置，并获知相应的报价。用户也可以在线订购，并且随时监测产品制造及送货过程。

戴尔公司在电子商务领域的成功实践使"直接经营"插上了腾飞的翅膀，极大地增强了产品和服务的竞争优势。今天，基于微软视窗操作系统，戴尔公司经营着全球规模最大的互联网商务网站，覆盖 80 个国家，提供 27 种语言或方言、40 种不同的货币报价，每季度有超过 9.2 亿人次浏览。

专题四：供应链的类型
——丰富多彩的供应链

供应链有很多类型，根据不同的划分标准，我们可以将供应链分为以下几种。

一、稳定的供应链和动态的供应链

根据供应链存在的稳定性划分，可以将供应链分为稳定的和动态的供应链。基于相对稳定、单一的市场需求而组成的供应链稳定性较强，而基于相对频繁变化、复杂的需求而组成的供应链动态性较高。在实际管理运作中，需要根据不断变化的需求，相应地改变供应链的组成。

二、平衡的供应链和倾斜的供应链

根据供应链容量与用户需求的关系，可以把划分为平衡的供应链和倾斜的供应链。一个供应链具有一定的、相对稳定的设备容量和生产能力(所有节点企业能力的综合，包括供应商、制造商、运输商、分销商、零售商等)，但用户需求处于不断变化的过程中，当供应链的容量能满足用户需求时，供应链处于平衡状态，而当市场变化加剧，造成供应链成本增加、库存增加、浪费增加等现象时，企业不是在最优状态下运作，供应链则处于倾斜状态。

平衡的供应链可以实现各主要职能(采购/低采购成本、生产/规模效益、分销/低运输成本、市场/产品多样化和财务/资金运转快)之间的均衡。

以下是两种供应链的形态，如图 9-9 所示。

A 平衡型供应链：

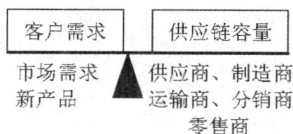

B 倾斜型供应链：

图 9-9 平衡型和倾斜型供应链

三、有效性供应链和反应性供应链

根据供应链的功能模式(物理功能和市场中介功能)可以把供应链划分为两种：有效性供应链和反应性供应链。有效性供应链主要体现供应链的物理功能，即以最低的成本将原材料转化成零部件、半成品、产品，以及在供应链中的运输等；反应性供应链主要体现供应链的市场中介的功能，即把产品分配到满足用户需求的市场，对未预知的需求做出快速反应等。

四、推式供应链和拉式供应链

推动式供应链是以制造商为核心企业，根据产品的生产和库存情况，有计划地把商品推销给客户，其驱动力源于供应链上游制造商的生产。在这种运作方式下，供应链上各节点比较松散，追求降低物理功能成本，属卖方市场下供应链的一种表现。由于不了解客户需求变化，这种运作方式的库存成本高，对市场变化反应迟钝，先生产、后销售、销售不佳和供不应求的两个风险同时存在。战略决策是根据长期预测结果做出，库存是考虑重点，如图 9-10 所示。

图 9-10 推式供应链

拉动式供应链是以客户为中心，比较关注客户需求的变化，并根据客户需求组织生产。在这种运作方式下，供应链各节点集成度较高，有时为了满足客户差异化需求，不惜追加供应链成本，属买方市场下供应链的一种表现。这种运作方式对供应链整体素质要求较高，从发展趋势来看，拉动方式是供应链运作方式发展的主流。需求先于生产，其运作流程是从响应客户订单开始，在执行时需求是确定并已知的按需生产，减少产品过剩和缺货的风险，理论上是"零库存"(JIT 理念)，关键是各节点企业的柔性和交付产品的速度，如图 9-11 所示。

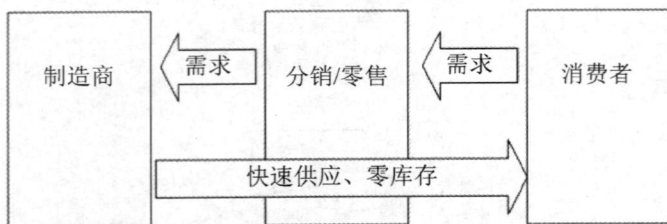

图 9-11 拉式供应链

拉动式生产是由丰田工程师大野耐一从美国超市的取货受到了启发创造出的。大野耐一创造了后工序到前工序取件的流程，从而使推动式生产变成了拉动式生产。最后一道工序每拉动一下，这条生产绳就紧一紧，带动上一道工序的运转，从而消除了库存。丰田生产方式的诞生，让供应链运作方式有了新的思想。

五、不同供应链角色主导的供应链

1. 以制造企业为主导的供应链

这种类型供应链的主要优势在于技术专长，在以产品为核心和导向的供应链中，这种管理模式大行其道。在产品信息汇集方面具有一定优势：得益于生产商对产品的技术优势和其在供应链中的位置；在供应链信息共享和协作不完全的情况下，以生产商为主导的供应链模式更为普遍，如图9-12所示。

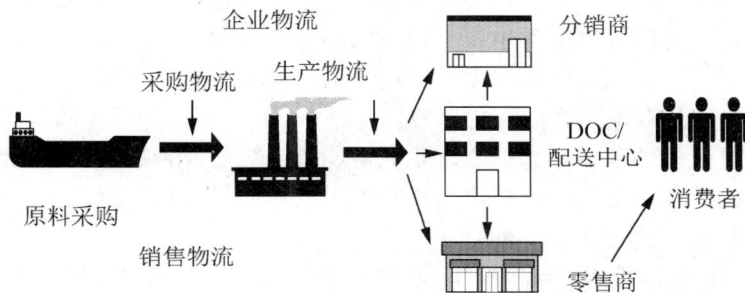

图 9-12　以制造企业为主导的供应链

2. 以零售商为主导的供应链

这类供应链通常具有卓越的信誉、深邃的市场洞察力、可观的销售额、深厚的财务基础和先进的技术平台，如图9-13所示。

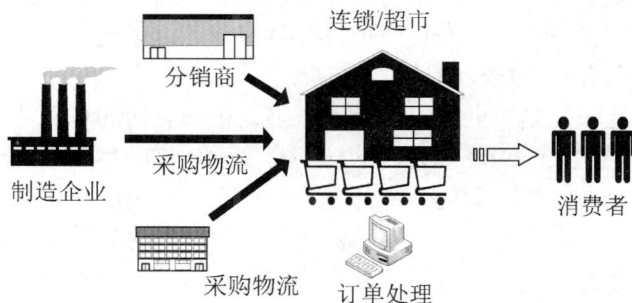

图 9-13　以零售商为主导的供应链

六、内部供应链和外部供应链

内部供应链是指企业内部产品生产和流通过程中所涉及的采购部门、生产部门、仓储部门、销售部门组成的供需网络。外部供应链则是指企业外部的，与企业相关的产品生产和流通过程中涉及的原材料供应商、生产厂商、储运商、零售商以及最终消费者组成的供需网络。

内部供应链和外部供应链的关系：两者共同组成了企业产品从原材料到成品到消费者的供应链。可以说，内部供应链是外部供应链的缩小化。如对于制造厂商，其采购部门就可看作外部供应链中的供应商。它们的区别只在于外部供应链范围大，涉及企业众多，企业间的协调更困难。

专题五：业务外包

——我们的供应链我做主

人们在日常生活中可能会遇到这样的问题，春节前家里做卫生，通常有的时候会找家政工来帮我们打扫卫生，为什么我们不自己打扫呢？可能有以下两方面的考虑：一是我们平时工作太忙了，没有时间打扫卫生；二是我们不是很专业，专业家政人员干活更到位。我们平时工作太忙了，没有时间打扫卫生，这句话的潜台词是自己应该专注自己的工作，而做卫生显然不是我们获取工资的核心手段。我们不是很专业，专业家政人员干活更到位，这句话的潜台词是我们的强项不是这个，我们可能是销售员或者财务人员，而做卫生显然不是我们最擅长的，那么我们应该找最擅长的人去做他们最擅长的事情，从而弥补自己的短板。这其实就是供应链管理中重要的外包理论。

据美国《财富》杂志报道，目前全世界年收入在 5000 万美元以上的公司，都普遍开展了业务外包，邓白氏公司的《1998 年全球业务外包研究报告》表明，全球年营业额在 5000 万美元以上公司在 1998 年业务外包的开支上升 27%，比 1997 年业务外包的总开支增加近 2350 亿美元。

那么为什么会有这么多的企业选择将业务外包呢？我们举个简单的例子来说明这个问题。如果将乔丹和邻居家的孩子进行比较，乔丹打篮球要比孩子好，打字也要比孩子快，那么乔丹该如何选择这两项工作呢？当然是打篮球，因为篮球是他的强项，而打字则可以让孩子来干，因为虽然孩子打字比较慢，但乔丹打篮球可以创造更多的价值，而选择打字则会将宝贵的时间浪费到他不擅长的地方。

因此供应链管理注重的是企业核心竞争力，强调根据企业的自身特点，专门从事某一领域、某一专门业务，在某一点形成自己的核心竞争力，这必然要求企业将其他非核心竞争力业务外包给其他企业，即所谓的业务外包。现代企业应更注重于高价值生产模式，更强调速度、专门知识、灵活性和革新。实行业务外包的企业更强调集中企业资源于经过仔细挑选的少数具有竞争力的核心业务，也就是集中在那些使他们真正区别于竞争对手的技能和知识上，而把其他一些虽然重要但不是核心的业务职能外包给世界范围内的专家企业，并与这些企业保持紧密合作的关系。

业务外包推崇的理念是，如果在供应链上的某一环节不是世界上最好的，如果这又不是我们的核心竞争优势，那么可以把它外包给世界上最好的专业公司去做。也就是说，首先确定企业的核心竞争力，并把企业内部的智能和资源集中在那些有核心竞争优势的活动上，然后将剩余的其他企业活动外包给最好的专业公司。供应链环境下的资源配置决策是一个增值的决策过程，如果企业能以更低的成本获得比自制更高价值的资源，那么企业会选择业务外包。

外包目前已经是绝大多数跨国公司的必然选择。大家所熟知的苹果公司，其外包商包括日本、德国和中国等多家合作企业。而在飞机制造行业，传统上是主机厂负责设计、供应商按图加工、主机厂组装整机。例如欧洲空客，空客设计了零部件的图纸、制定了技术规范以及各模块之间的详细接口，供应商按图加工，空客采购零部件，并组装成机。而波音公司也采取外包的模式，其外包商包括了全球40多个国家的很多公司，供应商之间的合作也很紧密。

虽然业务外包已成为一种发展趋势，但外包也不意味着企业放弃对供应链的控制。企业所需要做的是"抓大放小"，即抓住最核心的业务，放手次要的边缘业务，这也是企业能够在整个供应链中确立自身主导地位的关键。那么在供应链中谁是老大呢？不同行业的情况是不同的，它可以是供应链中的最初环节，也可以是中间环节，还可以是最终环节，而决定这一切的是供应链中掌握核心技术、核心能力、核心环节的企业。

例如在手机产业供应链中，品牌厂商是核心企业。手机是技术含量高、价值高的商品，具有市场变化快、产品生命周期短、利润高的特点，手机供应链是典型的敏捷型供应链。手机供应链的简化模型如图9-14所示。

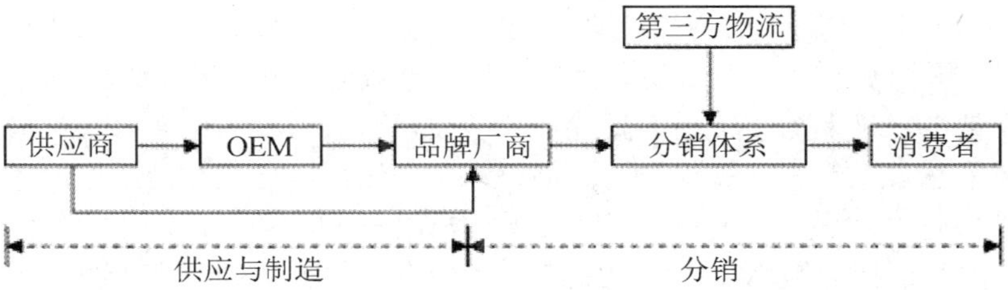

图 9-14　手机供应链的简化模型

以品牌厂商为核心企业，分为上游的生产制造和下游的分销体系；品牌厂商并不一定是整机制造商，不少品牌厂商采用 OEM(贴牌生产)方式。

而在汽车产业供应链中，一般以制造商为核心，如图9-15所示。例如丰田公司的供应链，采购和销售在供应链中不是核心，而制造企业是核心，在制造企业中的冲压工艺、焊接工艺、涂装车间、喷漆工艺、总装工艺、检测、模拟试车、仓储这八道工序中，总装又是核心工艺。

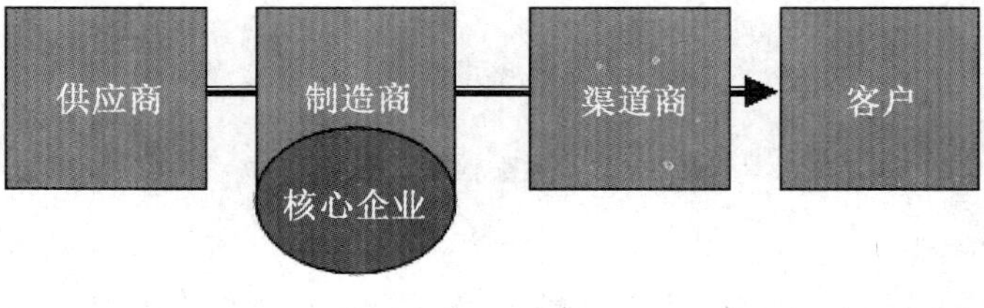

图 9-15　汽车行业供应链示意图

在电器供应链中，渠道商成为核心，如图 9-16 所示。现在已经是"渠道为王"的时代，渠道商取代以前的生产商，成为核心企业，如国美和苏宁。

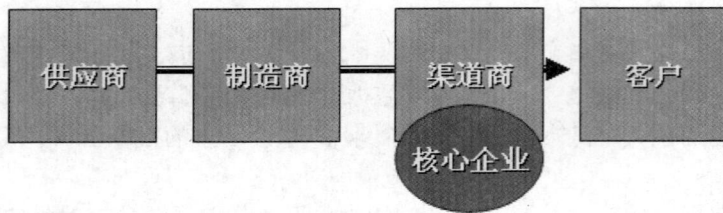

图 9-16　电器行业供应链示意图

专题六：牛鞭效应
——供应链失效的恶果

在供应链上，常常存在着如预测不准确、需求不明确，供给不稳定，企业间合作性与协调性差、造成了供应缺乏、生产与运输作业不均衡、库存居高不下、成本过高等现象。引起这些问题的根源有许多，但主要原因之一是牛鞭效应(Bullwhip Effect)。

牛鞭效应是供应链上的一种需求变异放大(方差放大)现象，是信息流从最终客户端向原始供应商端传递时，无法有效地实现信息的共享，使得信息扭曲而逐级放大，导致了需求信息出现越来越大的波动。这种信息扭曲的放大作用在图形显示上很像很一根甩起的"赶牛鞭"，因此被形象地称为"牛鞭效应"。最下游的客户端相当于鞭子的根部，而最上游的供应商端相当于鞭子的梢部，在根部的一端只要有一个轻微的抖动，传递到末梢端就会出现很大的波动。在供应链上，这种效应越往上游，变化就越大，距终端客户越远，影响就越大。这种信息扭曲如果和企业制造过程中的不确定因素叠加在一起，将会导致巨大经济损失，如图 9-17 所示。

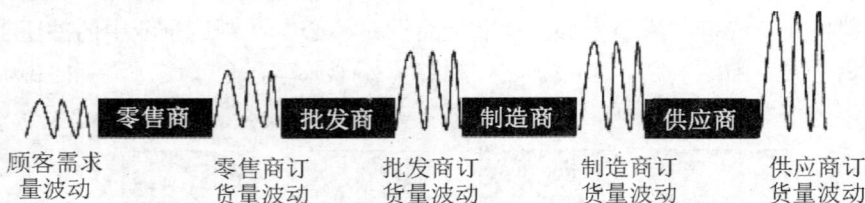

图 9-17　牛鞭效应示意图

牛鞭效应最早起源于宝洁公司(P&G)在研究"尿不湿"市场一次调研，他们发现该产品的零售数量本应该是相当稳定的，波动性并不大。但在考察分销中心向宝洁公司的订货情况时，吃惊地发现波动性明显增大了，其分销中心说，他们是根据汇总的销售商的订货需求量向宝洁公司订货的。宝洁公司进一步研究后发现，零售商往往根据对历史销量及现实销售情况的预测，确定一个较客观的订货量，但为了保证这个订货量是及时可得的，并且能够适应顾客需求增量的变化，他们通常会将预测订货量做一定放大后向批发商订货，批发商出于同样的考虑，也会在汇总零售商订货量的基础上再做一定的放大后向销售中心订货。这样，虽然顾客需求量并没有大的波动，但经过零售商和批发商的订货放大后，订货量就一级一级地放大了。在考察向其供应商，如 3M 公司的订货情况时，宝洁公司也惊奇地发现订货的变化更大，而且越往供应链上游，其订货偏差越大。

产生"牛鞭效应"的原因主要有六个方面，即需求预测修正、订货批量决策、价格波动、短缺博弈、库存责任失衡和应付环境变异。 需求预测修正是指当供应链的成员采用其直接的下游订货数据作为市场需求信息和依据时，就会产生需求放大。例如，在市场销售活动中，假如零售商的历史最高月销量为 1000 件，但下月正逢重大节日，为了保证销售不断货，他会在月最高销量基础上再追加 A%，于是他向其上级批发商下订单(1+A%)1000 件。批发商汇总该区域的销量预计后(假设)为 12 000 件，他为了保证零售商的需要又追加 B%，于是他向生产商下订单(1+B%)12 000 件。生产商为了保证批发商的需要，虽然他明知其中有夸大的成分，但他并不知道具体情况，于是他不得不至少按(1+B%)12 000 件投产，并且为了稳妥起见，在考虑毁损、漏订等情况后，他又加量生产，这样一层一层地增加预订量，导致产生"牛鞭效应"。

在供应链中，每个企业都会向其上游订货，一般情况下，销售商并不会来一个订单就向上级供应商订货一次，而是在考虑库存和运输费用的基础上，在一个周期或者汇总到一定数量后再向供应商订货；为了减少订货频率，降低成本和规避断货风险，销售商往往会按照最佳经济规模加量订货。同时频繁的订货也会增加供应商的工作量和成本，供应商也往往要求销售商在一定数量或一定周期订货，此时销售商为了尽早得到货物或全额得到货物，或者为备不时之需，往往会人为提高订货量，这样由于订货策略导致了"牛鞭效应"。

需求大于供应时，理性的决策是按照订货量比例分配现有供应量。例如，总的供应量只有订货量的 40%，合理的配给办法就是按其订货的 40%供货。此时，销售商为了获得更大份额的配给量，故意夸大其订货需求是在所难免的，当需求降温时，订货又突然消失，这种由于短缺博弈导致的需求信息的扭曲，最终导致"牛鞭效应"。

库存责任失衡加剧了订货需求放大。在营销操作上，通常的做法是供应商先铺货，待销售商销售完成后再结算。这种体制导致的结果是供应商需要在销售商(批发商、零售商)结算之前按照销售商的订货量负责将货物运至销售商指定的地方，而销售商并不承担货物的搬运费用；在发生货物毁损或者供给过剩时，供应商还需承担调换、退货及其他相关损失，这样，库存责任自然转移到供应商，从而使销售商处于有利地位。同时在销售商资金周转不畅时，由于有大量存货可作为资产使用，所以销售商会利用这些存货与其他供应商易货，或者不顾供应商的价格规定，低价出货，加速资金回笼，从而缓解资金周转的困境；再者，销售商掌握大数量的库存也可以作为与供应商进行博弈的筹码。因此，销售商普遍倾向于加大订货量掌握主动权，这样必然会导致"牛鞭效应"。

应付环境变异所产生的不确定性也是促使订货需求放大加剧的现实原因。自然环境、人文环境、政策环境和社会环境的变化都会增强市场的不确定性。销售商应对这些不确定性因素影响的最主要手段之一就是保持库存，并且随着这些不确定性的增强，库存量也会随之变化。当对不确定性的预测被人为渲染，或者形成一种较普遍认识时，为了保持有应付这些不确定性的安全库存，销售商会加大订货，将不确定性风险转移给供应商，这样也会导致"牛鞭效应"。

那么如何解决解决牛鞭效应呢？企业可以从如下六个方面进行综合治理。

1. 订货分级管理

从供应商的角度看，并不是所有销售商(批发商、零售商)的地位和作用都是相同的。按照帕累托定律，他们有的是一般销售商，有的是重要销售商，有的是关键销售商，而且关键销售商的比例大约占 20%，却实现了 80%的销量。因此供应商应根据一定标准将销售商进行分类，对于不同的销售商划分不同的等级，对他们的订货实行分级管理，如对于一般销售商的订货实行满足管理，对于重要销售商的订货进行充分管理，对于关键销售商的订货实现完美管理，这样就可以通过管住关键销售商和重要销售商来减少变异概率；在供应短缺时，可以优先确保关键销售商的订货。供应商还可以通过分级管理策略，在合适时机剔除不合格销售商，维护销售商的统一性和渠道管理的规范性。

这种方法在一些优秀企业已经得到很好的应用，效果明显，如 3M 公司为他的关键客户提供完美订货服务。为了提高服务的质量，确保关键客户，3M 公司推行了一种称为"白金俱乐部"的服务措施。3M 公司对"白金俱乐部"的成员实行了各种意外事故保障措施，以便在主要供货地点缺货时，能够获得所需的存货来完成"白金"客户的订货。这些保障措施包括从次要的储备地点将存货转移出来，以及在世界范围内搜寻 3M 公司其他仓库设施中的存货。一旦这些应急措施就绪，立即利用溢价运输服务来安排直接递送。甚至在特殊情况下，3M 公司还会借用已出售的货物来供给"白金"客户，他这样做的目的就是要保证在任何情况下都能为关键客户提供完善的订货服务，增强销售商的信心，营造良好的市场氛围，减少订货需求放大。

2. 加强出入库管理，合理分担库存责任

避免人为处理供应链上的有关数据的一个方法是使上游企业可以获得其下游企业的真实需求信息，这样，上下游企业都可以根据相同的原始资料来制订供需计划。例如，IBM、惠普和苹果等公司在合作协议中明确要求分销商将零售商中央仓库里产品的出库情况反馈回去，虽然这些数据没有零售商销售点的数据那么全面，但这总比把货物发送出去以后就失去对货物的信息要好得多。

使用电子数据交换系统(EDI)等现代信息技术对销售情况进行适时跟踪也是解决"牛鞭效应"的重要方法，如 DELL 通过 Internet、电话、传真等组成了一个高效信息网络，当订单产生时即可传至 DELL 信息中心，由信息中心将订单分解为子任务，并通过 Internet 和企业间信息网分派给各区域中心，各区域中心按 DELL 电子订单进行组装，并按时间表在约定的时间内准时供货(通常不超过 48 小时)，从而使订货、制造、供应"一站式"完成，有效地防止了"牛鞭效应"的产生。

联合库存管理策略是合理分担库存责任、防止需求变异放大的先进方法。在供应商管理库存的环境下，销售商的大库存并不需要预付款，不会增加资金周转压力，相反地，大库存还会起到融资作用，提高资本收益率，甚至大库存还能起到制约供应商的作用，因此它实质上加剧了订货需求放大，使供应商的风险异常加大。联合库存管理则是对此进行修正，使供应商与销售商权利责任平衡的一种风险分担的库存管理模式，它在供应商与销售商之间建立起了合理的库存成本、运输成本与竞争性库存损失的分担机制，将供应商全责

转化为各销售商的部分责任，从而使双方成本和风险共担，利益共享，有利于形成成本、风险与效益平衡，从而有效地抑制"牛鞭效应"的产生和加剧。

3. 缩短提前期，实行外包服务

一般来说，订货提前期越短，订量越准确，因此鼓励缩短订货期是破解"牛鞭效应"的一个好办法。

根据沃尔玛的调查，如果提前 26 周进货，需求预测误差为 40%，如果提前 16 周进货，则需求预测的误差为 20%，如果在销售时节开始时进货，则需求预测的误差为 10%。并且通过应用现代信息系统可以及时获得销售信息和货物流动情况，同时通过多频度小数量联合送货方式，实现实需型订货，从而使需求预测的误差进一步降低。

使用外包服务，如第三方物流也可以缩短提前期和使小批订货实现规模经营，这样销售商就无须从同一个供应商那里一次性大批订货。虽然这样会增加额外的处理费用和管理费用，但只要所节省的费用比额外的费用大，这种方法还是值得应用的。

4. 规避短缺情况下的博弈行为

面临供应不足时，供应商可以根据顾客以前的销售记录来进行限额供应，而不是根据订购的数量，这样就可以防止销售商为了获得更多的供应而夸大订购量。通用汽车公司长期以来都是这样做的，现在很多大公司，如惠普等也开始采用这种方法。

在供不应求时，销售商对供应商的供应情况缺乏了解，博弈的程度就很容易加剧。与销售商共享供应能力和库存状况的有关信息能减轻销售商的忧虑，从而在一定程度上可以防止他们参与博弈。但是，共享这些信息并不能完全解决问题，如果供应商在销售旺季来临之前帮助销售商做好订货工作，他们就能更好地设计生产能力和安排生产进度以满足产品的需求，从而降低产生"牛鞭效应"的机会。

5. 参考历史资料，适当减量修正，分批发送

供应商根据历史资料和当前环境分析，适当削减订货量，同时为保证需求，供应商可使用联合库存和联合运输方式多批次发送，这样，在不增加成本的前提下，也能够保证订货的满足。在这点上西班牙知名服装品牌 ZARA 就做得很好，ZARA 的专卖店每周订货两次，而且专卖店的经理根据现有的销量和需求下订单。这样就基本上保证每次的订货量能满足未来几天的需求，订货量就不是很大。另外，专卖店的经理下单时，是需要充分考虑实际需求的，如果未能充分考虑实际需求，导致订货大量积压，根据 ZARA 的规定，是需要专卖店经理自己买单的，这样就迫使专卖店经理不得不做出比较准确的订单，保证每次订单都是反映实际需求的，即使有些出入，那也是非常小的。这样，通过专卖店的少量多次的订货，基本上能消除批量订购产生的不利影响，从某种程度上能有效地减小牛鞭效应。相比较而言，我国的服装企业在供应链管理方面差距比较明显，例如 2012 年上半年，李宁、安踏、361°、特步、匹克和动向这六家国内运动品牌的总库存达 37.21 亿元，这与我国宏观经济走势低迷，以及经营商订货时的错误估计，普遍高估市场的需求量有关。

6. 提前回款期限

提前回款期限、根据回款比例安排物流配送是消除订货量虚高的一个好办法，因为这

种方法只是将期初预订数作为一种参考，具体的供应与回款挂钩，从而保证了订购和配送的双回路管理。

提前回款期的具体方法是将会计核算期分为若干期间，在每个期间(假如说一个月分为三个期间或者四个期间，每个期间 10 天或者 7 天)末就应当回款一次；对于在期间末之前多少天积极回款者给予价格优惠等，会有利于该项计划推进。

专题七：QR 和 ECR
——供应链管理中非常重要的两个 R

在供应链管理中，速度和效率是非常重要的，供应链对市场变化反应得越快，企业就越主动，往往在激烈的市场竞争中占得先机。下面我们就来了解供应链管理中非常重要的两个 R——QR 和 ECR。

一、什么是 QR

QR 即 Quick Response(快速反应)，是对消费者做出快速响应，减少原材料到销售的时间和整个供应链上的库存，最大限度地提高供应链的运作效率。QR 最早是美国纺织与服装行业发展起来的整体业务概念，以后零售行业也采用这一管理策略。

从 20 世纪 70 年代后期开始，美国纺织服装的进口急剧增加，对本地纺织服装企业形成了严重威胁。为此，一些主要的经销商成立了"用国货为荣委员会"，通过媒体宣传国产纺织品的优点，采取共同促销活动，同时委托零售业咨询公司 KurtSalmon 开展提高竞争力的调查。KurtSalmon 在经过大量充分的调查后指出，虽然纺织产业供应链各环节的企业都十分注重提高各自的经营效率，但是整个供应链整体的效率却并不高。为此，KurtSalmon 公司建议零售业者和纺织服装生产厂家合作，共享信息资源，建立一个快速响应系统(QuickResponse，QR)以获得销售额增长，实现投资收益率和顾客服务的最大化以及库存量、商品缺货、商品风险和减价最小化的目标。

1985 年以后，QR 概念开始在纺织服装等行业广泛普及、应用。其中，沃尔玛是最早推行 QR 的先驱，在纤维纺织品领域公司与休闲服生产商塞米诺尔和面料生产商米尼肯公司结成了供应链管理体系。通过多年的努力，沃尔玛把零售店商品的进货和库存管理职能转移给供应方(生产厂家)，由制造商对沃尔玛的流通库存进行管理和控制，即采用供应商管理的库存方式(VMI)。供应商通过信息管理系统对沃尔玛流通中心存放的本公司商品进行分析，把握商品的销售和库存动向。在此基础上，决定什么时间，把什么类型的商品以什么方式向什么店铺发货，并采用连续补充库存方式，从而不仅减少了本企业的库存，还减少了沃尔玛的库存，实现了整个供应链的库存水平最小化。从沃尔玛的实践看，QR 是一个零售商和制造商建立战略伙伴关系，利用 EDI 等信息技术，进行销售时点的信息交换以及订货补充等其他经营信息的交换，用多频度小数量配送方式连续补充商品，以实现缩短交货周期，减少库存，提高顾客服务水平和企业竞争力为目的的供应链管理。

沃尔玛实施 QR 系统的成功以及美国纺织服装业各民间团体的努力，大大地推动了 QR 在美国纺织服装行业和企业的应用、普及。从 20 世纪 80 年代中后期到 90 年代，有关 QR

的学术研究和应用成为热点，有关团体每年组织 QR 应用成果发表会，吸引了众多企业参加，取得了明显效果。日本是继美国之后大力发展 QR 计划国家之一。在美国实施 QR 计划后，日本一部分产地和自治体也开始热心开展 QR 研究，同时，许多纤维、衣料品工厂和机械厂也努力进行 QR 的应用。不过开始阶段主要还是停留在与生产、物流、信息流通相关的机械设备、系统的开发工作，而不是进行标准化和战略联盟建立。1994 年 3 月，日本政府在修改、延长《纤维产业结构改善临时措置法》的基础上，从 94 年度由通产省和纤维产业结构改善事业协会将 QR 作为基础整备事业，开始推进标准化和战略联盟的建立。并在同年 9 月设立了围绕 QR 普及和推进为目的的民间组织——QR 推进协议会。此后，以通产省和纤维事业协会推进的结构改善各团体为首，基于战略联盟，以实现 QR 为目标的企业集团不断增加。从 94 年度起，和美国一样，每年举办例行的"QR 日本大会"，通过发表 QR 研究和应用成果，对加深理解战略联盟起到了积极作用。

QR 实施一般分为三个阶段。

(1) 对所有的商品单元条码化，利用 EDI 传输订购单文档和发票文档。

(2) 增加内部业务处理功能，采用 EDI 传输更多的文档，如发货通知、收货通知等。

(3) 与贸易伙伴密切合作，采用更高级的策略，如联合补库系统等，以对客户的需求做出快速反应。

通过实施 QR，可以使供应链上的企业大幅缩短补货周期，从而使费用大为降低。以美国为例，在美国那些实施第一阶段 QR 的公司每年可以节省 15 亿美元的费用，而那些实施第二阶段 QR 的公司每年可节省费用 27 亿美元，第三阶段 QR 可节省约 60 亿美元。

从表面看，QR 是信息技术发展的产物，但深入理解，QR 可以说是一种哲学，是经营战略。当然，这种经营战略不能脱离信息的网络化。信息化本身不是目的，而只是一种手段。它的目的是通过信息网络化，建立与纺织服装相关的流通业和制造业的战略联盟，这才是 QR 哲学的根本思想。换句话说，QR 是通过建立能协调具有利害关系的纺织服装流通业和制造业及产销间直接的信息网络，结成战略联盟，也可称作产销同盟或命运共同体的运动。战略联盟或产销同盟的建立，首先是要从原材料到最终制品实现供货周期的缩短和减少库存这一目标。传统上，缩短订货周期和减少库存的努力仅限于企业内部，并没有注意到从原料到最终制品很长的产销通路中存在大量时间和库存浪费。QR 作为一种经营战略，则致力于缩短整个流程的周期和库存成本，提高产销同盟整体的核心竞争力。其次，传统上原材料和制成品开发企划体制各自处于分散状态中，通过 QR 可以实现两者的统一企划。从降低成本到企划开发，或者说从后勤到创造性的业务，纺织服装流通业和制造业通过战略联盟共同发展是 QR 战略的基本目标。最后，QR 战略的基础是产销同盟间密切协作，信息和利益的共享，而且最终要使消费者从中获得利益。利维斯公司总裁指出："必须将处于利害冲突关系中的制造业、零售业和消费者的关系转变为信息共享的合作伙伴、同盟关系。这种关系意味着利益共享、共同发展和持续的成功。"

二、什么是 ECR

20 世纪 90 年代初，日本食品加工和日用品加工开始模仿美国服装业的"快速反应"，并形成自己的体系，称为"有效消费者反应"(Efficient Consumer Response，ECR)。ECR 系统是指为了给消费者提供更高利益，以提高商品供应效率为目标，广泛应用信息技术和沟通工具，在生产厂商、批发商、零售商相互协作的基础上而形成的一种新型流通体制。由于 ECR 系统是通过生产厂商、批发商、零售商的联盟来提高商品供应效率，因而又可以称为连锁供应系统。

ECR 是一种观念，不是一种新技术。它重新检讨上、中、下游企业间生产、物流、销售的流程，其主要目的在于消除整个供应链(Supply Chain)运作流程中没为为消费者加值的成本，将供给推动的"Push"(推)式系统，转变成更有效率的需求拉动的"Pull"(拉)式系统，并将这些效率化的成果回馈给消费者，期望能以更快、更好、更经济的方式把商品送到消费者的手中，满足消费者的需求。因此，ECR 的实施重点包括需求面的品类管理改善、供给面的物流配送方式改进等。

ECR 的推广对象主要以快速移转消费产品(FMCG)以及食品杂货(Grocery)为主，而其实施重点包括需求面的种类管理改善、供给面的物流配送方式的改进等，1992 年从美国食品杂货业发展起来的一种供应链管理策略。ECR 强调供应商和零售商的合作，尤其是企业间竞争加剧和需求多样化发展的今天，产销之间迫切需要建立相互信赖、相互促进的协作关系，通过现代化的信息和手段，协调彼此的生产、经营和物流管理活动，进而在最短的时间内应对客户需求变化。

ECR 模式在许多国家和地区迅速推广，所覆盖的领域由原先的食品行业，延伸到流行服装行业、超级市场等，其管理理念和系统方法在整个零售行业中都得到了广泛应用。

🌀 轻松一刻

雀巢公司和家乐福公司均在 ECR 推动方面下了很大的力气。从 1999 年开始，两家公司在 ECR 方面计划进行更密切的合作，雀巢对家乐福物流中心的产品到货率由原来的 80% 左右提升到 95%；家乐福物流中心对零售店面的产品到货率也由 70% 左右提升至 90% 左右，而且仍在继续改善中；库存天数由原来的 25 天左右下降至目标值以下；在订单修改率方面也由 60%～70% 的修改率下降至 10% 以下。

而对雀巢来说，最大的收获却是在与家乐福合作的关系上。过去与家乐福是单向的买卖关系，家乐福享受着大客户的种种优惠，雀巢公司则尽力推出自己的产品，这样，彼此都忽略了真正的市场需求，从而导致卖得好的商品经常缺货，而不畅销的商品却库存积压。经过这次合作，双方有了更多的了解，也有了共同解决问题的意愿，并使原本各项问题的症结点一一浮现，这对从根本上改进供应链的整体效率非常有利。

三、QR 和 ECR 的异同

QR 和 ECR 的共同特征表现为超越企业之间的界限，通过合作追求物流效率化。具体表现在如下三个方面。

(1) 贸易伙伴间商业信息的共享。

(2) 商品供应方进一步涉足零售业，提供高质量的物流服务。

(3) 企业间订货、发货业务全部通过 EDI 来进行，实现订货数据或出货数据的传送无纸化。

QR 和 ECR 的区别体现在以下四个方面。

(1) ECR 主要以食品行业为对象，其主要目标是降低供应链各环节的成本，提高效率。

QR 主要集中在一般商品和纺织行业，其主要目标是对客户的需求做出快速反应，并快速补货。这是因为食品杂货业与纺织服装业经营的产品特点不同：杂货业经营的产品多数是一些产品功能型产品，每一种产品的寿命相对较长(生鲜食品除外)，因此，订购数量过多(或过少)的损失相对较小。纺织服装业经营的产品多属创新型产品，每一种产品的寿命相对较短，因此，订购数量过多(或过少)造成的损失相对较大。

(2) 侧重点不同。QR 侧重于缩短交货提前期，快速响应客户需求；ECR 侧重于减少和消除供应链的浪费，提高供应链运行的有效性。

(3) 管理方法的差别。QR 主要借助信息技术实现快速补发，通过联合产品开发缩短产品上市时间；ECR 除新产品快速、有效引入外，还实行有效商品管理。

(4) 改革的重点不同。QR 改革的重点是补货和订货的速度，目的是最大限度地消除缺货，并且只在商品需求时才去采购。ECR 改革的重点是效率和成本。

专题八：自己的库存别人管
——库存管理中的 VMI

所谓 VMI(Vendor Managed Inventory，供应商管理库存)是一种以用户和供应商双方都获得最低成本为目的，在一个共同的协议下由供应商管理库存，并不断监督协议执行情况和修正协议内容，使库存管理得到持续地改进的合作性策略。这种库存管理策略打破了传统的各自为政的库存管理模式，体现了供应链的集成化管理思想，适应市场变化的要求，是一种新的、有代表性的库存管理思想。

VMI 管理模式是从 QR(Quick Response，快速响应)和 ECR(Efficient Customer Response，有效客户响应)基础上发展而来，其核心思想是供应商通过共享用户企业的当前库存和实际耗用数据，按照实际的消耗模型、消耗趋势和补货策略进行有实际根据的补货。由此，交易双方都变革了传统的独立预测模式，尽最大可能地减少由于独立预测的不确定性导致的商流、物流和信息流的浪费，降低了供应链的总成本。

轻松一刻

美的空调在 2002 销售年度，便悄悄导入 VMI 模式，开始实践"用信息替代库存"这一经营思想。

美的原有的供应物流模式进行分析，发现其存在问题主要有以下几方面。

(1) 供应商与美的每次采购交易要签订非常多协议，工作效率大大降低。

(2) 存货任其堵塞在渠道中，占用企业大量资金。

(3) 经销商没有系统，库存常常是一个月统计一次。

(4) 信息传导渠道不畅，传导链条过长，导致信息失真。

实行供应商管理库存以后，美的零部件库存周转率在 2002 年达到 7080 次左右，零部件库存原来平均保存 5~7 天，现在减少为 3 天。而且这 3 天的库存也是由供应商管理。周转率提高后，资金占用少了，资金利用效率提高，资金风险下降，库存成本下降，最终使美的物流速度加快，时效缩短，及时保证生产所需物料的配送，供应链大大缩短，成本降低，灵活性增强。

从美的的例子可以看出，实施 VMI 有很多优点。首先，供应商拥有库，对于零售商来说，可以省去多余的订货部门，使人工任务自动化，可以从过程中去除不必要的控制步骤，使库存成本更低，服务水平更高。其次，供应商拥有库存，供应商会对库存考虑更多，并尽可能进行更为有效的管理，通过协调对多个零售生产与配送，进一步降低总成本。

VMI 一般适合于零售业与制造业，典型的例子是沃尔玛和戴尔集团。他们有一个共同的特点，就是在供应链中所处的位置都很接近最终消费者，即处在供应链的末端。其中有一个主要原因就是，VMI 可以消除"牛鞭效应"的影响。

随着供应链理论的发展，VMI 的一些问题也开始暴露出来，供应链系统中由于各节点企业的相互独立库存运作模式导致的需求放大现象，只是单方参与的管理库存方法和制定库存计划，不能相互之间的协调性考虑，保持供应链相邻的两个节点之间的库存管理者对需求的预期保持一致，没有真正消除了需求变异放大现象。

于是联合库存管理(Jointly Managed Inventory，JMI)应运而生，它是一种在 VMI 的基础上发展起来的上游企业和下游企业权利责任平衡和风险共担的库存管理模式。联合库存管理强调供应链中各个节点同时参与，共同制订库存计划，使供应链过程中的每个库存管理者都从相互之间的协调性考虑，保持供应链各个节点之间的库存管理者对需求的预期保持一致，从而消除了需求变异放大现象。

联合库存管理系统把供应链系统管理进一步集成为上游和下游两个协调管理中心，从而部分消除了由于供应链环节之间不确定性和需求信息扭曲现象导致的库存波动。通过协调管理中心，供需双方共享需求信息，因而提高了供应链的稳定性。

专题九：木桶和曲棍球棒
——供应链中一些有意思的原理

在供应链中有一些很形象、有趣味的理论，如木桶原理和曲棍球棒原理，下面我们就来了解一下它们。

一、木桶理论

木桶理论(Cannikin Law)又称短板理论，其核心内容为：一只木桶盛水的多少，并不取决于桶壁上最高的那块木块，而恰恰取决于桶壁上最短的那块。根据这一核心内容，木桶原理还有两个推论：其一，只有桶壁上的所有木板都足够高，那木桶才能盛满水。其二，只要这个木桶里有一块不够高度，木桶里的水就不可能是满的，如图 9-18 所示。

图 9-18　木桶理论示意图

对这个理论，初听时你会觉得怀疑：最长的怎么反而不如最短的？继而就会是理解和赞同了：确实！木桶盛水的多少，起决定性作用的不是那块最长的木板，而是那块最短的木板。因为长的板子再长也没有用，水的界面是与最短的木板平齐的。盛水的木桶是由许多块木板箍成的，盛水量也是由这些木板共同决定的。若其中一块木板很短，则此木桶的盛水量就被短板所限制，这块短板就成了这个木桶盛水量的限制因素。若要使此木桶盛水量增加，只有换掉短板或将短板加长。

我们把供应链和装水的木桶做一比较：把供应链看成装水的木桶，供应链的各个组成部分就好比组成木桶的木条，而各个企业的信息化程度就代表桶底的牢固与否，供应链中的价值流就好比木桶能装的水。供应链管理的根本目的就是要使供应链中的水增加，即价值增值。要达到这一目标，根据"木桶原理"，首先两个前提要满足，即企业的信息化程度和企业间的结合度要高；然后还必须加长短木条，即加强企业的弱势环节，才能最终实现价值增值的目标。这也仅仅是发挥了木桶装水的潜力，要想使木桶的容量不断增加，还需加长长木条，即企业的强势环节，增强企业的核心竞争力。

而在供应链管理中最薄弱的环节就像木桶上的最短木条，决定了供应链管理效用的发挥；而强势环节就像木桶上的长木条，决定了供应链管理的价值增值能力。所谓弱势环节，是相对于供应链上其他环节而言的。比如一个企业，销售能力很强，但研发能力差而无法开发出满足消费者需求的产品，那么研发能力就成为供应链上的弱势环节。强势环节是指企业在供应链上具有的竞争优势。若弱势环节被补齐了，则强势环节越强，增值的价值就越多。

如果各木条结合得不好，桶中的水就会渗出流失。同样，若供应链中各个环节结合度低，则增值的价值就会从这些结合点流失。供应链上这些接口的结合主要靠信息的共享和畅通，避免产生"牛鞭效应"而使信息失真，造成产品积压，增加成本而消耗掉增值的价值。

二、曲棍球棒效应

曲棍球棒效应是指在某一个固定的周期(月、季或年)，前期销量很低，到期末销量会有一个突发性的增长，而且在连续的周期中，这种现象会周而复始，其需求曲线的形状类似于曲棍球棒，因此在供应链管理中被称为曲棍球棒(Hockey-stick)现象，如图 9-19 所示。许多公司里面，这种现象非常明显，其管理者甚至认为这是他们的供应链所面临的最大问题。销售的曲棍球棒现象的主要原因有两个。

第一个原因就是企业内部对销售人员的激励机制有可能造成这种现象。如按照月考核，销售人员总是在月末想方设法达成最终目标；有些考核指标就是按照月设置和计算的，如某快速消费品企业的需求满足率：是根据当月收到订单当月完成的比率，他们的订单信息本身并无时间要求，只要在当月完成即可，所以到月末总是疲于奔命忙订单。

图 9-19 曲棍球棒效应示意图

第二个原因是在快速消费品行业，公司为了促使经销商长期更多的购买，普遍采用一种称为总量折扣(Volume Discounts)的价格政策，这种促销政策是造成曲棍球棒现象的根源。

曲棍球棒现象的存在，给公司的供应链运作带来很多负面影响，主要表现就是忙闲不均匀。期初时候，订单很少，人员设备闲置，在期末，大家手头的工作又太多，拼命加班也处理不完，厂内搬运和运输的车辆不停运转，但有时还是短缺，从而不得不从外部寻求支援。这种情况不仅使公司增加更多的加班和物流费用，而且工作人员的差错率增加，送货延误的情况也时有发生，公司的服务水平显著降低。尤其在快速消费品行业，一般采用备货型的生产模式，为了平衡生产能力，公司必须按每月的最大库存量而非平均库存量建设或租用仓库，曲棍球棒现象使公司的库存费用比需求均衡时高很多。

曲棍球棒现象不止发生在长周期，例如年、季、月，也在更小时间周期发生，例如周、日。一般来说，企业每周周末时候比较忙，一般周末是销售小高峰；每天是下午 4 点以后物流部门比较忙，因为有规定：当天的订单必须当天处理完，当天的订单，就是昨天下午 4 点到下午 4 点期间收到的订单，很多销售部门往往赶在截止之前一刻发来订单。物流部门赶在下班前处理完订单，物流公司在晚上把货运出去。

周期比较长的曲棍球棒现象，对于供应链是有害的，要尽量消除。但是，对于短周期的曲棍球棒现象，却是对于供应链优化有利的。通过人为设置一些政策来形成运作节拍，如前面提到的当天订单当天处理完，物流一般不会在上午处理订单。例如宝洁要求经销商每三天下一次订单，而不是随时下单，从而人为地形成了短周期曲棍球棒现象，这对于供应链优化来说是有利的。

课程链接

希望深入学习供应链管理的内容，可以选择学习"供应链管理"等相关课程。

思考题

1. 如何理解供应链管理？供应链管理对企业的作用有哪些？
2. 供应链管理中的牛鞭效应是指的什么？
3. 核心竞争力和外包是如何理解与界定的？
4. VMI 的原理都是哪些？它们的关系如何？
5. 供应链金融有哪些创新？

案例讨论题

西班牙 ZARA 打造极速供应链

1975 年设立于西班牙的 ZARA，隶属于 Inditex 集团，为全球排名第三、西班牙排名第一的服装零售商，在世界各地 56 个国家内，设立超过 2000 多家的服装连锁店，ZARA 的浩大规模，完全不逊色于美国第一大连锁品牌 GAP，而且其 2004 年的获利率更比 GAP 多出 3.3%。其成功的原因，有赖于无懈可击的经营模式：低库存、低单价、款式多、汰换快。

速度是西班牙 ZARA 独步全球的看家本领。在 ZARA，一套最时尚的服装从设计、采购、生产、物流、到在全球 3900 家连锁店上架，只要 15 天，特殊的款式甚至只需 7 天。麦当娜到西班牙巴塞罗那演唱 3 天，演唱会还没有结束，麦当娜在演唱会穿的衣服，就出现在台下观众的身上，没多久，一股麦当娜旋风在西班牙街头出现，让 ZARA 大发利市。全球任何一个地方，只要出现最新款式的时装，5 天内就可以在 ZARA 门市中看得到，ZARA 推出新设计的时装，只要别家跟进，5 天内在 ZARA 就看不到，这就是它的能耐。

ZARA 从西班牙西北部加利西亚出发，立足欧洲，走向全世界，打造出一个平价、快速、时尚的时装帝国，跻身全球著名品牌 100 强。现在，ZARA 一年推出 1.2 万件新款式时装，平均一天推出 33 款，别人追也追不上。同样推出一套时装，从设计、生产到发货，少说也要 60 天，跟 ZARA 比，就好像龟兔赛跑。速度让 ZARA 的创始人奥尔特加跃居为西班牙首富、全球时装界第二大富豪，仅次于路易威登集团的老板阿尔诺。

ZARA 之所以成为"极速王"的关键在于：ZARA 实行一套很独特的商业模式，从时装设计、生产、配送到销售都与众不同。最大的不同是，它全程掌控流程，打造出一条极速供应链。

快速设计是 ZARA 的获利来源，根据估计，时装每天贬值 0.7%，快速设计就能快速上架提前卖出增加利润，换句话说，只要提早 10 天出售，就能多赚 7%。为保证时装设计紧跟时尚潮流，ZARA 不预测时尚，也不创造时尚，它只快速反应时尚。所谓的快速反应时尚，说白一点，也就是快速复制时尚。

在时装设计方面，ZARA 最大的特色是拥有庞大的设计师团队。ZARA 有 400 多名设计师，而且设计师其平均岁数只有 25 岁，他们随时穿梭于米兰、东京、纽约、巴黎等时尚重地观看服装秀，以撷取设计理念与最新的潮流趋势，进而仿真仿效推出高时髦感的时尚单品，而且速度之快令人震惊，每周两次的补货上架，每隔三周就要全面性地汰旧换新，全球各店在两周内就可同步进行更新完毕，极高的商品汰换率也加快了顾客上门的回店率，因为消费者已于无形中建立起 ZARA 随时都有新东西的重要形象。

除此之外，设计群也实时与全球各地的 ZARA 店长进行电话会议，透过了解各地的销售状况与顾客反应，来灵活变通调整商品的设计方向，适应顾客的百变口味，而且在顾客购买的同时，店员已经将商品特征以及顾客资料输入计算机，借由网际传输将数据送回 ZARA 总部，设计群则可掌握各种精确的销售分析与顾客喜好，再加上本身专业的时尚敏锐度，来决定下一批商品的设计走向与数量，如此一来，商品即可产生最大销售率，也意味着能有效压低库存率。

由于快速反应，ZARA 每年能够设计出 40 000 款时装，平均每天设计 109 款，然后再精挑细选出 12000 款投产。ZARA 除了拥有较强阵容的设计团队与同业大相径庭外，也秉持着低库存的原则来创造更佳的获利模式，秘诀就是以款多量少、平实价位的方式来拉拢顾客。在物美价廉但数量有限的双重诱惑下，容易造成供不应求的情形出现，客人们便会担心此时不买下回买不到，因此即使毫无折扣，照样出手不迟疑。所以尽管一年生产款式多到吓人，但库存比率却能控制在 15%～20%，比一般同业的 30%～40% 低许多。

尽管 ZARA 设计师阵容庞大，不过，时装设计并不是由设计师独挑大梁，而是由市场分析专家、采购人员和设计师一起合作，在 ZARA 的设计大厅共同设计。这是 ZARA 最独特的地方。为什么要把市场分析专家、采购人员拉进来？市场分析专家平常负责管理连锁店，与连锁店经理互动密切，对销售情形以及市场趋势了如指掌，他的加入能够帮助设计师掌握时尚。至于采购人员的参与，则是因为 ZARA 的规定，只要时装完成设计就必须立即估算成本，定出销售价格，因此采购人员必须在场，决定新设计究竟要自制还是外包，材料要使用库存还是再采购。

大家面对面沟通，集思广益，不仅可以快速敲定服装设计图，连制作技术、材料供应等问题都可毕其功于一役。ZARA 采取这种团队作业模式的好处是，对流行趋势的判断可以更准确，同时缩短时装上市的提前期，有利于采购部门及早安排生产。举例来说，由于在设计阶段就提早完成定价，ZARA 马上将定价换算成各国币值，连同服装的条形码一起印在标价牌上，并在生产时挂在服装上，只要完工就可以直接上架，节省时间。

从采购、设计、生产、物流到连锁店，ZARA 几乎全部包办。它的胃口很大，都快吃掉整条供应链。例如，同行们争先恐后地采取外包策略的时候，ZARA 却几乎把一半的生产牢牢抓住不放；ZARA 保持了大约 30% 的冗余产能而不是将产能利用最大化；ZARA 放弃了对规模经济的追求，采取小批量的方式生产和配送服装；ZARA 不借助外部合作伙伴设计仓储分销物流，而是自己全包。垂直整合模式现在已不盛行，甚至被认为已成为过去式，为什么 ZARA 反其道而行？ZARA 认为，由于时装业潮流趋势的变化非常快，只有牢牢掌握供应链，一方面才能迅速贴近最新潮流趋势，另一方面也才能快速应变。

在生产方面，ZARA 自己设立 20 个高度自动化的染色、剪裁厂，把劳力密集的衣服缝制工作全部外包给邻近的 400 家小工厂，为求快速，一个厂只缝一个款式，因此工作效率特别高。ZARA 自己在西班牙的工厂负责 ZARA 一半的产能，另一半产能则外包给 400 家 OEM 厂，这样的垂直整合让 ZARA 可以执行多样、少量、快速的生产。

只不过，让人纳闷的是，400 家外包商，7 成在欧洲，主要在西班牙和葡萄牙，欧洲人力成本比亚洲贵 20 倍，为什么 ZARA 不像其他欧美大厂如 GAP、H&M、Nike 那样找亚洲国家代工？亚洲国家成本虽然低，但速度慢，更重要的是，ZARA 考虑的不是成本有多高，而是利润有多大。因为 ZARA 能够赚大钱，靠的就是快速反应市场的能力，外包商在欧洲，离西班牙近才能有效管理，才能对订单变化做最快速的反应。

在采购方面，ZARA 为掌握时效，40% 的布料在集团内部采购，其中一半没有染色，这样 ZARA 就能随时根据市场需求调整颜色。另外 6 成向 260 家原材料供货商采购，为避免过于依赖某些供货商，ZARA 采分散采购策略，每家厂商份额最多只有 4%。这样一来，不仅可以有效控制采购成本，还可以提高厂商的供货速度。

最令人不可思议的是，ZARA 出货正确率竟然高达 98.9%，失误率超低。ZARA 物流最基本的运作方式是，不管生产地点在哪里，所有产品一律运回总部物流中心，再从物流中心发往全球各连锁店。ZARA 每周商品更新两次，如果运送过程出现闪失，门市恐怕就会断炊。因此，为求更快，ZARA 可以说是不计成本。例如，为了加快运输速度，它竟然挖了一条 200 公里长的隧道，而欧洲以外地区还大手笔用飞机送货。

ZARA 的产能有一半外包，至于产品究竟是自制还是外包出去，由生产计划和采购人员决定，一般来说，如果外包的生产速度比自制快就选择外包。为了求快，ZARA 把缝制工作外包给 400 家缝制厂，然而由于总部与 400 家缝制厂间存在运输问题，往往是欲速则不达。为一劳永逸，ZARA 竟然从总部挖了一条 200 公里长的隧道，然后铺设自动轨道，剪裁厂裁剪后的衣料就从隧道运输给缝制厂，它们缝制好了，也从这里送回 ZARA，进行整烫、包装。

"距离不是用公里来计算，而是用时间来衡量，" ZARA 解释为何不惜血本。在配送方面，欧洲是用卡车，并排固定时刻表，准时发车，从物流中心收到订单起算，最迟 24 小时就可以送达欧洲的连锁店。至于欧洲以外的地区，为了赶时间，ZARA 都用飞机空运，美国和大陆的连锁店会在 48 小时内收到货，日本的连锁店慢一点，要 2～3 天才能收到货。飞机送货成本昂贵，不过，由于 ZARA 把生产周期从 180 天缩短到 15 天，省下的成本，用来付运费绰绰有余。另外，ZARA 也把运输成本反映在售价上，举例来说，ZARA 在亚洲的售价就比西班牙贵一倍，在美国的售价则比西班牙高出 70%。

为求卖得更快，ZARA 大玩人为缺货，吊足消费者胃口。虽然 ZARA 一年推出 12 000 种时装，但同一款式，每一家专卖店的库存只有几件，卖完了也不补货，ZARA 总裁 Isla 说，因为不想所有人都穿同样的衣服，不过，大家都心知肚明，这是 ZARA 在制造人为缺货。由于人为缺货提高了产品的稀缺度，加上每周更换新货两次，只要稍一犹豫就再也买不到，因此激发顾客的购买欲望，加快了购买速度。

ZARA 多样少量的营销策略满足了消费者个性化的需求，每周两次的补货上架，每隔三周就全面汰旧换新，这么高的商品汰换率，加快客户上门的回店率，据统计，ZARA 的客户平均每年光顾 17 次。ZARA 每年打折出售的商品很少，不仅减少促销费用，也大幅降低库存成本。ZARA 打折的商品只占总量的 18%，只有一般同业者的一半，而在库存方面，ZARA 不到 20%，远低于同业的 40%。ZARA 多样少量策略还有一项好处，因为每一款服装供货数量都很少，即使某种款式卖得不好，季末打折销售库存也不多，不会影响到利润。

ZARA 凭什么成为"全球极速王"？答案是，出色的供应链管理。ZARA 的精彩表现，包括：在时装设计上，它快速复制时尚；在生产上，它进行垂直整合；在销售上，它制造人为的缺货，还不惜成本打造高速的物流配送。有了这条独特的供应链，ZARA 能够快速生产、快速设计、快速出售，建立一个平价、快速、时尚的时装王国。

讨论：
ZARA 的供应链管理有什么特色？

（资料来源：http://wenku.baidu.com/view/830192db76eeaeaadof33001.html）

实训题

"啤酒游戏"是 20 世纪 60 年代，美国麻省理工学院斯隆管理学院发展出来的一种策略游戏。在目前供应链越来越引起企业重视的时代，如何通过加强对供应链的管理来使企业受益，大家却是知之甚少。为了使同学们更好地理解供应链管理中常见的问题及其产生的原因，"啤酒游戏"成为一种很好的实践教学工具。

登录 http://pan.baidu.com/s/1kTyWXh1，可以浏览及下载《啤酒游戏实训手册》。

第十单元　电子商务

——现代物流发展的助推器

📷 **单元导读**

　　你知道我国电子商务的发展是从何时开始的吗？你知道传统商务都有哪些局限性吗？你知道我国第一家电子商务公司是哪家吗？你知道我国最大的网络购物提供商是哪家吗？你知道电子商务物流是什么吗？所有这些问题的答案你都能从这一单元当中找到。通过对本单元的学习，你可以了解常见的电子商务的产生、电子商务和传统商务的区别、电子商务企业是如何合理有效利用物流资源的。

专题一：电子商务横空出世

——当年轻的"电子"遇到古老的"商务"

　　电子商务由电子和商务两部分构成，其中"电子"是指信息技术(Information Technology，IT)，主要是 20 世纪后半叶发展起来的两项电子技术，即集成电路技术和数据网络通信技术，它们为电子商务的发展奠定了技术基础。

　　1946 年，美国宾夕法尼亚大学研制成了世界上第一台可运行程序的电子计算机，使用了 18 800 多个电子管，5000 个继电器，重达 30 余吨，占地 170 平方米，但每秒仅处理 5000 条指令，制造成本则达几百万美元。1971 年，英特尔(Intel)公司将相当于当年 12 台计算机的处理能力集成到了一片 12 毫米的芯片上，而价格却只有 200 美元。电子计算机诞生至今 60 多年来，由于构成其基本部件的电子器件发生了重大的技术革命，使它得到了突飞猛进的发展，突出表现为计算机的体积越来越小，而速度越来越快，成本却越来越低。1981 年，美国 IBM 公司研制成功了 IBM-PC 机(Personal Computer，个人计算机)，并迅速发展成为一个系列。随着微型计算机的出现，计算机开始走向千家万户。

　　20 世纪 60 年代，美国军方最早开发了作为保障战时通信的因特网(Internet)技术，把单个计算机连接起来应用，计算机开始了网络化的进程。进入 20 世纪 70 年代，当时的美国政府和军方出于冷战的需要，设想将分布在美国本土东海岸的四个城市的计算机联系起来，使它成为一个打不烂、拖不垮的网络系统。美国国防部构想的这个系统叫 ARPANET，但当时的计算机厂商们生产的计算机，无论是硬件还是软件都是不一样的，要组成这样的网络，就必须把很多不同的计算机硬件和软件通过某种方式连接起来。于是在 20 世纪 70 年代初出现了一个关于计算机网络互联的共同协议——TCP/IP 协议，这个协议达成之后，ARPANET 取得比较大的扩展，从美国本土联到了其在欧洲的军事基地。20 世纪 80 年代初，美国科学基金会发现这种方式非常实用，于是把这几个地区的计算机连接起来，并接进了大学校园，参加因特网技术开发的科研和教育机构开始利用因特网，这便是今天 Internet

的雏形。

和新兴的信息技术相比，人类的商务活动却古老得多，当我们的祖先开始对日常活动进行分工时，商务活动就已经开始，最初是"以物易物"的商品交换，到了后来，货币的出现取代了易货交易，交易活动变得更容易了。在过去几千年的贸易实践中，人们总是及时地利用新出现的工具和技术，例如，古时帆船的出现为买卖双方的交易开辟了一个新的舞台，此后的一些发明，如印刷术、蒸汽机和电话等，也都显著地改变了人们的交易方式，为商务活动带来了巨大的发展。

虽然在20世纪60年代出现的电子数据交换(EDI)技术已经应用在企业间的电子商务领域，但这种应用由于技术的限制覆盖面很窄，只能算是电子商务的雏形。直到20世纪90年代，当新兴的万维网(WWW)技术遇到古老的商务活动时，一种前所未有的商务模式——电子商务才真正横空出世！从此电子商务获得蓬勃发展，渗透我们生活的方方面面，影响和改变着整个世界。

轻松一刻

克林顿于1992年入住白宫后，为占领世界信息竞争制高点，重振美国经济，提高美国竞争力，维持美国在世界经济、政治、军事等领域中的霸主地位，适时发布了一系列框架性文件，表明了美国占领全球因特网经济制高点的行动纲领。1999年11月29日，克林顿政府成立电子商务工作组，由商务部领导，美国政府的一系列政策极大地促进了网络经济的发展。在网络经济的引领下，美国经济在克林顿任期内(1993—2001)取得了高速的增长，取得了过去30年以来最好的经济成绩，尤其在克林顿第二届任期内，每年的经济增长达到了4.5%，失业率降到了4%。虽然后来克林顿饱受莱温斯基丑闻的困扰，甚至一度遭到国会弹劾，但由于优秀的经济成绩单，使得克林顿仍旧稳稳当当地坐在总统宝座上，到2001年离职时，他成为美国历史上得到最多公众肯定的总统之一。所以有人说："比尔(比尔·盖茨——美国信息经济的代表人物)拯救了比尔(比尔·克林顿)。"

专题二：电子商务就在你身边
——我们已进入电子商务时代

20世纪90年代后期，我国的电子商务已经得到发展，但那时要是问你："你知道什么是电子商务吗？"可能很多人都会一头雾水。也许你还会反问："电子商务和我有什么关系？"直到淘宝网的出现让越来越多的人认识到电子商务其实就在我们身边。

淘宝网成立于2003年5月10日，由阿里巴巴集团投资创立，现已成为亚太地区最大的网络零售商圈。淘宝网现在业务跨越C2C(个人对个人)、B2C(商家对个人)两大部分。截至2010年12月31日，淘宝网注册会员超3.7亿人，覆盖了中国绝大部分网购人群；阿里巴巴集团于2011年6月16日宣布，旗下淘宝公司将分拆为三个独立的公司，即沿袭原C2C业务的淘宝集市(taobao)，平台型B2C电子商务服务商淘宝商城(tmall)后更名为"天猫"和一站式购物搜索引擎一淘网(etao)。2012年，淘宝的销售额突破1万亿元，达到11 500亿元。"双11节"这天，淘宝系成交额达到191亿元。围绕整个淘宝系列的直接和间接就业已经超过1000万人，目前每天平均来购物的人有12 000万人，相当于5~6个上海市的人口每天到淘宝购物，而这些人实际上都是电子商务的直接参与者。

那么究竟是什么使电子商务拥有如此大的魔力吧？电子商务蓬勃发展的背后其自身都具有哪些优势呢？

1. 时间和空间上的优势

传统商务的销售地点往往是实体店，销售时间固定。而电子商务是以网上商店的模式进行销售，和传统商务模式相比它的销售空间呈几何倍放大。由于没有任何地理障碍，它的销售时间是由消费者即网上用户自己决定，突破了传统商务的时间和空间局限性。凡是能够上网的人，无论你是在北京还是在北美、是在河南还是在荷兰，都将被包容在一个市场中，都有可能成为网上企业的客户。互联网跨越国界，穿越时空，无论你身处何地，无论白天与黑夜，只要您利用浏览器轻点鼠标，你就可以随心所欲地登录任何国家、地域的网站，互联网真正使整个地球变成了一个"地球村"。只要有中意的物品，用户可以随时下单，电子商务能够在最大限度地跨越地域障碍，满足消费者的需求。

2. 减少中间环节，降低交易费用的优势

电子商务"革"了传统流通模式的"命"，交易双方通过网络进行商务活动，无须中介者参与，减少了交易的有关环节，大大降低了交易成本。较传统商务相比，电子商务省去了店面租金、装修、仓库等硬件设施，所需成本大幅降低，这样便可以将更多的利润空间回馈给客户，形成价格优势。相同品牌的化妆品，在网上的价格通常比专柜要便宜很多，也就是这个原因。

3. 销售渠道多样性的优势

电子商务的出现丰富了传统生产型企业的销售模式，为企业开辟了一条全新的销售渠道，同时电子商务渠道本身的多样化也大大地促进了企业销售额的增长，天猫、京东等大型电子商务平台成为电子商务的有力支柱。另外，也可以通过第三方服务商开设独立网店，进行网络代销、分销等多渠道销售模式。

4. 交易高效的优势

电子商务使商务信息能在世界各地瞬间完成传递与计算机自动"无纸化"处理，极大地缩短了交易时间。网络实时地为用户提供各类商品和服务的具体信息及买卖双方的详细情况，从而使整个交易非常快捷与方便。人们购物的时间、精力等成本大大降低，过去我们还曾为"货比三家"而奔波劳碌，现在则可以轻松地做到"万里挑一"。

2012 年，国家工信部发布了《电子商务"十二五"发展规划》，提出到 2015 年，电子商务交易额翻两番，突破 18 万亿元。而来自波士顿咨询公司(BCG)的报告估算，2013 年中国网络交易规模有望突破 1 万亿元，到 2015 年中国将成为世界上最大的电子商务市场，届时我国网络消费者数量将由目前的 1.45 亿人激增至 3.29 亿人，中国将成为世界上最大的电子商务市场。那么在电子商务大行其道的背景下，你做好准备了吗？

资料柜

登录 http://pan.baidu.com/s/1hqyxhp6，可以浏览及下载资料《1997—2009：中国电子商务十二年大事记》。

专题三：长江后浪推前浪

——传统商务受到电子商务的挑战

21 世纪初期，随着电子科技的不断进步，电子商务崭露头角，传统的商务模式受到冲击，那么传统的商务模式都有哪些局限性呢？信息的不完善，我们可以将信息的不完善理解为在交易过程中的信息不对称。例如，你现在想买一个移动硬盘，那你会如何做呢？买方在产生一个需求后首先会去寻找适合自己需求的产品，于是你在众多的硬盘品牌中去寻找你想要的那一款，同时你要去找合适的卖方，这个过程对于你来说可能会花费比较长的时间，因为你要在你所在城市的各大数码产品卖场中去寻价格，一圈转下来你确定了一个价格最低的卖方，然后买入你心仪已久的移动硬盘。

这一圈转下来从产生需求到最终需求得到满足可能会花费你一个周末的时间，也许会更长，这还只是个人消费。如果是一个企业呢？当一个企业想去买进某种原材料或引进某个设备的时候，它的潜在卖方可能在另一个城市或另一个国家，它要对各个潜在卖家的产品进行对比，这将消耗巨大的时间、人力，这些最终都会计入企业的生产成本。

除了刚才我们所谈到的收集信息的时间长之外，在确定了卖方的情况下你还要与卖方进行沟通以及合同的谈判。空间上的距离会拖延谈判的时间，等买卖双方最终确定了合同，买方企业买进原材料，加工生产出产品再将产品投放市场，这个时候可能市场的需求已经发生了变化，生产周期的延长最终使得热销的产品变成了滞销品、紧俏货变成了大路货，商品卖不出去，这就会造成库存和产品的积压。

俗话说：民以食为天。对于老百姓而言饭吃得饱只是满足了其最低的生理需求，而对于以种地为生的农民来说，菜能否卖得好可能是他们最关切的事。近年来农产品的价格"大上快下"，影响农产品价格的因素越来越多，也越来越复杂，这也先后造就了"豆你玩"、"蒜你狠"等网络流行语。在农产品价格大幅波动的背后，我们发现大多数农民还是在走着一条今年啥好卖明年就种啥的老路，最终的结果就是年年踏空。我们以大蒜为例，2004年和 2005 年，蒜价持续增长，到 2006 年达到顶峰。大蒜种植面积随之年年扩大，直接造成了随后两年的蒜市低迷，最低时甚至一分钱一斤蒜，大蒜滞销。2007 年全国各地共计种植大蒜 1010 万亩，2008 年降到 555.5 万亩，而正是这一波下降导致了 2009 年大蒜的紧缺和价格的飙升，市场价格超过 10 元钱一斤。2011 年大蒜的价格又大幅下跌，出现滞销现象。农产品价格的大幅波动自然有中间商的推波助澜，但农产品生产周期长、买卖双方信息不对称仍是主要原因。

说了这么多，让我们来总结一下传统商务模式的局限性，它包括信息不完善、耗费时间长、花费高、生产周期长、库存和产品积压。我们发现传统的商务模式有这么多的局限，或者说是不适应，那传统的商务模式是不是就应该被淘汰呢？这还是要由市场说了算。在电子商务的冲击下，传统商务模式仍然存在，这就说明它还有着其自身的优势。

第一，传统的消费模式。对于相当多的人来说，实体购物也是一种乐趣，人们享受这种真实可靠的消费模式，传统消费模式"一手交货一手交钱"根深蒂固，看得到商品的质量和品质，让消费者感觉更加安全可靠。如果电子商务完全取代传统商务，购物者会失去很多乐趣，人也就快成了机器。要知道，人在买东西时，并不一定都会死盯着价格，也有不少人喜欢的是那种购物氛围，宁愿牺牲效率去享受购物带来的快乐和休闲。

第二，虚拟的网络无法给予充分的信任感。电子商务构建于网络之上，产品大多以图片、文字、视频的形式展现，与实体店相比，其安全系数有时难以保障，而看得到摸得着的传统商务带来的消费体验才更真实。

第三，电子商务环境仍旧存在局限性。和传统商务相比，电子商务的环境还是有一定局限性的。例如，你临时需要一个创可贴，你会选择上网购买还是直接到零售店去呢？电子商务环境还达不到随叫随到上门服务的水准，这点和无孔不入的传统商务相比，电子商务的覆盖面仍然有限。但是随着物联网的兴起，和移动购物的不断成熟，电子商务的环境也在不断优化。

所以，电子商务的日益成熟并不会取代传统的商务运作。在各个领域，电子商务和传统的商务以不同的比例结合，相辅相成才是最终的结果。传统商务的某些东西是电子商务取代不了的，正如电子商务的某些东西是传统商务不能比拟的。如果把它们单独分开，它们应该是属于合作伙伴性质，而不是竞争对手、互相侵占领土。就像武松在景阳冈喝的酒与现在的白酒相比，从售卖方式上区别不大，只是今天的武松不必只在酒馆喝酒，还可以扛着一箱酒到荒郊野外去喝，他可以很容易从小店或者超市买到这些酒，甚至还可以从网上订一箱并送到任何他指定的地方。

轻松一刻

在2012年CCTV中国经济年度人物评选颁奖盛典上，王建林和马云双方约定10年后，如果电商在中国零售市场的份额超过50%，王建林将给马云1亿元，如果没到马云要还王建林1亿元。王建林和马云，一个是传统商业大佬，一个是电子商务巨头，两人关于电子商务和传统商业的对赌不仅引起了消费者的关注，也引起了业界的围观。据专家研究，中国的电子商务和美国呈现出不同的发展方向，在中国，电子商务很多都是独立的机构，而在美国，电子商务都是实体店的附庸。随着外国资本的进入，中国不少电商已经变成外国传统商业资本控制的对象。此前是电商侵占电商地盘，将来也许是店商吞并电商。所以据说马云没有接招，而是愿意同王建林赌一元钱。

专题四：一个好汉三个帮
—— "一流"的电子商务需要"三流"的支持

物流、资金流、信息流是电子商务活动的三个基本组成要素。作为整个电子商务活动的三条动态主线，物流、资金流和信息流是每一笔电子商务交易都不可或缺的。那么什么是物流、资金流和信息流呢？

物流(Logistics)是指商品在空间和时间上的位移，包括这个过程中的运输配送、流通加工、仓储和包装等环节中的活动。其宗旨在于满足企业与顾客的物流需求，尽量消除物流过程中各种形式的浪费，追求物流过程的持续改进和创新，降低物流成本，提高物流效率。

一个成功的物流系统至少应该做到 5R，即在正确的时间(right time)、正确的地点(Right Location)和正确的条件(Right Condition)下，将正确的商品(right goods)送到正确的顾客(Right Customer)手中。可以试想一下，如果顾客在网上订购的商品总是迟迟不到，或发错货，那还有谁会继续选择网购呢？虽然物流只是交易的一个组成部分，但却是商品和服务价值的最终体现，"以顾客为中心"的价值实现最终体现在物流上。

资金流(Fund Flow)是指用户确认购买商品后，将自己的资金转移到商家账户上的过程。作为电子商务三流中最特殊的一种，资金流扮演着重要的角色。在电子商务中，顾客通过浏览网页的方式选购商品或服务，在选购完成后进行在线支付。顾客支付的款项能否安全、及时、方便地到达商家，关系到交易的最后成败。因此，在线支付不论是对于顾客，还是对于商家，都具有非常重要的意义。

信息流(Information Flow)既包括商品信息、促销信息、技术支持、售后服务等内容，也包括诸如报价单、付款通知单等商业贸易单证，还包括交易方的支付能力、支付信誉等。信息流除了本身就包含有价值的信息以外，它更大的价值还在于使物流、资金流得以良好运转，在三个流中，信息流具有基础性和导向性的作用。信息流畅通与否，决定着买家卖家的交易活动能否正常运行。

由于电子商务改变了传统商务的交易模式而使不同时间不同空间的交易成为可能，所以传统商务中并不明显的物流、资金流与信息流开始变得明显并受到越来越多的关注。例如，在传统商务的交易模式中，一个人去市场买菜，卖家把菜交给买家是物流，买家把钱交给卖家是资金流，而之前买家和卖家的询价、还价过程则是信息流，当买卖达成后，商流也随之完成。在这个过程中，物流、资金流、信息流是同时同地完成的。

而在电子商务的交易模式中，买家与卖家经过商谈达成一笔供货协议，确定了商品价格、数量、供货时间与地点等相关条款。卖家接下来通过物流平台向买家发送货物，这其中包括包装、装卸搬运、仓储和运输等环节与活动。再接下来就由买家通过资金流平台向卖家支付货款，这其中包括两家企业代理银行之间的转账结算过程。买家、卖家、买家的银行和卖家的银行自始至终都在信息流中彼此互动，直到两家企业的交易完成。买家拿到购买的货物，卖家收到销售货款。在这个过程中，物流、资金流、信息流是不同步的。

所以，电子商务中的三流不但更为复杂，而且还需要更为"默契"的配合才能使电子商务活动得以顺利进行。正所谓："一个好汉三个帮。"一流的电子商务离不开物流、资金流、信息流等"三流"的有力支持，如图 10-1 所示。

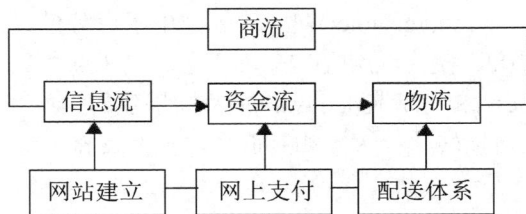

图 10-1　三个流及其相互关系共同构成了电子商务运作的基本架构

专题五：龙生九子，各不相同

——电子商务类型的划分

电子商务有很多种划分的类型，其中按照交易对象，电子商务可以分为企业对企业的电子商务(B2B)，企业对消费者的电子商务(B2C)，消费者对消费者的电子商务(C2C)等。下面就来简单地认识一下这几种类型。

1. B2B(企业间电子商务)

B2B(Business to Business)是指企业对企业的电子商务，即企业与企业之间通过各种商务网络平台，完成商务交易的过程。这些过程包括：发布供求信息，订货及确认订货，支付过程；及票据的签发、传送和接收，确定配送方案并监控配送过程等。

国内提供第三方 B2B 交易平台的代表有阿里巴巴、环球资源、我的钢铁网、慧聪网等。

2. B2C(企业与消费者间的电子商务)

B2C(Business to Customer)是指企业通过商务网络平台面向个体消费者提供产品或服务的电子商务。

国内提供第三方 B2C 交易平台的代表有淘宝商城(天猫)、京东商城、苏宁易购等。

B2C 网站根据盈利模式不同可以划分为平台式 B2C 和自主式 B2C。

其中，平台式 B2C 是指淘宝商城(天猫)此类的以佣金服务费为主要收入的网站；自主式 B2C 是指京东商城此类的以商品的进销差价为主要收入的网站。

3. C2C(消费者间电子商务)

C2C(Consumer to Consumer)是用户对用户的模式，C2C商务平台就是通过为买卖双方提供一个在线交易平台，使卖方可以主动提供商品上网拍卖，而买方可以自行选择商品进行竞价。

国内提供第三方 B2C 交易平台的代表有淘宝、拍拍网、易趣网等。中国电子商务研究中心的数据显示，淘宝集市依然处于"垄断地位"，截至 2012 年 6 月，淘宝占市场份额的94.5%，拍拍网占 5.3%，易趣网占 0.2%。

4. ABC(代理商、企业与消费者间电子商务)

ABC(Agents to Business to Consumer)模式是新型电子商务模式的一种，被誉为继阿里巴巴B2B 模式、京东商城B2C 模式、淘宝C2C 模式之后电子商务界的第四大模式，是由代理商(Agents)、商家(Business)和消费者(Consumer)共同搭建的集生产、经营、消费为一体的电子商务平台，三者之间可以转化，大家相互服务，相互支持，你中有我，我中有你，真正形成一个利益共同体。

5. C2B(团购消费者与企业间电子商务)

最先由美国流行起来的消费者对企业(C2B，Customer to Business)模式也许是一个值得关注的尝试。C2B 模式的核心，是通过聚合分散分布但数量庞大的用户形成一个强大的采购集团，以此来改变 B2C 模式中用户一对一出价的弱势地位，使之享受到以大批发商的价格买单件商品的利益。

接下来让我们通过"当当网"来了解 C2B 模式下电商和消费者的双赢。当当网是全球最大的中文网上图书音像商城，由国内著名出版机构科文公司、美国老虎基金、美国IDG集团、卢森堡剑桥集团、亚洲创业投资基金(原名软银中国创业基金)共同投资成立。2010年 12 月 8 日，当当网在纽约证券交易所正式挂牌上市，公司估值高达 10 亿美元。

当当网于 1999 年 11 月开通，目前，面向全世界中文读者提供 30 多万种中文图书和音像商品。目前中国市场上 1/3 的图书，一半教材教辅的图书都是通过当当网卖出去的。

经过 13 年的发展，当当网的业务不再只局限于图书，而是逐步发展为综合网上购物商城。当当网在线销售的商品包括了家居百货、化妆品、数码、家电、图书、音像、服装及母婴等几十个大类，逾百万种商品，在库图书达到 60 万种。该公司电子产品、亚麻制品、拖鞋、家居饰品、奶粉等新销售业务虽然增长迅速，但该公司的核心业务——图书销售增速放缓，面对其他电商的冲击，为了保持在图书商品销售上的霸主地位，当当网首先要考虑的还是控制成本。

让当当网最为得意的创新，莫过于在出版业屡试不爽的"C2B 预售"模式，以前出版社印 3 万册数到当当来卖，结果卖不好会赔，卖好了加印需要周期，消费者体验会下降，把握不好量依然会造成浪费。如今当当网很多畅销书采取"C2B 预售"模式，收订多少印多少，这样可以把整个行业的成本压缩到最低，也减少了浪费，同时消费者也享受到了最为优惠的价格，这应该是 C2B 模式很成功的一个尝试。

6. O2O(线上线下相见结合电子商务)

O2O(Online to Offline)是新兴起的一种电子商务新商业模式，即将线下商务的机会与互联网结合在了一起，让互联网成为线下交易的前台。这样线下服务就可以用线上来揽客，消费者可以用线上来筛选服务，还有成交可以在线结算，很快达到规模。该模式最重要的特点是：推广效果可查，每笔交易可跟踪。接下来让我们通过"宜家"来了解 O2O 的发展前景。

宜家(IKEA)于 1943 年创建于瑞典，至 2012 年 8 月 31 日，宜家在全世界 26 个国家和地区拥有 298 家专业卖场。1998 年宜家进入中国落户上海，直至今日宜家已经在中国的上海、北京、天津等 10 个城市建成 11 家专业卖场。2012 年，宜家全球销售总额达到 270 亿欧元，同比增长 9.5%，净收入总额达 32 亿欧元，同比增长 8.0%。

据英国《金融时报》报道，宜家将在网络购物领域再次发力，将在线上销售更多产品，并打造更低成本的配送模式。目前宜家业务遍布 41 个国家，但只在其中 10 个国家开展了电商业务，而且品类有限。业内分析宜家电商发展缓慢的原因：宜家整个模式的基础是吸引消费者走入卖场，通过体验消费的模式抓住消费者，这种模式难以在网上复制。

发展B2C模式对宜家弊大于利，首要原因在于宜家的品牌价值很大一部分在于其卖场带给消费者的体验。宜家卖场内的餐厅、为儿童而设的游乐设施、迷宫般的楼层、让人随意躺卧的陈设等，形成了宜家独一无二的消费体验，而 B2C 模式电商将削弱其品牌形象。归根到底，宜家卖的不是家具，而是购物体验，是一种服务。

而采用 O2O(Online To Offline)模式既避免了线上销售带来的问题，又能继续发挥宜家的核心竞争力。如果说 B2C 是零售业的电商模式，那么 O2O 则是服务业的电商模式。其核心在于抓住在线上寻找产品信息的消费者，通过各种吸引点如优惠、互动、产品信息等引导其到线下消费，并对效果进行衡量和跟踪。用一句话说就是：吸引线上用户到线下消费，而消费品就是购物体验。如果单纯是销售产品，B2C 模式确实能满足需求，然而家居业，特别是家具业突出的物流安装客服以及消费习惯等问题，决定了它有很大的服务业成分。这些问题就算是传统渠道都未能妥善解决，电商也无法解决。因此，与其复制快消服装等行业成功的 B2C 模式，不如拥抱更符合行业特性的 O2O 模式。

国内已有尚品宅配这种主打定制服务的 O2O 品牌，也涌现出了新巢网、空间网等泛家居 O2O 平台。目前尚品宅配的电商订单已近一亿元，空间网获得了千万级的风投，新巢网已吸引了阿波罗卫浴、欧派家居等知名品牌的入驻。

7. B2M

B2M(Business to Manager)是相对于 B2B、B2C、C2C 的电子商务模式而言，是一种全新的电子商务模式。而这种电子商务相对于以上三种有着本质的不同，其根本的区别在于目标客户群的性质不同，前三者的目标客户群都是作为一种消费者的身份出现，而 B2M 所针对的客户群是该企业或者该产品的销售者或者为其工作者，而不是最终消费者。

8. B2G

B2G(Business to Government)模式是企业与政府管理部门之间的电子商务，如政府采购，海关报税的平台，国税局和地税局报税的平台等。

9. B2T

团购 B2T(Business to Team)，本来是"团体采购"的定义，而今网络的普及让团购成为很多中国人参与的消费革命，网络成为一种新的消费方式所谓网络团购，就是互不认识的消费者，借助互联网的"网聚人的力量"来聚集资金，加大与商家的谈判能力，以求得最优的价格。尽管网络团购的出现只有短短几年的时间，却已经成为在网民中流行的一种新消费方式。目前，网络团购的主力军是年龄 25 岁到 35 岁的年轻群体，在北京、上海、深圳等大城市十分普遍。"今天你团了吗？"对不少年轻人而言，这句话已成为时下流行的问候语。从餐饮、娱乐，到住宿、旅游，到金融理财，甚至是买车、买房，只要用鼠标在网上轻轻一点，就可享受令人心动的打折优惠。2011 年中国网购交易额达到 7849.3 亿元，比 2010 年增长 66%。随着网络的进一步普及，网络团购将更加普遍，市场也将继续扩大，前景不可限量。随着网络的团购业务的不断发展，团购网站不断增多，百度、腾讯、搜狐、新浪、阿里巴巴、网易、盛大等互联网大佬也加入了网络团购队伍。

专题六：B2B 电子商务模式

——企业之间通过网络谈生意

在明确了我国电子商务市场的划分后我们首先来具体介绍一下 B2B 电子商务模式。

B2B 电子商务模式的供需双方都是企业，它是一种企业之间的电子商务，它是一种主要针对其他企业进行销售的业务形式。B2B电子商务模式是当前电子商务模式中份额最大的模式，2012 年 B2B 电子商务模式的交易规模占中国电子商务总规模的 81.6%，远远超过我们所熟知的淘宝、京东等 C2C 和 B2C 的电子商务模式。

对于买方来说，利用 B2B 电子市场只要在一个地方就能收集信息，检验供应商，收集价格；对于卖方来说，则能够从与买方的广泛接触中不断遴选买方，潜在的消费者越多，其销售成本就越低，而成交的机会和利润就越高。

B2B 电子商务模式的业务流程包括：发布供求信息，订货及确认订货，支付过程及票据的签发、传送和接收，确定配送方案并监控配送过程等。

目前，B2B 电子市场可以划分为两类：综合型 B2B 模式和垂直型 B2B 模式。

综合型 B2B 模式，是指将各个行业中相近的交易过程集中到一个场所，为企业的采购方和供应方提供了一个交易的机会，像阿里巴巴、中国制造网、环球资源网等。这一类网站自己既不是拥有产品的企业，也不是经营商品的商家，它只提供一个交易平台，在网上将销售商和采购商汇集一起，采购商可以在其网上查到销售商的有关信息和销售商品的有关信息。

垂直型 B2B 模式可以分为两个方向，即上游和下游。生产商或商业零售商可以与上游的供应商之间的形成供货关系，生产商与下游的经销商可以形成销货关系。垂直型 B2B 是面向制造业或面向商业的电子商务模式，所以它又被称为行业 B2B。其中以我的钢铁网、网盛生意宝(网盛生意宝下包括中国化工网、中国纺织网、中国医药网、全球化工网、生意宝、小生意等多个行业 B2B 网站)为首的网站成为行业 B2B 的代表网站，通过行业 B2B 网站买方可以更加容易地找到自己需要的产品，降低生产成本。

行业 B2B 网站虽然深受欢迎，但也面临着发展的核心瓶颈，即行业规模问题，困扰行业 B2B 网站的首要问题就是行业规模问题。只专注于某个行业，其规模必然会受到限制。

首先，垂直行业 B2B 都面临着规模太小的问题，而细分程度过高的平台则更明显，其注册用户一般有几千人，付费用户可能只有几百人。而 B2B 业务具有典型的规模经济特性，即这些网站创建的初始成本很高，要想发展必须有大量的用户作为支撑，但实际情况是目标客户市场却很小，很难通过大量增加客户来降低成本，这就造成了生存上的艰难，在遇到激烈的市场竞争的时候很容易退出。

其次，一些细分程度过高的垂直行业 B2B 平台往往面临这样的问题，即所吸引的用户全部是本行业的竞争者，而缺乏产业链上下游以及其他方向的合作者，这大大降低了带给用户的价值。例如"中国模具网"、"螺丝网"这样的细分 B2B，大部分的注册用户都是生产商，那么除了少数买家之外，大部分注册用户之间根本不存在互相贸易的可能。而"中国五金网"这样行业内覆盖较广的垂直 B2B 上，不光供应商和买家可以进行贸易，螺丝商和模具商这样的供应商之间也可以相互交易，带给用户的价值大大提升。

通过上面的介绍，我们发现综合型 B2B 模式和垂直型 B2B 模式各自都有优点，但同时也存在着发展的瓶颈。

对于综合型 B2B 而言，虽然通过庞大的信息资源构筑了商务信息网，但由于缺乏对不同行业的理解和对各行业的资源整合，其供求信息存在精准度不高的缺陷，不利于促进商务流程后续环节的撮合。综合型 B2B 可以为相关行业提供专业性的平台，提高信息的匹配程度，而垂直型 B2B，着重整合细分行业资源并提供针对性的服务，但由于人为信息归类的误导，使割裂的垂直平台存在信息广泛性不足的缺陷。

所以两种模式的相互渗透、相互融合形成行业网站集群是 B2B 的发展趋势。行业网站集群可以有效地整合行业关联信息，弥补了综合网站的专业不足和单一行业网站的信息孤立。比如阿里巴巴、慧聪网等综合型 B2B 已经开始了融合发展之路。

B2B 电子商务的主要盈利模式如下。

1. 会员费收益模式

企业通过第三电子商务平台参与电子商务交易，必须注册为 B2B 网站的会员，每年要交纳一定的会员费，才能享受网站提供的各种服务，目前会员费已成为我国 B2B 网站最主要的收入来源。

2. 广告费收益模式

网络广告是门户网站的主要盈利来源，同时也是 B2B 电子商务网站的主要收入来源。阿里巴巴网站的广告根据其在首页位置及广告类型来收费。中国化工网有弹出广告、飘浮广告、文字广告等多种表现形式可供用户选择。

3. 竞价排名收益模式

企业为了促进产品的销售，都希望在 B2B 网站的信息搜索中将自己的排名靠前，而网站在确保信息准确的基础上，根据会员交费的不同对排名顺序做相应的调整。阿里巴巴的竞价排名是诚信通会员专享的搜索排名服务，当买家在阿里巴巴搜索供应信息时，竞价企业的信息将排在搜索结果的前三位，被买家第一时间找到。中国化工网的化工搜索是建立在全球最大的化工网站上的化工专业搜索平台，对全球近 20 万个化工及化工相关网站进行搜索，搜录的网页总数达 5000 万，同时采用搜索竞价排名方式，确定企业排名顺序。

4. 增值服务收益模式

B2B 网站通常除了为企业提供贸易供求信息之外，还会提供一些独特的增值服务，包括企业认证、独立域名、提供行业数据分析报告、搜索引擎优化等。B2B 网站可以根据行业的特殊性深挖客户的需求，然后提供具有针对性的增值服务。

专题七：C2C 电子商务模式

——每个人都能在网上开店当老板

C2C 电子商务模式是通过提供中介服务的电子商务网站，由买卖双方通过网络达成协议并进行交易。C2C 领域的代表有淘宝、拍拍网、易趣网。

中国电子商务研究中心的研究数据显示，截至 2012 年 6 月，在 C2C 市场淘宝集市依然处于"垄断地位"；截至 2012 年 6 月淘宝占市场份额的 94.5%，拍拍网占 5.3%，易趣网占 0.2%。

C2C 电子商务的盈利模式如下。

1. 会员费收益模式

会员费也就是会员制服务收费，是指 C2C 网站为会员提供网上店铺出租，公司认证，产品信息推荐等多种服务组合而收取的费用。

2. 交易提成收益模式

因为 C2C 网站是一个交易平台，它为交易双方提供机会，就相当于现实生活中的交易所，所以交易提成是 C2C 网站的主要利润来源。

☕ **轻松一刻**

我们以易趣为例。易趣是全球最大的电子商务公司 eBay 和国内领先的门户网站、无线互联网公司 TOM 在线于 2006 年 12 月携手组建一家合资公司。易趣和我们所熟知的淘宝的最大区别就在于淘宝对商家是免费的，而易趣是收费的。目前易趣向卖家收取商品登录费、登录费 1 元～8 元不等，以商品最低成交价为计费基数。并在每次交易成功之后，收取相应的佣金，也就是交易服务费，价格按每件商品在网上成交金额的 0.25%～2%收取，如果未实际成交则不收取。

3. 广告费收益模式

企业将网站上有价值的位置用于放置各类型广告，根据网站流量和网站人群精度标定广告位价格，然后再通过各种形式向客户出售。如果 C2C 网站具有充足的访问量和用户黏度，广告业务会非常大。但是 C2C 网站出于对用户体验的考虑，均没有完全开放此业务，只有个别广告位不定期开放。

4. 搜索排名竞价收益模式

C2C 网站商品的丰富性决定了购买者搜索行为的频繁性。搜索的大量应用就决定了商品信息在搜索结果中排名的重要性，由此便引出了根据搜索关键字竞价的业务。用户可以为某关键字提出自己认为合适的价格，最终由出价最高者竞得，他们在有效时间内该用户的商品可获得竞得的排位。只有卖家认识到竞价为他们带来的潜在收益，才愿意花钱使用。

5. 支付环节收费收益模式

支付问题一向就是制约电子商务发展的瓶颈，直到阿里巴巴推出了支付宝才在一定程度上促进了网上在线支付业务的开展。买家可以先把预付款通过网上银行打到支付公司的个人专用账户，待收到卖家发出的货物后，再通知支付公司把货款打入到卖家账户，这样买家不用担心收不到货还要付款，卖家也不用担心发了货而收不到款，而支付公司就按成交额的一定比例收取手续费。

专题八：B2C 电子商务模式
——企业把店开到网络上

B2C 是企业对消费者直接开展商业活动的一种电子商务模式。这种形式的电子商务一一般以直接面向客户开展零售业务为主，主要借助于互联网开展在线销售活动，企业通过互联网为消费者提供一个新型的购物环境——网上商店，消费者通过网络在网上购物、在网上支付、线下收货。

这种模式节省了客户和企业的时间和空间，大大提高了交易效率，特别对于工作忙碌的上班族，这种模式可以为其节省宝贵的时间。B2C是目前电子商务发展最为成熟的商业模式之一，具有巨大的发展潜力。2012年B2C占网络购物市场的份额达到29.7%，艾瑞咨询分析预计在2016年B2C的市场份额将达到49.4%。

B2C电子商务的盈利模式如下。

1. 产品销售营业收入模式

以产品交易作为收入主要来源是多数B2C网站采用的模式。这种B2C网站又可细分为两种：销售平台式网站和自主销售式网站。

(1) 销售平台式网站。

网站并不直接销售产品，而是为了商家提供B2C的平台服务，通过收取虚拟店铺出租费、交易手续费、加盟费等来实现盈利。淘宝B2C购物平台——淘宝商城(天猫)就是其典型代表。淘宝提供淘宝商城这一B2C平台，收取加入淘宝商城商家一定的费用，并根据提供服务级别的不同收取不同的服务费和保证金。

轻松一刻

天猫原名"淘宝商城"，是一个综合性购物网站，在2011年6月从淘宝网中被独立拆分出来，是淘宝网全新打造的B2C(Business-to-Consumer，商业零售)。其整合数千家品牌商、生产商，为商家和消费者之间提供一站式解决方案。提供100%品质保证的商品，7天无理由退货的售后服务，以及购物积分返现等优质服务。2012年1月11日上午，淘宝商城正式宣布更名为"天猫"。2012年3月29日天猫发布全新Logo形象。2012年11月11日，天猫借"光棍节"大赚一笔，成交额达到132亿元，创世界纪录。2012年天猫在中国B2C购物网站交易规模占据56.7%的市场份额。

(2) 自主销售式网站。

与销售式不同，自主销售式需要网站直接销售产品，与销售平台相比运营成本较高，需要自行开拓产品供应渠道，并构建一个完整的仓储和物流配送体系或者发展第三方物流加盟商，将物流服务外包。京东商城是自主销售模式的典型代表。

轻松一刻

京东商城(www.JD.com)是中国B2C市场最大的3C网购专业平台，是中国电子商务领域最受消费者欢迎和最具影响力的电子商务网站之一。(注：3C是计算机Computer、通信Communication和消费电子产品Consumer Electronic三类电子产品的简称)

相较于同类电子商务网站，京东商城拥有更为丰富的商品种类，并凭借更具竞争力的价格和逐渐完善的物流配送体系等各项优势，赢得市场占有率多年稳居行业首位的骄人成绩。作为中国B2C市场最大的3C网购专业平台，京东商城无论在访问量、点击率、销售量，还是业内知名度和影响力，都在国内3C网购平台中首屈一指。京东商城现在已发展为以3C产品为核心，囊括了家电、数码通讯、电脑、家居百货、服装服饰、母婴、图书、食品、在线旅游等 12 大类数万个品牌百万种优质商品的综合网络零售商。

2012 年，京东在中国 B2C 购物网站交易规模占据 19.6% 的市场份额，而在自主销售为主 B2C 购物网站交易规模占据 49% 的市场份额，远远领先其他自主销售 B2C 企业。

2. 网络广告收益模式

网络广告收益模式是互联网经济中比较普遍的模式，B2C 网站通过免费向顾客提供产品或服务吸引足够的"注意力"从而吸引广告主投入广告，通过广告盈利。相对于传统媒体来说，广告主在网络上投放广告具有独特的优势：一方面，网络广告投放的效率较高，一般是按照广告点击的次数收费；另一方面，B2C 网站可以充分利用网站自身提供的产品或服务的不同来分类消费群体，对广告主的吸引力也很大。

3. 收费会员制收益模式

B2C 网站对会员提供便捷的在线加盟注册程序、实时的用户购买行为跟踪记录、准确地在线销售统计资料查询及完善的信息保障等。收费会员主题是网站的主题会员，会员数量在一定程度上决定了网站通过会员最终获得的收益。网站收益量大小主要取决于自身推广努力。例如，网络可以适时地举办一些优惠活动并给予收费会员更优惠的会员价，与免费会员形成差异，以吸引更多的长期顾客。

4. 网站的间接收益模式

除了能够将自身创造的价值变为现实的利润外，企业还可以通过价值链的其他环节实现盈利。

(1) 网上支付收益模式。

当 B2C 网上支付拥有足够的用户，就可以开始考虑通过其他来获取收入的问题。以淘宝为例，有近 90% 的淘宝用户通过支付宝进行支付，带给淘宝巨大的利润空间。淘宝可以通过支付宝的转账支付、信用卡还款、水电煤缴费、手机充值等功能收取一定的交易服务费用。

(2) 网站物流收益模式。

目前，我国 B2C 电子商务的交易规模已经达到数百亿元，由此产生的物流市场也很大。还使得用户创造的价值得到增值。不过，物流行业与互联网信息服务有很大的差异，B2C 网站将物流纳为自身服务的成本非常高，需要建立配送系统，而这需要有强大的资金做后盾，而大多数网站很难做到。

专题九："双十一"网络购物的饕餮盛宴
——电子商务和物流的关系

"双十一网购狂欢节"特指每年的 11 月 11 日，由于日期特殊，因此又被称为"光棍节"，同时也是淘宝一年一度的全场大促销的日子。大型的电子网站一般会利用这一天来进行一些大规模的打折促销活动，以提高销售额度。2009 年，1 亿；2010 年，9.36 亿；2011年，52 亿；2012 年，190 亿，这是淘宝、天猫近四年来的"双十一"单日销售额海啸般的倍增数据。但是电商在狂欢,快递却在滴血。中国快递公司日运载能力不超过 2000 万票,而单日却暴增几千万票的网购负荷,这使得快递企业难堪重负,由于快件太多,大量快递堆积如山,甚至都涌出了转运站点的门口,差不多堆到了马路上。虽然所有的工作人员都进入转运中心,帮忙分拣、派送货物,但仍然是杯水车薪。由于人手、车辆不够,有的包裹可能推迟一个月后才能送达,这使很多网购者叫苦不迭,本想买个便宜,没想到烦恼也随之而来。

通过这个例子,我们可以发现电子商务和物流之间存在着以下几种联系。

1. 物流是实现电子商务的保障

电子商务以快捷、高效完成信息沟通、资金支付的商品交易而著称,特别是针对实体产品的交易,只有商品通过物流系统以最快的速度达到消费者手中,才标志着电子商务活动的最终实现。

实际上,物流是以交易的后续服务者的身份出现的,如果消费者所购买的商品没有物流体系来保障送达,消费者最终会放弃电子商务模式而转向他们认为更为安全的传统购物方式。

2. 电子商务促进了物流行业的发展

电子商务的发展增加了物流客户数量。这其中 B2C 和 C2C 的快速发展起到了重要作用,据艾瑞咨询发布数据显示,2012 年我国网络购物市场交易规模达到 1.3 万亿元人民币,较 2011 年的 7846.5 亿元人民币相比增长了 65%,而 2012 年全年社会消费品零售总额 207167 亿元,网络购物市场占社会消费品零售总额的比例达到 6.5%。电子商务的快速发展使物流企业客户数量激增,致使近几年连续出现了物流企业"爆仓"的现象。现在,电子商务已经成为拉动物流发展的重要力量。

3. 电子商务强化了物流配送的地位

电子商务产生之前,物流活动集中在整个社会再生产的上游,物流的"最后一公里"基本上是消费者自己承担,配送不是交易的必要环节,其发展也明显缓慢。在电子商务时代,行销与配送紧密联系在一起,没有配送,电子商务的最终环节就无法实现。同时,电子商务使制造业和零售业实现"零库存",实际上是把库存转移给了配送中心,因此,配送中心成为整个社会的仓库,可以说电子商务时代的物流方式就是配送。

4. 电子商务降低了物流成本

传统物流配送依靠原始的人工方式管理周期长常会造成库存积压。在电子商务技术的支撑下,物流配送周期大大缩短,整个物流配送过程变得简单、高效,大大地节省了成本。任何一个有关配送的信息都会通过网络在几秒钟内传到相关部门,节省的时间和人力都在一定程度上降低了物流的成本。

5. 电子商务的发展要求物流专业化

物流配送从表面上看传统而简单,实质上是电子商务活动中实施难度较大的一个环节。物流成本过高、物流配送效率低下、配送服务质量差,严重影响着电子商务的快速发展。一些规模较大的电子商务企业可以选择自营物流的方式实现物流和企业的对接,而对于规模较小的企业来说这就要求物流向专业化的方向发展，这也从根本上催化了第三方物流的产生。

专题十：电子商务与物流走向融合
——电子商务物流的产生

电子商务物流是伴随着电子商务的发展而出现的，是电子商务真正的经济价值实现不可或缺的重要组成部分。对电子商务物流目前没有统一的定义，主要分为两大类，一类是将其理解为物流企业的电子商务化；另一类是将其理解为电子商务企业的物流运作管理。我们主要从电子商务企业商务公司的角度来理解电子商务物流，即电子商务公司是如何解决物流问题的。电子商务物流的实现是企业生存至关重要的一环。要实施和管理电子商务物流，企业需要根据自身的情况选择适当的运作模式。根据经营主体的不同，电子商务物流模式可以分为自营物流、第三方物流和物流联盟。

首先，让我们了解什么是自营物流。

自营物流是指企业借助于自身的物质条件，自行组织物流活动的物流模式。采取自营物流模式的电子商务企业主要有两类：一类是资金实力雄厚且业务规模较大的电子商务企业；另一类是经营电子商务网站的传统大型制造企业。需要注意的是，无论是上述哪一类型的企业，它的主要经济来源不在于物流。比如，京东商城，它就是自营物流，但是它的最大利润源却不是物流，它有能力自身承担物流业务并且从中获利。目前国内自建物流的有凡客诚品、京东商城、当当网等为数不多的几家电子商务企业。

一、自营物流的优点

自营物流的优点如下。

1. 掌握控制权

对于企业内部的采购、制造和销售环节，原材料和产成品的性能、规格，供应商以及销售商的经营能力，企业自身掌握最详尽的资料。企业自营物流可以运用自身掌握的资料有效协调物流活动的各个环节，能以较快的速度解决物流活动管理过程中出现的问题，获得供应商、销售商以及最终顾客的第一手信息，以便随时调整自己的经营战略。

2. 服务更加快捷灵活

自营物流由于在整个物流体系中属于企业内部的一个组成部分，它以服务本企业为目标，能够更好地满足企业在物流业务上的时间、空间和个性化需求，特别是 B2C 类型的电商企业由于配送烦琐，自营物流能更加快速、灵活地满足企业需求。

3. 避免商业机密的泄露

一般来说，企业为了维持正常运营，保障自身核心竞争力，对某些特殊运营环节必须采取保密措施，比如原材料的构成等，当企业将物流外包，特别是已经第三方物流后，其基本的运营情况不可避免地要想第三方物流公开，而自身商业机密就有可能通过第三方物流公司泄露给竞争对手，动摇企业的市场竞争力。这一点特别是对自主销售型 B2C 电商企业非常重要，这也是京东要建立自营销售模式的原因之一；而对于平台型 B2C 电商企业则可以不用顾忌这一点，因为它只是提供一个交易的平台，无须考虑销售上游的成本核算问题。

4. 提高企业品牌价值

企业自建物流系统，就能够自主控制营销活动，一方面可以亲自为顾客服务到家，使顾客近距离了解企业、熟悉产品；另一方面，企业可以掌握最新的顾客信息和市场信息，并根据顾客需求和市场发展动向对战略方案做出调整。 与客户良好的沟通加上优质的服务，有利于企业形象的提升和品牌的塑造。

二、自营物流的缺点

自营物流的缺点如下。

1. 庞大的投资

企业自营物流增加了企业投资负担，削弱了企业抵御市场风险的能力。企业为了自营物流，就必须投入大量的资金用于仓储设备、运输设备以及相关的人力资本，这必然会减少企业对其他主要环节的投入、削弱企业的市场竞争能力。对于一些规模较小的企业，甚至会出现对物流的投资比重过大而导致企业无法正常运转的情况。

2. 效率低下，管理难于控制

对于绝大多数企业而言，物流部门只是企业的一个后勤部门，物流活动也并非企业所擅长的。在这种情况下，企业自营物流就等于迫使企业从事不擅长的业务活动，企业的管理人员往往需要花费过多的时间、精力和资源去从事辅助性的工作。结果是辅助性的工作没有搞上去，关键业务也受到影响。

3. 难以形成规模效应，成本较高

对于规模不大的企业，其产品数量有限，采用自营物流，不能形成规模效应；一方面导致物流成本过高；另一方面，由于规模有限，物流配送的专业化程度非常低，不能满足企业的需要。

三、第三方物流

接下来，让我们了解什么是第三方物流。

第三方物流(Third Party Logistics，3PL)，是指企业为集中资源、节省管理费用，增强核心竞争能力，将其物流业务以合同的方式委托给专业的物流公司(第三方物流，3PL)运作的物流模式。

1. 第三方物流的优势

第三方物流有哪些优势呢？

(1)　有利于企业集中精力于核心业务。

由于任何企业的资源都是有限的，很难成为业务上面面俱到的专家。为此，企业应把自己的主要资源集中于自己擅长的主业，而把物流留给专业的物流公司。

(2)　降低成本。

不同类型的企业可能有不同的、不断变化的物流配送和信息技术需求，其自身又难以在短时间内满足自己的需求，而专业的第三方物流供应商能不断地更新信息技术和设备，以一种更快速、更具成本优势的方式满足这些需求，这样通过第三方物流企业可以降低自身的成本。

(3)　减少固定资产投资，加速资本周转。

企业自建物流需要投入大量的资金购买物流设备，建设仓库和信息网络等专业物流设备，这些资源对于缺乏资金的企业特别是中小企业是个沉重的负担。如果使用第三方物流公司，不仅减少设施的投资，还可以利用第三方物流企业的专业化管理能力降低库存，加速资金周转，减少资金风险。

(4)　改进客户服务，加速销售。

通常电子商务企业在物流配送、售后服务、产品退换货等服务方面做得不够完善，而这些服务对于电子商务企业吸引和留住客户是非常重要的。通过物流外包，可以利用第三方物流企业在信息网络和配送环节上的资源优势，缩短对客户的反应时间，保证客户所订货物及时、安全地送到目的地，实现商品的快速交付和问题产品的退换货。

2. 第三方物流的不足

与自营物流相比较，第三方物流在为企业提供上述便利的同时，也会给企业带来诸多的不利。第三方物流又存在哪些不足呢？

(1)　信息共享带来的信息安全问题。

将物流外包给第三方企业时，需要双方实现信息资源的共享，第三方物流才可以根据电子商务企业的具体情况进行操作，做到及时配送。在这个过程中某些特殊运营环节，比如原材料的构成等商业机密就有可能通过第三方物流公司泄露给竞争对手，动摇企业的市场竞争力。

(2)　第三方物流可能会降低用户的满意度。

电子商务企业将物流业务外包给第三方物流企业，但又无法控制和影响他们，不能保证顾客服务的质量和维护与顾客的长期关系，这有可能降低用户对企业的满意度。

(3)　品牌形象被削弱。

电子商务企业在使用第三方物流时，第三方物流公司的员工经常与你的客户产生来往，此时，第三方物流公司会通过在运输工具上喷涂它自己的标志或让公司员工穿着统一服饰等方式来提升第三方物流公司在顾客心目中的整体形象，而电子商务企业的品牌形象可能被削弱。

四、物流联盟

接下来，让我们了解什么是物流联盟。

物流联盟是指两个或两个以上的经济组织为实现特定的物流目标而采取的长期联合与

合作,即多家企业共同使用物流资源,以达到规模效益。

一般来说,组成物流联盟的企业之间具有很强的依赖性,各企业明确自身在整个物流联盟中的优势以及担当的角色,提高了各企业的核心竞争力和效率,满足企业跨地区全方位物流服务的要求。

此外,长期供应链关系发展成为联盟形式,有助于降低企业的风险。单个企业的力量是有限的,它对一个领域的探索失败了,损失会很大,如果几个企业联合起来,在不同的领域分头行动,就会减少风险。而且联盟企业在行动上也有一定协同性,因此对于突如其来的风险,能够共同分担,这样便减少了各个企业的风险,提高了企业抵抗风险的能力。

但是由于现在我国的企业之间存在低水平竞争,许多可以共享的资源被视为商业机密,行业管理发挥的作用十分有限,缺乏有效的组织和信息沟通,所以目前发展缓慢。

我们已经掌握了电子商务物流的模式,那我们究竟应该如何选择适合企业自身的物流模式呢?在作出选择之前,企业首先要明确自己的核心竞争力,在保障核心竞争力不受影响的前提下,对企业的规模实力、物流系统成本以及第三方物流服务能力等影响因素进行综合评价。

1. 物流对企业的战略重要性

在进行物流模式决策时,首先要考虑物流对电子商务企业的战略重要性,主要是看物流是否是构成企业的核心竞争力的要素。企业核心竞争力就是企业长期形成的,蕴含于企业内部,企业独具的,支撑企业过去、现在和未来竞争优势,并使企业在竞争环境中能够长时间取得主动的核心能力。若物流对电子商务企业具有战略重要性,则综合考虑其他因素尝试自营物流,例如,自主交易型 B2C 电商企业,物流对于这类企业属于核心竞争力环节,有一定实力的企业首选自营物流,如京东商城、卓越亚马逊等。而像平台式 B2C 电商企业可直接选择第三方物流,如淘宝网。

2. 物流系统的成本

在选择物流模式时,要综合分析企业的现状,选择成本最小的物流系统。企业之所以会选择物流外包,是为了在市场中寻找一种交易费用最节约的方式,当企业内部管理成本高于市场交易成本时,企业就会选择物流外包即第三方物流;反之,会选择自营物流。

3. 企业对物流的管理能力

企业是否具备较强的物流管理能力是选择物流模式的一个重要因素。若企业有较强的物流管理能力可以选择自营物流。若企业的物流管理能力较弱,则应选择第三方物流。需要注意的是,具备了物流管理能力,并不意味着企业一定要采取自营物流,还要同时考虑企业的规模、资金实力和物流成本。

4. 企业规模和资金实力

一般来说,资金实力雄厚的企业通常有能力建立自己的物流系统,以便制定适合自身的物流计划,保证物流服务的质量。另外,还可以利用过剩的物流资源为其他有需求的企业提供物流服务。而小企业则受到资金、人员等诸多方面的限制,物流管理效率难以提高,此时企业应把资源用于主要的核心业务上,将物流管理交给专业的第三方物流公司。

课程链接

希望深入学习电子商务的内容，可以选择学习"电子商务概论"等相关课程。

希望深入学习电子商务物流的内容，可以选择学习"电子商务物流"等相关课程。

思考题

1. 传统商务的构成要素有哪些？
2. 传统商务模式的局限性？
3. 电子商务具备哪些优势？
4. 电子商务模式有哪些？
5. 我国电子商务市场是如何划分的？
6. 电子商务与物流的关系如何？
7. 电子商务物流的模式有哪些？

案例讨论题

两大物流模式谁更合适

2009 年 4 月初，国内最大的 B2C 电子商务公司京东网上商城对外宣布，投资达 2000 万元的"上海圆迈快递公司"在上海正式成立。不久，"阿里巴巴将在华东建立电子商务配送网络"的消息也不胫而走。一时间，仿佛中国的电子商务企业要开启一个"自卖自送"的新时代。

然而，随着阿里巴巴有关负责人的出面否认以及其他各家电子商务企业的表态，才让人清楚电子商务企业并非都要自建物流炉灶，只是自建物流系统与寻找第三方合作的两大模式的分化已越来越明显。

阵营一：欲自营物流

"上海圆迈快递公司"的诞生在业内看来并不意外，因为京东商城成立物流公司早在计划当中。京东创始人刘强东曾表示："与一些成功的模式做比较，京东最有待加强的是物流。我们出单像沃尔玛一样多，但没有客户帮我们出货，都需要我们自己的物流系统。我们最高时一天 1.6 万单交易。物流是压力最大，也是需要投入的一块。"

建立自己的物流渠道和设施，依靠自己的能力搞配送。这其实是京东一直青睐的策略。目前，北京城内的货品基本是京东自己的配送队伍送货，一般当日或次日送到。2008 年年底，在获得 2100 万美元融资后，京东已决定将自建物流的进程提速，为此刘强东表示，该笔融资中的 70%将用于物流配送环节的改善。根据战略规划，京东网上商城将陆续在天津、南京、苏州、杭州、深圳、沈阳、宁波等 14 座城市建立自有配送站，配送站网络将逐步覆盖至全国 200 座城市。按照京东的测算，如果一座城市日均订单量超过 500 单，自建物流就是经济划算的，只是，达到日均 500 单之前，需要一段时间的"提前量"，有一支成熟队伍首先在当地运营。

对自营配送情有独钟的并非只京东商城一家，作为国内最具影响力的纯网络起家的B2C 网上商城，卓越和当当现在也都不约而同地开始拓展线下的供应及配送渠道。近年来，他们在物流、仓储等传统零售行业的流通环节中投入的人力、财力都在不断地增大。目前卓越在京、津、沪、广州四地拥有自己的配送队伍，一共约 300 人。而建在北京的物流中心，则是当当的"大本营"，可以辐射华北、华中、东北、西北，甚至江苏、浙江、广东等地。

一般情况下，自营物流是为了保证配送的及时性和可靠性，从而保证配送质量，更好地为客户服务。同时，也希望借此能控制相关的费用，比如如果委托第三方物流收款，回款时间相当慢，甚至可能达到 1 个月，一旦销售大到一定量级，占有的资金规模就非常可观。然而，自营物流系统并非想象中那么简单。有没有必要？值不值得？这都是电子商务企业首先应考虑清楚的问题。并且，更为关键的问题是，电子商务和物流是两个不同的业务领域，电子商务企业去搞物流的话，是否在行？物流配送网络如何合理建设？以及物流部门如何具体地运作？这都是需要认真筹划的问题。

总之，电子商务企业要真正建立起全方位的高效、快捷，能够满足客户需求的快递物流配送体系还需艰苦漫长地努力。

阵营二：与快递合作

在京东商城自建物流公司之后，也传出了"阿里巴巴将在华东建立电子商务配送网络"的消息。不过随后不久，阿里巴巴相关负责人就出面澄清，阿里巴巴"绝不可能进军速递物流业"，只会采取跟快递物流企业合作的方式为客户服务。据其介绍，阿里巴巴作为一个"成交平台"，除为买家提供商品订购之外，也提供了"订购物流服务"。对于物流业，阿里巴巴只提供平台，而不会直接提供物流服务。

阿里巴巴的态度或许代表了背后老总马云的态度，这也预示了马云旗下另一家电子商务企业——淘宝网，也必将坚持与快递物流企业合作的方式。

淘宝一直以来就是这么做的，它不涉及物流和商业运营，只提供第三方支付平台和信息流等中介服务。众所周知，目前淘宝上的卖家绝大多数是个人经营者，他们通过向上游厂商或批发商分散采购产品进行零售赚取差价。淘宝所充当的角色就是为个人的买家和卖家提供一个交易平台。现在淘宝也进军了 B2C，但无论从经营的规模还是从可见的商业模式来看，淘宝本身的角色并没有太大的改变。

电子商务的快递发展，也带动了快递物流业的发展，而二者的紧密结合将是大势所趋。目前，以淘宝为代表的大多数国内 B2C 电子商务企业也都选择将配送环节外包给专业的物流公司。不过，现在摆在 B2C 电子商务与其物流服务商之间的一个重要的问题就是如何提高物流服务质量。我们可以看到，决定服务质量的因素主要是物流服务商在服务中发生的物品丢失、破损的比例，服务态度状况，网点覆盖率，与电子商务企业的合作配合度及投诉的二次处理的时效、投诉的二次处理的比例等。

目前，多家快递及物流企业与淘宝有合作，也都具有一定的实力，但货品出库后配送环节的整个流程都掌握在物流公司，企业自身无法管控，时常面临配送不及时等监管困扰……种种因素让淘宝并不满意。2009 年以来，淘宝相继出台了一系列措施，希望借此促进速递物流企业能更加规范一些。

可以说，快递企业能否满足电子商务对快递服务的发展需求，将成为决定"电子商务与快递合作阵营"能否迅速扩大的至关重要的因素。

是各走各路，还是相互融合？

两大模式的雏形已基本形成，但今后是否会各走各路，井水不犯河水？还是会彼此借鉴，采取合作的中间路线？目前尚难以定论。

电子商务企业自建物流公司，其实也有自己的苦衷。业内人士分析指出，与美国、韩国等电子商务相对发达的国家相比，国内物流行业的落后是制约B2C电子商务发展的重要原因。因此只能通过自建快递公司，电子商务企业对配送周期、配送质量以及配送成本进行有效控制，与库房作业做到无缝连接，实现"自卖自送"，从而更好地为客户服务。

B2C电子商务企业与快递企业合作，也并非完全满意。许多快递企业在宣传上或对客户承诺时，都是将客户利益放在第一位的，但是，真正将客户当作"上帝"来对待的少之又少。快递服务如果不能及时跟进，往往会拉了电子商务企业发展的"后腿"。

在这种情况下，采取自营与外包相结合的配送模式，对于国内的B2C电子商务企业似乎更加实际。尤其适合那些拥有一部分物流资源，还不能满足商务扩展需要的公司——建立自己的配送体系投资太大，资金不足；对市场估计不足而害怕承担太大的风险；配送体系建设周期太长，不能满足自己的盈利期望等。

行业有关人士指出，电子商务是未来的主流商务模式，而在今后的一段时间里，中国电子商务将继续保持高速发展，当如何处理好配送系统的问题，将是决定其发展快慢的一个重要因素。

到底是自建物流，还是外包服务？目前只能说，适合自己的模式，才是最好的模式。

（资料来源：中国电子商务研究中心，http://www.100ec.cn/detail--4581967.html）

讨论：
1. 阿里巴巴为何不进军速递物流业？
2. 京东商城为何要选择自营物流的方式？
3. 电子商务企业应如何选择适合自己的物流模式？

实训题

项目：网上购物
1. 实训目的
通过网上购物使得同学们体验B2C电子商务模式，通过网上购物体会物流(快递)和电子商务的联系。
2. 实训内容
(1) 访问你所感兴趣的网上购物网站，并进行一次消费，了解从网上注册、选购商品直到货物送达的整个网购流程。
(2) 撰写实训报告。
3. 实训考核
教师针对学生所撰写的实训报告写出实训评价。

参 考 文 献

[1] 林贤福. 仓储与配送管理[M]. 北京：北京理工大学出版社，2009.

[2] 陈平. 物流配送管理实务[M]. 湖北：武汉理工大学出版社，2007.

[3] 全国商务人才职业测评办公室，全国物流职业能力考评委员会组织编写. 现代物流管理[M]. 北京：清华大学出版社，2010.

[4] 汝宜红. 现代物流[M]. 北京：清华大学出版社，2005.

[5] 张亚辉. 流通加工技术[M]. 上海：上海交通大学出版社，2010.

[6] 伊俊敏. 物流工程[M]. 北京：电子工业出版社，2005.

[7] 刘北林. 流通加工技术[M]. 北京：中国物资出版社，2004.

[8] 翁心刚. 物流管理基础[M]. 北京：中国物资出版社，2006.

[9] 罗毅，王清娟. 物流装卸搬运设备与技术[M]. 北京：北京理工大学出版社，2009.

[10] 孙健. 配送中心运作管理[M]. 广东：广东高等教育出版社，2008.

[11] 罗松涛，谢淳. 物流包装[M]. 北京：清华大学出版社，2010.

[12] 陈云天，杨国荣. 物流案例与实训[M]. 北京：北京理工大学出版社，2011.

[13] 张铎. 物流管理[M]. 北京：中国铁道出版社，2008.

[14] 陈岩，姜波. 物流基础[M]. 北京：北京理工大学出版社，2007.

[15] (美)泰勒. 供应链制胜[M]. 北京：中国市场出版社，2006.

[16] 宋华. 现代物流与供应链管理案例[M]. 北京：经济管理出版社，2001.

[17] 谢雪梅. 供应链管理[M]. 吉林：吉林大学出版社，2009.

[18] 胡军. 供应链管理案例精选[M]. 浙江：浙江大学出版社，2008.

[19] 徐晨. 物流与供应链管理[M]. 北京：北京大学出版社，2008.

[20] 施先亮. 供应链管理原理及应用[M]. 北京：清华大学出版社，2006.

[21] 北京大学联泰供应链系统研究发展中心. 中国供应链管理研究现状 2005[M]. 北京：对外经济贸易大学出版社，2006.

[22] 葛承群. 物流运作典型案例诊断[M]. 北京：中国物资出版社，2006.

[23] 霍红，马常红. 物流管理学[M]. 北京：中国物资出版社，2008.

[24] 洪水坤，陈梅君. 物流运作案例[M]. 北京：中国物资出版社，2002.

[25] 樊宏. 托盘标准化与物流托盘化. 中国物流与采购[J]. 2005，(15).